Christoph Wulf · Birgit Althans · Kathrin Audehm
Gerald Blaschke · Nino Ferrin · Ingrid Kellermann
Ruprecht Mattig · Sebastian Schinkel

Die Geste in Erziehung, Bildung und Sozialisation

Christoph Wulf · Birgit Althans
Kathrin Audehm · Gerald Blaschke
Nino Ferrin · Ingrid Kellermann
Ruprecht Mattig · Sebastian Schinkel

Die Geste in Erziehung, Bildung und Sozialisation

Ethnographische Feldstudien

VS VERLAG

Bibliografische Information der Deutschen Nationalbibliothek
Die Deutsche Nationalbibliothek verzeichnet diese Publikation in der
Deutschen Nationalbibliografie; detaillierte bibliografische Daten sind im Internet über
<http://dnb.d-nb.de> abrufbar.

1. Auflage 2011

Lektorat: Stefanie Laux

VS Verlag für Sozialwissenschaften ist eine Marke von Springer Fachmedien.
Springer Fachmedien ist Teil der Fachverlagsgruppe Springer Science+Business Media.
www.vs-verlag.de

Umschlaggestaltung: KünkelLopka Medienentwicklung, Heidelberg
Gedruckt auf säurefreiem und chlorfrei gebleichtem Papier
Printed in Germany

ISBN 978-3-531-17733-5

Inhalt

Einleitung

Christoph Wulf

Mit der vorliegenden Untersuchung möchten wir einen Beitrag zu einer noch weitgehend ausstehenden erziehungswissenschaftlichen Gestenforschung leisten. Wie Körper, Ritual, Performativität und Mimesis zu wichtigen Themen der Erziehungswissenschaft geworden sind, so wird unter dem Einfluss der Vielfalt der internationalen Gestenforschung in der nächsten Zeit auch die Untersuchung von Gesten in Erziehung, Bildung und Sozialisation an Bedeutung gewinnen. Als signifikante Bewegungen des Körpers spielen Gesten bei der Kulturalisierung, Sozialisierung und Bildung eine wichtige Rolle. Als körperlich-symbolische Her- und Darstellungen von Intentionen und Emotionen wirken sie an der Vergesellschaftung des Einzelnen und an der Entstehung und Ausgestaltung von Gemeinschaft und Gesellschaft mit. In sozialen Situationen sind sie Mittel der Sinngebung, die die Subjekte dabei unterstützen, sich verständlich zu machen und Kontakt miteinander aufzunehmen. In Gesten drücken sich soziale Beziehungen und Emotionen aus, die oft weder denen bewusst sind, die sie vollziehen, noch ins Bewusstsein derer gelangen, die sie wahrnehmen und auf sie reagieren. Gesten begleiten die gesprochene Sprache und haben zugleich auch ein „Eigenleben" ohne unmittelbaren Bezug zum Sprechen. Verschiedentlich transportieren sie Botschaften, die das Gesprochene ergänzen, indem sie einzelne Aspekte verstärken, relativieren oder durch Widerspruch in Frage stellen. Häufig sind die so ausgedrückten und dargestellten Gehalte dichter mit den Emotionen der Sprechenden verbunden als ihre verbalen Aussagen. Gesten gelten daher als „zuverlässigerer" Ausdruck des inneren Lebens eines Menschen als die stärker vom Bewusstsein gesteuerten Worte.

Den performativen Charakter von Gesten verdeutlicht ein Blick auf die Etymologie. Der Begriff „Geste" geht auf das lateinische Wort *gestus* zurück, das im allgemeinen Sinn eine Bewegung oder Haltung des Körpers und im besonderen Sinn eine Bewegung eines Körperteils und vor allem der Hand bezeichnet. „Gestus" ist das Partizip Perfekt von *gerrere*, das „machen", „sich verhalten" bedeutet. Zwischen der mit dem Wort „Geste" bezeichneten Vorstellung der Tat und der Handlung sind die Übergänge fließend. In etymologischer Hinsicht bezieht sich das Wort auf den in der Welt bewegten Körper, auf Tätigkeiten der Hand, auf menschliche Handlungen, auf Emotionen ausdrückende und darstellende Bewegungen einzelner Körperteile, auf die Performativität des Körpers und sozialer Handlungen.

In Prozessen der Erziehung, Bildung und Sozialisation spielen Gesten eine wichtige Rolle. Der prinzipiellen Weltoffenheit des Menschen geschuldet, schränken sie diese Möglichkeit des Menschseins gleichzeitig durch Konkretisierungen ein (Wulf 2009: 53-74; Wulf 2010). Diese Einschränkung der kulturell und historisch zugelassenen gestischen Ausdrucksmöglichkeiten schafft zugleich auch soziale Zugehörigkeit und Sicherheit. Über die Vertrautheit mit bestimmten Gesten stellt sich Vertrautheit mit einzelnen Menschen und Gruppen ein. Kinder und Jugendliche wissen, was bestimmte Gesten ihrer Bezugspersonen bedeuten, wie sie einzuschätzen, wie sie zu beantworten sind. Gesten machen menschliches Verhalten kalkulierbar. Sie sind Teil der Sprache des Körpers, die den Angehörigen einer Gemeinschaft viel voneinander mitteilt. Selbst wenn diese Botschaften eher Teil der unbewussten Fremd- und Selbstwahrnehmung sind, als dass sie zu bewusstem Wissen über den Anderen, dessen Emotionen und Intentionen werden, ist ihre kulturelle Bedeutung groß. Sie gehen in das soziale Wissen ein, das der Einzelne im Laufe seiner Sozialisation erwirbt und das für die angemessene Steuerung seines sozialen Handelns eine große Rolle spielt (Wulf 2005, 2006a).

Die Bedeutung von Gesten ändert sich in Abhängigkeit von Raum und Zeit (Bremmer/Roodenburg 1992; Calbris 1990; Morris 1995, 1979). Unterschiede lassen sich im Hinblick auf Geschlecht und Klasse feststellen. Manche Gesten sind geschlechts- oder klassenspezifisch; andere scheinen keine geschlechts- und klassenspezifischen Differenzen zu enthalten. Wieder andere Gesten sind an soziale Räume, Zeitpunkte und Institutionen gebunden. Institutionen wie Kirchen, Gerichte, Krankenhäuser und Schulen verlangen den Gebrauch bestimmter Gesten und sanktionieren deren Vernachlässigung. Über die Forderung, institutionsspezifische Gesten zu vollziehen, setzen Institutionen ihren Machtanspruch durch. Im Vollzug dieser Gesten werden die institutionellen Werte und Vorstellungen in die Körper der Angehörigen bzw. der Adressaten der Institutionen eingeschrieben und durch wiederholte „Aufführungen“ in ihrer Gültigkeit bestätigt. Zu diesen institutionsspezifischen Ausdrucksformen des Körpers gehören noch heute Gesten der Demut (Kirche), der Achtung (Gericht), der Rücksichtnahme (Krankenhaus), der Aufmerksamkeit und des Engagements (Schule). Bleiben diese ritualisierten Gesten aus, empfinden die Vertreter von Institutionen dieses Ausbleiben als Kritik an der sozialen und gesellschaftlichen Legitimität ihrer Institutionen. In der Regel sind Sanktionen die Folge. Da sich in diesen Institutionen Menschen befinden, die von ihnen abhängig sind, hat die Androhung von Sanktionen ihre Wirkung. Über die Mimesis institutionsspezifischer Gesten unterwerfen sich die Angehörigen der Gesellschaft dem normativen Anspruch der Institutionen (Flusser 1993; Gebauer/Wulf 1998, 2003; Müller/Posner 2004).

Auch geschlechtsspezifische Unterschiede werden über Gesten inszeniert, wiederholt und bestätigt. So zeigen sich signifikante geschlechtsspezifische Unterschiede schon bei Mädchen- und Jungenspielen, in denen das gestische Ausdrucksverhalten über unterschiedliche Spielinteressen (Kooperation und Intimität versus Wettkampf) eingeübt wird. Auch werden geschlechtsspezifische Unterschiede in der Art evident, wie Frauen und Männer sitzen, welchen Raum sie beim Sitzen einnehmen und wie sie ihre Beine beim Sitzen arrangieren. Entsprechendes kommt beim Sprechen, Essen und Trinken zum Ausdruck. Auch klassenspezifische Unterschiede zeigen sich in der jeweiligen Verwendung von Gesten. Im Hinblick auf Fragen des Geschmacks hat Bourdieu diese Differenzen untersucht und deutlich gemacht, dass sich über die „feinen Unterschiede" soziale Hierarchien etablieren und verfestigen (Bourdieu 1982).

Für die Wahrnehmung dieser Unterschiede spielen Differenzen in den körperlichen Gesten und Ausdrucksformen eine wichtige Rolle. In seinen Untersuchungen zum Zivilisationsprozess hat Elias (1979) gezeigt, wie die Gesten des Hofes vom Bürgertum nachgeahmt und allmählich übernommen und dabei verändert wurden. Wie sich die Macht in den Körpern festsetzt und deren Ausdrucks- und Darstellungsformen sowie Gesten in ihrem Sinne zurichtet, hat Foucault (1977) in *Überwachen und Strafen* gezeigt. Körpergesten dienen somit dazu, soziale und kulturelle Differenzen herzustellen, auszudrücken und zu erhalten. Sie vollziehen sich in einem historisch-kulturellen, machtstrukturierten Kontext, aus dem heraus sich erst ihre Bedeutung erschließt. Gesten geben Auskunft über zentrale Werte einer Gesellschaft und erlauben einen Einblick in „Mentalitätsstrukturen". Am Beispiel des Gestengebrauchs im mittelalterlichen Kloster lässt sich zeigen, welche Funktion Gesten in unterschiedlichen Bereichen einer Gesellschaft haben und wie sich aus ihrer Verwendung Aufschlüsse über das Verhältnis von Körper und Symbol, Gegenwart und Geschichte, Religion und Alltag gewinnen lassen (Schmitt 1992).

Für pädagogisches Handeln in Erziehung, Bildung und Sozialisation ist es wichtig, Gesten nicht nur in experimentellen Situationen, sondern auch im Feld zu erforschen. In methodischer Hinsicht ist dies schwierig, jedoch notwendig, begegnet man im Feld doch Bedingungen, deren Komplexität sich nicht reduzieren lässt, will man der Praxis erzieherischen Handelns gerecht werden.[1] Im Unterschied zur experimentellen Gestenforschung lassen sich in der pädagogischen Praxis die einzelnen Variablen nur schwer im Vorhinein isolieren. Eine gewisse

1 Zum Thema „Ethnographie des Unterrichts" vgl. die Zeitschriften *Ethnography and Education*, 2006ff.; *Revue Européenne d'Ethnographie de l'Education*, 2000ff.; siehe auch *Gesture*, 2000ff.

Unschärfe der Begriffe und methodischen Vorgehensweisen ist daher kaum vermeidbar.

Wie schon in den drei vorausgegangenen Analysen der „Berliner Ritual- und Gestenstudie" untersuchen wir auch diesmal die vier Sozialisationsfelder „Schule", „Familie", „Jugendkultur" und „Medien" (Wulf u.a. 2001, 2004, 2007). Unser Material zum Gestengebrauch haben wir in einer innerstädtischen Grundschule erhoben, in der wir seit nunmehr zwölf Jahren forschen (Wulf 2008). In dieser Schule konnten wir auch die Familien gewinnen, deren Gestenkultur wir untersucht haben. Bei der Auswahl der Gesten im Bereich der Jugendkultur haben wir uns diesmal für die Untersuchung von Gesten auf Rock und Popkonzerten entschlossen. Abschließend haben wir Gesten in medialen Spielkulturen und in politisch-medialen Inszenierungen und Aufführungen untersucht.

Mit unserer Forschung verfolgen wir mehrere Ziele: Erstens wollen wir zeigen, dass sich Erziehung, Bildung und Sozialisation in hohem Maße in körperlich-sinnlichen Prozessen vollziehen, in denen Gesten eine wichtige Rolle spielen. Zweitens wollen wir deutlich machen, wie unauflösbar Gesten mit Sprechen, Denken und Imaginieren verbunden sind. Drittens soll deutlich werden, dass Gesten sowohl dem Menschen, bei dem sie sich „einstellen", als auch den Adressaten der Gesten innere Prozesse sichtbar machen und dadurch zur individuellen und kollektiven Bildung beitragen. Viertens wollen wir die Performativität von Gesten, d. h. ihren Inszenierungs- und Aufführungscharakter untersuchen und deutlich machen, wie Gesten Gemeinschaft hervorbringen und Erziehungs- und Bildungsprozesse modulieren. Fünftens wollen wir zeigen, dass Gesten historisch und kulturell geformt und in mimetischen Prozessen gelernt und transformiert werden.

Um den Referenzrahmen unserer ethnographischen Untersuchung zu verdeutlichen, wollen wir im Weiteren zentrale Ergebnisse gegenwärtiger Gestenforschung darstellen, die zeigen, wie wichtig der Gebrauch von Gesten für die Erziehung, Bildung und Sozialisation der nachwachsenden Generation ist. Dazu beziehen wir uns vor allem auf die folgenden drei Ansätze:

1. Evolutionsgeschichtliche Untersuchungen haben kürzlich die zentrale Bedeutung von Gesten für die Entstehung geteilter Aufmerksamkeit und Intentionalität, für die menschliche Kooperation und für die Voraussetzungen der Entwicklung der Lautsprache in phylogenetischer und ontogenetischer Hinsicht nachgewiesen (Tomasello 2009).
2. Viele Untersuchungen der internationalen Gestenforschung nehmen ihren Ausgangspunkt bei der Sprache und verweisen auf den unhintergehbaren Zusammenhang zwischen Geste, Sprache, Denken und Imagination (Ken-

don 2004, 2010; McNeill 1992, 2005; 2010; Goldin-Meadow 2005; Dietrich 2010).

3. In anderen Forschungen wird die Geste als eine Bewegung des Körpers begriffen (Birdwhistell 1952, 1979; Berthoz 2000), ihr performativer Charakter betont (Wulf/Fischer-Lichte 2010; Wulf/Göhlich/Zirfas 2001; Wulf/Zirfas 2007) und auf ihre Funktion in Ritualen und Ritualisierungen verwiesen (Wulf 2005; Wulf/Zirfas 2004). Diese Forschungen untersuchen, wie Gesten inszeniert und aufgeführt werden und wie in ihnen etwas her- und dargestellt wird. Wie Rituale, so erzeugen auch Gesten das Soziale, steuern die Kommunikation und Interaktionen und bringen etwas in Erscheinung, was ohne sie nicht sichtbar würde (Wulf u.a. 2001, 2004, 2007). Gesten sind häufig spontan und ludisch und gestalten Übergänge (Bilstein/Winzen/Wulf 2005). Sie tragen nicht nur zur Erzeugung von Gedanken, sondern auch zur Her- und Darstellung von Emotionen und deren Modulation bei (Gebauer/Wulf 2010).

Gesten und die Ursprünge der Kommunikation

Neuere Studien zur Evolutionsforschung und zur Primatologie haben die zentrale Bedeutung von Gesten für die phylogenetische und ontogenetische Entwicklung des Menschen herausgearbeitet. Danach spricht sehr vieles dafür, dass „die ersten nur beim Menschen vorkommenden Formen der Kommunikation im Zeigen und im Gebärdenspiel bestanden. Die sozio-kognitive und die sozio-motivationale Infrastruktur, die diese neuen Formen der Kommunikation ermöglichte, wirkte dann als eine Art psychologische Plattform, auf der die verschiedenen Systeme konventioneller sprachlicher Kommunikation (alle 6000 existierenden) aufgebaut werden konnten“ (Tomasello 2009: 13). Je nach Kontext kann eine Zeigegeste sehr unterschiedliche Bedeutungen haben. Damit ihre Bedeutung verstanden werden kann, bedarf es einer gemeinsamen Aufmerksamkeit bzw. einer geteilten Erfahrung. Dieser gemeinsame Kontext bzw. Hintergrund ist für das Verständnis von Gesten unerlässlich. In der Schule, den Familien, den Rock- und Pop-Konzerten, den medialen Spielen, die wir untersucht haben, besteht ein solcher gemeinsamer Referenzrahmen. Die hier einander begegnenden Menschen wollen sich verstehen und ihre Intentionen miteinander teilen.

Die Untersuchung nicht-menschlicher Primaten legt nahe, dass die Anfänge der Kommunikation wahrscheinlich im Gestengebrauch liegen (s.a. Armstrong/Wilcox 2007). Betrachtet man die stimmlichen und gestischen Kommunikationsmöglichkeiten nicht-menschlicher Primaten, so wird deutlich, dass deren Vokalisierungen fast vollständig genetisch bestimmt sind, sie jedoch bei den

Gesten die Möglichkeit haben, diese zu adressieren und flexibel einzusetzen. Menschen neigen dazu, „der Blickrichtung von anderen zu externen Objekten zu folgen, und das Gebärdenspiel beruht auf der natürlichen Neigung, die Handlungen der anderen als absichtlich zu interpretieren" (Tomasello 2009: 20). Die menschliche Kommunikation und Kooperation erfolgt in der Phylogenese und in der Ontogenese auf einer Grundlage des Zeigens und des Gebärdenspiels, einer gemeinsamen Intentionalität und der Bereitschaft, einander zu helfen. Erst auf dieser Grundlage wird die Entstehung lautsprachlicher Kommunikationssysteme möglich.

Nicht-menschliche Primaten lernen, auch wenn sie in der Gegenwart von Menschen leben, keine neuen Vokalisierungen. Doch sie können lernen, Gesten hervorzubringen, die neu sind, individuell gelernt werden und Aspekte der Intentionalität enthalten. Daher spricht vieles dafür, im Gebrauch von Gesten den Ausgangspunkt *kooperativer Kommunikation* beim Menschen zu sehen. In diesen frühen Lernprozessen spielen Zeigegesten und ikonische Gesten eine zentrale Rolle. Für die Ausbildung der menschlichen Kooperation sind die Gesten des *Aufforderns*, *Informierens* und *Teilens* besonders wichtig. In ihnen bilden sich rekursive Kooperationserwartungen und damit soziale Normen heraus. In wechselseitigen mimetischen Prozessen entsteht auf einem gemeinsamen Hintergrund eine kooperative Kommunikation, der eine geteilte Intentionalität und eine gemeinsame Lerngeschichte zugrunde liegt. Bezogen auf Kleinkinder bedeutet dies: Kleinkinder verstehen „nahezu mit Beginn ihrer Verwendung von Zeigegesten die wichtigsten Aspekte der Funktionsweise kooperativer Kommunikation menschlichen Stils [...]: Sie kommunizieren auf einer geistigen Ebene, im Kontext eines gemeinsamen begrifflichen Hintergrunds und aufgrund von kooperativen Motiven. Sie zeigen somit etwas, das der vollständigen sozial-kognitiven Infrastruktur ausgereifter kooperativer Kommunikation nahekommt" (ebd.: 147).

Im Unterschied zu den nicht-menschlichen Primaten, die zielbezogen kommunizieren können, sind Menschen zur kooperativen Kommunikation und geteilten Intentionalität fähig. Dies belegt die Ontogenese der gestischen Kommunikation, insbesondere der Gebrauch der Zeigegeste bei Kleinkindern. Aus ihm geht hervor, dass es eine mimetische Partizipation an einer gemeinschaftlichen, auf Kooperation angelegten Infrastruktur und einer geteilte Intentionalität bereits vor dem Beginn des Erwerbs der verbalen Sprache gibt. Diese frühen, auf Gesten basierenden mimetischen Prozesse kulturellen Lernens behalten ihre Bedeutung auch in späteren Lebensphasen.

Geste und Sprache und das Problem einer Typologie

Wiederholt hat man in der Linguistik Gesten unter der Fragestellung untersucht, ob sie eine Aussage der Lautsprache unterstützen, ihr entgegenwirken oder keine messbaren Effekte haben. In diesen Untersuchungen bildete die lautsprachliche Aussage den Maßstab zur Beurteilung der Gesten. Gesten kamen nur in ihrer „redebegleitenden", nicht in ihrer spezifisch gestischen Funktion in den Blick. Adam Kendon (2004) war einer der ersten, der nachdrücklich auf die Unzulänglichkeit dieser Betrachtungsweise verwiesen hat und herausarbeitete, wie stark Geste und Sprache miteinander verschränkt sind. Für die menschliche Kommunikation reicht die verbale Sprache nicht aus. Menschen setzen ihren Körper in vielfältiger Weise ein, um miteinander zu kommunizieren. Beim Sprechen spielen die Hände eine zentrale Rolle. In einem kürzlich publizierten Artikel weist Kendon (2010) nach, wie unterschiedlich manuelle Gesten von Sprechern verwendet werden. In jedem der von ihm untersuchten Fälle sind die kinetischen Komponenten für den Ausdruck und die Wirkungen des Redners von großer Bedeutung. Allerdings zeigen sich zwischen ihnen erhebliche Unterschiede. In einem Fall haben Gesten die Funktion, die auch Worte hätten haben können, wenn der Sprecher sie verwendet hätte. In einem zweiten Fall dienen Gesten dazu, die konkrete Gegenwart von abstrakten, nicht anwesenden Objekten zu suggerieren. In einem dritten Fall verwendet ein Sprecher seine Hände, um die pragmatischen Schritte seiner Rede darzustellen. Im Unterschied zum propositionalen Gehalt von Diskursen können Gesten die situative pragmatische Bedeutung ausdrücken und die Interaktion regulieren. Es entsteht eine „Gesamtheit" von Geste und Sprache, die für das „In-Sprache-Bringen", das *languaging*, von zentraler Bedeutung ist. Von diesem nicht auflösbaren Zusammenhang zwischen Geste und Sprache gehen mittlerweile nicht nur Adam Kendon, sondern auch David McNeill (1992, 2005, 2010) und Susan Goldin-Meadow (2005) aus.

Mit der Einsicht in die Verschränkung von Geste und Sprache wuchs der Zweifel an der Möglichkeit der Entwicklung von Typologien, mit deren Hilfe sich die Vielfalt der Gesten systematisieren ließe. Diese Zweifel wuchsen auch dadurch, dass es schon bald sehr viele unterschiedliche Typologien gab, mit denen die Vielfalt der Gesten strukturiert werden sollte. Zwischen diesen gab es einerseits Überschneidungen, andererseits jedoch erhebliche Unterschiede (vgl. Kendon 2004, Kap. 6). Bereits vor mehr als zweihundert Jahren schlug Gilbert Austin (1966) vor, bei seiner Untersuchung von Handgesten die folgenden vier Kriterien, „Hand als Instrument der Geste", „Bedeutung der Geste", „Qualität der Geste" und „Stil der Geste" zur Grundlage einer Typologie zu machen. Hundert Jahre später machte Wilhelm Wundts (1921) Typologie einen Unterschied zwischen demonstrativen, d. h. hinweisenden Gesten und deskriptiven, d. h. mimischen, konnotativen und symbolischen Gesten. David Efron (1941/1972), einer der Begründer der modernen Gestenforschung, unterschied eine raum-zeitliche, eine inter-lokutionäre und eine linguistische Perspektive, die er jeweils weiter ausdifferenzierte.

Paul Ekman und Wallace Friesen (1969) gingen davon aus, dass es drei Zugänge zum Verständnis nicht-verbalen Verhaltens gäbe, die sie als „Ursprung", „Gebrauch" und „Kodierung" bezeichneten und weiter untergliederten. Nach ihrer Auffassung gehören zum „Gebrauch" informative, kommunikative und interaktive Handlungen. Es folgte eine Unterscheidung zwischen fünf Typen nicht-verbalen Verhaltens: *illustrators, adaptors, emblems, affect displays and regulators*. Zur ersten Kategorie der illustrierenden non-verbalen Körperbewegungen (*illustrators*) rechnen sie mit dem Sprechen verbundene Bewegungen wie manuelle Schlag- bzw. Taktbewegungen, ideographische, d. h. die Richtung eines Gedankens angebende Bewegungen, deiktische Bewegungen, räumliche Bewegungen, kinegraphische, d. h. körperliche Handlungen beschreibende Bewegungen sowie piktographische, d. h. Bilder zeichnende Bewegungen. Auch die anderen vier Kategorien wurden weiter ausdifferenziert. Versucht man diese Kategorien zur Analyse empirischer Phänomene zu verwenden, so ergeben sich zahlreiche Probleme. Da diese Kategorien auf unterschiedlichen Ebenen liegen, kommt es bei der Analyse empirischer Phänomene zur Überschneidung mehrere Kategorien und zur gleichzeitigen Zuordnung der Phänomene zu mehreren Typen. Es entsteht ein nuanciertes System, bei dem die Kategorien erheblich an Trennschärfe verlieren und die Typologie ihren Wert einbüßt.

Auf der Grundlage dieser Erfahrungen versuchte McNeill (2005) ein Spektrum für die Ordnung von Gesten zu entwickeln, das er das Kendon'sche Gestenspektrum nannte. Die eine Seite des Kontinuums machen sehr konventionelle, z. B. im Rahmen von Gebärdensprachen vorstrukturierte Gesten aus. Eine andere Seite ist durch spontane, mit dem Reden entstehende idiosynkratische Hand- und Armgesten gekennzeichnet. Dazwischen liegen die *„Embleme"*, wie ein nach oben gewendeter Daumen, oder die *„Pantomime"*, in der ohne verbale Sprache mit Hilfe von Gesten eine narrative Linie entwickelt wird. Zunächst unterscheidet McNeill in diesem Kontinuum zwischen „imagistic" und „non-imagistic" Gesten, d. h. Bildgesten und Nicht-Bild-Gesten. Mit Hilfe der Bild-Gesten werden die Umrisse eines Objekts gezeigt; oder es wird eine Bewegung dargestellt, in deren Verlauf ein Bild in Erscheinung tritt. Zu den Nicht-Bild-Gesten gehören *Zeigegesten* oder *Schlaggesten*, die dazu dienen, Teile des Sprechens zu markieren oder seine Struktur zu rhythmisieren.

Die Bildgesten werden in *ikonische Gesten* und *metaphorische Gesten* unterteilt. Insgesamt entsteht eine Vierteilung der Gesten in *ikonische, metaphorische, deiktische und Schlaggesten.* Ikonische Gesten repräsentieren konkrete bildliche Einheiten und Handlungen; sie verkörpern bildliche Aspekte, z. B. das gestische Zur-Seite-Beugen eines Astes, bei dem die Geste der erforderlichen Handlung ähnlich ist. Geste und Sprechen können ko-expressiv sein. Metaphorische Gesten haben ebenfalls ein ikonisches Element; doch stellen sie eine abstrakte Bedeutung dar, die nicht mit der Bedeutung des ikonischen Elements identisch ist. „Metaphoricity in gesture is important for extending the process of an imagery-language dialectic to abstract meanings that lack imagery of their own“ (McNeill 2005: 45). Zeigegesten gehören zu den wichtigsten Gesten. Sie werden mit dem Zeigefinger vollzogen und lokalisieren Dinge oder Handlungen in einem Raum. Sie gehören zu den frühesten Gesten von Kindern und spielen in Erziehung, Bildung und Sozialisation eine zentrale Rolle (Prange 2005; Rosenbusch/Schober 2004; Heidemann 2003; Aiger 2002; Egidi u.a. 2000; Apel/Koch 1997). Darüber hinaus haben sie in Kunst, Theater, Tanz und Performanz eine über die hier untersuchten Zusammenhänge hinaus reichende kulturelle Bedeutung (Wulf/Fischer-Lichte 2010). In formaler Hinsicht sind Gesten des Schlagens (*baton* oder *beat*) am wenigsten ausgearbeitet. Sie sind unspezifisch und können sehr unterschiedliche Funktionen und Bedeutungen haben.

Selbst wenn sich, wie McNeill behauptet, mit dieser Unterscheidung alle Gesten im Zusammenhang von Sprechen und Sprache klassifizieren ließen, bleiben viele Fragen offen. Zunächst bezieht sich die dargestellte Klassifikation ausschließlich auf Hand- und Armgesten. Mit anderen Körperteilen vollzogene Gesten finden keine Beachtung. Wegen der Fokussierung des Verhältnisses zwischen Gestik und Sprache geraten weite Bereiche des kulturellen Gestengebrauchs nicht in den Blick. Anstatt von einem Gesten-Kontinuum auszugehen, spricht Kendon daher von Gesten-Kontinua und relativiert damit den Anspruch auf eine Klassifizierung der Gesten weiter. McNeill denkt in die gleiche Richtung, wenn er vorschlägt, seine Vier-Gesten-Typologie eher als eine Identifizierung wichtiger, bei der Untersuchung von Gesten zu bedenkender Dimensionen zu begreifen. Zwar können diese Dimensionen für die Analyse von Gesten hilfreich sein, doch bedarf es weiterer spezifischer Gesichtspunkte, die dazu beitragen, die kontextspezifische Funktion und die Bedeutung von Gesten zu begreifen. Unsere Erfahrungen mit der Analyse von Gesten in Erziehung, Bildung und Sozialisation bestätigen diese Skepsis gegenüber Versuchen, eine Gesten-Typologie zu entwickeln. So hatten wir anfangs versucht, eine Gesten-Typologie in den vier Sozialisationsfeldern „Familie“, „Schule“, „Jugendkultur“ und „Mediengebrauch“ zu erarbeiten. Wegen der zentralen Bedeutung der Kontextgebundenheit der Gesten haben wir diesen Versuch aber nicht weiter verfolgt. Stattdessen haben wir uns darum bemüht, vor allem die Vielfalt und Komplexität der Gesten in der jeweiligen Erziehungs-, Bildungs- und Sozialisationspraxis herauszuarbeiten.

Für die Weiterentwicklung dieses Ansatzes der Gestenforschung sind u. E. McNeills Bemühungen wichtig, „*growth points*" zu identifizieren und Prozesse des „*catchment*" zu analysieren. Im Konzept des „growth point" verschwimmt die Unterscheidung zwischen innerem und äußerem Sprechen. Im „growth point" entsteht eine neue sprachliche Einheit im Sprecher unter Bezug auf den dynamischen sozialen Kontext. „Growth points" lassen sich als Fokussierungspunkte begreifen, in denen sich Geste und Sprechen, Inneres und Äußeres überlagern und Denken sich einstellt. Von einem „catchment" ist die Rede, wenn ein Merkmal oder mehrere Merkmale in zwei oder mehreren aufeinander folgenden Gesten in Erscheinung treten. Diese sich wiederholenden Merkmale deuten auf ein gemeinsames, in einer Analyse aufdeckbares Diskursthema hin. Ein „catchment" bietet einen roten Faden, der einzelne Diskurssequenzen verbindet und größere Diskurseinheiten in Erscheinung treten lässt. „The logic of the catchment is that discourse themes produce gestures with recurring features; these recurrences give rise to the catchment" (McNeill 2005: 117). „Catchments" stellen wichtige Fokussierungspunkte dar, die es auch möglich machen, den Stil eines Sprechers zu analysieren.

Performativität und Mimesis der Geste

Gesten sind performativ, werden häufig im Rahmen von Ritualen und Ritualisierungen inszeniert und aufgeführt und wirken mimetisch.[2] Bereits bei der im obigen Abschnitt erfolgten Darstellung des Zusammenhangs zwischen Gesten, Sprechen und Denken haben wir gesehen, welche zentrale Rolle der performative Charakter der Gesten bei der Herstellung und Darstellung des Sprechens spielt. Doch die Performativität der Gesten reicht weiter. Gesten werden inszeniert und aufgeführt; sie bringen etwas hervor, was ohne sie unsichtbar bliebe. Gesten sind Handlungen, mit denen Soziales geschaffen und dargestellt wird. Ohne Gesten gäbe es kein Soziales, keine gemeinsame Intentionalität und Kooperation. In Gesten bringt sich der menschliche Körper mit seiner Materialität und Sinnlichkeit zur Darstellung. In ihnen verdichten sich individuelle und kollektive Bedeutungen. Gesten sind Ausdruck innerer Prozesse, die sich in objektivierter Form darstellen und deren Objektivierung auf das Individuum, das die Geste vollzieht, zurückwirkt und ihm dadurch ein Bewusstsein seiner inneren Prozesse ermöglicht. Im gleichen Prozess wirkt die Geste nach außen auf ihre Adressaten, so dass sie eine beidseitige Wirkung hat. Voraussetzung dieser beidseitigen Wirkung ist, dass sich der Erzeuger der Geste mit ihren Adressaten in einer kommunikativen Gemeinschaft befindet.

2 Zu Performanztheorien in Erziehung und Bildung vgl. Alexander u.a. 2005; s. a. Bell 2008.

Diese Gemeinschaft kann spontan und vorübergehend, aber auch dauerhaft und nachhaltig sein. Damit Gesten ihre Wirkungen nach innen und nach außen entfalten können, müssen die Erzeuger und Adressaten der Gesten an ihre Gemeinschaft glauben. Dieser Glaube ist eine wichtige Voraussetzung für das Entstehen der Gemeinschaft, die sich über die Vertrautheit mit den Gesten einzelner Menschen und Gruppen einstellt. In einer Gemeinschaft weiß man, was Gesten bedeuten, wie sie einzuschätzen und zu beantworten sind. Gesten machen menschliches Verhalten kalkulierbar. Sie sind Teil der Körpersprache, die den Angehörigen einer Gemeinschaft viel über einander mitteilt. Gesten gehen in das soziale Wissen ein, das der Einzelne im Laufe seines Lebens erwirbt und das für die angemessene Steuerung seines Handelns eine wichtige Voraussetzung ist.

Wenn von der Performativität der Gesten die Rede ist, so liegt der Akzent auf ihrem *poietischen und praktischen Charakter*, infolge dessen sie kulturelle und soziale Handlungen hervorbringen (Agamben 2001). Gesten sind körperlich und emergieren, d. h. sie sind Ereignisse und schaffen als solche kulturelle und soziale Wirklichkeiten (Wulf/Göhlich/Zirfas 2001; Wulf/Zirfas 2007). Gesten sind mehr als die Verwirklichung von Intentionen. Dieses „Mehr“ besteht u. a. in der Art und Weise, in der Handelnde Gesten gebrauchen und mit ihnen Ziele zu realisieren versuchen. Trotz einer intentional gleichen Ausrichtung der Inszenierung und Aufführung von Gesten zeigen sich in dem *Wie* ihrer Durchführung, in der Inszenierung ihrer körperlichen Seite, erhebliche Unterschiede. Der Charakter und die Qualität sozialer Beziehungen hängen davon ab, welche Gesten Menschen entwickeln, wie sie Gesten einsetzen, welche körperlichen Abstände sie einhalten und welche Körperhaltungen sie zeigen. Über diese Merkmale vermitteln Menschen anderen Menschen vieles von sich. Sie teilen ihnen etwas von ihrem Lebensgefühl mit, ihrer Art und Weise, die Welt zu sehen, zu spüren und zu erleben. Trotz ihrer zentralen Bedeutung für die Wirkungen sozialen Handelns fehlen diese Aspekte gestischer Performativität in vielen Handlungstheorien, in denen die Handelnden unter Absehung der sinnlichen und kontextuellen Bedingungen ihres Tuns auf ihr Bewusstsein reduziert werden. Um diese Reduktion zu vermeiden, muss man untersuchen, wie Gesten emergieren, wie sie mit Sprache und Imagination verbunden sind, wie sie durch gesellschaftliche und kulturelle Muster ermöglicht werden und wie sich ihr Ereignischarakter zu ihren repetitiven Aspekten verhält. Man muss der Frage nachgehen, wie weit der Gebrauch von Gesten Teil des sozialen und kulturellen Handelns ist und welche Rolle Gesten und ihre Wiederholung für die Herausbildung geschlechtlicher, sozialer und ethnischer Identität spielen.

Wie bereits im vorigen Abschnitt dargelegt, sind Gesten erstens *sprachliche Handlungen*, mit denen wir kommunizieren (Austin 1998). Zweitens sind sie *kulturelle und soziale Inszenierungen und Aufführungen*. Und drittens haben sie eine *ästhetische Seite*, die in den Künsten eine Rolle spielt, aber auch in Alltagshandlungen für die Wirkungen der Gesten in Kommunikation und Interaktion von Bedeutung ist.

Wenn Gesten als *kulturell und sozial* bezeichnet werden, so verweist das darauf, dass sie historisch entstanden sind, Teil des Imaginären einer Kultur sind und die sozialen Praktiken der Menschen steuern. Das Überreichen einer Sonnenblume im Rahmen einer Einschulungsfeier an die neuen Schüler ist eine solche Geste. Sie wird von allen an der Feier beteiligten Schülern, Eltern und Lehrern wahrgenommen und verstanden, ohne dass es dazu einer Interpretation bedarf. Alle Teilnehmer der Feier verstehen diese Geste, mit der die neuen Schüler und Schülerinnen willkommen geheißen werden und mit der ihnen eine „sonnige" Schulzeit gewünscht wird. Diese Geste erschließt sich dadurch, dass alle Anwesenden wissen, ohne dass sie davon ein Bewusstsein haben, was das Überreichen von Blumen in unserer Kultur bedeutet. Vor dem Hintergrund eines in vielen Situationen erworbenen impliziten Wissens wird daher diese Sonnenblumen-Geste verstanden. In Ländern, in denen es keine Blumenkultur gibt, wäre dies möglicherweise anders (Goody 1993). In einer Interpretation können viele Dimensionen dieser Geste herausgearbeitet werden. Auf ihrer Grundlage und mit der Auswertung der Gruppeninterviews von Schülern, Eltern und Lehrern lässt sich zeigen, warum im Rahmen der von uns untersuchten Einschulungsfeiern diese Geste gelungen ist. In dieser gestischen Handlung verdichtet sich das Ritual der Einschulungsfeier mit seinen zahlreichen Sequenzen, in denen Reden gehalten, Lieder gesungen und Tänze aufgeführt werden. Im Verlauf unserer Untersuchung beschreiben und analysieren wir viele Gesten in den genannten Sozialisationsfeldern. Wir arbeiten heraus, wie Gesten emergieren und die Dynamik der Kommunikation gestalten, wie sie das soziale Geschehen intensivieren und wie sie Übergange zwischen verschiedenen Kommunikations- und Interaktionssequenzen schaffen und dadurch das soziale Handeln nachhaltig steuern.

Schließlich haben Gesten eine für ihre Wahrnehmung wichtige *aisthetische bzw. ästhetische* Seite. Sie werden *multisensuell* wahrgenommen. Bei der beschriebenen Sonnenblumengeste sind es die Augen, die die Handlung wahrnehmen, die Ohren, die die begleitenden Worte hören, die Hände, die die Blume fühlen, die Nase, die ihren Geruch verspürt. In der Multisensualität dieser Sinneseindrücke liegt ein Grund für die Intensität der Wirkung der Gesten. Wie das gesprochene Wort, so sind auch Gesten flüchtig und werden schnell durch andere Körperbewegungen ersetzt. Da Gesten körperlich-materiell sind, können sie ästhetisch wahrgenommen und in der Folge besser in das Imaginäre aller Beteiligten integriert werden. Wenn Gesten in künstlerischen Zusammenhängen inszeniert und aufgeführt werden, dann intensiviert die gemeinsam geteilte Aufmerksamkeit zwischen Künstler und Zuschauer die Wirkung der Gesten. In diesem Zusammenhang spielt deren ästhetische Qualität die entscheidende Rolle.

Gesten sind Mittel der Sinngebung. Sie drücken Gefühle aus und artikulieren Stimmungen. Sie bringen individuelle Konzepte und innere Bilder hervor. Konventionalisierte Gesten konstruieren Homologien zwischen abstrakten und konkreten kollektiven Vorstellungsbildern und beeinflussen das individuelle Denken. Sie lassen sich als deren körperlich-symbolische Darstellungen begreifen. Die sich in den Gesten artikulierenden Emotionen und Stimmungen sind weder denen vollständig zugänglich, die die Gesten vollziehen, noch gelangen sie vollständig ins Bewusstsein derer, die diese Gesten wahrnehmen und auf sie reagieren. In dieser Wirkung unterhalb des Bewusstseins liegt ein wesentlicher Teil der sozialen Bedeutung von Gesten.

Die Institutionen inhärenten Gesten und die ihnen impliziten Werte, Normen und Machtansprüche werden von den Menschen, die mit den Institutionen in Berührung kommen, wahrgenommen und mimetisch verarbeitet. Dies gilt insbesondere für die Gesten in Institutionen, die in langen Zeiträumen entstanden sind und mit deren Hilfe ihre Vertreter die gesellschaftlichen Ansprüche der Institutionen zum Ausdruck bringen. Indem sich die Vertreter dieser Institutionen der „bereitstehenden" Gesten bedienen, stellen sie sich in die Tradition dieser Institutionen und ihrer sozialen Ansprüche. Dieser Prozess führt zur Übernahme der in den Institutionen bereits vorgeformten Gesten. Sodann bewirkt der mimetische Charakter dieses Prozesses, dass diese Gesten nicht bloß reproduziert, sondern von den Vertretern der Institutionen im Prozess der Übernahme auch verändert werden können.

Der mimetische Umgang mit institutionell vorgeformten Gesten lässt den Repräsentanten der Institutionen ein hohes Maß gestalterischer Freiheit. Dieser Freiheitsspielraum führt zu einer allmählichen Veränderung der gestischen Darstellungs- und Ausdrucksformen und ihrer Bedeutung. In der mimetischen Aneignung solcher Gesten finden gleichzeitig eine Anähnlichung an vorhandene Traditionen und deren Veränderung statt. Dieser Prozess führt zu keiner bloßen Nachahmung der Gesten, sondern zu ihrer in Form und Bedeutung kreativen Ausgestaltung. Auch in der Form gleich gebliebene Gesten können im Verlauf neuer gesellschaftlicher Entwicklungen ihre soziale Bedeutung verändern. Untersuchungen zur Geschichte und Entwicklung von Gesten haben dies eindrucksvoll belegt (Starobinski 1994; Göhling u.a. 2009; Alkemeyer u.a. 2009).

Insofern Institutionen ihre Machtansprüche in den Gesten ihrer Repräsentanten „verkörpern", werden diese Machtansprüche auch im mimetischen Nachvollzug dieser Verkörperungen wahrgenommen und aufrecht erhalten. Die Adressaten dieser Ansprüche werden in den mimetischen Prozess der Übernahme und kreativen Ausgestaltung der institutionellen Werte und Normen einbezogen (Wulf

2005). Wie die Adressaten institutioneller Handlungen in der Mimesis institutioneller Gesten deren Wirkungen mitgestalten, wirkt auf Form und Gehalt der Gesten der Vertreter der Institutionen zurück. Diesem Wechselverhältnis zwischen den Vertretern und den Adressaten institutioneller Gestik kommt für das Verständnis der sozialen Funktion von Gesten eine zentrale Bedeutung zu. Über die Mimesis der institutionellen Gesten stellt sich bei den Vertretern und den Adressaten von Institutionen eine Identifikation mit der Institution her, deren Ansprüche und Geltung durch den Vollzug der Gesten jedes Mal bestätigt werden. Gesten werden zu Emblemen von Institutionen, über die sich die Abgrenzung zu anderen Institutionen und sozialen Feldern vollzieht. Wer Form und Bedeutung derartig emblematischer Gesten teilt, identifiziert sich mit der Institution, in deren Rahmen sie erzeugt werden. Über den mimetischen Vollzug von Gesten wird eine soziale Gemeinsamkeit erzeugt, in deren Rahmen die sozialen Beziehungen unter anderem mit Hilfe von Gesten geregelt werden. Gefühle der Zugehörigkeit werden durch den rituellen Vollzug von Gesten erzeugt und bestätigt. Dies gilt nicht nur für Institutionen, sondern auch für professionelle, schichten-, geschlechts- oder funktionsspezifische Gruppen. Insofern mimetisches Handeln Menschen befähigt, ein Verhältnis zur Welt körperlich auszudrücken und darzustellen, bringt es auch neue Gesten hervor.

Gesten haben die geringe Instinktgebundenheit und die *Exzentrizität* des Menschen zur Voraussetzung. Sie sind Bewegungen des Körpers, die sich jedoch nicht auf ihre Körperlichkeit reduzieren zu lassen. Gesten liegt eine Intentionalität zu Grunde, ohne dass sie in deren Zielgerichtetheit aufgehen. Gesten sind Ausdruck und Darstellung von Gefühlen und sind auf Gegenstände und andere Menschen bezogen. In Gesten erfährt der Mensch sich und die Welt gleichzeitig. In der Regel erfolgt in ihnen eine für Gesten charakteristische Einschränkung der Perspektive. In Gesten gestalten Menschen die Welt und werden gleichzeitig durch sie gestaltet. So gesehen, sind Gesten rückbezüglich, d. h. reflexiv.

Gesten sind Ausdruck und Darstellung körperbezogenen praktischen Wissens (Wulf 2006a). Sie können nicht mit Hilfe von Analyse, Sprache und Denken erworben werden. Vielmehr bedarf es zu ihrem Erwerb mimetischer Prozesse. Durch die Nachahmung von Gesten und Anähnlichung an sie gewinnt der Sich-mimetisch-Verhaltende eine Kompetenz, Gesten szenisch zu entwerfen, einzusetzen und nach den Umständen zu verändern. Historische Untersuchungen ihrer anthropologischen Funktion verdeutlichen die starke gesellschaftliche und kulturelle Bedeutung gestischen Verhaltens. Mithilfe von Gesten werden soziale Kontinuität erzeugt und gesellschaftliche Veränderungen angekündigt und im menschlichen Verhalten durchgesetzt. Unter Beibehaltung des gestischen Arrangements werden tiefgreifende, auf den ersten Blick kaum bemerkte Bedeutungsveränderungen vollzogen. Der historische Wandel von Gesten erstreckt sich auf ihre Bedeutungen, ihr körperlich-sinnliches Arrangement oder auf beides. Der mimetische Erwerb gestischer Kompetenz sichert die Fähigkeit, Gesten mit Hilfe von Körperbewegungen aufzuführen, sie in unterschiedlichen sozialen Kontexten einzusetzen und an die jeweiligen Erfordernisse anzupassen. Im mimetischen Erwerb werden Gesten inkorporiert. Sie werden Teil der Körper- und Bewegungsphantasie und damit eines körperbezogenen praktischen Wissens. Dieses gestische Körperwissen entsteht weitgehend unabhängig vom Bewusstsein und damit von den Distanzierungsmöglichkeiten der Beteiligten, entfaltet aber gerade deswegen nachhaltige Wirkungen. Diese Fokussierung der mimetischen, performativen, körperlichen, sozialen, ludischen und imaginativen Seiten der Geste bietet neue Perspektiven für die internationale Gestenforschung und ihre zu verstärkende erziehungswissenschaftliche Ausprägung (Wulf 2005, 2009; Gebauer/Wulf 1992, 1998, 2003, 2010).

Methodische Überlegungen

Je nach Paradigma, in dessen Rahmen Gesten erforscht werden, sind unterschiedliche konzeptuelle und methodische Zugänge erforderlich. In der *evolutionären Forschung* stehen z. B. das Experiment und der damit häufig verbundene Vergleich zwischen Menschen und nicht-menschlichen Primaten im Zentrum. Ziel ist der methodisch gesicherte Nachweis der zentralen Bedeutung von Gesten für die Entwicklung der menschlichen Kommunikation und Gemeinschaft. In der neurowissenschaftlichen Forschung geht es unter anderem um den Nachweis der Bedeutung des Spiegelneuronen-Systems für die Wirkung von Gesten, sei es, dass diese Gesten selbst vollzogen werden oder sei es, dass sie in einer experimentellen Situation als Handlungen anderer Menschen wahrgenommen werden (Rizzolatti/Sinigaglia 2008; Iacoboni 2008). Im nächsten Paradigma steht der Zusammenhang zwischen *Geste und Sprache* im Zentrum der Forschung. In experimentellen Ansätzen, in Ansätzen der Feldforschung sowie der Medienanalyse wird nachgewiesen, dass Gesten beim Sprechen viel wichtiger sind, als dass es sinnvoll wäre, sie allein als redebegleitend zu bezeichnen. Gesten begleiten nicht die Rede, sondern sie bringen Denken und Sprechen mit hervor. Bei dem in der vorliegenden Studie gewählten *ethnografischen Zugang* zur Erforschung von Gesten steht die Beschreibung, Interpretation und Analyse des Gestengebrauchs in partikularen sozialen Feldern im Mittelpunkt. Dabei gehen wir davon aus, dass der Gestengebrauch, den es in exemplarischer Hinsicht zu erforschen gilt, sich je nach sozialem Feld und Institution erheblich verändert. Gesten, die in einem sozialen Feld als ein akzeptierter Ausdruck von intensiven Emotionen angesehen werden, können in einem anderen kulturellen Zusammenhang als verfehlt und unangemessen gelten.

Unsere ethnografische Studie im Bereich der Erziehungswissenschaft untersucht mit mehreren Methoden, welche Rolle Gesten im Erziehungs-, Bildungs- und Sozialisationsprozess spielen. Sie arbeitet heraus, wie sich die Gesten von Lehrern, Eltern, Kindern und Jugendlichen in unterschiedlichen Erziehungsfeldern vollziehen, wie sie in pädagogischer Absicht eingesetzt werden und wie sie Kommunikations- und Interaktionsprozesse inter- und intragenerativ steuern. Darüber hinaus versuchen wir zu zeigen, dass das Wissen darüber, wie Gesten in sozialen Situationen zu gebrauchen sind, als ein praktisches Wissen häufig implizit ist und daher vorwiegend situationsspezifisch aktualisiert wird. Mit unterschiedlichen ethnografischen Verfahren wollen wir in ausgewählten Situationen den *modus operandi* des Gestenwissens herausarbeiten und damit einen wesentlichen Beitrag zur methodischen Entwicklung einer erziehungswissenschaftlichen Gestenforschung leisten.

Mit Hilfe rekonstruktiver Verfahren haben wir den Gestengebrauch ausgewählter Personen und Gruppen in den Sozialisationsfeldern „Schule", Familie", „Jugendkultur" und „Medien" beschrieben, interpretiert und analysiert (Wulf u.a. 2001, 2004, 2007). In komparativen Analysen der erhobenen Daten haben wir herausgearbeitet, wie die untersuchten Personen und Gruppen Gesten einsetzen und wie sie ihren Gestengebrauch beschreiben und interpretieren. Dazu haben wir mehrere qualitative Forschungsverfahren gewählt (Friebertshäuser/ Langer/Prengel 2009, Bohnsack 2003; Flick 2002, 2004; Krüger/Wulf 2000; Helsper u.a. 2009; Hammersley/Atkinson 2007; Walford 2008; Jeffrey/Woods 2009), mit denen Gesten, Körperbewegungen und Formen des Sprechens untersucht werden können. Von der Anwesenheit der Forschenden im Feld ausgehend, wurden verschiedene Perspektiven auf den Gestengebrauch der Akteure erarbeitet, kontrastiert und validiert. Die Unterschiede in den Wahrnehmungen und Selbstwahrnehmungen zwischen denen, die die Gesten vollziehen, und den Adressaten der Gesten wurden mit Hilfe von Interviews und Gruppendiskussionen präzisiert. Da das Verständnis des Gestengebrauchs auch eine Kenntnis des kulturellen Kontexts erfordert, wurden die Perspektiven der beteiligten Personen durch die Untersuchung der Figuration der Gesten, der Anordnung und Bewegung der Körper sowie der Zeit- und Raumorganisation ergänzt.

Aufgrund der Körperlichkeit und Performativität von Gesten haben wir wie schon in den ersten drei Bänden der Berliner Ritualstudie neben *narrativen Interviews* und *Gruppendiskussionen* besonders die Verfahren der *teilnehmenden Beobachtung* (Jorgensen 1989) und der *videogestützten teilnehmenden Beobachtung* verwendet. Um die Performativität der Gesten herauszuarbeiten, haben wir *szenische Arrangements, Körperbewegungen, symbolische Aspekte, kulturelle und mediale Artefakte* untersucht, in denen Gesten eine zentrale Rolle spielen.

Neben der teilnehmenden Beobachtung hat die sich die videogestützte teilnehmende Beobachtung für die Erforschung des Gestengebrauchs als besonders fruchtbar erwiesen. Sie erlaubt es, wichtige aufgezeichnete Sequenzen zu wiederholen, zu rekonstruieren und zu analysieren. Angesichts des flüchtigen Charakters von Gesten macht die Wiederholung der Situation mit Hilfe einer Videoaufzeichnung eine mikrologische Analyse möglich. Videogestützte teilnehmende Beobachtung ist dadurch charakterisiert, dass im Unterschied zur bloßen Installation von Kameras bei ihr die Anwesenheit der Forschenden erforderlich ist, deren zusätzliche Beobachtungen und Aufzeichnungen Ergänzungen zu den Videoaufnahmen darstellen. Zwar sind heute Videoaufzeichnungen für die Mikroanalysen des Gestengebrauchs in Erziehung, Bildung und Sozialisation von Vorteil, doch gilt es bei ihrer Auswertung zu bedenken, dass ihr zweidimensionaler Charakter und ihre durch die Wiederholbarkeit bedingte unterschiedliche Zeitlichkeit eine „mediale Realität“ erzeugen, die sich von der Ausgangssituation unterscheidet (Ehrenspeck/Schäfer 2003; Wagner-Willi 2008; Knoblauch u.a. 2006; Pink 2007; Bohnsack 2009).

Aufgrund ihrer multisensuellen Beobachtungs- und Erfahrungsmöglichkeiten war für unsere ethnografische Untersuchung die teilnehmende Beobachtung nach wie vor von zentraler Bedeutung. Im Sinne einer Triangulation der Erhebungsverfahren (Flick 2004) haben wir *Interviews* (Kohli 1978; Schütze 1987; Hopf 2000; Nohl 2006) und *Gruppendiskussionen* (Bohnsack 2003; Bohnsack/Przyborski/Schäfer 2006) durchgeführt. Während in den Gruppendiskussionen vor allem kollektive Erfahrungsbestände, Einschätzungen und Wertvorstellungen rekonstruiert wurden, konnte mit Hilfe der problemzentrierten Einzelinterviews eine zusätzliche Kontrastierung der kollektiven mit den individuellen Sichtweisen erfolgen.

Die Performativität von Gesten beinhaltet, dass Gesten Inszenierungen und Aufführungen des Sozialen und Kulturellen sind, das sich in ihnen verdichtet. Dies geschieht in Körperbewegungen, die zu szenischen Tableaus und ikonischen Arrangements führen können. Der performative, auf Inszenierung und Aufführung ausgerichtete Charakter der Gesten erzeugt Bilder, die sich in Folge mimetischer Prozesse im Imaginären festsetzen und zu handlungsrelevanten Elementen eines impliziten praktischen Gestenwissens werden. Die Erforschung der ikonischen Seite von Gesten ist deshalb eine wichtige Aufgabe einer ethnografischen Gestenforschung in der Erziehungswissenschaft (Wulf/Zirfas 2005; Hüppauf/Wulf 2006; Wulf/Fischer-Lichte 2010; Jörissen/Wulf 2009).

Die Struktur der Untersuchung

Im ersten Beitrag unserer Untersuchung von *Ingrid Kellermann* und *Christoph Wulf* werden Gesten in der Schule fokussiert und ihre signifikante Bedeutung für Bildungs- und Lernprozesse herausgearbeitet. Anhand unterschiedlicher Settings wird gezeigt, dass spezifische Handlungsweisen in wiederkehrenden, zum Teil rituell inszenierten Interaktions- und Kommunikationssituationen (re)produziert werden. Dabei wird deutlich gemacht, wie die unterschiedlichen Gestenformen und Körperhaltungen von Lehrern und Schülern durch kollektive Vorstellungen und Praktiken, durch die reformpädagogischen Traditionen der ausgewählten Schule und durch individuelle Gestaltungsvorstellungen beeinflusst werden. In der Verknüpfung von raum-zeitlichem Arrangement, den handelnden Personen und der atmosphärischen Aufladung wird mit Hilfe bestimmter Gestenformen eine symbolische Ordnung hergestellt, in der Hierarchien, Ansprüche und Erwartungen festgeschrieben werden. Über mimetische Bezugnahmen werden ihre Bedeutungen im Körpergedächtnis gespeichert. In vielschichtigen Wechselwirkungsprozessen vermitteln die Beteiligten mittels gestischer Ausdrucksformen Informationen über sich selbst; Gesten rekurrieren z. B. auf innere Vorstellungsbilder und Konzepte des Einzelnen oder aber auf sein Engagement bzw. seine distanzierte Haltung. Die empirischen Daten dokumentieren, in welcher Weise Gesten auf Bildungsprozesse einwirken. Darüber hinaus stellen sie heraus, wie sie im Spannungsverhältnis zwischen individuellen Bedürfnissen und den Interessen der Gemeinschaft zuweilen für Unterbrechungen im Unterrichtsfluss sorgen. Es wird evident, dass Gesten ihre Wirkkraft vornehmlich über körperlich-sinnliche Eindrücke entfalten, die für Erziehungs- und Bildungsprozesse konstitutiv sind.

Im anschließenden Beitrag von *Kathrin Audehm* wird das Verhältnis von gestischer Aufladung und pädagogischer Autorität im Kunstunterricht fokussiert. Es wird erforscht, wie Gesten dazu beitragen, die pädagogische Generationendifferenz in Szene zu setzen. Da Gesten häufig schwer abgrenzbare soziale Phänomene sind, wird ein Konzept der gestischen Aufladung des Kunstunterrichts untersucht. Obwohl sich eine relativ geringe gestische Aufladung der pädagogischen Praxis zeigt, verdeutlicht die videobasierte ethnografische Untersuchung, dass Schülergesten gleichzeitig die Anerkennung pädagogischer Macht demonstrieren, sie partiell simulieren und diesen Prozess auch mit parodistischer Ironie verknüpfen können. Sodann werden die Lehrergesten des Aufstemmens, des Glockenläutens und der körperlichen Erstarrung identifiziert und analysiert. Schließlich wird erläutert, inwieweit die gestische Aufladung der pädagogischen Interaktionen an deren Einbettung in das szenische Arrangement des Kunstunterrichts gebunden ist.

Nach den beiden Fallstudien über den Gestengebrauch in einer Schule untersucht *Sebastian Schinkel* Gesten im Familienleben. Dabei werden „Gestaltung“, „Verortung“ und „Einfühlung“ als drei zentrale Wirkungsweisen von Gesten identifiziert. Erstens wird untersucht, wie Gesten im Zusammenspiel mit sprachlichen Äußerungen oder für sich allein an der Gestaltung einer familiären Situation Anteil haben. Dabei zeigt sich: Soziale Situationen können mithilfe von Gesten in zeitlicher und räumlicher Hinsicht strukturiert und einzelne Gegenstände, Orte, Zeitspannen und Sachverhalte können gestisch mit Bedeutsamkeit „aufgeladen“ werden. Doch Gesten wirken sich auf einen Situationsverlauf nicht nur in „entäußernder“ Weise aus; sie haben auch Rückwirkungen auf die Akteure und ihre Beziehungen zueinander. Dementsprechend wird zweitens die Orientierung und Verortung durch Gesten innerhalb sozialer Räume untersucht. Dazu werden Ansprüche und Zuordnungen von Zugehörigkeiten, Gütern, Territorien oder Eigenschaften (z. B. im Sinne von Statusdifferenzen) fokussiert. In dieser Perspektive werden die relationale Verortung durch die Selbstpositionierung und die soziale Verortung anderer innerhalb der symbolischen Ordnungen und der jeweiligen materiellen Umgebung untersucht. In ihren wechselseitigen Bezugnahmen können die Beteiligten eine „innere Beweglichkeit“ als ein Eingehen auf Perspektiven anderer zur Aufführung bringen. Daher werden Gesten drittens unter dem Aspekt der Einfühlung als dialogische Beziehungspraxis untersucht: In dieser Praxis werden die Dynamiken der Zu- und Abwendungen, Annäherungen und Distanzierungen, Öffnungen und Schließungen sowie der gemeinsamen Bezugnahmen herausgearbeitet. „Gestaltung“, „Verortung“ und „Einfühlung“ werden nicht als voneinander getrennte Phänomene, sondern als analytisch unterschiedene Wirkungsweisen von Gesten betrachtet.

Auch in der Peer-Kultur spielen Gesten eine wichtige Rolle. Am Beispiel des Gestengebrauchs auf Rock- und Popkonzerten zeigen *Gerald Blaschke* und *Ruprecht Mattig*, dass Gesten eine im Vergleich zur Sprache eigenständige Kommunikationsfunktion haben. Nach dieser Untersuchung sind Gesten in der Lage, die Dramaturgie von Konzerten zu lenken, den Fortgang des musikalischen Konzertgeschehens anzuzeigen, Möglichkeiten der praktischen Einflussnahme auf dessen Verlauf zu eröffnen, Übergänge zu markieren, als Handlungsaufforderungen zu dienen und einen mimetischen Sog hervorzubringen. Es wird gezeigt, wie Gesten die Dynamik der sozialen Interaktionen antreiben. Gesten verbinden auf Rock- und Popkonzerten die beteiligten Personen zu einer außeralltäglichen Gemeinschaft und erzeugen euphorische Gemeinschaftserfahrungen. Hierzu verwenden die untersuchten Bands unterschiedliche performative Strategien.

Wie die beiden folgenden Untersuchungen zeigen, spielen Gesten auch im Sozialisationsfeld „Medien“ eine wichtige Rolle. In seinem Beitrag zum Selbstbildungsgehalt von Gesten in medialen Spielkulturen untersucht *Nino Ferrin* die Mittlerrolle zwischen körperlichem Ausdruck und der Lenkung von Spielfiguren (Avatare) in Sportsimulationen der Konsole „Wii“ (von Nintendo). Diese Mittlerrolle zeichnet sich durch eine Steigerung der körperlichen Einbindung in die Spielsteuerung aus und entwickelt durch die Vermittlung einer zweiten Positionalität im Bild ein reflexives Potential, das durch taktile und visuelle Spielpraktiken zugänglich wird. Da im Zwischenraum von Geste und Medientechnik eine Selbstbeobachtung der eigenen Körperpraxis der Spieler sowie der technosozialen Interaktion mit anderen Spielern stattfindet, tragen die Spielprozesse zur *Medien*bildung bei. Die synchrone Wahrnehmung der eigenen und der Avatargesten fördert jeweils eine Bezugnahme zum bewegten Digitalbild und schafft ein Erkennen und Verkennen der eigenen Fähigkeiten sowie eine habitualisierte Haltung zum Medium.

Die Untersuchung „befremdeter Gesten“ und der Macht des Pädagogischen in politisch-medialen Inszenierungen von *Birgit Althans* schließt unsere ethnografische Untersuchung über den Gestengebrauch in zentralen Sozialisationsfeldern ab. Ausgangpunkt dieser Studie ist der „Versprecher“ des obersten Richters und Barack Obamas bei dessen Vereidigung. Rekonstruiert wird die „sinnstiftende Macht“, die die Gesten bei diesem Inaugurationsritual übernehmen. Unter Bezug auf mehrere Analysen des pädagogischen Gebrauchs von Gesten in der Schule und in der Lehrerausbildung wird herausgearbeitet, wie in schulischen Gesten im Rahmen von „Sprach- und Gestenspielen“ gelernt wird, auf Gesten der Macht zu antworten, d. h. sich ihnen im Rahmen einer „stillen Pädagogik“ (Bourdieu) zu unterwerfen, ihre Autorität zu akzeptieren und sie dadurch zu legitimieren. Gesten werden zu körperlichen Formen, in denen Werte, Normen und Einstellungen aufbewahrt werden, so dass sie in ähnlichen Situationen auch neu inszeniert und aufgeführt werden können.

Gesten in der Schule
Zur Dynamik körperlicher Ausdrucksformen

Ingrid Kellermann, Christoph Wulf

> „Was sehen wir denn hier [auf dem Tisch]?“ Kaum hat die Lehrerin ihre Frage beendet, als der Schulanfänger Kevin, noch während er sich meldet, in die Klasse ruft: „Eine Sonnenblume!“[1]

Schulspezifische Ausdrucksformen wie das Melden gehören zum Alltagswissen, und einige davon können wie hier als konventionalisierte Gesten bezeichnet werden. Wie durch Kevins „In-die-Klasse-Rufen“ jedoch deutlich wird, ist ein adäquates Verhalten mit der Kenntnis des zugrunde liegenden Bedeutungsgehalts verbunden und somit erst im unmittelbaren Erleben erfahrbar. Zu Anfang der Schulzeit hat das Melden oftmals einen tentativen Aspekt: Die Schulanfänger melden sich und rufen zugleich in die Klasse – oder aber schweigen trotz expressiv-körperlicher Wortmeldung, wenn sie an die Reihe genommen werden.

Dieser kurze Ausschnitt aus dem Unterricht weist darauf hin, dass es in der Schule, speziell im Klassenraum, eine „eingespielte, symbolisch aufgeladene Ordnung der Umgangsformen“ gibt, die spezifische Handlungsweisen als institutionelle erkennbar werden lässt (Alkemeyer/Pille 2008: 144). In Raum-Zeit-Konfigurationen werden dabei charakteristische Interaktionsformen iterativ (re)produziert, die als habitualisierte Praktiken eine institutionsspezifische Typik etablieren. Trotz der situativen Kontingenzen schaffen ihre Wiedererkennbarkeit und die Routinen einen Wissensvorrat für die Mitglieder der Gruppe, die im Rahmen standardisierter Vorgaben ermöglichen, dass „nicht jede Situation Schritt für Schritt neu bestimmt werden muss“ (Berger/Luckmann 1980: 57). Im Zusammenspiel von schultypischen Handlungen („Typik der Akte“), schultypischen Habitus („Typik der Akteure“) (vgl. ebd.: 58) und szenischem Arrangement manifestieren sich charakteristische, aufeinander bezogene Interaktionen,

---

1 Gekürzter und leicht veränderter Szenenausschnitt aus Kellermann 2008: 118. In diesem Beitrag sind die Namen aller beteiligten Lehrerinnen und Lehrer sowie der Schülerinnen und Schüler anonymisiert.

deren Variationsspektrum vom institutionellen Feld definiert wird. Der Körper fungiert hierbei als Vermittler, als „Zeichenträger", der neben und/oder jenseits sprachlicher Inhalte permanent Informationen über das Individuum übermittelt (Goffman 2001: 6ff.). In unmittelbaren *face-to-face*-Interaktionen be*eindruck*t der Akteur sein Gegenüber mittels seiner körperlichen *Ausdruck*smöglichkeiten. Dabei lassen sich zwei Bedeutungsebenen unterscheiden: das *Verhalten* des Akteurs und seine *Wirkung* auf den/die Kommunikationsteilnehmer (vgl. ebd.).

In diesem Beitrag soll der Zusammenhang zwischen Ausdruck und Wirkung gestischen Verhaltens im Kontext der Institution Schule herausgearbeitet werden. Der Fokus richtet sich darauf, *wie* Gesten in Erziehung und Bildung etwas ausdrücken bzw. zur Darstellung bringen, was andernfalls unsichtbar bliebe. Hierbei sind jene nicht-sprachlichen Aspekte der Kommunikation von besonderem Interesse, die unmittelbaren Einfluss auf die Interaktion(en) haben. Denn mit Bezug auf George H. Mead werden Körperbewegungen, Mimik und Stimmvariationen als *gestische* Ausdrucks- und Darstellungsformen definiert, wenn sie in einem zirkulierenden Austauschprozess eine bedeutungsgenerierende Wirkung erzielen und damit zum signifikanten Symbol werden (Mead 1973: 100ff.). Ihr Sinngehalt ist nicht immer eindeutig und kann nur im jeweiligen Zusammenhang entschlüsselt werden.

Im vorliegenden Beitrag wird davon ausgegangen, dass Gesten in Bildungsinstitutionen als Teil eines *pädagogischen Tableaus* bedeutungsvoll sind. Die institutionellen Ansprüche und Erwartungen schreiben sich im Vollzug über schulspezifische Interaktionen, unterrichtstypische Körperhaltungen sowie die Sinnhaftigkeit der entsprechenden Gesten in das Körpergedächtnis der Adressaten ein. Deren Gültigkeit wird durch wiederholte „Aufführungen" bzw. Interaktionsmuster (re)produziert. Die in mimetischen Bezugnahmen inkorporierten Dispositionen generieren zum „sozialen Sinn", der dem Schüler die angemessene Steuerung seines Handelns ermöglicht. Auf diese Weise bringen die gestischen Inszenierungen schulischer Sozialität spezifische, atmosphärisch aufgeladene Choreographien einer Gemeinschaft hervor, die zu Handlungssicherheit führen und zur Identifikation mit der Gruppe beitragen (Wulf 2005; Gebauer/Wulf 1998).

Das Erkenntnisinteresse richtet sich auf die Frage, *wie* die Beteiligten körperlich-symbolisch eine Ordnung (re)konstituieren und welche Bedeutung Gesten dabei haben. Im Rahmen eines ethnographischen Zugangs werden institutionelle Interaktionspraktiken durch die Erhebungsmethoden der teilnehmenden und videobasierten Beobachtung untersucht. Wenngleich die Videographie ebenso durch das Erkenntnisinteresse des Forschers mitbestimmt ist und wie die teilnehmende Beobachtung eine interpretative Forschungstechnik darstellt, enthält sie eine spezifische Dimension. Audio-visuelle Daten ermöglichen eine detaillierte Rekonstruktion reziproken Gestenverhaltens, das aufgrund seiner besonderen Eigenschaften auch vom Beobachter *in situ* oft nur vorreflexiv wahrgenommen wird. Darüber hinaus können die für Schule und Unterricht charakteristischen simultanen und sequenziellen Interaktionselemente, die nebeneinander oder aufeinander bezogen auftreten, zusätzlich erfasst und mikroanalytisch rekonstruiert werden (vgl. auch Wagner-Willi 2008). Mit der wiederholten Rezeption der aufgezeichneten Daten lässt sich der *körperbezogene*, *bildhafte* und *performative* Charakter gestisch-mimischen und sprachlichen Ausdrucksverhaltens auf den unterschiedlichen Handlungsebenen herausarbeiten (vgl. ebd.). Die Auswertung der teilnehmenden und videobasierten Beobachtungsdaten erfolgt in Anlehnung an das interpretative Auswertungsverfahren der dokumentarischen Methode durch die Interpretationsschritte der formulierenden bzw. reflektierenden Interpretation (Bohnsack 2009; 2003; Wagner-Willi 2008; 2005).

Der erste Teil des Beitrags fokussiert zunächst die inszenatorischen Elemente der Einschulungsfeier, mit denen das Kind in die „schulische Familie" aufgenommen wird (vgl. Zirfas 2004: 23ff.).[2] In der Rekonstruktion des Wechselspiels zwischen Aktion und Reaktion wird der semantische Gehalt der Aufführung herausgearbeitet.[3] Gesten werden hier als *inszenierte* und *symbolische Aufführungen*[4] untersucht, die erst in der *Inter-Aktion* ihre vollständige Wirkung entfalten. Sodann werden stilisierte Gesten in Lehr- und Lernsituationen im Unterricht betrachtet, die – mit oder ohne sprachliche Beteiligung – zeitlich-räumliche Übergänge markieren und mit ihrer rahmenden Funktion in ritualisierte Interaktionen eingebettet sind. Die Kenntnis von Form und Bedeutung dieser Gesten ermöglicht es dem Schulanfänger, im Laufe der Zeit adäquates (Gesten)Verhalten bereitzustellen. So stellt das Aufführen von Kinderreimen eine besondere Bildungsform dar, dessen Analyse den Zusammenhang von Sprache, Sprechen und Gesten aufdeckt. Aus der in diesem Teil aufgenommenen Perspektive können Gesten als konstitutive Komponenten schulischer Interaktionen betrachtet werden, in denen nicht nur „unterrichtstypische" Handlungen zur Darstellung gebracht werden, sondern auch der spezifische Stil der Schule zum Ausdruck kommt, der sich u. a. in den schulkulturellen Umgangsformen offenbart. Trotz der individuellen Gestaltungskontingenzen zeichnen sich stilisierte

---

2 Zur Inszenierung der Einschulungsfeier als Aufnahmeritual in die „schulische Familie" der hier vorgestellten reformpädagogischen Schule gibt Jörg Zirfas im Rahmen der *Berliner Ritualstudie* eine ausführliche Darstellung (Zirfas 2004: 23ff.).

3 Eine Rekonstruktion der einzelnen Szenen gliedert die Einschulungsfeier zunächst in ihre thematischen Elemente (z. B. die Aufführung eines Liedes, die Übergabe der Sonnenblume). Anhand ausgewählter, detailliert rekonstruierter Szenen und ihrer ausführlichen Analyse kann dann der zugrunde liegende *semantische Gehalt* herausgearbeitet werden, der sich im *modus operandi* entfaltet, d. h. in der Art und Weise, *wie* diese thematischen Elemente zur Darstellung gebracht werden (vgl. Bohnsack 2003: 125, 135).

4 Es wird unterschieden zwischen *Inszenierung* (bewusst geplante Darstellung; Konzeption) und *Aufführung* (aktuelles, dynamisches Geschehen), (vgl. Fischer-Lichte 2004: 82).

Gesten dadurch aus, dass sie wiedererkennbare Elemente aufweisen, die Informationen transportieren und auf diese Weise die *Steuerung von Unterricht* beeinflussen. Eine weitere Perspektive dokumentiert den Darstellungs-, Zeige- und Aufforderungsaspekt von Gesten in unterrichtstypischen Interaktionen. Erst an der Reaktion der Beteiligten wird deutlich, ob und *wie* sie die nichtsprachlichen Zeichen interpretieren, mit denen sie sich gestisch-körperlich mitteilen. In diesem Teil werden unterschiedliche Zeigehandlungen analysiert, in denen deutlich wird, dass die Beteiligten auf die innere Vorstellungswelt, die *Imagination*, rekurrieren und ihre konzeptuelle Vorstellung im Gestenverhalten zum Ausdruck bringen. Schließlich zeigen Ausschnitte aus der Abschlussfeier der Schulabgänger, dass hier inszenatorische Elemente aus der Einschulungsfeier aufgenommen wurden, um die Schüler mit der feierlichen Verabschiedung aus der „schulischen Familie" zu entlassen (vgl. Göhlich 2004: 141ff.). Ein Vergleich beider Aufführungen stellt deren unterschiedliche semantische Bedeutungsinhalte heraus und lässt zugleich das schulspezifische Erziehungs- und Bildungsverständnis sichtbar werden. Im Rekurs auf die ethnographischen Ergebnisse werden im letzten Teil einige Dimensionen institutionellen Gestenverhaltens vorgestellt. Hierbei wird deutlich, dass *Gesten in Erziehung und Bildung* eine signifikante Bedeutung als Gegenstand erziehungs- und sozialwissenschaftlicher Forschung gewinnen.

Die Schule, mit der wir auf eine langjährige intensive Zusammenarbeit während der *Berliner Ritualstudie* zurückblicken, vereint einige bemerkenswerte Besonderheiten. Sie liegt in einem Berliner Innenstadtbezirk, der gemeinhin als sozialer Brennpunkt gilt. Aufgrund seiner hohen Bevölkerungsdichte, dem überdurchschnittlichen Anteil von Familien mit sozial-ökonomischen Problemen sowie Bewohnern mit Migrationshintergrund bündelt sich hier eine Vielzahl an pädagogischen Problemstellungen, denen die Lehrerinnen und Lehrer offen und konstruktiv zu begegnen suchen (vgl. Althans 2001; Göhlich/Wagner-Willi 2001). Seit vielen Jahren orientieren sich Schulleitung und Kollegium an reformpädagogischen Grundsätzen. Sie basieren auf den vier programmatisch postulierten Grundformen des Lernens, „Arbeit, Gespräch, Spiel und Feiern", die (trans)kulturelle Begegnungen in besonderer Weise ermöglichen und fördern sollen (Wulf u.a. 2004). Als Voraussetzung dafür wird das Lernen in jahrgangsgemischten Lerngruppen angesehen. Wegen ihres sozial-integrativen Engagements ist die Schule weit über die Grenzen ihres Einzugsbereiches anerkannt. Lehrer, Schüler und Eltern zeigen hier, wie sie die Heterogenität in ein gemeinschaftliches Miteinander transformieren (Wulf u.a. 2007).

Aufnahme in den Kreis der Schüler – Gesten der Integration

Entsprechend der Funktion von Übergangsritualen stellt die Einschulungsfeier ein Initiationsritual für einen gesellschaftlich determinierten und emotional aufgeladenen Transformationsprozess dar, in dem das Kind zum Schüler wird (u. a. Turner 2005; Wulf u.a. 2004; Petillon 1993; van Gennep 1999). Mit der öffentlich inszenierten Feier wird die neue Ordnung symbolisch strukturiert; die positiv konnotierten Darbietungen dienen der Reduktion von Ängsten und Unsicherheiten (Turner 2005; van Gennep 1999).

Gesten der Inszenierung

Die offizielle Einschulungsfeier findet in der umgestalteten Turnhalle statt. Räumlich-materiell weist bereits die Anordnung der Gegenstände und Personen im Raum auf eine institutionell präskribierte Ordnung hin, die den Akteuren ihre Positionen zuteilt. Da die Schulanfänger die Protagonisten der Feier verkörpern, sitzen sie im Zuschauerraum exponiert in den ersten Reihen, nahe einer unsichtbaren Demarkationslinie zur Hauptbühne. Hinter ihnen befinden sich die Sitzplätze der Eltern bzw. Familienmitglieder, die mit ihrer Teilnahme die Statuspassage legitimieren und ihrem Kind räumlich-symbolisch „Rückendeckung“ geben. Den Debütanten gegenüber – auf der Bühne – präsentieren wenig ältere Kinder aus unterschiedlichen Lerngruppen Ausschnitte aus dem Schulleben. Anhand einstudierter *Schau-Spiele* führen sie den Schulanfängern („Schul“)Szenen vor, in denen gemeinschaftliches Lernen spielerisch, vergnüglich und problemlos vorgeführt wird. Zwischen den und während der Aufführungen akzentuiert das konsensuelle Zusammenwirken von Lehrerinnen, Lehrern und Schülern die sozial-integrativen Aspekte des institutionellen Selbstverständnisses.

Die folgenden Sequenzen aus der Einschulungsfeier beziehen sich auf den Abschlussauftritt nach einer längeren Phase einzelner Vorführungen, der gleichsam zum Höhepunkt des Transitionsrituals, dem namentlichen Aufrufen der Schulanfänger in den Bühnenraum, überleitet.

Lied: Die Kleinen, die kommen[5]

Schüler aus zwei jahrgangsgemischten Lerngruppen (Klassenstufen 1-3) stellen sich unter Anleitung mehrerer Lehrerinnen nach und nach auf die Bühne. Auf der obersten Stufe sitzen, hinter ihnen knien und in den letzten beiden Reihen stehen die Kinder eng beieinander. Der Lehrer stellt sich mit seiner Gitarre linksseitig an den Bühnenrand.

Räumlich-positionell bilden Lehrer und Schüler frontal vor den Schulanfängern eine geschlossene Einheit. Diese Form der Gegenüberstellung hebt die symbolische Aufteilung zwischen den Akteuren, den Mitgliedern der Institution, und den Zuschauern, den (Noch-)Nicht-Mitgliedern, hervor. Schon die Organisation der Aufstellung für den Abschlussauftritt zeigt ein aufeinander „eingetaktetes“ Team von Lehrern und Schülern, das sich nach eingespielten Regeln positioniert.[6] Dementsprechend füllt sich der Bühnenraum nach den Regieanweisungen der Lehrerinnen. Im Gegensatz zu den bewegten Bühnenstücken einzelner kleinerer Schülergruppen zuvor formieren sich die Repräsentanten der Schulgemeinschaft nun zu dem eher statischen Gesamtbild eines Chores.

> Einige Schulanfänger im Zuschauerraum zeigen mit ausgestrecktem Arm nach vorn auf die Bühne, winken den dort stehenden Schülern zu; sie stehen dabei kurzzeitig auf, lächeln sich gegenseitig an; zwei Mädchen umarmen sich. Einzelne Schüler auf der Bühne winken den Schulanfängern zu.

Dieser „Zwischenraum“ zwischen zwei Darbietungen erlaubt einzelne flüchtige Kontaktaufnahmen von Schulanfängern und Schülern wie gegenseitiges Zulächeln und/oder Zuwinken. Die informellen Gesten akzentuieren die intendierte, mit der Raumgestaltung inszenierte Differenz zwischen „Wir“ und „den Anderen“. Gleichwohl erzeugen die Kinder über den gestischen Austausch eine Verbindung zueinander, mit der sie im metaphorischen Sinne eine Brücke zueinander bauen. Als konventionalisierte Grußgeste des (Wieder)Erkennens verweist das Winken auf die (noch) bestehende Entfernung durch die unsichtbare Grenzlinie zwischen Nicht-Schülern und Schülern, drückt zugleich aber (Vor)Freude auf die zeitnahe Transition aus.

Das Gestenverhalten der Schüler und Schulanfänger bringt an dieser Stelle einen *spontanen* Solidaritätsausdruck zur Darstellung. Jede Geste der miteinander kommunizierenden Kinder gewinnt hier ihre eigene Bedeutung. Wie eine Welle ziehen sich mimetische Bezugnahmen durch die Reihen der Kinder.

---

5 Zur besseren Lesbarkeit werden gemischte Gruppen von Schülerinnen und Schülern als „Schüler“ und gemischte Gruppen von Lehrerinnen und Lehrern als „Lehrer“ bezeichnet.

6 Zum Begriff des „Taktes“ in pädagogischen Situationen vgl. auch Suzuki 2008: 151.

Im Unterschied zu den impulsiven Äußerungsformen, die aus dem Augenblick heraus entstehen, ist die anschließende Darbietung eine einstudierte Aufführung.

> Ein großer Gong ertönt; das allgemeine Gemurmel und die Zurufe werden leiser. Die Schüler auf der Bühne stellen das gelegentliche Zuwinken und Anlächeln zu den Schulanfängern ein und richten ihren Blick schweigend nach vorn. Die Schulanfänger setzen sich wieder hin. Fast gleichzeitig schlägt der Lehrer die ersten Akkorde seiner Gitarre an.
> Eine Lehrerin steht mit dem Rücken zum Publikum vor der Schülergruppe. Als die Kinder auf ihren Impuls nach der Melodie „My bonnie is over the ocean"[7] zu summen beginnen, tritt sie rhythmisch tänzelnd rückwärts zur Seite der Bühne, ohne den Blick von den Schülern zu wenden.
> Gleichzeitig mit dem Summen des Chors beginnen drei Schulanfängerinnen in der ersten Reihe kurzzeitig zu schunkeln, während sie die Hände auf den Kopf des in der Mitte sitzenden Mädchens legen. Die Mädchen lächeln einander an.

Der Gong unterbricht die von den Kindern hergestellte informelle Verbindung. Sein Klang markiert das Ende des „Zwischenraums" und lenkt den Aufmerksamkeitsfokus auf die Bühne. Dementsprechend werden die Schüler auf der Bühne ruhig. Mit den ersten Klängen des Gitarrenspiels wendet sich die Regie führende Lehrerin dem Bühnenbereich körperlich zu und fokussiert ihre Aufmerksamkeit auf die Schüler, die daraufhin zu summen beginnen. Das stimmige Zusammenwirken von Schülern und Lehrern rekurriert auf ein implizites Wissen in Bezug auf die formale Ordnung des Situationsablaufs. Dabei entsteht im *modus operandi* der Aufführung die Atmosphäre einer Hausmusikveranstaltung, deren gemeinschaftsstiftendes Element das Musizieren darstellt.

Im mimetischen Bezug auf das Verhalten der Schüler auf der Bühne setzen sich dic Schulanfänger in den Zuschauerreihen wieder auf ihre Plätze und stellen das Winken und Zulächeln zu den „Großen" ein. Einige Mädchen in den Zuschauerreihen nehmen Kontakt zueinander auf, indem sie durch Schunkeln, Anfassen oder Sich-Anlächeln die physische Nähe zueinander intensivieren. Sie bringen mit der körperlich-sinnlichen Öffnung ihres Nahraums (Berührung,

7 Der umgedichtete Text des Liedes lautet:
1. Die Ferien sind nun zu Ende, die Schule, die fängt für euch an. / Ihr macht euch vielleicht schon Gedanken, was da auf euch zukommen kann. / *Refrain: Die Kleinen, die kommen, die Großen, die woll'n ihre Freunde sein./ Die Kleinen, die kommen, die Großen, die werden sich freu'n.* / 2. Ihr macht euch mal bloß keine Sorgen, die Schule, die macht doch viel Spaß. / Wir treffen uns alle am Morgen und lernen dabei auch noch was. / *Refrain* / 3. Wir lernen hier lesen und schreiben und malen und singen dazu. / Wir lernen und feiern zusammen und freuen uns, wenn nun kommst du. / *Refrain (2x)*

offener Blick, Lächeln) kurzfristig eine affektive Beteiligung am Geschehen zum Ausdruck.

Im weiteren Verlauf des Liedes[8] strukturiert die Lehrerin die formale Ordnung vorwiegend über ihr Gestenverhalten und bringt dabei zugleich ihre Funktion als Moderatorin zur Darstellung.

> Mit rhythmischen Auf- und Abwärtsbewegungen des Kopfes, der Arme und des Körpers dirigiert die Lehrerin sodann die erste Strophe. Am Beginn des Refrains dreht sie sich singend zum Publikum hin. Rhythmisch sich bewegend ruft sie ihm halb singend zu: „Ihr dürft mitsingen, wenn Ihr könnt!", um gleich wieder den Text des Refrains aufzunehmen. Dabei öffnet sie ihre Arme einladend in Richtung Publikum. Ein Teil der Schulanfänger und Zuschauer stimmt ein, verschiedentlich deuten einzelne Mädchen ein Schunkeln an.
> Für das Singen der Strophen wendet sich die Lehrerin wieder den Sängern auf der Bühne zu, während sie ihren Körper beim Refrain abermals zum Publikum hindreht und ihm rhythmisch einladend ihre Arme hinstreckt.
> In dieser Weise verfährt sie bis zum letzten Refrain des Liedes, dessen Wiederholung sie an seinem Ende durch ein lautes, rhythmisch-melodisches „Und-noch-ein<u>mal</u>"-Rufen initiiert. Der Gesang aus dem Zuschauerraum wird etwas lauter.
> Am Ende setzt sofort der Applaus ein.[9]

Die Lehrerin wendet sich während der Strophen singend, mit Kopf- und Körperbewegungen den Schülern auf der Bühne zu. Indem sie seitlich oder mit dem Rücken zum Publikum ihr Blickverhalten auf die Bühne richtet, signalisiert sie den Zuschauern körperlich-positionell, dass das Singen der einzelnen Strophen den Schülern obliegt.

---

8 Auf die Analyse des sprachlichen Inhalts und des Gestenverhaltens, das sich auf den semantischen Inhalt des Liedtextes bezieht, wird an dieser Stelle verzichtet. Zur poetischen Form von Sprache und Gesten siehe weiter unten in diesem Kapitel.

9 Richtlinien der Transkription von Gesprächsteilen (vgl. Kellermann 2008: 263):

∟	Sprecherwechsel
(.)	Pause unter einer Sekunde
[hustet]	Anmerkung zu nichtverbalen Äußerungen, Stimmvariationen oder Überlappung von Handlungen
ja:::	Dehnung, Häufigkeit von : entspricht der Dehnungslänge
<u>nein</u>	Betonung

Die Sprachanteile sind gemäß der Originalaufnahme umgangssprachlich wiedergegeben und entsprechen infolgedessen nicht immer der deutschen Rechtschreibung und Grammatik.

Abb. 1: Einschulungsfeier

Im Gegensatz dazu wendet sich die Lehrerin beim Refrain den Schulanfängern und den übrigen Zuschauern frontal zu, um alle Anwesenden zum Singen zu ermuntern. Mit ihrer einladenden Haltung öffnet sie für die Dauer des Refrains den (akustischen) Raum, den Ort, an dem „die Musik spielt", für temporäre Mitwirkung. Ihrer Körperdrehung folgt der verbale Einwurf („Ihr dürft mitsingen, wenn Ihr könnt!"), mit dem sie ihr Anliegen explizit macht. Die auf das Publikum gerichtete Armbewegung erinnert an (Medien)Auftritte von Popsängern, die ihr Publikum mit Ausrufen wie z. B. „all together now" dazu animieren, bekannte Liedstellen oder Melodiewiederholungen mitzusingen. Derartige Gesten intendieren, über die Herstellung von Gemeinsamkeit eine affektive Identifikation der Zuschauer mit den Interpreten und ihrer Musik zu evozieren.[10] Demgemäß erleichtert die Simplizität von Melodie und Refraintext auch hier eine aktive Beteiligung des Publikums. Im Anschwellen des Klangs sowie dem Schunkeln der Schulanfängerinnen zeigt sich eine Wirkung, die ein Wir-Gefühl ausdrückt und die Übergangssituation erleichtern kann. Die gemeinschaftsstiftende Intention der Inszenierung erhält eine weitere Akzentuierung, als die Lehrerin schlussendlich singend-sprechend zur Wiederholung des Refrains einlädt („Und noch

10 Zur Inszenierung von Rock- und Popkonzerten und zur gemeinsamkeitsstiftenden Wirkung von Gesten der Bühnenakteure siehe auch den Beitrag von Blaschke/Mattig in diesem Band.

einmal!“). Implizit kündigt sich damit das Ende des Liedes an. Überdies zielt die zweimalige Repetition darauf, die durch das gemeinsame Singen erzeugte Atmosphäre eines konsensuellen Miteinanders für einen Moment aufrechtzuerhalten bzw. zu intensivieren. Dementsprechend wird das Singen im Zuschauerraum etwas lauter.

Reziprok zu den Darstellern auf der Bühne dokumentieren die Zuschauer durch ihr Mitwirken ihr Einverständnis, sich an die gesellschaftlichen „Spielregeln“ zu halten, indem sie sich der „Regie“ der Akteure – in diesem Fall den institutionellen Vorgaben – nicht nur passiv unterordnen, sondern sich aktiv beteiligen. Der Applaus bestärkt als konventionelle Anerkennungsgeste das Einverständnis zum gesellschaftlich inszenierten Akt der Einschulung, bei dem die Eltern auch einen Teil ihres Erziehungseinflusses abgeben (Kellermann 2008).

Die vorgestellte Szene der Abschlussaufführung markiert die Endphase der Einschulungsfeier. Sie erreicht mit dem namentlichen Aufrufen der einzelnen Schulanfänger ihren Höhepunkt und wird mit dem mehr oder weniger umständlichen Aufschnallen der Schulmappe auf den Rücken und dem Überschreiten der imaginären Grenze vom *ZuschauerRaum* zum *SchulRaum* der Bühne performativ vollzogen. Der Lehrerin folgend, tritt das Kind als „Schüler“ den exklusiven, nicht-öffentlichen Gang in die Klasse an, um „hinter verschlossenen Türen“ initiiert zu werden (vgl. Zirfas 2004: 23ff.). Hier erhält der Einsetzungsakt seine soziale Bedeutung: In der Differenzsetzung zwischen Schüler und Nicht-Schüler, zwischen Mitglied und Nicht-Mitglied der Schulgemeinschaft werden dem „Debütanten“ von nun an entsprechende Attribuierungen zugeschrieben, die ihn zu einem „Sosein“ verpflichten (Bourdieu 2005: 111).

Abb. 2: *Die Sonnenblume wächst immer höher.*

Gesten als symbolische Handlung

Am Ende der Einschulungsstunde beschließt die Lehrerin den „ersten Schultag" mit einer besonderen Geste – der Übergabe einer Sonnenblume – und besiegelt so symbolisch den neuen Status als Schüler.

Ende der Einschulungsstunde

> Im Klassenraum steht seitlich vor der Tafel ein großer Eimer, gefüllt mit 15 Sonnenblumen. Frau Kern verkündet nach der Präsentation einer Geschichte, in der unter anderem die Sonnenblume eine Rolle spielt: „Unsere Sonnenkinder, und das wissen die Mond- und Sternekinder, unsere Sonnenkinder bekommen nachher auch eine Sonnenblume."[11]

Die Sonnenblume ist zentrales Thema in der Einschulungsstunde und ihre kontextspezifische Bedeutung wird in der eindrucksvoll und spannend inszenierten metaphorischen Erzählung der Lehrerin langsam enthüllt: Zunächst wird sie zum

11 In den Lerngruppen werden die Schulanfänger als „Sonnenkinder" bezeichnet, die Schüler des 2. Jahrgangs als „Mond-" und die Schüler des 3. Jahrgangs als „Sternekinder".

Schlüsselsymbol für den Eintritt in das „Schloss" (Schule), das hinter den „verschlossenen Türen" (Klassenraum) in seinem Innern „geheime Schätze" (Bildungsinhalte) bereithält, die es zu entdecken gilt. Analog zur illustrativen Narration, so prognostiziert die Lehrerin zum Abschluss, werden auch die Schulanfänger in der Schule die „Schätze" kennenlernen, die diese Institution zu bieten hat. Auf diese Weise erhält die Übergabe der Sonnenblume am Ende der Unterrichtsstunde eine besondere, symbolisch aufgeladene, Bedeutung, wie die „eingeweihten" älteren Schüler aus eigener Erfahrung „wissen".

> Später, als die Einschulungsstunde zu Ende ist und die Kinder verabschiedet werden, sagt die Lehrerin: „Ihr bekommt alle eine Sonnenblume und lieber Boris (3. Jg.), du bekommst heute auch eine Sonnenblume, weil du neu bei uns bist und wir uns genauso freuen, dass du jetzt auch bei uns bist."
>
> Die Lehrerin stellt sich an der Tür auf und überreicht jedem Schulanfänger beim Hinausgehen eine Sonnenblume.

Um die unumgängliche Schulpflicht in ein Gefühl der Freiwilligkeit, Freude und Motivation zu transformieren, soll die feierliche Stimmung in dieser ersten, rituell inszenierten Unterrichtsstunde den Schulanfängern eine exklusive Zugehörigkeit zur Lerngruppe suggerieren und Spannung auf Zukünftiges erzeugen. Die atmosphärische Aufladung bündelt sich am Schluss der Stunde in der Übergabe der Sonnenblume beim Abschied. Sie erfolgt durch die Autoritätsperson der Lehrerin, die sie unter der Zeugenschaft der Mitschüler jedem einzelnen Schulanfänger und darüber hinaus auch dem neu hinzugekommenen Schüler des 3. Jahrgangs als sichtbares Zeichen seiner Mitgliedschaft überreicht. Mit der Übergabe bestätigt sie symbolisch die Zugehörigkeit des Neulings zur Gemeinschaft und (re)konfirmiert das zuvor ausgesprochene Versprechen, ihn zukünftig in die „geheimen Schätze" der Institution einzuweihen. Die Annahme der Sonnenblume erteilt dem Kind die *exklusive* Ehre (ohne Eltern und Geschwister), dazuzugehören. Im Sinne eines Austauschs von Gabe und Gegengabe birgt sie darüber hinaus auch eine Verpflichtung. Denn die dem symbolischen Akt zugrunde liegende Funktion besteht darin, das Kind über das Identifikationssymbol der Sonnenblume in seinem Bemühen zu bestärken, zukünftig seiner Definition als Schüler dieser Schule gerecht zu werden.

Abb. 3: *Übergabe der Sonnenblumen*

Ob die Schulanfänger den symbolischen Bedeutungsgehalt der Geste verstanden haben oder nicht: Der Eintritt in die Schule, speziell der erste Gang in eine neue Welt, in den Klassenraum, ist verknüpft mit dem Geschenk der Sonnenblume und besiegelt den neuen Status. In der ersten Woche, beim Tuschen der Sonnenblume, werden auch für die älteren Kinder die Erinnerungen an die Schulanfangszeit wieder wach. Sie erzählen von den alljährlichen Variationen der Aufgabenstellungen im Kunstunterricht und ihren persönlichen Fortschritten, die sie in der jahrgangsgemischten Lerngruppe nun zum zweiten oder dritten Mal erfahren. Für sie bleibt die Geste präsent, mit der die Aufnahme in diese Schulgemeinschaft inszeniert wurde.

Die Analogie zur Abschlussfeier (siehe am Ende dieses Beitrags) macht die Sonnenblume zum Symbolträger, zum „Emblem“[12] dieser Institution und seiner

12 Emblematischen Gesten oder „emblems“ (Ekman/Friesen 1981) liegen kulturelle Konventionen zugrunde, deren „thematischer Aspekt“ den Angehörigen der jeweiligen Gruppe evident ist. Innerhalb einer gesellschaftlichen Gruppe oder Institution etablieren sich dabei spezifische gestische Ausdrucksformen, die für ihre Mitglieder keiner zusätzlichen Explikation bedürfen. Kendon bezeichnet sie auch als „symbolic“ oder „quotable gestures“ (Kendon 2004: 315ff.), da sie ihm zufolge für ein Konzept stehen, das einem sprachlichen Kommentar gleicht. Die sprachliche Bedeutung der Gesten ist dennoch nicht auf ihren symbolischen Gehalt reduzierbar, da ein wesentliches Charakteristikum von Gesten ihre Mehrdeutigkeit ist und ihre Bedeutung erst durch den situativen Kontext dechiffriert werden kann. Emblematische Gesten verweisen auf den ri-

Inhalte. Nicht nur im Rahmen der Einschulungsfeier, auch am Ende der Grundschulzeit zeigt sich die identifikatorische Funktion der rituellen Übergabegeste; denn im Rahmen der Inszenierung symbolisiert sie die – positiv konnotierte – *Bildungs-Gemeinschaft* im spezifischen Kontext dieser Schule.

Die Analyse dieser beiden Szenen vom Tag der Einschulung macht die zentrale Bedeutung von Gesten sowie die besondere Medialität des körperlichen Ausdrucksverhaltens sichtbar. Ihre Wirksamkeit verweist zudem auf das Potential, durch welches Gesten pädagogische Prozesse nicht nur begleiten, sondern steuernd in sie eingreifen.

Das „Schulspiel“ oder die Gesten(sprache) des Unterrichts

Individuen, Gruppen, Institutionen inszenieren das soziale Leben einer Gesellschaft (Wulf 2008). Es findet in unterschiedlichen sozialen Feldern statt, wie Familie oder Schule, die räumlich und zeitlich voneinander getrennt sind. Jeder Bereich verfügt über eine spezifische Eigenlogik, eine „Logik der Praxis“ (Bourdieu 1987: 122ff.). Diese lässt sich Pierre Bourdieu zufolge mit der inneren Logik des Spiels vergleichen, die gleichsam die Historizität von Institutionalisierungsprozessen sichtbar macht: Die objektiven Spielstrukturen des Spielraums sorgen für die Sinnhaftigkeit des Spiels und sind damit ein Produkt der Erfahrung. Ihre prozesshafte Dimension liegt in dem Potential zur Veränderung, das durch den subjektiven Sinn der Spieler, d. h. deren Bedeutungszuschreibungen und Orientierungen, ständigen Variationen unterliegt. Die Teilnahme am Spiel bedarf der Anerkennung der Spielvoraussetzungen, die auch eine Reglementierung und Sanktionierung von Übertretungen impliziert. Das jeweilige Feld zeichnet sich – ungeachtet mannigfaltiger subjektiv ausgestalteter Stile – durch eine innere Homogenität aus, d. h. durch eine Wiedererkennbarkeit sozialer Interaktions- und Ausdrucksvariationen. Innerhalb eines definierten Spektrums reichen diese von einfachen Formen bis hin zu komplexen Tätigkeiten. Diese Homogenität drückt sich nicht zuletzt über stilisiertes Gestenverhalten aus, mit dem schulcharakteristische Praktiken ihren spezifischen Bedeutungsinhalt erlangen.

Dabei unterscheiden sich Unterrichts- und Pausenzeiten, abgesehen vom räumlich-zeitlichen Wechsel, durch die divergenten Kommunikationsformen sowie die körperlichen Bewegungsmöglichkeiten bzw. -einschränkungen. Abhängig vom Unterrichtsfach und der inhaltlich-formalen Unterrichtsorganisation

tualisierten Aspekt von Kommunikationssituationen, den auch Goffman in seinen Untersuchungen zu *face-to-face-Interaktionen* fokussiert. Hierbei spricht er u. a. dem Gestenverhalten eine steuernde und regelnde Funktion zu (Goffman 2001: 5ff.; vgl. auch ders. 1986; 1982).

werden situationstypische Interaktionsvarianten eingeübt und erhalten so ihre charakteristische Form. Im reziproken Zusammenspiel führen Lehrer und Schüler hierbei ihre sozialen Positionen auf, deren Darstellungsweise z. B. in lehrerzentrierten Unterrichtsstunden signifikant von derjenigen im Kunstunterricht differiert (siehe auch den Beitrag von Kathrin Audehm in diesem Band).

Gesten zur Steuerung von Unterricht

Ein Phasenwechsel zeigt im folgenden Unterrichtsausschnitt eine schulkulturell geprägte, individuell ausgestaltete Möglichkeitsform schultypischer Interaktionsmuster des Unterrichts.

Vorbereitung der Präsentation einer Geschichte

Gegen Ende der Einschulungsstunde begibt sich die Lehrerin Frau Kern schweigend, mit einem Zettel in der Hand, von der Höhe der Klassenraumtür langsam in die Mitte des Raums und stellt sich vor die Tafel.

Gleichzeitig geht Frau Schumann vom vorderen linken Gruppentisch zum rechten mittleren Gruppentisch und setzt sich auf den freien Platz neben die Schulanfängerin Aishe. Frau Schumann richtet schweigend ihren Blick auf Frau Kern. Diese beginnt mit leiser Stimme zu sprechen:

„So (.) jetzt ist der Teil (.) wo ihr euch bitte so hinsetzen sollt, dass ihr gut zuhören könnt (.) nichts klappert und ähm dass ihr nach vorne schaut (.) und einfach lausch::t (.) sch:::::"

└ Ein Schulanfänger am vorderen Gruppentisch rechts gähnt lang gedehnt hörbar ein und wieder aus. Frau Kern blickt in seine Richtung und sagt: „Och (.) nee (.) das nicht (.)"

Lehrerpräsentationen wie diese gehören zum pädagogischen Tableau der Schule. Hier markiert die Lehrerin durch eine charakteristische Variation der Aufmerksamkeitsfokussierung einen rituell inszenierten Phasenwechsel, der eine Möglichkeitsform der „zentrierten Interaktion" darstellt (Goffman 1986). Gestisch-körperlich sowie stimmlich zielt Frau Kerns Verhalten dabei darauf, einen Spannungsbogen aufzubauen, um die Aufmerksamkeit aller Kinder zu sammeln und deren körperliche Gerichtetheit auf die bevorstehende Präsentation im Tafelbereich zu fokussieren. Die Lehrerin selbst übernimmt die Aufgabe, die Rahmenbedingungen für diese spezifische Unterrichtsform herzustellen.

Frau Schumann wirkt gleich zu Beginn in kohärenter Weise mit, indem sie Frau Kern die *Bühne* überlässt und sich in die *Zuschauerreihen* – an einen Schülerplatz – begibt. Sie nimmt damit räumlich-positionell und nonverbal eine von den Schülern erwartete Aufmerksamkeitshaltung ein. Genauer ausgedrückt, sie *ahmt* eine der erwarteten Körperhaltungen und Verhaltensweisen *vor*, die der institutionellen Erwartungshaltung in dieser Unterrichtsform entspricht.

Die Differenz zu den Schülern besteht jedoch darin, dass sie diese Haltung nicht zwingend einnehmen muss. Sie setzt sich gewissermaßen als *Vor-Bild* in Szene, um die Schüler performativ zu einer solchen Haltung aufzufordern. Eine weitere Differenz zwischen Lehrerin und Schülern stellt die Berechtigung dar, als institutionelle Vertreterin diese räumlich-positionelle Nivellierung jederzeit wieder aufheben und ins Unterrichtsgeschehen eingreifen zu können, während die Schüler im Spielraum des vorgegebenen Rahmens eine Haltung beibehalten müssen, um nicht reglementiert oder sanktioniert zu werden.

Die langsame Gehbewegung Frau Kerns vom Rand der Klasse in die Mitte vor die geschlossene Tafel erzeugt Assoziationen an eine Theaterbühne mit noch verschlossenem Vorhang, vor den der Schauspieler tritt, um den Auftakt des Stückes anzuzeigen und gespannte Ruhe im Publikum zu erzeugen. So markiert auch Frau Kern mit ihrem einleitenden, betonten „So (.)“ und der folgenden kurzen Sprechpause den Beginn einer neuen Phase, eines unterrichtlichen *Szenenwechsels*. Im Weiteren spricht sie leise und bedächtig: Die mittels Stimmlage, Stimmmelodie und kurzer Sprechpausen ausgestrahlte Ruhe der Lehrerin hat die Intention, bei den Schülern eine adäquate, d. h. geräusch- und bewegungsarme Körperhaltung zu evozieren. Über die sprachlich-semantische Dimension hinaus konstituieren Lehrerin und Schüler im mimetischen Bezug aufeinander performativ – durch den prosodischen Stimmeinsatz der Lehrerin und das reaktive Ausdrucksverhalten der Schüler – die formale Strukturierung der Lernsituation. Der *pragmatische* Bedeutungsgehalt ihrer sprachlichen Äußerung impliziert also die Aufforderung, deren *semantischen* Inhalt in eine entsprechende Körperhaltung zu transferieren.[13] Verbal macht die Lehrerin dabei explizit, welche Erwartungen sie an die Schüler hat (nichts soll „klappern“, alle sollen „nach vorne schauen“ und „lauschen“). Zudem pointiert sie mit der Wahl des Synonyms „lauschen“ für eine bestimmte Art des Zuhörens die Forderung nach aufmerksamer Stille, bei der die Lautdehnung des „sch“ als paraverbales Kommunikationsmittel fast sofort übergeht in den geradezu beschwörenden, vokal untermalten mimi-

13 Nach Morris (1973) sind Zeichen nonverbalen Verhaltens vergleichbar mit sprachlichen Zeichen und haben einen *syntaktischen* Aspekt (sinnvolle Beziehung der Zeichen zueinander, d. h. ihre Grammatik), einen *semantischen* Aspekt (ihre inhaltliche Bedeutung) und einen *pragmatischen* Aspekt (Beziehung zwischen Zeichen und Benutzer, ihre Verwendung bzw. Deutung).

schen Ausdruck der leicht gespitzten Lippen („sch:::::“), der ein beschwichtigendes Zur-Ruhe-bringen-Wollen anzeigt.

Einer der Schulanfänger am rechten vorderen Gruppentisch „antwortet“ auf den beruhigenden Tonfall der Lehrerin auch sofort mit der ebenfalls intonierten Mimik des hörbaren langgezogenen Gähnens. Seine Reaktion kann sich dabei sowohl auf ihre prosodisch in Szene gesetzte Aufforderung zum Ruhigwerden als auch auf das Setting der Kissen- und Körperarrangements beziehen, das ebenfalls Konnotationen von Stille und Ausruhen hervorruft.[14] Jedoch persifliert er die Situation mit seinem lautstarken Gähnen im Sinne einer einschläfernden Wirkung – der darüber hinaus auch die Bedeutungsdimension von Langeweile innewohnt – und fällt damit aus dem kontextspezifischen Rahmen. Selbst ein Schulanfänger weiß, dass in der Schule nicht geschlafen wird. Allerdings muss er (noch) nicht zwingend über das praktische Wissen in Bezug auf „schülertypisches“ Gestenverhalten verfügen, demzufolge Langeweile im institutionellen Kontext besser nicht offen zur Schau gestellt werden sollte. Wie in dieser Situation erwirbt der Schulanfänger dieses Wissen im unmittelbaren Erleben, das ihm bedeutet, welche charakteristischen Gesten die institutionellen Erwartungen an Konzentration und aufmerksame Ruhe implizieren: das ruhige Sitzen auf dem eigenen Platz, die Fokussierung des Blicks auf die Lehrerin und, unabhängig vom individuellen Empfinden, die schweigende Demonstration von Aufmerksamkeit.

Dieser Moment des Gähnens gehört zum Unplanbaren, Nichtvorhersehbaren, das jeder pädagogischen Situation inhärent ist und das Potential zu einer Wendung, Umkehrung oder gar zum Misslingen hat. Meinte der Schüler seine nonverbale Äußerung ernst und fände er einige Mitstreiter, die sich seiner konterkarierenden Haltung mimetisch anschließen würden, könnte die bisherige Stimmung umschlagen und das Gelingen der Präsentation verhindern, erschweren oder zumindest unterbrechen. Dieser flüchtige Augenblick macht deutlich, dass die Lehrerin auf das Mitziehen, Mitmachen und die Bereitwilligkeit der Schüler angewiesen ist, um erfolgreich agieren zu können. Für die vorgestellte Szene hat die Unterbrechung des Unterrichtsflusses durch das Gähnen keine weiteren Konsequenzen. Der Schulanfänger gerät durch die kurze Intervention der Lehrerin, eingeleitet mit der körperlichen Hinwendung zu ihm, in den Fokus ihrer Aufmerksamkeit. Über den semantischen Inhalt ihrer Worte hinaus vermittelt der prosodische Einsatz ihrer Stimme[15] ihm freundlich, aber bestimmt, dass sie einen Einwurf wie diesen nicht duldet. Die öffentliche Reglementierung zeigt allen

14 Gewöhnlich ist das Kissen symbolisches Element der rituellen Ruhepause nach der großen Pause, die den Übergang von der Hofpause zum Unterricht erleichtern soll. Zu meditativer Musik haben die Kinder für drei bis fünf Minuten die Möglichkeit, auf ihrem Kissen zu entspannen.

15 Kurze Sprechpausen nach paraverbalem „och“, verbietendem „nee“ und explizierendem „das nicht“ pointieren die knappen, auf das Wesentliche reduzierte Botschaften.

Beteiligten beispielhaft, welche Variation der individuellen Ausgestaltung *sie* als unakzeptabel *wertet*: Erst die *Reaktion* der Lehrerin auf das hörbare Gähnen definiert die Handlung des Schülers als Fehlverhalten. Mit dem Öffentlichmachen setzt sie für alle Schüler eine verbindliche Verhaltensnorm. Was auch immer er erreichen wollte, ob ihn ernste oder spaßige Absichten zu seinem Verhalten „verleiteten", die stille (Nicht)Reaktion der Mitschüler bestätigt als schweigende Resonanz den von der Lehrerin aufgeführten Autoritätsanspruch.

Beide Lehrerinnen bringen in dieser Stunde, wenn auch in unterschiedlichen Gestenformen, den Geltungsanspruch ihrer Erwartungen zur Darstellung.

> Während Frau Kern die Aufmerksamkeit der Schüler verbal und nonverbal auf den „Bühnenbereich" der Klasse lenkt, holen Toga (2. Jg.) und Linus (2. Jg.) am vorderen Gruppentisch links ihr Kissen unter dem Tisch hervor. Toga legt ihr Kinn augenblicklich auf ihr Kissen, ihr Blick ist der Lehrerin zugewandt. Linus wirbelt seitlich seines Körpers kreisend sein Kissen kurz in der Luft, hält es an sein Kinn, drückt zwei Enden an den Wangen fest, so dass nur noch der Mund zu sehen ist. In dieser Stellung verharrt er drei Sekunden, dreht seinen Kopf und blickt seine Sitznachbarin Anne (3. Jg.) an. Sie schaut nicht zu ihm, sondern ins Leere vor sich; ihre Handgelenke liegen parallel zueinander auf der Tischkante. Schließlich legt Linus das Kissen auf den Tisch. Mit beiden Händen an den Kissenenden sitzt er weiterhin aufrecht und wendet sein Gesicht der Lehrerin zu.
> Auch Arzu (3. Jg.) am großen Gruppentisch rechts in der Mitte hat ihr Kissen hervorgeholt und hält es fest umschlungen, den Blick nach vorne zur Tafel gerichtet. Leon (1. Jg.) guckt zu ihr und holt auch sein Kissen hervor. Laura (2. Jg.) und Hannah (2. Jg.) am hinteren Gruppentisch rechts umschlingen ebenfalls ihre hervorgeholten Kissen. Laura guckt die neben ihr sitzende Lilly (1. Jg.) an und tippt immer wieder mit ihrem Zeigefinger auf ihr Kissen.

Toga und Linus reagieren auf Frau Kerns „Aufführung" und holen, wie einige andere auch, schon während des von ihr eingeleiteten *Szenenwechsels*, ihr Kissen unter dem Tisch hervor. Diese Geste deutet auf ein bereits erworbenes praktisches institutionelles Wissen hin, wann die Verwendung des Kissens erlaubt ist und wozu es dienen soll. Während Toga die Funktion augenblicklich *aufführt*, indem sie sich entspannt auf das Kissen legt, „spielt" Linus mit den Möglichkeiten der Zweckentfremdung. Ohne zu „stören", d. h. in diesem Fall ohne die Aufmerksamkeit der Lehrerin zu erregen, versucht er für eine kurzweilige Unterbrechung außerhalb des Rahmens das Interesse Annes zu wecken. Mit seinem ihr zugewandten Oberkörper, die auf sie gerichtete Kopfhaltung und dem auffordernden Blick drückt Linus körpersprachlich seine Absicht aus, einen kommunikativen Austausch zu initiieren. Anne wiederum weist allein durch ihr gestisches Verhalten dieses Angebot zurück. Gemäß den „Spielregeln" im Klassenzimmer demonstriert ihre auf die Lehrerin gerichtete Haltung Unterrichtsbereitschaft. Linus nimmt den auf die Lehrerin zentrierten Interaktionsstrang letztlich auch auf und fügt sich so in das institutionell geforderte Gestenverhalten ein. Den zur Verfügung stehenden Handlungsspielraum nutzt er allerdings anders als Toga, die gestisch und materiell ihr Territorium auf sich und den Tafelbereich begrenzt.[16]

Abb. 4: *Linus und das Kissen*

Linus nutzt das Kissen, um es an zwei seiner Enden festzuhalten. In einem metaphorischen Sinn könnte das mit den Begriffen Ruhe und Entspannung konnotierte Kissen für Linus eine symbolische Hilfe bei der Erzeugung einer aufnahmebereiten Haltung darstellen. Einige der Mitschüler zeigen mit ihrem Ausdrucksverhalten ebenfalls das Bemühen um eine situationsadäquate Haltung. Während Leon als Schulanfänger sich in mimetischer Weise an Arzus Verhalten orientiert und von sich aus sein Kissen unter dem Tisch hervorholt, macht Laura die Schulanfängerin Lilly auf diese Möglichkeit aufmerksam. Dem situativen Rahmen entsprechend kommuniziert Laura nonverbal mit Lilly; ihre repetitive Zeigegeste auf das Kissen stellt die Aufforderung an Lilly dar, es ihr gleichzutun und ebenfalls ihr Kissen hervorzuholen. Ob Lilly dies nicht verstanden hat oder ablehnt, ist an ihrer Reaktion nicht zu erkennen. Jedoch werden an dem auf alle Gruppen-

16 Togas Haltung verschließt mit dem auf die Lehrerin gerichteten Blick die Möglichkeit einer spontanen, beiläufigen Kontaktaufnahme sowohl zu ihrer linken Sitznachbarin als auch zu den gegenüber sitzenden Mitschülern. Ihr Kissen begrenzt materiell ihre räumliche Positionierung.

tische übergreifenden gestischen Ausdrucksverhalten des Sich-Sammelns, der Ruhestellung des Körpers durch Neigen des Kopfes auf die Arme, mit oder ohne Kissen, die mimetischen Bezugnahmen der Kinder aufeinander deutlich.

Das *Vor-Bild* der älteren, schulerfahrenen Kinder spielt in Interaktionen wie diesen gerade zu Beginn der Schulzeit eine bedeutsame Rolle. In immer wiederkehrenden Präsentationssituationen ähnlicher Art kommt deren ritueller Charakter und ihre Funktion zum Ausdruck. Denn auf diese Weise kann eine mit dem erwarteten Verhalten verbundene „innere Haltung" einer wertschätzenden Aufmerksamkeitsfokussierung auf die/den Vortragende(n) in einem mimetisch (zwischen äußerer Welt und innerer Vorstellungswelt) zirkulierenden Prozess eingeübt und eine entsprechende Verhaltensdisposition im Körpergedächtnis gespeichert bzw. als körperlich-geistige Haltung entwickelt werden.

Es ist still im Raum. Einige Kinder liegen mit dem Kopf auf ihren Händen, Armen oder dem Kissen auf dem Tisch, die meisten haben den Blick zur Tafel bzw. auf die Lehrerin gerichtet. Frau Kern klappt bedächtig die Tafelseiten auf.

Auf der Innenseite erscheint ein mit Kreide gezeichnetes Bild mit einem Schloss im Hintergrund, einem davorliegenden Weg, der von Blumen gesäumt ist. Im Vordergrund rechts ist eine überdimensional große Sonnenblume zu sehen.

Abb. 5: *Tafelbild mit Schloss und Sonnenblume*

Nachdem sich durch die Mitwirkung aller Beteiligten nun Ruhe und eine neugierig-gespannte Aufmerksamkeitshaltung konstituiert hat, klappt die Lehrerin die

Tafelseiten auf, deren Innenseite den Ort der Erzählung gleich einem Bühnenbild visuell präsentiert. – Der Vorhang geht auf, die Vorstellung kann beginnen.

Es wird deutlich, dass dieser Phasenwechsel überwiegend mittels Gesten und Stimmeinsatz gelenkt und beeinflusst wird. Innerhalb der zeitlich-räumlich-materiellen Rahmung stellen Lehrerinnen und Schüler in reziproken, mimetischen Bezugnahmen eine spezifische Unterrichtsordnung her, durch die eine bestimmte Stimmung generiert werden soll. Die darauf bezogene Erwartung verlangt von den Schülern die Einnahme einer lautlosen Aufmerksamkeitshaltung, die nicht zwingend den eigenen Gefühlen entsprechen muss. Gleichzeitig bietet sie einen Spielraum für die individuelle Ausgestaltung, innerhalb dessen kurzfristige Kontaktaufnahmen möglich sind.

Erst in unmittelbaren Interaktions- und Kommunikationssituationen lernen die Schulanfänger (oder beim Schulwechsel der Neuankömmling), was bestimmte Bewegungen, Haltungen oder Gesten bedeuten. Durch Erfahrung und praktische Einbindung wissen sie diese einzuschätzen und darauf zu reagieren. Verhalten wird dadurch kalkulierbar; soziale Gemeinsamkeit wird über reziproke mimetische Bezugnahmen hergestellt. Dabei schreiben sich unterrichtstypische Körperhaltungen und Verhaltenserwartungen ebenso wie die Bedeutung bestimmter Gesten ins Körpergedächtnis ein und stellen das praktische Wissen für angemessenes Verhalten bereit. Mit dem auf diese Weise erworbenen „sozialen Sinn“ vermag sich das Individuum jenseits reflexiver Überlegungen mit der „automatischen Sicherheit eines Instinkts“ zu verhalten (Bourdieu 1987: 191). Die Kenntnis von Form und Bedeutung der feldspezifischen Ausdrucksformen trägt zur Identifikation mit der Institution bei. Denn über die Vertrautheit mit dem Gestenverhalten der Beteiligten stellen sich Vertrautheit mit einzelnen Menschen (Lehrern, Mitschülern), der Lerngruppe und ein Zugehörigkeitsgefühl zu „meiner Klasse“ und „unserer“ Schule ein.

Gestenbildung und das Spiel mit der Sprache

Gesten stellen einen spezifischen Aspekt nonverbaler Kommunikation dar. Zudem verfügen auch andere Formen nichtsprachlichen Ausdrucksverhaltens über mediale Eigenschaften. So kann beispielsweise der (un)bewusste Einsatz der Stimme ebenfalls zum signifikanten Symbol werden. Als sprachbegleitende Form bezieht sich der Stimmeinsatz auf den *pragmatischen Aspekt*[17] der Äußerung – die kontextabhängige Bedeutung des Gesagten – die durch Sprechpausen, Betonung, Lautstärke und ähnliches vermittelt wird. Analog zum visuell kommunizierten Gestenverhalten kann die Stimme auf diese Weise Emotionen aus-

17 Vgl. Fußnote 13.

drücken. Auch selbständige vokale Formen des Stimmeinsatzes wie Seufzen, Lachen, Schluchzen oder Flüstern übermitteln sinnlich-symbolisch Informationen an den Kommunikationsteilnehmer (Eco 1972). Mit dem (intuitiven) Gebrauch nonverbaler Ausdrucksmittel werden mehr oder weniger subtil Bedeutungen über Engagement, Distanznahme, Ironie, Täuschungen u. ä. übermittelt.

Der Wochen- oder Gesprächskreis, eine zeitlich determinierte Unterrichtsform am Montagmorgen bzw. zum Wochenabschluss, verweist mit der Veränderung der Sitzordnung räumlich-materiell auf die institutionell intendierte Zielsetzung des Sprechens und der Sprachanwendung. Im Unterschied zum Unterricht in zentrierten Unterrichtsphasen ist der Kreis auf das kommunikative Miteinander ausgerichtet. Aufgrund des uneingeschränkten Sichtfeldes auf alle Beteiligten hebt das Setting, in dem alle Aktivitäten sichtbar werden, die exponierte Stellung jedes Einzelnen hervor.

Während die Schüler in Besprechungs- oder Erzählphasen Formen des *sprachlich-gestischen* Sich-Aufeinander-Beziehens einüben, ermöglichen Bewegungsspiele wie Plätze wechseln oder Klatschübungen ein *körperlich-sinnliches* Sich-in-Beziehung-Setzen zu den Mitgliedern der Gemeinschaft und bieten die Gelegenheit zu individuellen, spontanen Ausdrucksformen in Sprache und Gesten.

Im Gegensatz dazu geben Kinderreime und Lieder sowohl sprachlich-prosodisch als auch körperlich-gestisch die Ausdrucksformen vor und verbinden somit Sprache, Sprechen und Gesten in besonderer Weise. Festgelegte Sätze werden im Chor gesprochen und gleiche Gesten zur gleichen Zeit ausgeführt. Der Stuhlkreis stellt mehr Raum für körperliche Nähe bereit als der Unterricht an Gruppentischen und zielt auf die Freude und den Spaß am gemeinsamen Tun durch das Spiel mit der Stimme, der Sprache und dem Körper. Die folgende Szene aus dem Gesprächskreis zum Wochenabschluss zeigt, wie ein Kinderreim spielerisch in Szene gesetzt wird.

Kinderreim von der Familie Maus

Die Lerngruppe sitzt mit Frau Schumann und Frau Kern zum Wochenabschluss im Stuhlkreis zusammen. Nach einem spielerisch-rhythmischen Klatschen zum Einüben bzw. Festigen des Einmaleins der Drei beginnt nun fast übergangslos ein Phasenwechsel.

Frau Kern beginnt zu sprechen:[18]

1. Das ist Vater Maus [langsam gesprochen]	Frau Kern hebt die mit dem Daumen nach oben gerichtete Faust vor ihren Oberkörper und zeigt mit dem Zeigefinger der anderen Hand auf den Daumen. Der überwiegende Teil der Schüler spricht im Chor mit.
Vater Maus sieht aus wie jede Maus [langsam gesprochen]	Aus der Zeigegeste heraus öffnet Frau Kern die Handflächen und Arme zu beiden Seiten des Oberkörpers und schüttelt langsam den Kopf hin und her. Der überwiegende Teil der Schüler führt diese Gestenformation gleichzeitig aus und spricht mit gleicher Betonung den Text mit.
gro:ße Ohren [langsam gesprochen]	Mit den Zeigefingern jeder Hand beschreibt die Lehrerin über ihren Ohren in der Luft ein überdimensioniertes, ohrförmiges Halboval, das an den Schläfenlappen des Kopfes endet. Allgemeines Gekicher. Die Kinder ahmen die „Ohrengeste“ in unterschiedlichen Größen nach.
spitze Na:se [langsam gesprochen]	Die Fingerspitzen beider Hände berühren sich und werden mit den nach hinten leicht geöffneten Handflächen über die Nase gelegt. Einige Kinder wenden sich einander zu, lachen und berühren sich fast mit den Spitzen ihrer „Nasengesten“.
graues Fell [langsam gesprochen]	Frau Kern streichelt mit der rechten Hand über ihren ausgestreckten linken Arm. Die Kinder streicheln ihren linken oder rechten Arm ebenfalls.
Und-ein-Schwanz (.) so-lang [sehr schnell gesprochen]	Frau Kern zeigt eine fiktive Längenangabe vor ihrem Oberkörper an, indem sie die parallel zueinander stehenden Hände von oben nach unten vor ihren Oberkörper schnellen lässt. Einige Kinder zeigen die Länge mit ihren Zeigefingern an, andere wie die Lehrerin mit aufeinander zeigenden Handflächen. Manche Kinder zeigen eine überdimensionierte Länge an, die erst

18 Zur besseren Übersichtlichkeit von Kinderreim und intentional eingesetzten Gestenformationen ist die Transkription von Sprache und begleitenden Gesten hier gegenübergestellt.

vor den Oberkörpern der Sitznachbarn endet und bei der die Hand deren Arme oder Oberkörper berührt. Viele Kinder kichern oder lachen.

Auf diese Weise werden auch die folgenden Strophen aufgeführt.[19] Die Lehrerin Frau Kern ist tonangebend. Frau Schumann und der überwiegende Teil der Kinder sprechen mit. Ab der dritten Strophe sprechen alle Kinder mit.

Abb. 6: *„Große Ohren“*

Der Abzählreim bringt einen spielerischen Umgang mit Sprache und Sprechen zum Ausdruck, der nicht nur Inhalte kommuniziert, sondern durch Mimik und Gestik und den sich in jeder Strophe wiederholenden Rhythmus die *gestalterische Funktion* des Sprechens hervorhebt. Rhythmus, Wortgebrauch und Gesten machen Sprache und Sprechen mit mehreren Sinnen spür- und erlebbar.

19 Frau Kern zeigt zu Beginn jeder neuen Strophe jeweils auf den nächsten Finger der Hand und nennt ein neues „Familienmitglied“ (2. Mutter/Zeigefinger, 3. Bruder/Mittelfinger, 4. Schwester/Ringfinger), während sie die einzelnen Verse mit den gleichen Gesten begleitet. Der übrige Text und die Betonung bleiben gleich.

Die dem Reim assoziierten körperlichen Ausdrucksformen beziehen sich auf den Bedeutungsinhalt der Worte und stellen mit der Simultaneität des Auftretens eine sichtbare Kohärenz zwischen Sprache und Bewegung her. In diesem Abzählvers – wie in anderen Gedichten und Reimen – gibt der Initiator, in diesem Fall Frau Kern, die Form der gestischen Darstellungen vor. Die Kinder bilden also keine spontanen Gesten, die ihre persönlichen Vorstellungsbilder oder ihr Weltverständnis zum Ausdruck bringen, sondern sie vollziehen in mimetischen Bezugnahmen die ihnen präsentierten gestischen Darstellungen nach. In der praktischen Ausführung wird deutlich, dass die Handbewegungen als symbolische Gesten kontextuell diejenigen Bedeutungen erhalten, die der Initiator ihnen zuschreibt (vgl. McNeill 1992: 19ff.; 2007). So repräsentieren beispielsweise die Finger der einen Hand zu Beginn jeder Strophe je einen Charakter von möglichen „Familienmitgliedern", während der Zeigefinger der anderen Hand eine deiktische Funktion erfüllt, indem er direkt auf den imaginären Charakter zeigt.

Abb. 7: *„Spitzes Näschen"*

Das ist Baby Maus	Die Lehrerin zeigt auf den kleinen Finger ihrer Hand. Die Kinder machen es ebenso und lächeln dabei.
Baby Maus sieht anders aus	Sie bewegt den Kopf rhythmisch nach rechts und links. Auch die Kinder bewegen den Kopf hin und her.

kleine Öhrchen [Lehrerin und Kinder sprechen leiser, mit heller Stimme und sehr zart.]	Die „Ohrengeste“ wird sehr klein ausgeführt. Die Kinder lächeln beim Sprechen und versuchen, so kleine „Ohrengesten“ wie möglich zu machen.
spitzes Näschen	Nur die Fingerspitzen der beiden Hände berühren sich direkt an der Nasenspitze. Manche Kinder gehen mit ihrem Gesicht dicht aneinander heran, lächeln oder kichern sich an.
wei:ches Fell [Die Stimme wird etwas lauter und dunkler, aber immer noch getragen.]	Die eine Hand streichelt zart über den ausgestreckten anderen Arm. Einige Kinder lächeln sich an.
Und-ein-Schwanz (.) so-kurz [schnell gesprochen.]	Die Längenangabe wird mit dicht beieinander stehenden Händen oder Fingern angezeigt. Bei einigen Kindern berühren sich die Fingerspitzen. Allgemeines Gekicher.

Die *prosodischen Modulationen* wie Intonation, Artikulation, Sprechgeschwindigkeit, Sprechpausen, Satzmelodie und Tonhöhe vollziehen sich zusammen mit den gestischen Darstellungen. Vater, Mutter usw. werden jeweils in dem Moment betont, in dem der Finger seine entsprechende Bedeutung erhält. Ebenso verhält es sich mit den Körperteilen (Ohren, Nase, Fell), die von den Händen gestisch in eine ikonische Abbildung transformiert werden.

Gesten unterstützen die Imaginationsfähigkeit und vermitteln kulturelle Vorstellungsbilder. Sie verweisen symbolisch auf etwas Abwesendes. Gesten verknüpfen die verschiedenen Sinnelemente einer sprachlichen Äußerung zu einer einzigen Darstellung (z. B. [das ist] + [Vater] + [Maus] = auf-den-ausgestreckten-Daumen-Zeigegeste; [große] + [Ohren] = raumgreifende-Ohrengeste; [und ein Schwanz] + [so lang] = abrupte Längenanzeigegeste).[20] Demnach enthält jedes gestische Symbol *per se* einen ganzheitlichen Bedeutungsausdruck,

20 Die Satzelemente „das ist“, „Vater“, „Maus“, „große“, „Ohren“ oder „spitz“, „Nase“ werden demnach in einer einzigen Geste zur Darstellung gebracht, während z. B. die Worte „Vater“ oder „Ohren“ oder „spitz“ jeweils für sich eine Bedeutung haben. McNeill sieht Gesten und Sprache als zwei Seiten eines Prozesses an, die Bedeutungen unterschiedlich übermitteln (1992: 19-23). Ihm zufolge hat die Sprache als linguistisches System „linear-segmented characteristics“, das Bedeutungen aufteilt und linearisiert (ebd.: 19). Im Gegensatz dazu stellt die Geste ihre Bedeutung mittels zusammengesetzter Bewegungen dar, deren Einzelteile keine eigenständigen Bedeutungsinhalte besitzen („This gesture-symbol is global in that the whole is not composed out of separately meaningful parts“, ebd.: 20). Der Gestencharakter ist somit „global-synthetic“ (ebd.). Die hier verwendete Schreibweise lehnt sich an die von McNeill an (z. B. ebd.: 21) und soll visuell die strukturellen Unterschiede zwischen Sprache und Geste verdeutlichen, indem sie beispielhaft die jeweiligen sprachlichen Bedeutungselemente in Klammern setzt und addiert, die einer Gestenformation entsprechen.

der den Bedeutungsinhalt von einem bestimmten Blickwinkel aus darstellt (Erzähler versus Charakter) (vgl. McNeill 1992: 12ff.; 2007).

In dem Abzählvers wird ausschließlich im Gestenverhalten ein *Perspektivenwechsel* zwischen Erzähler und Charakter erkennbar, der sprachlich nicht erfasst ist: Zu Beginn und am Ende gestikulieren die Sprecher aus der Perspektive des Erzählers (1. Das ist Vater, Mutter usw. Maus; 2. Vater Maus sieht aus wie jede Maus; 6. und ein Schwanz, so lang!). In der Mitte des Verses jedoch werden die Körperteile durch ikonische Gesten aus der Perspektive des Charakters dargestellt, indem sie an den entsprechenden Stellen lokalisiert sind (3. große Ohren; 4. spitze Nase; 5. ... graues Fell). Die letzte Strophe unterscheidet sich von den vorhergehenden.

Jede Strophe bis auf die letzte wird in der gleichen Intonation gesprochen, die einzige inhaltlich-semantische Modulation besteht in der Aufzählung der verschiedenen Charaktere. Die prosodische, semantische und syntaktische Übereinstimmung findet ihre Entsprechung in der Gestik, d. h. Betonung, Bedeutungsgehalt der Worte, Satzbau und Handbewegungen bleiben gleich.

Darauf basierend ändert sich die sprachlich-körperliche Inszenierung der letzten Strophe: Kontrastierend zu den anderen Charakteren in den vorhergehenden Strophen wird hier das Baby ins Spiel gebracht. Der Gegensatz drückt sich sprachlich-prosodisch in der Verlagerung der intonierten Akzentuierung von den Körperteilen (Strophe 1-4: Ohren, Nase, Fell) auf die differenzierenden Adjektive in der letzten Strophe (kleine, spitzes, weiches) aus. Zusätzlich pointieren sowohl die Veränderung der Tonhöhe als auch die Minimierung des begleitenden Gestenverhaltens diesen Kontrast.

Gesten und Sprache in dem Kinderreim geben Aufschluss über kulturell geprägte kollektive Vorstellungsbilder, z. B. zum Begriff „Familie“ (Vater, Mutter, Bruder, Schwester, Baby), oder zur Art und Weise der gestischen Darstellung von Gegensätzen (groß versus klein durch ausholende versus minimale Geste) sowie der ikonischen Darstellung von Ohren, Nase und Fell (durch die „Ohrengeste“ bzw. „Nasengeste“ und die des „Fellstreichelns“).

In der praktischen Durchführung zeigen die Schüler in diesem Unterrichtsausschnitt den Spaß am gemeinsamen Spiel mit Körper und Sprechrhythmen durch ihr Lachen, den Bezug aufeinander und die individuellen gestischen Ausdrucksweisen wie z. B. die ausladenden bzw. verhaltenen Darstellungsformen, das Kichern, Lächeln, die Berührungen des Sitznachbarn. Es ist offenkundig, dass Bewegung, Klang und Rhythmus die Lust an der Artikulation fördern. Kinderreime, Sprechrhythmen und Sprechgesänge ermöglichen den spielerischen Umgang mit der „poetischen Funktion der Sprache“ (Hörster 2007). Ihre einfache Wiederholbarkeit, das gemeinsame Sprechen und Ausprobieren machen den Kindern erfahrbar, wie Sprache und körperliches Ausdrucksverhalten ineinandergreifen.

Zusätzlich führen Kinderreime wie „Familie Maus“ die Kinder an die konzeptionelle Schriftlichkeit der Sprachanwendung heran, da sie wie ein Text gesprochen werden, der für gewöhnlich vom umgangssprachlichen Sprachgebrauch abweicht.

Durch die Integration von Gesten in Kinderreimen, Erzählungen und Kinderlyrik erfahren die Kinder in der Selbsttätigkeit die pragmatische Struktur von Sprache und Gestik. Darüber hinaus hat das Gedicht der „Familie Maus“ als präliterarische Kommunikationsform wie auch andere Lieder, Gedichte, Geschichten und Kinderlyrik eine *metasprachliche Funktion*. Jenseits des Bewusstseins werden körperlich-sinnlich Informationen *über* die Sprache vermittelt, Sprache und Sprechen werden sichtbar und spürbar gemacht. Implizit verweist die Selektion der sprachlichen Mittel auf die Wirkungsweise sprachlicher und literarischer Variationen. So stellt der Rhythmus Äquivalenzen zur Struktur der Äußerung her. Zudem fördern die Repetition gleicher Satzstrukturen und die Gleichzeitigkeit der gestischen Bewegungen des Körpers die Merkfähigkeit der sprachlichen Äußerungen. Deutlich wird dies vor allem in der dritten Strophe, ab der dann auch *alle* Kinder mitsprechen (können).

Als didaktisch-methodische Interaktionsform in Erziehung und Bildung hat das Spiel mit dem Sprechen zudem einen interkulturellen Aspekt. Der ludische Charakter von Reimen, Liedern und Gedichten motiviert zum Sprechen, vermittelt ein Gefühl für die Sprache und kann für Kinder mit einem anderen muttersprachlichen Hintergrund die Berührungsängste mit der (noch nicht vertrauten) Sprache reduzieren. Alle Kinder können nach kurzer Zeit mitsprechen und bringen auch Freude am Gestikulieren zum Ausdruck. Die Verbindung von Sprechen und Bewegung fördert einen ganzheitlichen Lernprozess. Das gemeinsame, laute Chorsprechen kann Sprechhemmungen abbauen und die Aussprache schulen. Es aktiviert alle Schüler „und bietet unsicheren oder zurückhaltenden Schülern einen ‚geschützten‘ Probierraum“ (Börner/Edelhoff 2005: 21). Durch den mimetischen Bezug aufeinander stellt das Chorsprechen Gemeinsamkeit mit der Gruppe her, die durch den wiederholten Einsatz von Reimen und Sprachspielen immer wieder bestärkt wird. Ihr ludischer Charakter offenbart das integrative Potential des Spielens mit der Sprache und fördert nicht zuletzt die Motivation zum eigenen kreativen Umgang mit Körperbewegungen, Sprache und Sprechen. In diesem Sinne profitieren alle Kinder von dieser Art der Sprachbegegnung. Durch den Einsatz von Gedichten, Liedern, Reimen und Bewegungsspielen kann sich auf einer nicht-reflexiven Ebene ein Verständnis für ihre vielfältigen Anwendungsmöglichkeiten anbahnen.

Sprach-*Bildung* umfasst die kognitiv-intellektuellen sowie die linguistischen Besonderheiten des sprachlichen Austauschs. Als Bildung *durch* Sprache fokussiert der kognitiv-intellektuelle Aspekt die pädagogische Anleitung zur kreativen (Weiter-)Entwicklung der gestischen und sprachlich-kommunikativen Ausdrucksformen. Sodann fokussiert der linguistische Aspekt die pragmatische Bildung *von* Sprache, die eine semantisch und syntaktisch korrekte Anwendung von Sprache impliziert. Schließlich verweist der ludische Aspekt auf die kreative Dimension des mimetischen Lernens, die zum Spielen mit Sprache und Sprechen „einlädt".

KörperEindruck – KörperAusdruck
Die Zeigegeste als elementare Handlungsform in Bildungssituationen

In Bildungsprozessen erhalten Gesten des Zeigens eine zentrale Bedeutung. Sie sind Teil der Zeichen-, Körper- und Sozialsprache des Unterrichts,[21] mit deren Hilfe Lehrerinnen und Schüler Lernsituationen inszenieren. Ihr performativer Charakter gibt Aufschluss über Form und Wirkungsweise der Zeigehandlung. Das Zeigen beschränkt sich nicht allein auf konkrete Inhalte bzw. Gegenstände im Sinne eines deiktischen Zeigens der Lehrerinnen und Schüler.

Eine weitere Dimension des Zeigens entfaltet sich in einem permanent zirkulierenden Wechselspiel von Aktion und Reaktion. Dabei transferieren die Beteiligten mittels Körperhaltung und Gestenausdruck Informationen über sich selbst (vgl. Argyle 2002), die das Verhalten des Gegenübers und somit den Kommunikationsverlauf (un)mittelbar beeinflussen. Auf diese Weise entfaltet sich eine Dynamik im Unterricht, die nicht vollständig antizipierbar ist.

Gesten der Selbstpräsentation

Im folgenden Abschnitt sollen unterschiedliche Zeigehandlungen einen Einblick in die Mehrdimensionalität des Zeigens geben. Der *KörperEindruck*, den die Schulanfängerin Fatma dabei vermittelt, stellt eine erste Dimension der Zeigegeste dar. Mit ihrem *KörperAusdruck*, ihrer Selbstpräsentation, bringt sie – bewusst oder unbewusst – einen inneren Zustand zur Darstellung, der den Interaktionsablauf beeinflusst.

Im Stuhlkreis sind die Schüler aufgefordert, sich namentlich vorzustellen und nach dem Namen des Sitzpartners zu fragen. Auf spielerische Weise sollen

21 Die sozialen Inszenierungen von Körpern, Gesten und rituellen Ausdrucksformen lassen sich Clifford Geertz zufolge wie Texte lesen und entschlüsseln (1987). Geertz hat diese Sicht des Sozialen als Text für die Kulturanthropologie fruchtbar gemacht. Sein Versuch, die soziale Realität durch „dichte Beschreibung" zu erfassen, entspricht der hier vertretenen Auffassung von der Lesbarkeit des Sozialen. Fokussiert man darüber hinaus den performativen Charakter von Gesten und Mimik, können sie als ästhetische Handlungen begriffen werden, die als kulturelle Aufführungen einen Einblick in die Wirkungsweise körperlichen Ausdrucksverhaltens geben (Wulf 2008).

die Schulanfänger so mit den Namen der Mitschüler vertraut werden. Zu diesem Zweck wird ein Stoff-Eselchen herumgereicht, dessen Besitzer das vorgegebene Sprachmuster formulieren soll.

Namen üben

> Arzu (3. Jg.) ist an der Reihe, dreht ihren Kopf zu Fatma, hält ihr das Eselchen hin und sagt schnell: „Ich heiße Arzu, und wie heißt du?“, während sie das Eselchen an Fatma weiterreichen will.
> Fatma wendet ihr Gesicht Arzu zu, ohne sie anzuschauen. Ihr Kopf neigt sich leicht nach unten, während sie gleichzeitig beginnt, mit der rechten Hand ihr Auge zu reiben. Ihr Oberarm verdeckt dabei den freien Blick in ihr Gesicht. Der andere Arm liegt mit einer angedeuteten Faust auf ihrem Oberschenkel, ohne nach dem ihr präsentierten Stofftier zu greifen.

Der Stuhlkreis, der einen freien Blick auf die Anwesenden erlaubt, erweist sich für Fatma in dem Moment als Problem, als sie aufgefordert ist, aktiv an der spielerischen Interaktion teilzunehmen. Fatmas Reaktion unterbricht für einen kurzen Moment den Unterrichtsfluss. Sie kann sich nicht mehr wie z. B. beim gemeinsamen Singen am Morgen durch Passivität entziehen; denn Arzu stellt ihr eine Frage und reicht ihr das Stofftier demonstrativ hin. Diese Übergabegeste Arzus zwingt Fatma, sich *in irgendeiner Weise* dazu verhalten zu müssen. Der Druck erhöht sich durch die schweigende Aufmerksamkeitsfokussierung aller auf sie.

Abb. 8: *Fatma nimmt das Eselchen nicht.*

Mit ihrem Körper kommuniziert die Schulanfängerin den Wunsch, aus der exponierten Stellung „verschwinden“ zu wollen: Sie verdeckt ihre Augen, neigt den Kopf leicht nach unten; ihr linker Arm liegt auf ihrem Oberschenkel. Ihre Körperhaltung und das Schweigen stimmen in kohärenter Weise überein. Mehr noch, Fatmas gestisches Verhalten akzentuiert visuell ihr Schweigen. Da sie sich nicht unsichtbar machen kann, verschließt sie den eigenen Blick – ihre visuelle Verbindung zur Außenwelt – und verwehrt gleichzeitig auch den Beteiligten den „Innenblick“. Eine *face-to-face*-Interaktion mit Lehrerin oder Mitschülern wird unmöglich. Zusätzlich verwehrt sie mit den zur Faust angewinkelten Fingern die Übernahme des Kuscheltiers.

Mit ihrem nonverbalen Körperausdrucksverhalten *zeigt* Fatma ihr Unwohlgefühl gegenüber dem institutionell geforderten Verhalten. Dabei emergieren die Körperbewegungen auf einer nicht-reflexiven Ebene spontan aus der Situation heraus und machen ihren inneren Zustand sichtbar. Erst durch die Unterbrechung des Unterrichtsflusses, das schweigende Abwarten der Mitschüler und letztlich das reaktive Eingreifen der Lehrerin wird Fatmas Körperausdruck zur Geste, zum Kommunikationsmedium. Im *modus operandi* agiert Fatma dabei defensiv und erzielt eine äquivalente, nicht-offensive Reaktion.

> Frau Schumann sagt zu Arzu: „Oh, langsamer!“ Arzu nimmt das Stoff-Eselchen noch einmal zurück, um es Fatma von neuem hinzuhalten und den gleichen Satz langsamer zu wiederholen: „Ich heiße Arzu, und wie heißt du?“
> Fatma drückt ihren Oberkörper an die Rückenlehne, schiebt ihn leicht in Kevins Richtung und reibt ihre beiden Augen immer wieder. Frau Schumann sagt: „Gib's dem nächsten.“ Arzu reicht das Stofftier an Fatma vorbei an Kevin mit dem vorgegebenen Sprachmuster weiter, der in entsprechender Weise weitermacht.

Frau Schumann versucht mit ihrer Reaktion, den entstandenen Bruch im Unterrichtsfluss durch pädagogisches Handeln zu beheben und Fatma eine „Brücke zu bauen“. Dem liegt die Intention zugrunde, die Schulanfängerin aus der Defensive zu locken und an der Interaktion zu beteiligen. In Frau Schumanns Aufforderung an Arzu, langsamer zu sprechen, zeigt sich die Sinndeutung der Lehrerin: Offensichtlich schreibt sie Fatmas Irritation deren schnellem Sprechen zu.[22] Der Rückbezug auf Arzu suspendiert Fatma kurzzeitig vom Handlungsdruck, da sich die Aufmerksamkeit der Beteiligten von ihr weg auf die schulerfahrene Mitschülerin konzentriert. Zudem erhält sie durch die langsame Wiederholung des Kommunikationsmusters von Arzu die Möglichkeit, ihre Scheu zu überwinden. Dass sie die Gelegenheit dazu nicht wahrnimmt, um dann in das Spiel „einzusteigen“,

22 Beispielsweise könnte Fatma den Satz nicht verstanden haben; oder aber Arzu spricht so schnell, dass sie nicht folgen kann, um adäquat reagieren zu können.

lässt erkennen, dass es nicht Arzus schnelles Sprechen ist, auf das sie abwehrend reagiert.

Dementsprechend ist das „Drankommen" der ursächliche *Beweg-Grund* ihrer körperlichen, sich *selbst schützenden* Darstellung, wodurch sie unwillentlich und ohne Rückzugsmöglichkeit in den Fokus der Aufmerksamkeit aller gerät. Dies wird besonders in dem Moment evident, in dem Fatma infolge der Wiederholung des Kommunikationsmusters ihre defensive Haltung verstärkt. Zusätzlich drückt sie ihren Oberkörper fest an ihre Stuhllehne, schiebt sich fast unmerklich weiter in Kevins Richtung und erhöht damit zwar minimal, aber erkennbar die räumliche Distanz zu Arzu.

Frau Schumann entscheidet in dieser Situation, den Bruch mit der Anerkennung von Fatmas nonverbalem Abwehrverhalten zu beheben. Ohne weiteres Insistieren bietet sie Fatma in dieser Situation die Möglichkeit zur passiven Partizipation und gibt zugleich die zeitliche Zuwendung zu ihr zugunsten der Gruppe auf. Gemäß Fatmas Gestenverhalten, das ausdrückt, verschwinden zu wollen, stellt sie den Unterrichtsfluss wieder her, indem sie Arzu auffordert, beim nächsten Schüler weiterzumachen. Entsprechend tun Arzu und Kevin „so, als ob" Fatma gar nicht da sei und interagieren *vor-bildlich* über sie hinweg.

In diesem Ausschnitt aus dem Unterricht wird deutlich, dass die Schülerin eine defensive, körperliche Form der *Teilnahmeverweigerung* gegenüber der normativ-institutionellen Erwartungshaltung aufführt, mit der sie eine von der Lehrerin legitimierte Nichtbeteiligung am Unterricht erreicht. Im Gegensatz zum offensiven Widerstand, der häufig reglementiert oder sanktioniert wird, wie beispielsweise bei Beşirs Gähnen am Anfang dieses Beitrags, evozieren defensive Ausdrucksformen wie diese eher Zuwendung, Aufmunterung und Rücksichtnahme bei Lehrerinnen und Mitschülern.

Die Analyse der Interaktion verweist auf kollektive Vorstellungsbilder über akzeptables bzw. inakzeptables Ausdrucksverhalten im Kontext der Institution, das von ihren Repräsentanten mittels Anerkennung oder Sanktionen definiert wird. Über mimetische Prozesse werden hier Interaktionsvarianten tradiert, die auch im Gestenverhalten zur Darstellung kommen. Wie in dieser Szene darf die sich defensiv verhaltende Schulanfängerin passiv „hinter den Vorhang" (respektive hinter ihre verschlossenen Augen und/oder den Arm) zurückziehen.

Gerade die Schulanfangszeit ist eine sensible Übergangsphase im Leben des Kindes, die mit einer Verdichtung von Anpassungsherausforderungen verbunden ist, denn die Schule stellt eine gesellschaftliche Institution dar, deren Besuch verbindlich ist. Auf der Basis der reformpädagogischen Grundeinstellung sollen die Schüler dieser Schule durch gemeinsames Arbeiten, Spielen, Sprechen und Feiern ein Zugehörigkeitsgefühl entwickeln können. Die gestalterische Freiheit des persönlichen Ausdrucksverhaltens ermöglicht innerhalb der vorgegebenen

Rahmenbedingungen den spielerischen Umgang mit verschiedenen Haltungen, Gesten und mimischen Darstellungen. Wie dem weiteren Datenmaterial zu entnehmen ist, lernt auch Fatma mit dem wachsenden Vertrauen in die Mitschüler über die Wiederholung ähnlicher Situationen, durch Beobachtung und mimetisches Experimentieren, ihre Scheu zu überwinden. Im eigenen Nachgestalten kommt ihr Wunsch nach Zugehörigkeit zur Gruppe und damit ihre Bereitschaft zur Anähnlichung an die äußere Welt zum Ausdruck (vgl. Wulf 2005).

Gesten und Imagination

Im Rahmen der Institution strukturieren spezifische konventionalisierte Gesten des Zeigens[23] wie z. B. das Melden die Kommunikation im Unterricht. Darüber hinaus können mittels bestimmter *formalisierter Gestenformen* Lernspiele einfach und schnell durchgeführt werden. Wie eine Szene aus dem Anfangsunterricht Mathematik im Folgenden zeigen wird, bietet sich im Rahmen einer spielerischen Überprüfung des Zahlenverständnisses der Einsatz der eigenen Finger an.

Die Lehrerin unterrichtet die Gruppe der Schulanfänger im Teilungsunterricht. Da an den Gruppentischen von sechs Schülern üblicherweise ein älteres Kind neben einem Schulanfänger sitzt, hat keines der Kinder in dieser Unterrichtsstunde einen direkten Sitznachbarn.

Die Übung in dieser Unterrichtsphase zielt auf einen handlungspraktischen Transfer von der Nennung einer Zahl in die gestische Darstellung der entsprechenden Anzahl der Finger. Wie auch schon zuvor, spricht Frau Kern langsam und macht eine kurze, aber wahrnehmbare Pause, bevor sie die Zahl bekanntgibt. Die Art und Weise der Inszenierung erhöht die Spannung der Kinder, da sie bei jeder neuen Zahl offensichtlich motiviert sind, im Wettbewerb miteinander möglichst schnell die Anzahl der Finger hoch*zuzeigen*.

Görkem zeigt zwanzig

> Frau Kern sagt: „Meine <u>letzte</u> Zahl heißt (.) zwanzig.“ Einige Kinder lachen auf, man hört verschiedentlich ein: „Oh!“ oder „Boah!“

---

23 In Abgrenzung von sprachlichen Eigenschaften nennt Kendon als mediale gestische Eigenschaften unter anderem a) die *schnelle Darstellung* auch komplexer Zusammenhänge, b) die *lautlose Ausführung* der Geste, die den Fluss der Unterhaltung nicht unterbricht, c) die *Bedeutungsgenerierung* durch Verknüpfung der Geste mit einem bestimmten Kontext, d) die *gute Sichtbarkeit* auch über eine räumliche Distanz hinweg (Kendon 2004: 343)

Nachdem die Lehrerin bisher im Zahlenraum bis Zehn einfache Bedeutungsverknüpfungen abgeprüft hatte, die mit den Fingern beider Hände dargestellt werden können,[24] ist diese letzte Zahl die erste und einzige, die über den Zahlenraum der Zehn hinausgeht und nicht mehr in einer fixen, sondern nur in einer beweglichen „Handzeigegeste" dargestellt werden kann. Im Gegensatz zu den vorherigen Zahlen unterbricht die Nennung der Zahl Zwanzig den Unterrichtsfluss. Ein Großteil der Kinder äußert die Überraschung in Ausrufen wie „Oh!" und „Boah!" und/oder kurzem Auflachen, welche zum Ausdruck bringen, dass diese unerwartete Wende ihre bisherigen Vorstellungen überschreitet.

> Manche Kinder gucken auf ihre Hände, andere zeigen ihre zehn Finger hoch.
>
> Görkem, am linken hinteren Gruppentisch und damit im Blickwinkel der Lehrerin sitzend, hebt mit dem Blick zu ihr demonstrativ einmal ruckartig alle zehn Finger, zieht die Arme ein wenig zurück, um sie mit immer noch ausgestreckten zehn Fingern ruckartig wieder nach vorn zu bewegen.
>
> Lilly, die etwas weiter hinten am Quertisch seiner Tischgruppe sitzt, macht zeitgleich dieselbe Körperbewegung mehrmals hintereinander.
>
> Sophia guckt auf Görkems Handbewegungen und vollzieht anschließend weniger ruckartig, eher fließend die gleiche gestische Darstellung.
>
> Paul hebt ebenfalls seine Unterarme hoch. Dabei bewegt er nicht wie die anderen Kinder, rhythmisch seine Arme, sondern streckt die Finger, rollt sie zu einer angedeuteten Faust und streckt sie wieder. Er vollführt die Bewegung schnell und repetitiv, ohne auf die Bewegungen der anderen Kinder zu schauen.
>
> Beşir an der vorderen Tischgruppe schaut erst zu Görkem, um unmittelbar danach die gleiche Körperbewegung aufzuführen, jedoch weniger ostentativ.
>
> Auch Leon schaut in diesem Moment zu Görkem hinüber.

24 Durch die Verknüpfung der gestischen Darstellung einer Anzahl von Fingern mit einem bestimmten Kontext können unterschiedlichste Bedeutungen generiert werden, wie z. B. Mengen-, Zeit- oder Gewichtsangaben. Aufgrund ihrer medialen Eigenschaften kann die gestische Darstellung einer Zahl in alltäglichen Interaktionen vielseitig eingesetzt werden und stellt somit eine kulturell formalisierte Geste dar (vgl. auch Kendon 2004).

Abb. 9: *Görkem zeigt zwanzig.*

Der mit der Ansage der Zahl Zwanzig eingetretene „Überraschungseffekt" findet auch im gestischen Verhalten der Kinder ihren Ausdruck, die, im Unterschied zu den Ansagen zuvor, überwiegend ratlos auf ihre Hände schauen, sich dann im Raum zu den anderen Kindern hinwenden und manche von ihnen sich in mimetischen Bezugnahmen an Görkem orientieren. Denn Görkem sitzt nicht nur relativ zentral im Sichtfeld der Schulanfänger, sondern ist der einzige, der eine der Zahl Zwanzig entsprechende Körperbewegung macht, die er zudem ostentativ auf die Lehrerin gerichtet *aufführt*. Die Zahlnennung der Lehrerin sowie die darauf bezogenen Darstellungsversuche der Kinder und ihre mimetischen Bezugnahmen initiieren zunächst einen körperlich-sinnlichen Erkenntnisprozess, der sich in einem anderen Medium als dem der verbalen Kommunikation vollzieht.

Die Art und Weise der Darstellung von Paul, der keine sichtbare mimetische Bezugnahme zugrunde liegt, unterscheidet sich von der der anderen Kinder. Seine repetitive Wiederholung des „Fingerspreizens" wirkt auf den ersten Blick eher wie ein Winken. Nur durch wiederholte Beobachtung der Videoaufzeichnung enthüllt sich ihre Sinnhaftigkeit. Paul wendet seinen Blick nicht nach außen, zu seinen Mitschülern, sondern bringt introversiv sein eigenes kognitives Konzept zur Darstellung.

Frau Kern spricht Görkem an: „Görkem, komm mal nach vorne“. Görkem steht schnell auf und geht zügig zur Lehrerin vor den Tafelbereich. Jetzt erst vollzieht Leon dieselbe Geste nach und sagt dabei: „Zehn und zehn.“ Frau Kern reagiert nicht auf seinen Einwand.

Görkem bleibt vor der Lehrerin stehen und schaut ihr ins Gesicht. Sie fordert ihn auf: „Zeigst du mal, wie du gemacht hast?“ Immer noch mit dem Rücken zu den Kindern hebt er seine Hände nach oben. Frau Kern beugt sich leicht zu ihm, fasst ihn seitlich an die Schulter und dreht ihn in Richtung Klasse. Dabei sagt sie: „Für die <u>Kinder</u> (.) für die <u>Kinder</u>, netterweise.“ Görkem wendet sich seinen Mitschülern zu und vollzieht die Geste ein weiteres Mal sehr ausdrucksstark.

Jetzt erst richtet sich die Lehrerin an Leon, indem sie fragt: „Leon, war deine Idee auch, ne?“ Leon nickt.

In dem Moment, in dem die Lehrerin Görkem auffordert, nach vorn zu kommen, vollzieht Leon dieselbe Gestenform nach, die er kurz zuvor bei Görkem gesehen hat. Gleichzeitig verbalisiert er sie zusätzlich mit der entsprechenden Additionsaufgabe („zehn und zehn“). Mit seinem spontanen Einwurf könnte Leon intendieren, sich „ins Spiel“ zu bringen. Ohne an dieser Stelle auf ihn einzugehen, konzentriert sich die Lehrerin weiterhin auf Görkems „Aufführung“.

Erst nachdem die Interaktion zwischen Frau Kern und Görkem beendet ist, wendet sie sich Leon zu und bedeutet ihm, dass sie ihn positiv wahrgenommen hat („War auch deine Idee, nicht?“) und seinen Einwurf einem eigenen Erkenntnisgewinn zuschreibt, ohne jedoch inhaltlich weiter darauf einzugehen. Durch die zeitliche Simultaneität von Leons Zeigegeste mit einem kontextbezogenen Kommentar bringt er den Bedeutungsgehalt der gestischen Darstellung auf eine verbal-explizierende Ebene – eigentlich der zweite didaktisch intendierte Schritt der Lehrerin (siehe weiter unten).

Mit Frau Kerns Aufforderung an Görkem, nach vorn in ihr Territorium zu kommen, beginnt eine institutionelle Lehrer-Schüler-Interaktion, die zum pädagogischen Tableau der Lehrerinnen gehört und deren gefordertes Handlungsmuster der Schulanfänger offensichtlich noch nicht kennt. Denn vorn bei der Lehrerin bleibt er mit einer auf sie gerichteten Haltung stehen und schaut sie an. Für seine Haltung ist der semantische Inhalt der Worte der Lehrerin ausschlaggebend („Zeigst du mal, wie du gemacht hast?“). Er deutet die Aufforderung in dem Sinn, dass er *ihr*, der Lehrerin, zeigen soll, was er kann. Deshalb ist er im Begriff, die Geste *für sie* zu wiederholen. Die Lehrerin bezieht ihre Aufforderung allerdings wie selbstverständlich auf die Mitschüler. Als sie das Missverständnis bemerkt, „lenkt“ Frau Kern ihn körperlich, über die sanfte Berührung der Schulter, in die von ihr intendierte Frontalstellung zur Klasse. Sprachlich und körperlich vermittelt sie ihm die *Bedeutung* dieser Inszenierung („Für die <u>Kinder</u> (.) für die Kinder, netterweise."). Auf der „Bühne" soll der Schüler aus seinem Zwiegespräch mit der Lehrerin heraustreten und seine Erkenntnis *vor* seinen Mitschülern und *für sie* demonstrieren. Während Görkem mit seinem Gestenverhalten gezeigt hat, dass er mit falschen Vorstellungen „ins Spiel", d. h. ins Territorium der Lehrerin gekommen ist, kommuniziert Frau Kern hier die institutionelle Bedeutung der entsprechenden „Spielregel" in einer wertschätzenden Art und Weise, die dem Schulanfänger erlaubt, sein Gesicht zu wahren (vgl. auch Goffman 2006; 1982).

> Die Lehrerin wendet sich an die Schulanfänger: „Weshalb hat der Görkem so gemacht?" Dabei ahmt sie die Armbewegungen noch einmal nach.
>
> Sie dreht ihren Oberkörper zu Görkem, lehnt sich leicht zu ihm hinunter und sagt zu ihm: „Tolle Idee (.) ganz wunderbar (.) danke (.) setz dich hin."
>
> Zu den Kindern gewendet wiederholt sie ihre Frage: „Weshalb hat er so gemacht?", während sie bei „so" die Armbewegungen noch einmal vollzieht.
>
> Frau Kern spricht Leon direkt an: „Leon, weshalb hast du so gemacht?" Leon antwortet nicht. Mara macht die Bewegung der Lehrerin nun nach, meldet sich aber nicht.

Als Görkem nun noch einmal vor den Mitschülern ostentativ die Geste vorführt, ist sein „Auftritt" eigentlich beendet. Dies signalisiert die Lehrerin, indem sie sich nun an die Schulanfänger wendet („Weshalb hat er so gemacht?"). Da Görkem weiterhin stehen bleibt, unterbricht die Lehrerin den vorgesehenen Unterrichtsfluss und markiert die „Entlassung" Görkems mit einem Lob und dem expliziten Hinweis an ihn, sich zu setzen.

Nach der kurzen Unterbrechung greift die Lehrerin mit ihrer an alle gerichteten Frage („Weshalb hat er *so* gemacht?") den in dieser Sequenz aufgenommen Interaktionsstrang wieder auf. Die Frage an die Schüler zielt auf den Transfer der körperlichen Darstellung auf eine verbal-explizierende Ebene. Dabei wird deutlich, dass die Lehrerin keine „Übersetzung" der Geste in leicht verständliche Worte wählt, sondern die Körperbewegung selbst ausführt. Sprachbegleitend verwendet sie dazu den lexikalischen Ausdruck eines betonten „so", dessen semantischer Bedeutungsinhalt mittels der Geste generiert wird. Frau Kerns Ausdrucksvariante gründet zum einen darin, dass die Gestenform als visueller Impuls das ist, worauf die Schulanfänger sich beziehen sollen. Darüber hinaus würde eine verbale Umschreibung der Körperbewegung das Ergebnis des antizipierten Denkvorgangs der Schüler zumindest teilweise vorwegnehmen.

Indem Frau Kern nun Leon aufruft, rekurriert sie an dieser Stelle auf seinen vorherigen Einwurf („zehn und zehn"). Sie erhofft sich von der Wiederholung seiner korrekten Bemerkung Hilfe für eine gemeinsame Vorführung des institutionell geforderten Kommunikationsmusters. Aber selbst er kann nicht entsprechend reagieren und schweigt. Zeitgleich scheint Mara im mimetischen Bezug auf die Lehrerin die Bedeutung der Gestenform erst einmal körperlich-sinnlich nachzuvollziehen.

Der Transfer von der Handlungs- auf die kognitive Ebene ist ein für Schule und Unterricht charakteristisches Kommunikationsmuster, das aus einer Frage des Lehrers und der Antwort eines Schülers besteht. Deren inhaltliche Aussage wird von der Lehrerin dann verifiziert bzw. falsifiziert, um folgend einen oder weitere Schüler an die Reihe zu nehmen, bis eine Aussage durch die offizielle Bestätigung der Lehrerin Allgemeingültigkeit erhält. Das Ausbleiben aktiver Beteiligung am Unterricht macht deutlich, dass keiner der Schulanfänger über das adäquate praktische Wissen bezüglich der inhaltlichen Erwartung der Antwort verfügt. Daher sind sie kaum in der Lage, die gestische Darstellungsform explizierend zu verbalisieren.

> Lilly meldet sich jetzt, und als sie von Frau Kern an die Reihe genommen wird, sagt sie: „Weil man nicht viel Finger hat.“ Daraufhin antwortet Frau Kern: „Genau. Man hat nicht zwanzig Finger. Deswegen hat er genau so gemacht. Wunderbar. Deswegen hab ich genauso gemacht“, und wiederholt dabei ein letztes Mal die Geste von Görkem.

Nur Lilly, die mit Görkem als eine der ersten die gleiche Ausdrucksform gewählt hatte, kann auf eine verbal-explizierende Erklärungsebene wechseln, indem sie zwar sprachlich nicht ganz korrekt, aber inhaltlich die Bedeutung des zweimaligen Zeigens der zehn Finger enthüllt („Weil man nicht viel Finger hat.“). Auf diesem Kommentar aufbauend *führt* die Lehrerin nun erwartete Kommunikationsmuster *vor*, indem sie sich auf Lillys Wortwahl bezieht, einfache Worte zur Explikation wählt und die entsprechende Geste wiederholt („Genau. Man hat nicht zwanzig Finger. Deswegen hat er genau so gemacht. Wunderbar. Deswegen hab ich genauso gemacht.“).

In diesem zweiten Teil der vorgestellten Szene geht es darum, eine logische Begründung für einen Sachverhalt zu präsentieren. Die Grundlage dafür wurde in der ersten Sequenz körperlich-handelnd konstituiert, indem die Schulanfänger die Aufgabe hatten, einen Impuls von *außen* (die Zahlnennung der Lehrerin) über die *innere* Vorstellungswelt in eine körperliche Darstellung (die formalisierte „Fingerzeigegeste“ der Zahl Zwanzig) zu transferieren und auf diese Weise wieder nach *außen* hin (zur Lehrerin) sichtbar zu machen. Das Zeigen der entsprechenden Anzahl der Finger sollte dabei das zugrundeliegende ideelle Konzept des Zeigenden repräsentieren. Den Sachverhalt nun zu erklären bzw. die körperliche Bewegung zu begründen, erfordert vom Lernenden die reflexive Differenzierung zwischen körperlicher Handlung und abstraktem Konzept. Das heißt, das Kind muss einen kognitiv-intellektuellen Transfer leisten vom *Im-Körper-Sein* zum *Körper-Haben* (Plessner). Dass der überwiegende Teil der Kinder dazu noch nicht in der Lage ist, zeigt sich bereits zu Beginn der Szene im ratlosen Umherschauen der Kinder, als sie die Zahl Zwanzig in eine körperliche Darstellung umzusetzen aufgefordert sind. Durch mimetische Bezugnahmen und die Wiederholung ähnlicher Kommunikationsmuster lernen und üben die Kinder an gleichen oder ähnlichen Formen des *repräsentativen Zeigens*, im Sinne der institutionellen Erwartungen bestimmte Gesten reflexiv nachzuvollziehen und kognitiv-explizierend zu fundieren.

Das hier dargestellte *repräsentative Zeigen* verweist auf eine Dimension des Zeigens, die eng mit der Vorstellungswelt, der Imagination verbunden ist, da es „etwas unmittelbar nicht Gegebenes" vor Augen führt (Prange/Strobel-Eisele 2006: 61). Formen des repräsentativen Zeigens sind u. a. konkrete körperliche Darstellungen, konventionalisierte oder formalisierte Gesten wie oben beschrieben, darüber hinaus auch abstraktere Formen wie das Erzählen, Beschreiben und Begründen. Die unterschiedlichen Formen des repräsentativen Zeigens vermitteln über Erklärungen oder mündliche Begründungen die kulturell geprägte Sicht auf „objektive" Verhältnisse. Induktiv zielen sie darauf, die Regelhaftigkeit der repräsentierten Sachverhalte zu erfassen,[25] die so Allgemeingültigkeit erhalten.

Deiktische Gesten

In der folgenden Szene aus dem Tuschunterricht demonstriert die Lehrerin mit *ostentativen* Zeigegesten anhand von Realien anschaulich, wie Gesten fokussiert eingesetzt werden, um durch Komplexitätsreduktion und mit Hilfe sprachlicher Erklärungen „das Wesentliche herauszustellen und klar zu bestimmen" (Prange/Strobel-Eisele 2006: 69). Die Zeigegesten sind Teil des pädagogischen Tableaus und zumeist eingebettet in eine rituelle Zeigehandlung, während der die Lehrerin vor der Tafel steht und (überwiegend unter Einbezug der Schüler) relevante Arbeitsmethoden für den folgenden Unterricht visuell präsentiert.

Die Lerngruppe befindet sich im Klassenraum. Einige Kinder haben die für den Tuschunterricht benötigten Utensilien verteilt, eine Unterlage, ein DIN-A-3-Blatt, den Tuschkasten und einen mit Wasser gefüllten Tuschbecher.

25 Hier: Das zweimalige Zeigen der zehn Finger stellt die Zahl zwanzig dar.

Vorbereitung zum Tuschen der Sonnenblume

Frau Schumann steht vor dem Tafelbereich und nimmt sich vom ersten Gruppentisch den Tuschbecher von Sena. Dann greift sie in deren Tuschkasten und nimmt einen Pinsel heraus. Mit den Utensilien stellt sie sich vor die Lerngruppe, hält diese hoch und fragt: „Wie stellen wir denn den Pinsel ins Wasserglas (.)? Oder stellen wir den überhaupt rein? [Sie deutet demonstrativ das Hineinstellen des Pinsels in den Becher an, indem sie den Becher hochhält, den Pinsel bis zu seinem Rand führt und kurz vor dem Eintauchen ins Wasser innehält.] Nee, n Glas isses jetzt nicht mehr, Wasserbecher. Stellen wir den überhaupt rein oder (.) [Ein weiteres Mal deutet sie demonstrativ das Hineinstellen des Pinsels in den Becher an, indem sie den Becher hochhält, den Pinsel bis zu seinem Rand führt und kurz vor dem Eintauchen ins Wasser innehält.] legen wir ihn an die Seite, wenn wir ihn nicht benutzen? (.) Was machen wir mit dem Pinsel?"

Zwei Kinder melden sich. Es ist sehr still im Klassenraum.

Abb. 10: *Frau Schumann nimmt Senas Tuschbecher.*

Die räumliche Positionierung der Lehrerin vor der Klasse[26] bringt ihre exponierte Stellung zur Darstellung. Der vordere Bereich im Klassenraum wird dabei aller-

26 Siehe auch Frau Kerns Aufmerksamkeitsfokussierung der Schüler auf die Präsentation weiter oben.

dings nur in bestimmten Unterrichtssequenzen wie dieser Einführungsphase zu ihrem Territorium bzw. zur „Bühne“, während die Schüler in anderen Unterrichtsphasen wie später beim Tuschen ebenso Zutritt zu ihm haben.

Der Lehrerin gegenüber sitzen die Schüler auf ihren Plätzen und richten ihre Aufmerksamkeit auf die zentrierte Interaktion im „Bühnenraum“. Ostentativ hält die Lehrerin Wasserbecher und Pinsel hoch, um als „Repräsentantin objektiver Wahrheiten“ (Prange/Strobel-Eisele 2006: 69) eine Frage an die Schüler zu stellen, deren Antwort sie selbst kennt. Diese Art des Fragens stellt eine Aufforderung an die Schüler dar, ihr, der Lehrerin, zu *zeigen*, was sie wissen oder können. In diesem Kontext enthält die Frage mehrere über ihren sprachlichen Inhalt hinausgehende Botschaften. Ihre Wiederholungen („Oder stellen wir ihn überhaupt rein?“; „Stellen wir den überhaupt rein ...?“) übermitteln einen prosodisch ausgedrückten Zweifel an der Richtigkeit des ihr inhärenten Aussagegehalts. Zusätzlich akzentuiert die Lehrerin den akustisch wahrnehmbaren Zweifel visuell durch die begleitende Geste, mit der sie das Hineinstellen des Pinsels in den Becher lediglich andeutet und nicht ausführt. Zudem ermahnen ihr ostentatives Gestenverhalten und die Art der Fragestellung die Zuschauer zum Hinsehen, um zu einem späteren Zeitpunkt in der Unterrichtsstunde den sorgsamen Umgang mit dem Pinsel selbsttätig umsetzen zu können.

In diesem Unterrichtsausschnitt zeigt die erste Aktion der Lehrerin, wer in dieser schultypischen Interaktion die Machtposition innehat. Denn ohne um Erlaubnis zu bitten nimmt sie den Tuschbecher von Sena und greift zudem noch in ihren Tuschkasten, um unaufgefordert deren Pinsel zu leihen. Allein im gestischen Verhalten führt die Lehrerin ihren Anspruch auf Autorität auf, der von niemandem der Beteiligten in Frage gestellt und damit schweigend bestätigt wird. Der selbstverständliche Ablauf dieser kurzen Momentaufnahme verweist auf das unhinterfragte und augenscheinlich inkorporierte institutionelle Gestenwissen in Bezug auf die Rechte der Lehrerin, das jenseits des Bewusstseins seine Wirkung entfaltet. In wiedererkennbaren Situationen reproduzieren alle Beteiligten die Anerkenntnis der Autoritätsposition der Lehrer.

In einem anderen Kontext, z. B. unter Mitschülern, würde dieselbe Geste unter Umständen einen Übergriff auf das Eigentum des Besitzers bedeuten. Gestenverhalten ist demzufolge abhängig von der unmittelbaren Situation, seine Sinnhaftigkeit geht funktional-pragmatisch über das bewusste oder unbewusste Sichtbarmachen (Encodieren) und Wiedererkennen (Decodieren) hinaus (Ekman/Friesen 1981). In dieser Lesart informieren Gesten über die kulturell geprägten kollektiven Vorstellungen hinsichtlich der sozialen Positionen der Beteiligten und der damit verbundenen Befugnisse, Rechte und Pflichten.

Schließlich impliziert die Frage eine Aufforderung („Was machen wir mit dem Pinsel?“) an eine(n) Freiwillige(n), das *Wie* des pfleglichen Umgangs mit dem Pinsel stellvertretend für alle zu demonstrieren. Um das schulspezifische Interaktionsmuster des *ostentativen Zeigens* erfolgreich umsetzen zu können, ist Frau Schumann an dieser Stelle auf die aktive Mitarbeit wenigstens eines Schülers angewiesen.

> Auch Lisa (2. Jg.) meldet sich und wird von der Lehrerin an die Reihe genommen. Sie steht auf und geht in Richtung Lehrerin. Auf dem Weg fordert Frau Schumann sie auf: „Komm mal her (.) zeig (.) dis ist jetzt der Tisch. Meine Hand ist der Tisch." Dabei dreht sie die Innenfläche ihrer Hand nach oben und hält den angewinkelten Arm demonstrativ nach vorn. Lisa legt den Pinsel auf die Handfläche und erklärt: „Wir legen den Pinsel auf den Tisch, sonst wird der krumm und schief, wenn der im Wasser bleibt."
> Frau Schumann nimmt den Pinsel wieder und erklärt: „Genau. Wenn der so im Wasser steht, dann drückt der immer nach unten. [Sie drückt den Pinsel mit den Borsten auf den Grund des Wasserbechers.] Sieht man dis? Warte mal, ich mach das mal so. [Sie stellt den Becher auf Senas Tisch ab und hält nur noch den Pinsel hoch. Sie drückt die Borsten an die Finger der anderen Hand.] Dann drückt der immer so. Und wenn der so ne Weile steht, dann bleibt der auch so. [Lisa geht unaufgefordert wieder auf ihren Platz zurück und setzt sich] Und damit kann man dann nicht mehr malen (.)."

Zusammen mit Lisa führt sie den zuschauenden Kindern vor, wie der Pinsel auf den Tisch gelegt werden soll. Die Handgeste von Frau Schumann erhält dabei explizit die Bedeutungszuschreibung „Tisch" („... zeig (.) dis ist jetzt der Tisch. Meine Hand ist der Tisch."). Lisa übernimmt diese wie selbstverständlich, indem sie den Pinsel auf die Handfläche legt und verbalisiert: „Wir legen den Pinsel auf den Tisch ..." Es ist offenkundig, dass die Bedeutungszuschreibung für die Handgeste aus dem situativen Kontext heraus emergiert. Sie ist nicht generalisierbar; d. h. die nach oben geöffnete Handfläche bedeutet nicht *per se* „Tisch".

Lisa leitet – analog zu ihrer aktuellen räumlichen Position im Territorium der Lehrerin – ihre Erklärung mit einem „wir" ein. Sie bezieht sich dabei auch im Tonfall mimetisch auf eine lehrertypische Formulierung, mit der die Lehrerinnen häufig Kommunikationssituationen gestalten, die sich im Sinne von „ihr" eigentlich nur auf die Schüler beziehen. Mit ihrem „krumm und schief" im zweiten Teil ihrer Erklärung kehrt sie jedoch zur Sprache der Peers zurück. Sie verlässt damit den Rahmen der Distanznahme und bezieht sich selbst wieder, allerdings als „Expertin" gegenüber den zu belehrenden „Laien", in die Handlungsaufforderung mit ein („... sonst wird der krumm und schief, wenn der im Wasser bleibt.").

Während die Lehrerin die weitere Moderation übernimmt und den Kindern nun vorführt, wie und warum der Pinsel *nicht* wie demonstriert gehandhabt werden sollte, geht Lisa unaufgefordert auf ihren Platz zurück. Aus ihrer Erfahrung mit ähnlichen Situationen *weiß* sie, im Unterschied zu Görkem in der oben beschriebenen Szene, dass ihr „Auftritt" beendet ist. Demgemäß fährt die Lehrerin auch, ohne ihr Beachtung zu schenken, mit ihren verbalen Ausführungen fort, die sie ostentativ *zeigend* mittels konkreten Gegenständen gestisch begleitet. Da die deformierten Borsten auf dem Grund des durchsichtigen Wasserbechers nicht für alle deutlich zu sehen sind, stellt sie den Becher weg und demonstriert die Verformung der Borsten mit ihren Händen. Aus Frau Schumanns Gestenverhalten wird deutlich, dass sie versucht, während der Aufführung die bestmögliche Darstellungsform zu finden, um den Verstehensprozess der Kinder zu unterstützen.

> Die Schüler sind sehr leise und gucken nach vorn, zwischendurch spielen einige mit ihren Pinseln. So auch Linus (2. Jg.) am ersten Gruppentisch vorn. Er legt seinen Pinsel immer wieder über den Rand seines Wasserbechers, nimmt ihn wieder weg, legt ihn quer über den Mund, um ihn gleich darauf wieder auf dem Tisch zu platzieren.
>
> Die Lehrerin sieht in dem Augenblick zu ihm, als Linus' Pinsel über dem Becherrand liegt. Während sie abermals den Becher von Senas Tisch nimmt und ihn zusammen mit dem Pinsel hochhält, sagt sie: „Aber ich hab grad Linus gesehen. Der hat den Pinsel <u>auch</u> ganz toll abgelegt. (.) Komm mal her, mach das mal mit dem hier vorne. Komm mal her. (.) [Linus bleibt weiterhin auf seinem Stuhl sitzen und schaut die Lehrerin an.] Du hast eben was ausprobiert. Komm mal her. (.) Wie kann man den denn noch ablegen?"
>
> Linus steht auf, schiebt seinen Stuhl an den Tisch und geht nach vorn. Viele Kinder richten ihre Blicke auf Linus und verfolgen mit den Augen seinen kurzen Weg zur Lehrerin. Frau Schumann hält ihm den Pinsel hin. Linus nimmt ihn und legt ihn über den Becherrand. Die Lehrerin erklärt: „<u>Ja</u>, er hat den so drübergelegt. Ist auch in Ordnung."

Frau Schumann bemerkt, dass Linus – eigentlich mehr spielerisch, nicht intentional auf das Unterrichtsgeschehen gerichtet –, eine weitere Alternative des Umgangs mit dem Pinsel offeriert. Als sie ihn öffentlich zum Zeigen auffordert, bringt Linus nonverbal, nur über sein Gestenverhalten, seine reservierte Haltung zum Ausdruck. Im Gegensatz zu Lisa, die schon mit ihrem Melden den Wunsch nach aktiver Beteiligung sichtbar anzeigt, hantiert Linus introversiv mit seinem Pinsel, als er in den Fokus der Aufmerksamkeit der Lehrerin gerät. Da sein Handeln bis dahin keinen nach außen gerichteten, interaktiven Zweck verfolgte, reagiert er dementsprechend zögerlich. Insofern bezieht sich die bestärkende Reaktion der Lehrerin auf seine körpersprachlich ausgedrückte Zurückhaltung, als sie ihm demonstrativ einladend Wasserbecher[27] und Pinsel hinhält und auffordert,

27 Wie zu Beginn der Stunde nimmt sie den Wasserbecher ein weiteres Mal von Senas Tisch und reproduziert zusammen mit den Beteiligten ihren institutionellen Autoritätsanspruch.

nach vorne zu kommen. Weil er schweigend sitzen bleibt, versucht sie, ihn durch Lob und wiederholte Ermunterung aus der Reserve zu locken („Der hat den Pinsel auch ganz toll abgelegt. Komm mal her, mach das mal mit dem hier vorne. Komm mal her. (.) Du hast eben was ausprobiert. Komm mal her. (.) Wie kann man den denn noch ablegen?").

Abb. 11: *Linus zeigt, wie der Pinsel liegen soll.*

Auch vorn auf der „Bühne" begleitet Linus seine öffentliche Demonstration nicht, wie Lisa, verbal-explizierend, sondern legt den Pinsel schnell auf den Becherrand. Das betont anerkennende „ja" von Frau Schumann übermittelt prosodisch gleichzeitig den Bedeutungsinhalt von Lob und Entlassung des Schülers aus dem exponierten Territorium, aus dem er auch unverzüglich auf seinen Platz zurückkehrt. Die Lehrerin übernimmt stellvertretend für ihn die knappe Erklärung („Ja, der hat den so drübergelegt."), die sie als institutionelle Vertreterin mit einem abschließenden „Ist auch in Ordnung" für allgemeingültig erklärt. Dabei erhält das lexikalische „so", wie auch schon bei Frau Kern im oben beschriebenen Unterrichtsausschnitt, seine semantische Bedeutung durch die Zeigegeste.

Linus' nonverbales Verhalten verweist zwar auf seine Kenntnis bzw. Anerkenntnis des institutionellen Interaktionsmusters. Sein Schweigen widerspricht jedoch den üblichen institutionellen „Verhaltensregeln", ostentative Zeigehandlungen zu verbalisieren. Mit der Übernahme des erklärenden Kommentars akzeptiert Frau Schumann in dieser Unterrichtssequenz Linus' gestisch aufgeführtes reserviertes Ausdrucksverhalten.

In der hier dargestellten Szene erhält die Zeigegeste weitere Dimensionen. Zum einen rekurriert das ostentative Zeigen der Lehrerin auf bereits vorhandenes Wissen der älteren Schüler und zielt mittels konkreter Gegenstände, auf konkrete Inhalte bezogen, auf Demonstration, Wiederholung und/oder Festigung des neu hinzugewonnenen Wissens durch Transfer. Zum anderen zeigt sich in dieser Momentaufnahme die zirkulierende Dimension des Gestenverhaltens. Beide Schüler drücken ihre unterschiedliche Motivation zur Beteiligung an der schultypischen Interaktionssituation vornehmlich über körperliche Formen der Selbstpräsentation aus. Sie beeinflussen damit bewusst oder unbewusst die Art und Weise der (Re)Aktion des Gegenübers (resp. der Lehrerin) und wirken somit auf den Unterrichtsverlauf ein, wenn auch ohne ihn zu unterbrechen. Demgegenüber stehen Selbstpräsentationen, wie beispielsweise Fatmas weiter oben dargestelltes Abwehrverhalten, die den Unterrichtsfluss kurzzeitig blockieren.

Das Zeigen lenkt und beeinflusst, wie auch andere Erziehungsformen, Denk- und Handlungsschemata und formt die inneren Vorstellungsbilder. Die institutionelle Erziehung vermittelt dabei gesellschaftlich erwünschte Inhalte und schließt andere durch Nicht-Zeigen bzw. Vorenthalten aus. Die Verantwortung, was gezeigt und wie das Gezeigte übermittelt wird bzw. welche sozial-integrativen Botschaften darin enthalten sind, liegt bei den Vertretern der Institution. Denn die Gültigkeit der institutionellen Inhalte basiert auf der Autorität ihrer Repräsentanten, der Anerkenntnis und dem gemeinsamen Glauben aller Beteiligten an das „Schul-Spiel".

Das Ende der Grundschulzeit – Gesten eines Abschieds

Zu den spezifischen Ausdrucksformen der hier vorgestellten Schule zählt die Gestaltung des Schulalltages, deren Fundament auf den vier reformpädagogischen Leitgedanken Arbeit, Gespräch, Spiel und Feiern gründet. Die Mitglieder dieser Institution bedienen sich institutionsspezifischer Gesten, um sich in deren Tradition zu stellen. Mit einem hohen Maß an gestalterischem Spielraum offerieren Gesten als körperlich-symbolische Darstellungen die Möglichkeit zu einer affektiven Identifikation mit der Institution, ihren Werten und Grundeinstellungen. Die Feier zur *Aufnahme* in die Gemeinschaft[28] sowie diejenige zur *Entlassung* aus der Gemeinschaft konstituieren den formalen Rahmen der Grundschulzeit und vermitteln auch Außenstehenden bereits einen Eindruck vom Selbstver-

28 Siehe am Anfang dieses Kapitels.

ständnis dieser schulischen Gemeinschaft. Dabei können die Feiern als Teil eines „große[n] Muster[s] gesehen werden, das sich aus vielen kleinen Mustern zusammensetzt" (Göhlich 2004: 145), die übereinstimmend das schulspezifische Verständnis des Bildungsauftrages widerspiegeln.

Sinntransformation stilisierter Gesten

Anhand zweier wiedererkennbarer ritueller Elemente aus beiden Feiern lassen sich sowohl das kreative Potential gestischer Ausdrucksformen als auch ihr Bedeutungswandel darstellen. Dafür werden im Folgenden das Abschiedslied und die Übergabe der Sonnenblume zu den äquivalenten Inszenierungen der Einschulungsfeier in Beziehung gesetzt.

Die Bühne, auf der die Feierlichkeiten für die Schulabgänger stattfindet, ist im Hintergrund und auf der Leine der Bühnenvorhänge mit bunten Tüchern geschmückt, einige selbstgemalte Bilder hängen an den hinteren Tüchern.[29] Auf dem Boden im Vordergrund der Bühne stehen rechts, links und fast mittig drei schwarze Eimer mit Sonnenblumen.

Abschiedsfeier der 6. Klassen

> Auf der Bühne haben sich die Schulabgänger in drei Reihen hintereinander aufgestellt. Fünf von ihnen sitzen auf Stühlen vor ihnen, ihre Konzertgitarren auf dem Schoß, die Hände spielbereit angelegt. Ein Lehrer mit einer umgehängten Gitarre steht mit dem Rücken zum Publikum vor der Instrumentalgruppe. Links im Bild neben der Schülerformation steht, den Kindern zugewandt, eine Lehrerin. Sie lässt ihren Blick zwischen den Schülern und dem Lehrer hin- und herschweifen. Am Rande der Bühne, vor dem Vorhang, steht die Schulleiterin. In den ersten Reihen der Zuschauer sitzen die Mitschüler der Klassenstufen 4 und 5 aus den altersgemischten Lerngruppen, dazwischen und dahinter haben Lehrerinnen, Lehrer und Eltern Platz genommen.
>
> Der Lehrer und die Gitarre spielenden Schüler schlagen die ersten Akkorde an, während die Schülergruppe auf der Bühne summt. Sodann stimmt die auf der Bühne stehende Lehrerin singend die erste Strophe des Liedes an, das zur Melodie von „My Bonnie is over the ocean" umgedichtet wurde.[30]

29 Die Abschiedsfeier findet in diesem Jahr aufgrund von Bauarbeiten nicht, wie üblich, in der eigens dafür umgestalteten Turnhalle statt, sondern in der Aula der nahe gelegenen Oberschule.

30 1. Das Schuljahr, das ist nun zu Ende, das Schuljahr, das ist nun vorbei. / Wir waren hier sechs schöne Jahre. Und nun hab'n wir sechs Wochen frei. / *Refrain*: *Die Großen, die gehen, die Kleinen, die werden die Großen sein. / Die Großen, die gehen, die Kleinen werden sich freu'n. /*

Abb. 12: *Abschlussfeier der 6. Klassen*

Die Schule präsentiert sich sowohl bei der Einschulungsfeier der Schulanfänger als auch bei der Verabschiedungsfeier als geschlossene Gemeinschaft von Lehrern, Schülern und Eltern, die, ähnlich wie in einer idealtypischen Familie, gemeinsam an wichtigen Ereignissen teilhat. Es sind nicht nur diejenigen Schüler und Lehrer anwesend, die sich an den Aufführungen beteiligen, sondern *alle* zu ihnen in Beziehung stehenden Mitglieder. Somit bilden die jeweiligen Lerngruppen[31] vom Anfang der Grundschulzeit bis zu ihrem Ende eine institutionelle Einheit, in denen die Belange der Einzelnen als Angelegenheit der Gemeinschaft betrachtet werden.

Im Unterschied zu den Debütanten bei der Einschulungsfeier, die während der Darbietung des Liedes im Zuschauerraum saßen, stehen die Protagonisten bei der Verabschiedungsfeier auf der Bühne, im räumlich-visuellen Mittelpunkt, um symbolisch aus der Gemeinschaft der institutionellen Mitglieder (dem „Wir") in

2. Hier lernten wir lesen und schreiben und malen und singen dazu. / Doch können wir bei euch nicht bleiben, wir winken zum Abschied euch zu. / *Refrain*

31 Alle Schulabgänger kennen sich aus dem Kursunterricht, den Arbeitsgemeinschaften und den für diese Schule charakteristischen zahlreichen Feiern.

den Status der „Ehemaligen“ (dem „Ihr“) entlassen zu werden. Nicht *für sie*, sondern *von ihnen* wird das Abschiedslied gesungen.

Die musikalische Aufführung des sechsten Grundschuljahrgangs begleitet, anders als beim Einschulungslied, nicht mehr allein der Lehrer, sondern er wird unterstützt von einer Gruppe Gitarre spielender Schüler. Ihre raumeinnehmende Positionierung in der ersten Reihe auf der Bühne hat eine institutionelle Repräsentationsfunktion; denn das Gitarrenspiel haben die Schüler in der Gitarren-AG der Schule erlernt. Im Vergleich zur Einschulungsfeier erhält die Hausmusik-Atmosphäre der Verabschiedungsfeier damit eine weitere, selbst-referentielle Akzentuierung: Am Ende der Grundschulzeit können die Schüler nicht nur gemeinsam mit ihrem Lehrer musizieren, sondern dieses Können haben sie bei eben diesem Lehrer im Rahmen der pädagogischen Arbeit der Schule erworben.

> Die Schulleiterin beugt ihren Oberkörper nach vorn in Richtung Publikum, schaut zu den Schülern in den ersten Zuschauerreihen und hält ihre geöffnete Hand ostentativ hinter ihr Ohr.
>
> Währenddessen konzentriert sich die dirigierende Lehrerin auf den Chor und bewegt sich schwingenden Schrittes immer weiter nach hinten auf die Bühne. Sie tritt erst wieder beim Refrain nach vorne an den Bühnerand und animiert die Zuschauer durch eine ausholende Geste zum Mitsingen. Zugleich nickt die Schulleiterin dem Publikum zu und, während sie die geöffnete Hand erneut ostentativ hinter ihr Ohr hält, bewegt sie rhythmisch ihren Oberkörper vor und zurück.
>
> Die in den ersten Reihen sitzenden Mitschüler singen den Refrain mit.
>
> Im Verlauf der Strophen wendet sich die Lehrerin auf der Bühne stehend wieder der singenden Schülergruppe zu. Sie initiiert, in Anlehnung an den Text des Liedes, am Ende der letzten Strophe ein gemeinschaftliches Winken.

Analog zur Einschulungsfeier moderiert die Lehrerin das Singen des Liedes auch bei der Abschiedsfeier in der gleichen Weise. Während der Strophen wendet sie sich den Sängern auf der Bühne zu und animiert die Zuschauer erst beim Refrain zum Mitsingen.[32] Bei der Abschlussfeier unterstützt die Rektorin sie jedoch mit der demonstrativen „Horchgeste“. Nonverbal bringt sie damit die Aufforderung zum Mitsingen schon gleich zu Beginn des Liedes zum Ausdruck. Die Mitschüler im Zuschauerraum reagieren jedoch weniger auf das Gestenverhalten der Schulleiterin als auf das der moderierenden Lehrerin, indem sie erst beim Singen des Refrains mit einstimmen. Im Verhalten der Schüler wird sichtbar, dass sie die Autorisation für die formale Strukturierung der Aufführung in dieser Situation eher der Musiklehrerin zuschreiben als der Rektorin, obgleich letztere in

32 Allen Schülern sind diese Lieder bekannt, weil sie insbesondere vor der Einschulung sowie vor der Verabschiedung in sämtlichen Lerngruppen eingeübt und immer wieder gesungen werden.

ihrer Präsenz visuell stärker hervortritt. Ein Grund mag darin liegen, dass es gewöhnlich die Lehrerin ist, die die Schüler für den Auftritt „eintaktet" und vornehmlich über ihr Gestenverhalten lenkt. Die Anerkennung des direktiven Gestenverhaltens der Lehrerin wird in der letzten Strophe besonders evident, als sie entsprechend der inhaltlichen Aussage des Liedtextes ein Winken initiiert und ein großer Teil der Sänger mitzieht.

Das Winken wird von den Zuschauern nicht erwidert. Denn die kulturell konventionalisierte Geste des Winkens *vollzieht* in diesem Moment nicht real den Abschied, sondern im Kontext der Liedpräsentation *symbolisiert* sie das Ende einer gemeinsamen Zeit, die mit dieser Feier zumindest offiziell endet. Der Abschied wird hier ausdrücklich inszeniert.

Nach dem Applaus hält die Rektorin eine Rede an die Schulabgänger.[33] Explizit rekurriert sie auf die reformpädagogischen Grundsätze und verweist in ihrer Ansprache auf den spezifischen Schulethos, mit dem sie zugleich die eigene Institution anderen Schulen gegenüber abgrenzt. Durch die Differenzsetzung nach „außen" stärkt sie die interne Gemeinschaft und verleiht der Teilhabe einen besonderen Wert (vgl. Göhlich 2004: 149). Die Inszenierung der Abschiedsrede stellt nicht nur eine Rückschau dar, sondern entlässt die Schulabgänger gleichsam als „Delegierte", die die Spezifität, das Besondere dieser Schulkultur, in die weiterführenden Schulen zu tragen beauftragt sind (ebd.).

> Noch während des Applaus stehen die Mitschüler der jeweiligen Lerngruppen auf und stellen sich an den neben und im Vordergrund der Bühne positionierten Eimern mit den Sonnenblumen an. Die dort bereitstehenden Lehrerinnen verteilen die Sonnenblumen an die Schüler, welche sodann in Richtung Bühne drängen und die Stufen zur Bühne hinaufgehen, um jedem Schulabgänger eine Sonnenblume zu überreichen.
>
> Ein allgemeines Gemurmel entsteht, einige Namen werden gerufen. In die Geräuschkulisse hinein beginnt ein Mädchen auf der Bühne mit der Querflöte den ers-

---

33 „So (.) ihr lieben Sechstklässler. Die meisten von euch waren sechs Jahre bei uns, einige auch nur fünf. Ihr habt hier (.) Gespräche geübt (.) im Kreis (.) in der Gruppenarbeit (.) und öfters auch mal mit dem Tischnachbarn. [Gekicher aus dem Zuschauerraum] (.) Ihr habt hier viel gespielt manchmal unsere Spiele, die Spiele der Lehrer (.) und manchmal eure eigenen, wo ich die Regeln nicht immer so richtig verstanden habe. Ihr habt viel gearbeitet (.) alleine (.) in Gruppen, manchmal mit Spaß und manchmal auch ohne Spaß. Ihr habt mit uns viel gefeiert. Ihr habt gelernt zu feiern: Ihr könnt selbstbewusst auftreten. Ihr habt gelernt, gute Zuschauer zu sein, das ist auch sehr wichtig. (.) Und (.) ihr habt gelernt, Respekt vor den Leistungen anderer zu haben, auch wenn die nicht immer perfekt sind (.) Wir hoffen (.) wir haben euch stark gemacht. Ihr habt gelernt, eure Stärken und Schwächen einzuschätzen und daran zu arbeiten. Ihr habt gelernt, eine eigene Meinung zu haben. Ihr sollt sie auch an anderen Schulen äußern. Wir wünschen euch, dass ihr euren eigenen Weg findet und wir würden uns freuen (.) wenn wir ab und zu mal was von euch hören würden. Viel Glück (.) Auf Wiedersehen." Es folgt Applaus.

ten Teil von Ludwig van Beethovens „Für Elise“ zu spielen. Die Geräuschkulisse wird nicht wesentlich gedämpfter. Immer mehr Kinder mit Sonnenblumen drängen auf die Bühne. In der vorübergehenden räumlichen Enge, die durch die Menge der Kinder entsteht, achten die Schüler aufeinander.

Die Übergabezeremonie wird von den Querflötenklängen und der Geräuschkulisse begleitet, bis alle Kinder wieder auf ihren Plätzen sitzen.

Am Ende ertönt wieder Applaus.

Abb. 13: *Übergabe der Sonnenblumen*

Die sich der Rede anschließende Übergabegeste der Sonnenblume ist eingebettet in eine rituelle Sequenz der öffentlichen Verabschiedungsfeier und findet vor Publikum statt. Mehr noch, sie wird feierlich in Szene gesetzt und durch die Mitschüler – nicht mehr wie bei der Einschulungsfeier durch die Lehrerinnen im internen Rahmen des Klassenraums – vollzogen. Die Institution führt sich hierbei als Gemeinschaft von Lehrenden und Lernenden auf, die den Abschied zelebriert und auf diese Weise performativ Gemeinschaft erzeugt (vgl. Göhlich 2004: 148). Lehrer und Schüler knüpfen mit der Aufführung an ein für diese Schule charakteristisches Interaktionsmuster an, das im Sinne der Schulkultur autoritative Aufgaben partiell den Mitschülern übergibt. Von allen Seiten strömen die Mitschüler aus dem Zuschauerraum nach vorn, nehmen eine Sonnenblume von den verteilenden Lehrerinnen entgegen und steigen die schmale Treppe zur Bühne empor, um sie einem Schulabgänger zu überreichen. Begleitend zur ruhig *strömenden* Bewegungsform der Schüler durchdringt die klassische Musik der Querflöte die Atmosphäre wie ein ruhiger auditiver *Strom*. Obgleich von einer murmelnden Geräuschkulisse und einigen informellen Namensrufen begleitet, vollführen die Kinder die Übergabegeste in Korrespondenz zur Atmosphäre feierlich und gehen in der räumlichen Enge rücksichtsvoll miteinander um.

Die Schule inszeniert mit der Einschulungs- und der Verabschiedungsfeier eine wichtige Phase im Leben des Kindes, die der Grundschulzeit an dieser Schule eine exklusive Bedeutung zukommen lässt. Intentional liegt den darauf ausgerichteten Aufführungen eine dyadische Struktur zugrunde: Zum einen intendieren sie als *poietisch-ästhetische Darstellungsformen* eine Identifikation mit der Institution. Zum anderen transportieren sie als *körperlich-symbolische Ausdrucksformen* spezifische Inhalte und fungieren somit als gemeinschaftskonstituierende Selbst-Repräsentationen der Institution. Spezifische Elemente wie das Singen des Liedes, die räumlich-positionelle Differenzsetzung der Protagonisten zu den übrigen Teilnehmern sowie die Übergabe der Sonnenblume finden sich in beiden Feiern wieder, jedoch mit transformierten Bedeutungsinhalten. Aus dem vertrauten Charakter der wiederkehrenden Sequenzen soll ein sinnlich-emotionales Zugehörigkeitsgefühl erwachsen und kohärente Erinnerungsbilder erzeugen.

Bezogen auf den imaginativen Charakter körperlich-gestischer Ausdrucksformen lässt sich im metaphorischen Sinne ein Bild der Grundschulzeit entwerfen, dessen äußeren Rahmen die beiden Feiern bilden. Betrachtet man unter diesem Aspekt noch einmal die Inszenierungen der aufeinander bezogenen Elemente der Einschulungs- und Verabschiedungsfeier, lässt sich ihr Bedeutungsgehalt sinnbildlich mit den Begriffen *Verzauberung*, *Bezauberung* und *Entzauberung* (Mattig 2009)[34] fassen.

Lag die institutionell-pädagogische Intention der feierlichen Inszenierung am Tag der Einschulung auf der *Verzauberung* der Kinder durch die illustrative Narration und ihre zukunftsweisenden (Bildungs)Versprechen, so besiegelte die Geste der Übergabe der Sonnenblume offiziell den neuen Status als Schüler dieser Schule. Im Sinne einer rituellen Initiation wurde diese Geste deshalb auch von einer Vertreterin der Institution, der Lehrerin, im internen Rahmen des Klassenraums, vollzogen.

Am Tag der Verabschiedung liegt die institutionell-pädagogische Intention der feierlichen Inszenierung auf einer letztmaligen *Bezauberung*, die bei den

34 Mattig hat diese Begriffe in seiner ethnographischen Studie zur Popmusik in der Jugendkultur entwickelt und bezieht sie auf biographische Erfahrungen der Interviewees, die durch Musik, den Musiker oder die Band eine Transformation erfahren. In unserem Zusammenhang lässt sich die Wirkung auf das biographische Erleben nicht empirisch belegen. Gleichwohl bietet sich die Begrifflichkeit an, die *intendierte* Wirkung der rituellen Inszenierung herauszuarbeiten (Mattig 2009: 37ff.).

Schulabgängern innere Bilder und sinnliche Assoziationen an die zurückliegende Grundschulzeit evozieren soll. Das in den Darbietungen aufgeführte Selbst-Verständnis der Institution bringt die Rektorin mit ihrer retrospektiven Ansprache auf eine verbal-reflexive, „objektive" Ebene. Den institutionsspezifischen (Bildungs-)Vorstellungen entsprechend, Mitbestimmung, (Eigen)Verantwortung und sozial-integrative Verhaltensformen u. a. durch Dezentralisierung autoritativer Aufgaben in hohem Maße zu fördern, vollziehen dann auch nicht mehr die Lehrer, sondern die Mitglieder der Lerngruppen die Geste der Übergabe der Sonnenblume.

Die kurze Zusammenschau der Schulleiterin signalisiert darüber hinaus, wenn auch eher implizit, dass der Schulalltag *de facto* zugleich eine Zeit der *Entzauberung* darstellt. Denn zusätzlich zu den institutionellen (Rahmen)Bedingungen lernen die Kinder sich selbst als Schüler und Mitschüler sowie ihre persönlichen (Leistungs)Grenzen kennen. Dabei *ent-zaubern* zuweilen Pflicht und Unfreiwilligkeit, übermäßige Anstrengungen und enttäuschte Erwartungen die Illusion einer fortwährenden *Verzauberung*. Zugleich ermöglichen schulische Arrangements und Interaktionsmöglichkeiten immer wieder Momente der *Verzauberung*, insbesondere durch gemeinsames Erleben bei Arbeit, Gespräch, Spiel und Feiern.

Mit der Sonnenblume erhalten die Schulabgänger das auf den Schulanfang verweisende „emblematische" Symbol der Grundschulzeit, mit dem die Schulgemeinschaft ein letztes Mal rekonstituiert wird. Ob sie die intendierte *Bezauberung* empfinden oder nicht: Sie nehmen die auf diese Jahre bezogenen individuellen Gefühle, Erinnerungen und persönlichen Errungenschaften als Teil ihrer Biographie mit auf ihren weiteren Lebensweg.

Gesten in Schule und Unterricht – ein Resümee

Die Schule ist eine gesellschaftliche Institution, ein sozialer Raum, der sich unter anderem durch spezifische Ausdrucksformen des Körpers von anderen sozialen Räumen wie beispielsweise dem Kindergarten oder der Familie unterscheidet.[35] Pädagogisches Handeln ist in einer bestimmten Weise räumlich strukturiert und zeitlich verfasst, oft auch in rituelle oder ritualisierte Abläufe eingebettet. In Interaktionen, die als institutionelle erkennbar sind, gestalten die daran Beteiligten ihren Schulalltag. Auftreten und Vollzug von Gesten werden dabei erstens durch *kollektive Vorstellungen* und *Praktiken*, zweitens durch die *institutionellen Rahmenbedingungen* und *Traditionen* sowie drittens durch *individuelle Bedin-*

35 Zu Gesten im Familienleben siehe den Beitrag von Sebastian Schinkel in diesem Band.

gungen bestimmt. Für die jeweiligen Situationen stehen unterschiedliche Gestaltungsvarianten zur Verfügung.

Der vorliegende Beitrag zeigt, dass Gesten erheblich auf den Interaktionsverlauf einwirken. Bezogen auf die empirischen Ergebnisse lassen sich hierbei verschiedene Bedeutungsebenen gestischer Ausdrucksformen unterscheiden, die eng miteinander verwoben sind und von der jeweiligen Betrachtungsperspektive abhängen.

Raumkonstituierende Gesten

Wie Individuen ihre Körper arrangieren und sich aufeinander oder ihre Umgebung beziehen, wie der Einzelne mit Hilfe seines Körpers und seiner Gestik symbolische Räume um sich herum entwickelt, hat z. B. E. T. Hall (1976) in seinen Untersuchungen zur Proxemik vorgelegt. Auch im Schulraum werden anhand charakteristischer Körperpraktiken verschiedenartige Bildungsräume konstituiert.

So steht die Lehrerin bei der Eröffnung von Unterricht oftmals vorn im Tafelbereich und gibt den Ablauf der Stunde vor, während die Schüler eine sitzende, aufmerksame Haltung einnehmen. Im Gegensatz dazu konstituieren sich in kooperativen Arbeitsformen parzellierte Interaktionsräume an den Gruppentischen, an denen die Schüler in Partner- oder Gruppenarbeit zusammenarbeiten. Die räumlich-materielle Organisation von Unterricht mit unterschiedlichen Sitzordungen und Arbeitsformen limitiert oder erweitert die Bewegungsfreiheit des Körpers. Am Tisch ist die Motorik beispielsweise auf Hände und Kopf beschränkt (vgl. Langer 2008), während im Kreis aufeinander bezogene Körperbewegungen, kommunikativ-mimischer Austausch und auch Bewegungsspiele leichter durchzuführen sind.

Abhängig von der Unterrichtsform werden Raum(an)ordnungen wie „Bühnen"- und „Zuschauerraum" durch stilisierte Gesten und Körperhaltungen hervorgebracht, die das Unterrichtsgeschehen lenken bzw. beeinflussen, z. B. in Form von Lehrer- und Schüler(selbst)präsentationen, Zeigehandlungen oder Frage- und Antwort-Sequenzen. Dagegen treten in anderen Unterrichtsfächern oder Phasen stilisierte Gesten in den Hintergrund; durch die Bewegungsfreiheit und die Möglichkeit zum Austausch informeller Gesten können hier interaktiv wechselnde Räume entstehen (vgl. Wulf 2007: 91ff.).

Aus dieser Perspektive wird ersichtlich, dass raum-zeitliche Settings und atmosphärische Arrangements ihre kulturelle und soziale Wirkung nur durch die Anwesenheit der Menschen entfalten. Das heißt, Raum, Zeit und Körper sind in ihrer (schul)spezifischen Ordnung nicht als statisches, sondern als ein „prozesshaftes Phänomen“ zu betrachten, dem eine strukturierte und strukturierende Dimension inhärent ist (Löw 2001: 263; vgl. auch Breidenstein 2004). Insofern Zeit-Raum-Verknüpfungen im Wechselverhältnis zwischen objektiver (strukturierter) Materialität und subjektivem (strukturierendem) Handeln und Empfinden stehen, wird auch institutioneller Bildungsraum von gestischen Ausdrucks- und Darstellungsformen geprägt.

Gesten der institutionellen Typisierung

Im Rahmen des Schulalltags bringen die Lehrerinnen als institutionelle Vertreterinnen ihre soziale Position, ihre Funktion, ihre Intentionen über spezifische, wiedererkennbare Gestenformen und Körperhaltungen zum Ausdruck, die als Elemente des pädagogischen Tableaus bestimmte Wirkungen auf die Schüler ausüben. Nur durch praktische Erfahrung im unmittelbaren Kontext lernen die Schüler, ihr Verhalten an die Situation zu adaptieren und die feinen Unterschiede zu differenzieren.

Die Institution Schule erfordert vom Kind die Fähigkeit, körperlich-symbolisch das darzustellen, was es in dieser Institution ist: ein Schüler. Dazu gehört der Erwerb „schultypischer“ Eigenschaften und Ausdrucksformen wie z. B. nach vorgegebenen Verhaltenserwartungen (still) zu sitzen oder sich vor seinen Mitschülern zu präsentieren, Emotionen in einer bestimmten Weise auszudrücken oder zu verbergen, Unterrichtsbereitschaft zu demonstrieren oder Unaufmerksamkeit zu überspielen. Gelingt dies nicht, wird der Schüler über (gestische) Hinweise oder Reglementierungen sanktioniert.

Charakteristische, schulspezifische Gestenformen der Beteiligten *verkörpern* den spezifischen „Stil der Schule“. In unterschiedlichen sozialen Praktiken erwirbt der Schulanfänger implizites Wissen bezüglich der institutionsspezifischen „Spielarten“ und „Spielvarianten“, mit dem die Beteiligten ihre soziale Wirklichkeit ko-konstruieren. Rituale und ritualisierte Sequenzen helfen dabei, die mit ihnen verbundenen Inhalte und Stimmungen sinnlich-emotional aufzunehmen. In einem permanent zirkulierenden Prozess zwischen innerer Vorstellungswelt und äußerem Bezug beeinflussen sich die Akteure gegenseitig und tragen zur Dynamik der Wirklichkeitsgestaltung bei.

Theatralische und repräsentative Gesten

Bewusst sprachbegleitend eingesetzte Gesten stellen eine weitere Perspektive des Gestengebrauchs dar und verweisen auf den theatralen Aspekt der gestischen

Darstellungs- und Ausdrucksmöglichkeiten (Goffman 2006; 1982). Dies wird z. B. in der Analyse eines Kinderverses erkennbar. Für seine Inszenierung wird gestisches „Rohmaterial" in eine bewusste Gestik transformiert und in Szene gesetzt, um die Schüler zur Anteilnahme am Spiel zu motivieren. Als Initiatorin bedient sich die Lehrerin einer gewissen Theatralik, die von den Schülern ausgestaltet wird und im gemeinsamen Aufführen „Spielraum" für Spaß und Freude durch eigene Gestaltungsmöglichkeiten bereitstellt. Hierbei wird die Repräsentationsfunktion von Gesten deutlich, die auf kulturelle Konventionen oder kollektive Vorstellungsbilder rekurriert. In anderen Unterrichtssituationen verweisen Gesten zudem auf die individuellen Konzepte der Kinder (vgl. Goldin-Meadow 2005).

Mimetische Bezugnahmen und die Fähigkeit zur Imagination sind konstitutive Elemente von Verstehensprozessen; denn die innere Bilderwelt und das kontextspezifische Erleben überlagern und durchdringen sich gegenseitig. Gesten, Sprechen und Denken sind drei Dimensionen der Auseinandersetzung mit der Welt; erstere sind sichtbarer Ausdruck der Imaginationskraft (McNeill 2002: 3; 87ff.).[36]

Im Kunstunterricht, in Präsentationsphasen oder anderen Unterrichtssequenzen bedient sich die Lehrerin sprachbegleitend gestaltender „Zeigegesten", um den Verstehensprozess der Schüler zu erleichtern und durch repräsentatives *Vor-Zeigen* bzw. Vorzeigen-Lassen mimetische Lernprozesse zu initiieren, Aufmerksamkeit zu fokussieren bzw. Spannung aufzubauen. Auf der „Bühne", vor dem Publikum der Klasse, setzen sich sowohl Lehrer als auch Schüler sehr unterschiedlich in Szene. Theatrale Gesten dienen dazu, Interesse zu wecken oder andere Effekte zu erzielen. Je nach Unterrichtssituation werden *Rück-Wirkungen* wie beispielsweise hörbares Gähnen oder andere (geräuschvolle) körperliche Ausdrucksformen als „Störungen" angesehen und von den Repräsentanten der Institution öffentlich als Fehlverhalten definiert.

Das Datenmaterial belegt, *wie* die Beteiligten Bezug zur äußeren Welt nehmen, zu den Personen, deren körperlichen Ausdrucksformen sowie deren Haltungen und Positionen im Raum, zu den Dingen und der Stimmung.

Gesten der Hierarchisierung

Über die Mimesis institutionsspezifischer Gesten unterwerfen sich die Angehörigen der Gesellschaft dem normativen Anspruch der Institution. Im Gestenverhalten wird evident, *wie* die Lehrerinnen ihre Autoritätsansprüche inszenieren

36 Zur Imaginationskraft vgl. auch Gebauer/Wulf 1998: 80ff.; Wulf 2006: 105f.; Hüppauf/Wulf 2006.

und *wie* die Schüler (und Eltern) diese immer wieder bestätigen. Die Vertreter der Institution lenken den Unterricht auf unterschiedliche Weise; wenngleich der Unterrichtsfluss vom (Gesten)Verhalten der Schüler mehr oder weniger subtil beeinflusst wird. Dabei definiert die Reaktion der Lehrer den Rahmen der Möglichkeiten.

Die Daten aus dem Schulleben der reformpädagogischen Schule stellen heraus, in welcher Weise Wertvorstellungen und Grundhaltungen, z. B. die institutionelle Konzeption eines sozial-integrativen Bildungsauftrags, durch körperlich-symbolische Darstellungen aufgeführt, festgeschrieben und im Körpergedächtnis gespeichert werden. Wiedererkennbare, konventionalisierte Gesten formen auf diese Weise die sozialen Praktiken und Interaktionstypiken.

Auf den Feiern und Festen gibt die Schule auch Außenstehenden einen Einblick in ihre „Mentalitätsstrukturen". Einschulungs- und Abschlussfeier z. B. stellen Homologien zwischen abstrakten Inhalten (Gemeinschaftssinn) und kollektiven Vorstellungsbildern her (harmonische Einheit von Schülern, Lehrern und Eltern) und bringen sie im *modus operandi* der Aufführungen auf eine sinnlich erfahrbare Ebene (gemeinsames Feiern, Singen, Übergabe der Sonnenblume u. a.). Sie werden von denen, die mit der Institution in Berührung kommen, wahrgenommen und mimetisch verarbeitet, ohne dass dieser Prozess über das Bewusstsein laufen muss. Die institutionsspezifischen Gesten sind über lange Zeiträume entstanden und ihre Repräsentanten bringen die ihnen zugrunde liegenden (Wert)Vorstellungen in unterschiedlichen Stilen zum Ausdruck (vgl. Wulf u.a. 2007).

Indem die Beteiligten bestimmte Praktiken immer wieder neu (re)produzieren, lernen auch die Schulanfänger die Bedeutung der mit ihnen verbundenen Gesten kennen. Gesten sind performativ, denn sie erzeugen soziale Wirklichkeit. Sie wirken bewusst oder unbewusst, beabsichtigt oder unbeabsichtigt, subtil oder offensichtlich auf Bildungsprozesse ein. Zuweilen führen sie Unterbrechungen im Unterrichtsfluss herbei, in denen das Spannungsverhältnis zwischen individuellen Bedürfnissen und gemeinschaftlichen Interessen bearbeitet wird. In permanenten Wechselwirkungsprozessen beeinflussen sich die Beteiligten gegenseitig, eignen sich in mimetischen Bezugnahmen Körperausdrucksformen an, distanzieren oder engagieren sich. Schultypisches Gestenverhalten entfaltet seine Charakteristik in den symbolisch geprägten Gestenformen, die zwischen den Akteuren zirkulieren. Persönliche Formen der Interpretation und Ausgestaltung sowie unterschiedliche emotionale Beteiligung verweisen auf die *Dynamik* schultypischen Gestenverhaltens. Ihre Wirkmächtigkeit zeigt sich erst im unmittelbaren Agieren der Beteiligten und macht deutlich, dass Bildungsprozesse nicht vollständig planbar und Bildungssituationen steten Veränderungen unterworfen sind.

Fehlende Gesten? Über gestische Aufladung und pädagogische Autorität im Kunstunterricht

Kathrin Audehm

Thematische und methodische Annäherung

Der vorangegangene Beitrag hat ausgehend von einer institutionellen Einschulungsfeier gezeigt, dass an dieser Grundschule die Schulanfänger mit Gesten begrüßt werden, die ihnen die Schule als Gemeinschaft mit Ähnlichkeiten zu ihrer bisherigen Lebenswelt vorführen. Die Feier stellt den Übergang in die Schule nicht als dramatischen Akt der Ablösung von der eigenen Familie dar, sondern lässt ihn als relativ leichte Übung erscheinen, mit der die Kinder im Beisein ihrer Eltern in eine neue Lebenswelt eingeladen werden. Auch das Überreichen der Sonnenblume fungiert als einladende Geste, mit der die Neuen weniger als Grünschnäbel angerufen werden. Vielmehr wird ihnen bedeutet, dass sie als neugierige Wesen und wissbegierige Subjekte in der Schule zum Abenteuer Bildung willkommen sind. In diesen Gesten manifestiert sich die Schule als Bildungsinstitution, ohne den Schülerinnen und Schülern zu demonstrieren, dass sie von nun an einer Institution angehören, in der ihre Reisen und Unternehmungen bewertet werden und sie einem Leistungsdruck unterliegen, dem standgehalten zu haben oder ehrgeizig begegnet zu sein nach sechs Schuljahren über ihre Aufteilung auf unterschiedliche Schultypen entscheidet.

In diesem Beitrag werden pädagogische Gesten ausgehend von den Tätigkeiten der Unterrichtsakteure in den Blick genommen. Im Kunstunterricht ist eine hohe Dichte an Praktiken zu erwarten, die zeigen, dass Lernprozesse sich nicht lediglich als „innere“, mentale Vorgänge vollziehen, sondern eingebettet sind in eine soziale Praxis eigener und gemeinsamer Tätigkeiten der Berührung, Bewegung und Handhabung von Material, Werkzeugen und Geräten. Im Vollzug dieser Praktiken erzeugen die Akteure ein szenisches Arrangement des Unterrichts, in das sie eingebunden sind und in das sie sich einbinden.

Unter einem szenischen Arrangement wird hier das Zusammenspiel der äußeren Anordnung von dinglichen Requisiten und gegenständlichen Artefakten, der räumlichen und zeitlichen Struktur von Tätigkeiten und Interaktionen und der sozialen wie symbolischen Praktiken wechselseitiger Positionierungen der Unterrichtsakteure verstanden. Dabei stellt sich zum einen die Frage, ob die Tätigkeiten und Interaktionen im Kunstunterricht zu Gesten werden, das heißt einen symbolischen Mehrwert besitzen, also mehr bedeuten als ihre bloße Ausführung. Wie gestisch aufgeladen ist das beobachtete Unterrichtsgeschehen? Zum anderen stellt sich die Frage, inwiefern die gestische Aufladung der Interaktionen ein institutionelles Tableau verkörpert und welches Verhältnis zwischen gestischer Aufladung und pädagogischer Autorität im beobachteten Unterricht besteht.

Im Folgenden wird zunächst erläutert, mit welchen begrifflichen Werkzeugen die gestische Aufladung des Unterrichtsgeschehens untersucht wird. Die anschließenden Beschreibungen konzentrieren sich auf die Körperlichkeit der Akteure und gehen von den Tätigkeiten und Interaktionen der Schülerinnen und Schüler aus, wobei insbesondere eine Schülergruppe über mehrere Stunden fokussiert wird. Anschließend werden die Körperstile der beiden Kunstlehrer beschrieben und die gestische Aufladung ihrer pädagogischen Autorität untersucht. Abschließend werden die Ergebnisse der Beobachtungen verallgemeinert, um den Zusammenhang zwischen gestischer Aufladung, pädagogischer Autorität und szenischem Arrangement des Kunstunterrichts zu verdeutlichen. Dabei werden auch Grenzen möglicher Schlussfolgerungen benannt.

Die videobasierte Beobachtung untersucht den Unterricht bei zwei Lehrern in jeweils einer Stammgruppe von 10- bis 12-jährigen Schülerinnen und Schülern. Die Interpretationen basieren auf vollständigen Videoaufzeichnungen von insgesamt sieben Unterrichtsstunden. Dabei wurde eine Unterrichtseinheit, die drei Unterrichtsstunden dauert, in einer Stammgruppe und bei einem Lehrer fokussiert. Eine weitere zweistündige Unterrichtseinheit der gleichen Stammgruppe wurde als Vergleichshorizont mit minimalem Kontrast hinzugezogen sowie eine zweistündige Unterrichtseinheit in einer anderen Stammgruppe und beim zweiten Kunstlehrer als maximale Kontrastfolie genutzt.

Eine videobasierte Beobachtung erlaubt aufgrund der wiederholten Betrachtung des Materials einerseits eine größere Detailliertheit der Beschreibung und andererseits eine unterschiedliche Fokussierung in der Beobachtung der gleichen Szenen. Wiederholte Materialdurchgänge haben allerdings Auswirkungen auf die Wahrnehmungsfilter. Darüber hinaus führt ein mehrfacher Vergleich zwischen verschiedenen Szenen zur Vertiefung und Anreicherung der Eindrücke und beeinflusst damit auch die Interpretationsfilter. Damit wird die methodische Kontrolliertheit des ethnografischen Verdichtungsvorgangs zur besonderen Herausforderung. Diese kann sich nicht (mehr) auf die Arbeit am Text beschränken, sondern wird bereits zur Aufgabe der Selbstbeobachtung der Beobachter. Damit verschärft sich allerdings – zumal in kurzen Beiträgen wie diesem – das Problem, den Verdichtungsvorgang in der Darstellung präsent zu halten, weshalb hier die Zusammenfassung der empirischen Untersuchungsergebnisse auf klassischen, „dichten" Beschreibungen des Unterrichtsgeschehens basiert.[1]

Für die Generierung von Kontextwissen als auch als Mittel der reflexiven Distanznahme wurden Protokolle aus teilnehmender Beobachtung sowie Aufzeichnungen weiterer Unterrichtsstunden bei beiden Lehrern auch in anderen Fächern herangezogen. Darüber hinaus wurden unterschiedliche Eindrücke aus dem Feld sowie Interpretationen einzelner Szenen im Team diskutiert. Die Untersuchung lässt sich als eine stark fokussierte, ethnografische Exploration kennzeichnen, weil in der Auswertung des Materials eine beobachtende Haltung gegenüber den Videoaufzeichnungen eingenommen wurde und der Interpretationsvorgang hauptsächlich an den methodischen Grundprämissen der Multiperspektivität und Selbstreflexivität orientiert war (vgl. Friebertshäuser 2008; Knoblauch 2001; Oester 2008).

Über ethnografisches Schwanken und gestische Aufladung

Gesten sind als körperliche Praktiken ein vielfältiges, alltägliches und häufiges soziales Phänomen – und nur schwer abgrenzbar von Tätigkeiten, Interaktionen oder Handlungen, die keinen gestischen Charakter tragen. Was können wir von Gesten wissen, wenn wir uns dem Phänomen allmählich und aufmerksam nähern?

Wenn wir miteinander kommunizieren, tun wir dies in der Regel nicht bewegungslos und starr. Wir benutzen unsere Arme und Hände, um dem Gesprochenen Nachdruck zu verleihen, und damit unseren Körper als Ausdrucks- und Kommunikationsmittel. Während die linguistische Gestenforschung unterstreicht, dass bestimmte Hand- und Armbewegungen einen relativ eindeutigen und festgelegten Zeichencharakter besitzen, betont die ethnologische Gestenforschung die Kulturgebundenheit körperlicher Zeichen. Und auch ohne zu sprechen, strahlen unsere Körperhaltung und unser Körpergebaren Signale aus.

Häufig gestikulieren wir beiläufig und ohne Nachdenken. Manchmal aber spielen uns unsere Arme und Hände – ebenso wie andere Körperteile oder auch die Stimme – Streiche, denn wir haben nur bedingt im Griff, wie wir uns in einer

1 Zur Möglichkeit, in Anlehnung an die dokumentarische Methode und ihre Unterscheidung von formulierender und reflektierender Interpretation den Verdichtungsvorgang selbst nachvollziehbar darzustellen und damit ein logisch erscheinendes Paradox zu lösen, ihn nämlich in eine sowohl transparente als auch dichte Beschreibung münden zu lassen, vgl. am Beispiel einer pädagogischen Ethnografie des Tischrituals in Familien Audehm 2007.

sozialen Situation verhalten. Und selbst in Situationen, in denen unsere Körper sich angemessen verhalten und einem sozialen Kontext angepasst sind, haben wir unsere Körper und sind unsere Körper, das heißt, unser Körper verfügt über soziale Erfahrungen, die auf der Ebene des Selbstverständlichen und Gewohnten spielen und in unserem sozialen Verhalten keine Impulse setzen, die unser Bewusstsein in Bewegung versetzen oder in Gang halten. Absichtlich oder nicht und unabhängig davon, welchem *praktischen Sinn* wir folgen, mit unseren Gesten geben wir anderen etwas zu verstehen. Wir können auch deshalb gestikulieren, weil wir Situationen unmittelbar verstehen, ohne bewusst denken oder nachdenken zu müssen.[2]

Betrachtet man die Videoaufzeichnungen aus dieser Perspektive, wird man vom Gestenreichtum des Kunstunterrichts zunächst überflutet – und sieht womöglich den Wald vor lauter Bäumen nicht. Wodurch werden Körperpraktiken zu Gesten? Wird in einer Interaktionssituation auf Körperbewegungen und Bewegungsfiguren einer oder eines anderen reagiert, beginnen diese den Interaktionsverlauf zu steuern und gelangt in ihnen ein symbolischer Gehalt zur Darstellung, dann werden sie hier als Gesten verstanden, unabhängig davon, ob mit ihrer Ausführung eine bestimmte Intention verbunden war und was sie zunächst ausgedrückt haben mag. In einem Gespräch auf die Uhr zu schauen, muss daher keine Geste sein, es kann aber in der Interaktion zu einer Geste werden. Die Erwähnung des praktischen Sinns hat dabei bereits die Einbettung unserer körperlichen Praktiken in soziale Kontexte unterstrichen, die über die situationsspezifische Rahmung der Praktiken hinausweist.

Erving Goffman hat eine Reihe von kleinen, alltäglichen Interaktionsritualen beschrieben, mit denen wir auf den Bühnen des Alltags agieren, und dabei unterstrichen, dass wir in diesen Aufführungen unser soziales Image pflegen und unser Selbst schützen (vgl. Goffman 1971). Wenn wir eine Person wahrnehmen und erkennen, können wir unserer Freude oder unserem Respekt Ausdruck verleihen und sie mit einem Lächeln, Kopfnicken oder Handschlag begrüßen. Unabhängig davon, ob wir die Person tatsächlich mögen, schätzen oder respektieren oder eine vermeintliche Freude oder Ehrehrbietung lediglich bekunden, ob wir grüßen wollen oder uns zum Gruß verpflichtet oder gar gezwungen fühlen, wir können uns an Konventionen halten – und müssen dabei wenig von uns selbst zeigen. Unsere Gesten verweisen dann auf etwas, was sie nicht sind oder

2 „Genau dies ist die Funktion des Begriffs Habitus: Er gibt dem Akteur eine generierende, konstruierende und einteilende Macht zurück und erinnert zugleich daran, daß diese sozial geschaffene Fähigkeit, die Wirklichkeit zu schaffen, nicht die eines transzendentalen Subjekts ist, sondern die eines sozial geschaffenen Körpers, der sozial geschaffene und im Verlauf einer räumlich und zeitlich situierten Erfahrung erworbene Gestaltungsprinzipien in die Praxis umsetzt“ (Bourdieu 2001: 175).

nicht sein müssen; sie werden zu Symbolen, sind sozial geregelt und in ihrer Bedeutung relativ festgelegt.

Als Konventionen haben Gesten eher Gewalt über uns als wir Gewalt über sie. Sie brauchen kaum Zeit, haben aber ihre Zeit, in der sie in unterschiedlichen sozialen Kontexten zirkulieren (vgl. Mead 1973).[3] Als kodierte Praktiken unterliegen Gesten allerdings einem ähnlichen Verdacht wie Rituale. Wer eine Geste ausführt, könnte auch simulieren oder gar lügen. Mit Gesten kann man tricksen. Wirkt die Köperbewegung jedoch unglaubwürdig oder übertrieben, so gelingt die symbolische Verschmelzung von Kontext, Position und Person nicht. Mit Gesten kann man sich auch austricksen.[4]

Betrachtet man die Videoaufzeichnungen aus dieser Perspektive, scheint der Kunstunterricht plötzlich einen Mangel an Gesten aufzuweisen. So lassen sich traditionelle pädagogische Gesten wie der erhobene Zeigefinger kaum finden und auch eine in pädagogischen Feldern konventionelle Geste wie das Melden ereignet sich eher selten. Typische und vertraute Lehrergesten zur Steuerung des Unterrichts, wie etwa in einer unruhigen Situation vor der Klasse zu stehen und schweigend seitwärts aus dem Fenster zu schauen, bleiben ebenfalls die Ausnahme. Die beiden Kunstlehrer agieren zudem kaum mit herausragenden Posen, mit denen sie in einem dramaturgischen Höhepunkt mit ihrem Status und ihrer Kompetenz zu verschmelzen scheinen.[5] Wie lässt sich das Schwanken zwischen einer Wahrnehmung, in der das Unterrichtsgeschehen je nach Perspektive entweder als gestisch überfüllt oder als gestisch entleert erscheint, auflösen?

Die Intentionalität des gestischen Vollzugs auf Seiten der Akteure ist empirisch nur schwer beobachtbar und eine Interpretation von Unterrichtssituationen, die darauf ausgerichtet ist, steht immer in Gefahr, den Akteuren Motive oder Gefühle zu unterstellen. Die Bedeutung und Funktion körperlicher Praktiken lässt sich jedoch aus dem Interaktionsverlauf, aus der Ausgestaltung von Interaktionssituationen und der Erzeugung szenischer Arrangements empirisch rekonstruieren. Es stellt sich daher die Frage, wie körperliche Tätigkeiten und Interak-

3 Vor jemanden den Hut zu ziehen, ist heute eine aus der Zeit gefallene Geste. Es war eine männliche Geste, Frauen behielten ihre Hüte bei gesellschaftlichen Anlässen auf. Heute sind Hüte und Mützen wieder in Mode, werden aber von ihren zumeist jüngeren Trägern nicht oder allenfalls ironisch gelüftet. Den Hut zu ziehen, kann daher eine Geste sein, es hat jedoch seine Funktion als Konvention verloren.

4 Am Beispiel der Amtseinführung Barack Obamas vollzieht der Beitrag von Birgit Althans in diesem Band nach, dass Gesten aus anderen Kontexten entlehnt werden können, im Zuge ihrer Kodierung jedoch nicht nur vom Amtsträger beherrscht werden müssen, sondern zugleich die Unterwerfung der Person unter das Amt bezeugen.

5 Wie sich Posen, die im Rahmen jugendkultureller Aufführungspraktiken auf die Erfahrungsräume der Akteure rekurrieren, zu performativen Strategien der Selbstdarstellung und Einbindung der Akteure verdichten, wird im Beitrag von Gerald Blaschke und Ruprecht Mattig in diesem Band nachvollzogen.

tionen als soziale Praktiken *gestisch aufgeladen* werden und somit eine steuernde Wirkung auf das Unterrichtsgeschehen gewinnen, welchen performativen Effekt sie dabei erzeugen und wie sie auf das szenische Arrangement des Unterrichts ausstrahlen.[6]

Das Unterrichtsgeschehen kann Praktiken enthalten, die diejenigen Konventionen, Normen und Machtverhältnisse, in die der Unterricht als soziale Praxis eingebettet ist, gerade dadurch sichtbar werden lassen, dass sie den Tätigkeitsverlauf stören, den Handlungsfluss unterbrechen und zu Irritationen und Störungen führen. Solche Unterbrechungen, Irritationen und Störungen lassen sich in Anlehnung an Bertolt Brecht als ein gestisches Prinzip verstehen, dass sowohl geplant als auch ungeplant ein institutionelles Tableau öffnet.[7]

Das Konzept der gestischen Aufladung des Unterrichts dient dazu, die Interaktionen zwischen den Akteuren auf die Tätigkeiten während des Unterrichts zu beziehen, mit denen die Akteure eigene Werke gestalten und sich Wissensgegenstände wie künstlerische Fertigkeiten aneignen oder diese vermitteln. Gesten werden hier als tätigkeitsbegleitende Praktiken verstanden, die den Unterrichtsprozess steuern. Sie greifen in das Unterrichtsgeschehen ein, indem sie Aufmerksamkeit organisieren, bündeln und ausrichten. Darüber hinaus können sie eine Unterrichtssituation zu einer sozialen Situation verdichten, die über den Gegenstand der Tätigkeiten hinausweist und auf den institutionellen Kontext verweist. Sie markieren den Unterrichtsverlauf und lassen Machtverhältnisse sichtbar werden, indem sie soziale Positionen aufführen und Haltungen demonstrieren.[8]

Die über die unmittelbare Situation hinausreichende soziale Einbindung der Akteure und die Rückwirkungen von Gesten auf szenische Arrangements und deren Machtverhältnisse waren bislang kein zentrales Thema der Gestenforschung. Hier wird davon ausgegangen, dass die körperlichen Praktiken der Akteure die sozialen Regeln und die symbolischen Gehalte des Unterrichtsgeschehens erzeugen, die sie zugleich aufführen bzw. verkörpern. Insofern ist das sze-

6 Ein performativer Effekt ist Resultat symbolischer Akte – dazu zählen neben Sprechakten auch körperliche Aufführungen wie Gesten und Rituale. So bezeichnet bspw. die wirksame Anrufung von Subjekten in Ritualen diese nicht nur, sondern weist ihnen legitime, kollektiv glaubwürdige und somit machtvolle Attribute zu und ruft damit ins Leben, was sie bezeichnet (vgl. Bourdieu 1990: 84ff.).

7 Damit besitzen gestische Unterbrechungen ein reflexives Potential, oder: Folgt eine Unterrichtssituation dem gestischen Prinzip, dann werden die Machtverhältnisse der pädagogischen Praxis erfahrbar. Am Beispiel des Gebrauchs der techno-sozialen Arrangements im Umgang mit elektronischen Medien wird im Beitrag von Nino Ferrin in diesem Band verdeutlicht, dass körperliche Praktiken selbst bereits ein reflexives Potential besitzen können.

8 Wie gestische Praktiken Kommunikationsverläufe steuern und welche Funktionen sie im Einzelnen für die Genese sozialer Gemeinschaften gewinnen, untersucht der folgende Beitrag von Sebastian Schinkel am Beispiel des Interaktionsgeschehens in Familien.

nische Arrangement des Unterrichts Material wie Effekt der Praktiken der Akteure, die von eng an Tätigkeiten gebundene Interaktionen über gestisch angereicherte Körperbewegungen bis hin zu Posen oder gestischen Brüchen reichen können.

Wird pädagogische Praxis als direktes, intendiertes Einwirken auf das Verhalten anderer verstanden, dann fällt sie in die Erziehungsform und die Interaktionen des Unterrichts können sich zur pädagogischen Generationendifferenz verdichten und verfestigen, d.h. in einen nicht nur situativen, asymmetrischen Kompetenzunterschied, sondern in einen institutionalisierten, hierarchischen Gegensatz. Die Macht oder Gewalt einer Differenz kann auf Zwang basieren – oder auf Autorität derjenigen Repräsentanten, die einen institutionalisierten Gegensatz in ihrem Handeln verkörpern.

Nach Max Weber liegt Autorität nicht in der Verfügungsgewalt eines Kompetenzträgers und stellt keine Persönlichkeitseigenschaft dar. Autorität ist allenfalls eine geliehene Gabe, denn um mit Autorität sprechen, handeln und erziehen zu können, wird die Anerkennung der sozialen Akteure benötigt, die auf Glauben basiert (vgl. Weber 1985: 312). Um diese Anerkennung zu erlangen, ist jedoch ein glaubwürdiges Verhalten notwendig, das die Legitimität der Repräsentanten einer Institution – ihr Können, ihre Zuständigkeit und ihr symbolisches Kapital – unter Beweis stellt (vgl. Bourdieu 1990: 79). Wie erlangen die Akteure pädagogische Autorität und inwiefern ist die Anerkennung pädagogischer Führungsmacht im Kunstunterricht gestisch aufgeladen? Dabei ist zu beachten, dass auch der Habitus der Lehrer den Bedingungen des pädagogischen Feldes (relativ) unterworfen ist.[9] Die Bewegungsfiguren und die Körperstile der beiden Kunstlehrer werden hier als Elemente ihres praktischen Sinns verstanden, mit dem sie sich in der Institution Schule als Teil des pädagogischen Feldes bewegen und positionieren. Prozesse der Habitusbildung werden dagegen empirisch nicht eingeholt.[10]

Im Folgenden werden zunächst die Unterrichtsräume und -gegenstände, die Materialien und Utensilien sowie typische Anordnungen der Unterrichtsakteure beschrieben, um einen Einblick in das szenische Arrangement des Kunstunterrichts zu geben. Anschließend werden die Tätigkeiten und Interaktionen, die Platzwahl und das Verhalten einer Schülergruppe im Hinblick auf ihre gestische Aufladung fokussiert. In einem zweiten Abschnitt werden die Körperstile der beiden Lehrer vergleichend beschrieben und daraufhin interpretiert, in welcher Weise sie pädagogische Autorität erlangen. Dabei wird insgesamt deutlich, dass die pädagogische Praxis des Kunstunterrichts nur gering gestisch aufgeladen ist.

9 Zur Eigenmächtigkeit sozialer Akteure in Bezug auf das Habituskonzept Pierre Bourdieus vgl. Audehm 2008b.

10 Zur Habitustransformation in der Referendarausbildung vgl. Alkemeyer/Pille 2008.

Über Unterrichtstätigkeiten und die Körperlichkeit des Unterrichtsgeschehens

Räume und Akteure, Gegenstände und Materialien des Unterrichts

Der Kunstunterricht findet in einem speziellen Raum statt und liegt zwischen einem der Stammgruppenzimmer und der Mediathek, in der sich Arbeitsmaterialien und -geräte, Bild- und Materialvorlagen sowie Technik befindet, die im und für den Unterricht genutzt werden. Wie auch in den anderen Unterrichtsräumen befindet sich eine der üblichen Schreibtafeln an einer der Schmalseiten des Raumes, vor die rechts der Lehrertisch positioniert ist. Im Kunstraum steht links und direkt vor der Wandtafel noch ein zusätzlicher Arbeitstisch. Allerdings fehlt hier das in den Stammgruppenzimmern übliche Regal, in dem die Schüler diejenigen Unterrichtsmaterialien in ihren persönlichen Fächern verstauen, die sie nicht in den Schultaschen unterbringen, wie ihre Arbeitsbücher und größere Gegenstände oder Werke, an denen sie im Unterricht arbeiten.

Ebenso wie in den Stammgruppenzimmern sind die Wände im Kunstraum mit Arbeiten der Schüler – hier mit Masken und Bildern – geschmückt. Darüber hinaus werden die Ergebnisse einzelner Unterrichtseinheiten in Vitrinen und Schaukästen präsentiert – wie Holzmodelle von Ziehbrunnen oder Gipsmodelle von Präriezelten, die auf den einzelnen Vitrinenfächern zu Dörfern angeordnet wurden. Die Wände sind auch hier in einem zwar satten, jedoch hellen Pastellton gestrichen, der zwischen Orange und Apricot changiert und keine eigene Leuchtkraft besitzt, die vom Unterrichtsgeschehen ablenken könnte. Vielmehr rahmt die Wandfarbe in freundlicher, angenehmer Leichtigkeit das Mobiliar und tritt atmosphärisch hinter die Akteure und ihre Tätigkeiten zurück. Der Bereich über der heruntergefahrenen Tafel ist in allen Räumen bis zur Decke in Weiß gehalten und wird bspw. für Overheadprojektionen genutzt. Mobiliar und Technik sind keine Neuanschaffungen, befinden sich jedoch ebenso wie Wände und Fußböden in einem bemerkenswert guten Zustand und hinterlassen einen gepflegten Eindruck, der auf einen achtsamen Umgang hindeutet.

Während sich in den Stammgruppenzimmern mehrere Tischgruppen mit jeweils vier bis sechs Sitzplätzen im Raum verteilen, sind die Tische im Kunstraum in zwei Reihen längs zur Tafel zusammengestellt, wobei die Schüler sich in jeder Reihe zu fünft gegenüber sitzen. Die Schülerinnen und Schüler sitzen im Kunstraum auf Holzdrehstühlen, deren Sitzflächen sie für die Frontalphasen nach vorn zur Tafel bzw. zum Lehrer drehen können. Solche Frontalunterrichtsphasen finden regelmäßig am Beginn und verbunden mit einer Aufgabenerklärung und Arbeitsverteilung statt, mitunter am Ende der Unterrichtsstunden, dann sind sie häufig mit der Organisation der Aufräumtätigkeiten, jedoch nicht mit individuellen Leistungseinschätzungen durch die Lehrer verbunden.

Im Kunstunterricht dürfen sich die Schülerinnen und Schüler nach eigenem Willen einen Sitz- und Arbeitsplatz suchen, was offenbar die in anderen Unterrichtstunden übliche Zusammensetzung der Tischgruppen aufhebt und zu einer mehr oder weniger flexiblen und mehr oder minder stark aufeinander bezogenen Gruppenbildung führt. Hierfür sind vorrangig eigene Vorlieben ausschlaggebend, die Aufteilung der Schülerinnen und Schüler kann sich jedoch auch an der Einteilung in unterschiedliche Tätigkeitsbereiche und Arbeitsphasen orientieren. In beiden Stammgruppen ist dabei eine weitgehende Trennung nach Geschlechtern zu beobachten.

Beide Stammgruppen bestehen aus 18-20 Kindern, wobei jeweils 9-10 Mädchen und Jungen im Alter zwischen 10 und 12 Jahren zur Stammgruppe gehören. In Stammgruppe A, die von Herrn Fink[11] unterrichtet wird, ordnen sich die Schülerinnen und Schüler beim Malen, Zeichnen und Basteln in einer unteren und oberen Runde an, wobei sich am oberen Ende der rechten Tischreihe – in Tafelnähe – fünf Mädchen nebeneinander und gegenüber platzieren, während sich am unteren Ende eine Runde von vier Jungen versammelt, die über mehrere Stunden einer Unterrichtseinheit ergänzt wird von zwei verschiedenen Jungen und einem Mädchen. Damit sind die Schülerinnen und Schüler auch während einer Unterrichtseinheit nicht an eine einmal gefundene Anordnung gebunden. Während die Mädchen am oberen Ende der Tischreihe sich während des Unterrichts zwar unterhalten, sich gegenseitig um Rat fragen und sich ihre Werke wie ihre Tätigkeiten mitunter auch zeigen und vorführen, ist hier keine ausgeprägte Gruppenbildung zu beobachten.

Im Kunstunterricht steht die Selbstarbeit im Vordergrund und im Unterschied zu deutlich abgrenzbaren Lerngruppenphasen in anderen Unterrichtsfächern wird die Lerngruppenbildung hier selten herausgefordert oder unterstützt. Wer allein an seinem oder ihrem Werk arbeiten will, kann dies weitgehend ungestört tun. In Stammgruppe B, die Herr Behr unterrichtet, teilen sich die Mädchen und Jungen auf die jeweiligen Seiten einer Tischreihe auf und sitzen sich – bis auf einzelne Ausnahmen – gegenüber. Hier interagieren hauptsächlich die jeweiligen Nachbarinnen miteinander, mitunter auch intensiv. Die Interaktionen mit dem jeweiligen Gegenüber fallen im Vergleich dazu relativ knapp aus. Eine wirkliche Gruppenbildung ereignet sich hier nicht. In den gesamten Aufzeichnungen bilden die vier Jungen aus Stammgruppe A eine stabile, langfristige und auffällige Gruppe und sind damit sowohl im Vergleich zum Kunstunterricht in Stammgruppe B als auch in ihrer eigenen Stammgruppe eine Ausnahme.

11 Alle Namen sind anonymisiert.

Die Kinder bemalen im Unterricht bei Herrn Behr Gipskartonplatten, die etwas kleiner sind als das A4-Format. Dafür werden die Umrisse der selbst gewählten Motive mit Stahlnägeln in die Gipsplatten geritzt, mit dünnem Pinsel als Konturen nachgezeichnet und anschließend mit Farbe ausgemalt. Ob die Kinder den Hintergrund ebenfalls farblich gestalten wollen, bleibt ihnen selbst überlassen. Allerdings drängt Herr Behr nach drei Stunden darauf, dass alle Kinder ihre Bilder fertig stellen, denn in der nächsten Woche ist ein gemeinsamer Museumsbesuch geplant und dann beginnen schon die Osterferien. Die ersten Platten hatten die Kinder zunächst aus Gips selbst hergestellt, da sich jedoch deren Oberfläche als zu rau zum Einritzen erwies, schneidet ihnen Herr Behr während des Unterrichts Gipskartonplatten aus dem Baumarkt zu.

Bei Herrn Fink werden zum einen Mangas – japanische Comicfiguren – abgezeichnet, wofür die Kinder eine von drei verschiedenen Folienvorlagen auswählen, diese mit Overheadprojektoren in der Mediathek an die Wand werfen und die Umrisse der Vergrößerungen auf A3-Blättern, die sie zu zweit vorsichtig an die Wand pinnen, mit Bleistift einzeln nachzeichnen. Diese Umrisskopien werden anschließend individuell mit Filzstift ausgemalt. Zum anderen werden bei Herrn Fink Altäre gebaut. Diese werden aus Plastikschalen gefertigt, deren quadratisches Mittelfach und deren schmale Seitenfächer mit Gips ausgekleidet werden. Die Kinder sollen Gegenstände von zu Hause mitbringen, die ihnen wichtig sind oder die sie als besonders schön empfinden, um sie ins Mittelfach zu stellen. Diese Mitbringsel reichen von Murmeln bis zum Bild des verstorbenen Großvaters (vgl. Wulf 2007). In der dritten Stunde dürfen die Kinder dann das wichtigste Fach mit Goldfarbe bemalen – wie zur Krönung ihrer Arbeiten.

Die Aufforderung, Gegenstände von zu Hause mitzubringen, bestand schon in der vorangegangenen Unterrichtseinheit, in der die Kinder Setzkästen gezeichnet und mit Buntstiften ausgemalt hatten, in deren Fächer sie dann die abgezeichneten Motive platzieren sollten. Während die Kinder in ihre Altäre bereitwillig Mitbringsel stellen, wurden nur wenige Gegenstände zum Abzeichnen für die Setzkästen mitgebracht. Außerdem müssen diejenigen, die mit ihren Setzkastenbildern nicht rechtzeitig fertig geworden sind, diese erst noch zu Ende bringen, bevor auch sie mit den Altären beginnen dürfen. Die vier Jungs gehören zu den Setzkastenzeichnern und haben auch nach drei Unterrichtsstunden, in denen die Hälfte ihrer Mitschülerinnen und Mitschüler bereits die Arbeit an ihren Altären beendet haben, noch nicht mit den Altären begonnen und hinken am Ende eine ganze Unterrichtseinheit hinterher. Inwiefern sind ihre Tätigkeiten gegenseitig aufeinander bezogen und inwiefern beeinflussen ihre Interaktionen ihre Konzentration auf die Unterrichtstätigkeit und ihre Aufmerksamkeit für das Unterrichtsgeschehen? Wie erfolgen die Wechsel zwischen körperlichen Bezugnahmen und Maltätigkeit bei den einzelnen Gruppenmitgliedern und inwiefern strahlt ihr Verhalten auf das Unterrichtsgeschehen aus oder gewinnt performative Effekte, die auf das bislang geschilderte szenische Arrangement zurückwirken?

Gäste und Grenzen der Viererrunde

Über drei Unterrichtsstunden besteht die Gruppe aus Anton, Bob, Christian und Daniel. Hinzu kommt jeweils ein anderer Gast, nacheinander Gerd, Franka und Erik. Die Gäste sitzen jewcils auf dem vordersten linken Stuhl der Tischreihe und sind nicht über die gesamte Stunde im Bild. Die vier Jungs sitzen in immer der gleichen Anordnung zusammen: Neben dem Gruppengast sitzt Christian und ihm schräg gegenüber sitzt Bob, rechts davon und im Zentrum der Gruppe Anton, gefolgt von Daniel am vordersten rechten Platz der Runde.[12]

Während die Kinder in der Tischreihe gegenüber mit Gips, Goldfarbe und Mitbringseln von zu Hause an der Gestaltung und Ausschmückung von Altären arbeiten, zeichnen und malen die Kinder in der rechten Tischreihe mithilfe von Bunt- und Filzstiften Setzkästen. Die Zeichenwerkzeuge entnehmen sie einem großen gelben Plastikschub aus der Mitte der Tischreihe. Im Unterschied zu ihren Mitschülerinnen und Mitschülern, die in der anderen Reihe an Altären arbeiten, haben sie nichts von zu Hause mitgebracht. Daher greifen sie auf den im Kunstunterricht häufig genutzten orangefarbenen Karton zurück, in dem sich verschiedene Gegenstände befinden, die als Mal- und Zeichenvorlagen genutzt werden können. Auch dieser befindet sich in der Mitte der Tischreihe. Vor allem die Jungs greifen zu und ein weißer Würfel und eine in kräftigen Rot- und Gelbtönen gehaltene Flachbatterie erregen ihr besonderes Interesse.

Insbesondere Erik widmet sich ausführlich der Flachbatterie. Darüber hinaus würfelt er, beginnt die Maltätigkeit verzögert, unterbricht sie häufiger und auch für längere Phasen. Dabei wird er von den anderen beobachtet und sie stellen ihm anfangs Fragen, er reagiert aber kaum und bevorzugt mit einem kurzen Schulterzucken. Von allen Gästen ist er am wenigsten in die Gruppe eingebun-

12 Die tatsächlichen Namen lassen bei drei der insgesamt sechs Jungen auf eine „nichtdeutsche Herkunft" schließen. In den aufgezeichneten Unterrichtsstunden und Pausenzeiten unterhalten sich die Jungen untereinander und mit anderen in einem fließenden, nahezu akzentfreien Deutsch. Während des hier beobachteten Unterrichts fielen zudem keine Bemerkungen über ethnische Zugehörigkeiten oder kulturelle Identitäten auf. Deshalb wurde den Jungen nicht per Anonymisierung eine vermeintliche Nationalität zugewiesen, die im Kunstunterricht für sie selbst offenbar kaum eine Rolle spielt. Um „deutschen" Namen hier nicht den Vorrang zu geben oder eine – realitätsferne – Normalität zu behaupten, lassen sich drei der gewählten Namen auch als englische Namen lesen. Sie sind nicht deckungsgleich auf die drei Jungen „nichtdeutscher Herkunft" verteilt.

den und hält sich aus den Gesprächen und Interaktionen der anderen weitgehend heraus. Erik wirkt fast wie ein Außenseiter.

Im Unterschied zu Erik nimmt Franka aktiv Kontakt zur Gruppe auf und beginnt ein Gespräch mit den anderen. Gesprächseröffnungen, die von ihr ausgehen, wenden sich entweder an die Gruppe („ihr"), bleiben allgemein oder wenden sich direkt an Daniel, dessen Nähe sie offenbar sucht. So steht sie auf und beugt ihren Oberkörper von der Stirnseite aus weit über den Tisch, zeigt mit dem Finger auf Daniels Blatt und lässt sich von ihm sein Blatt zeigen und erklären. Franka streckt dabei das Kinn vor, schaut ihn mit großen Augen an und nickt ihm schließlich mit anerkennend heruntergezogenen Mundwinkeln zu. In dieser Szene nimmt Daniel ihr Lob seinerseits mit einem zustimmenden Kopfnicken zur Kenntnis. Die anderen reagieren auf Frankas Versuche der Kontaktaufnahme zwar zögerlich und bleiben zurückhaltend, wenden sich ihr aber zu. Franka scheint ein durchaus gern gesehener Gast in dieser Runde zu sein.

Gerd bezieht sich zum einen auf die in seiner unmittelbaren Nähe stehende Kamera, zum andern hauptsächlich auf den neben ihm sitzenden Christian, zu dem er sich weit hinüberbeugt und mit dem er häufig tuschelt. Oder er steht auf, stellt sich schräg hinter ihn und beugt seinen Oberkörper mit erhobenen und leicht angewinkelten Armen, die er im Rhythmus eines leisen Singsangs hin- und her schwingt, weit zu ihm vor. Seine Füße lässt er dabei leicht tänzeln. Sein Blick geht dabei mitunter zur Kamera, als würde er sich vergewissern, dass seine Aktion im Bild ist. Während sich Christian von Gerd länger unterbrechen lässt, hat dieser selbst schon wieder zu malen begonnen. Mit seinen relativ intensiven Einlagen unterbricht Gerd zwar kurzfristig seine Maltätigkeit, nimmt diese jedoch bruchlos wieder auf.

Im Unterschied zu den Stammmitgliedern der Vierergruppe scheinen die Gäste unabhängiger von der Gruppe zu agieren. Der Bogen reicht dabei von Erik als dem am wenigsten zur Gruppe gehörenden Gast über Franka bis zu Gerd, der sich am stärksten auf die anderen bezieht, die sich wiederum – im Vergleich zu den anderen beiden – recht stark auf ihn beziehen. Er scheint ein gewohnter, gut bekannter Gast und fast schon ein Gruppenmitglied zu sein. Die vier Gruppenmitglieder interagieren jedoch häufiger miteinander als sie sich auf ihre Gäste beziehen. Abwehrende (nonverbale) Bewegungsfiguren oder (verbale) Äußerungen sowie territoriale oder thematische Abgrenzungspraktiken sind nicht zu beobachten. Einladende Gesten sind allerdings ebenso wenig zu beobachten. Ihre Gäste gewinnt die Gruppe durch die didaktischen Freigaben zur Selbstorganisation und die mehr oder weniger autonome Platzwahl der Gäste.

Tätigkeiten und Interaktionen der Vierergruppe

In ihrer Unterrichtstätigkeit beeinflussen sich Christian, Anton, Bob und Daniel untereinander am stärksten. Die Aufnahme, Schnelligkeit, die Unterbrechungen und Pausen beim Zeichnen und ihre Interaktionen sind am stärksten aneinander orientiert. Gewinnen ihre Interaktionen, ausgehend von ihrer Mal- und Zeichentätigkeit, gestischen Charakter?

In den drei Stunden benötigt Christian, der links neben dem jeweiligen Gruppengast sitzt, jeweils die längste Zeit, um mit dem Malen zu beginnen. Zunächst schaut er lange seinen beiden ihm gegenüber sitzenden Mitschülern zu, wendet den Kopf einige Male kurz in die Klasse oder kramt in der Material- oder Stiftkiste, ohne ein Arbeitsgerät oder einen Gegenstand als Vorlage auszuwählen. Wenn sich zwischen den anderen ein Gespräch entspinnt, stützt er beide Ellbogen auf die Tischplatte, lauscht seinen Mitschülern, beteiligt sich am Gespräch, wobei seine Unterarme und Hände offenbar das Gesagte untermalen. Auf dem Papier geschieht dabei nichts. Wenn er schließlich malt, dann unterbricht er diese Tätigkeit häufig und für längere Pausen. Beobachtet er dabei seine Mitschüler oder beteiligt er sich am Gespräch, braucht er im Vergleich zu ihnen länger, um anschließend das Malen wieder aufzugreifen.

Bezogen auf die Unterrichtstätigkeit demonstrieren seine Körperbewegungen eine geringe Aufmerksamkeit bzw. relativ große Ablenkbarkeit. Sie sind als Zeichen einer körperlichen Verzögerungstaktik interpretierbar, werden von den anderen aber weder aufgegriffen noch nachvollzogen – auch nicht in parodistischer Form. Sie unterbrechen das Gruppengeschehen so wenig wie die Unterrichtstätigkeiten, markieren keine Übergänge und erreichen keine besonderen Reaktionen der anderen drei. Allerdings sieht der Lehrer die Zeichen und reagiert auf die Verzögerungen. Einige Male positioniert er sich mit aufgerichtetem Oberkörper, gestrecktem Kreuz und in die Hüfte gestemmtem linken Arm direkt hinter Christian, wobei er ihn fast jedes Mal mit leicht erhobener Stimme und in leicht verschärftem Tonfall ermahnt.

Bob sitzt Christian schräg links gegenüber. Er beginnt schneller zu zeichnen, wobei er in der zweiten Unterrichtsstunde zunächst relativ unentschieden mal an einem neuen Gegenstand in einem Fach seines Setzkastenbildes zeichnet, mal einen anderen ausmalt. Der Bleistift und der Filzstift sind schnell gewählt und Bob wechselt zügig zwischen den beiden Werkzeugen und legt sie nicht weit weg vom Papier. Mit der Zeit entscheidet er sich dafür, seinem Setzkasten keine weiteren Motive hinzuzufügen und konzentriert sich auf das Ausmalen der bereits gezeichneten Gegenstände. Wenn er sich seinen Mitschülern dabei zuwendet, unterbricht auch er das Malen, legt den Stift dabei aber nicht aus der

Hand. Er wendet den Oberkörper vom Blatt weg und seinen Mitschülern zu und unterstreicht zumeist bei aufgestütztem Arm mit der linken Hand das Gesagte.

Während der letzten beiden Unterrichtsstunden unterbrechen die Bezugnahmen auf seine Mitschüler seine Maltätigkeit seltener und in kürzeren Intervallen, wobei sich der Bewegungsradius seines Rumpfes und seiner Arme verkleinert und das Blatt im Zentrum seiner Bewegungen bleibt. Manchmal wartet Bob auf eine verbale oder nonverbale Reaktion seines Gegenübers oder Nachbarn; ist diese erfolgt, wendet er seinen Oberkörper sofort zurück zum Papier und greift das Malen schnell wieder auf. Dabei malt er zügig und konzentriert und wechselt nacheinander von einem Gegenstand zum nächsten, wobei diese Übergänge flüssig erfolgen. Insofern konzentriert Bob sich während des Unterrichts in unterschiedlichen Graden auf seine Maltätigkeit und bleibt seinen Mitschülern relativ stark zugewandt. Dabei scheint die Tätigkeit weniger auf seine Interaktionen mit seinen Mitschülern auszustrahlen als vielmehr die Intensität der Interaktionen das Ausführen seiner Unterrichtstätigkeit zu beeinflussen – auch wenn er seine Mitschüler lediglich beobachtet. Anders verhält es sich bei seinem Nachbarn Anton.

Zu Stundenbeginn nimmt Anton rasch Platz und beschäftigt sich mit seiner Federtasche, die er mit Filzstift bemalt. Auch in einzelnen Übergängen von einer Unterrichtsphase zur nächsten – etwa vom Frontalunterricht zur Selbstarbeit – beschäftigt er sich in dieser Art kurz mit seiner Federtasche, die er auch seinen Nachbarn zum Bemalen anbietet, wenn diese sich interessiert bis neugierig zu ihm hinüberbeugen. Bob erhält dieses Angebot häufiger als Daniel, beide nehmen die Angebote in der Regel an und Bob greift auch ohne Aufforderung nach Antons Federtasche und bekritzelt sie, von Anton zumindest interessiert beäugt oder mit einem Kopfnicken, Lachen oder einer kurzen Anregung unterstützt. Der Griff zur Federtasche wiederholt sich nahezu regelmäßig an Übergängen des Unterrichts und führt zu intensiven Interaktionen der Gruppenmitglieder. In diesem Sinne lässt sich der Griff zur Federtasche als eine habitualisierte Eröffnung von Unterrichtstätigkeiten interpretieren, die als eine gemeinsame Einstimmung die (individuell unterschiedliche) Bereitschaft für das (Wieder-) Aufnehmen der Maltätigkeit hervorrufen oder verzögern kann.

Diese gewohnheitsmäßige Interaktion lässt den Gemeinschaftscharakter der Gruppe hervortreten und geschieht regelmäßig, sie wird jedoch nicht durch weitere verbale oder nonverbale Aktionen eingeläutet, betont oder herausgehoben. Sie bezeichnet auch keine weiteren, besonderen Charakteristika oder Attribute der Gruppe. Zudem handelt es sich hier nicht um eine symbolische Praxis der Kategorisierung oder Klassifizierung der Vierergruppe bezogen auf das Unterrichtsgeschehen. Der aufmerksamen Beobachterin zeigt sich hier eine Interaktion, die gestisch angereichert ist und auf das szenische Arrangement des Unterrichts verweist, das solche Gruppeninteraktionen ermöglicht. Eine Rückkopplung oder eine Ausstrahlung auf das szenische Arrangement ist jedoch nicht zu beobachten. Sie ist daher nur gering gestisch aufgeladen.

Sind die Malwerkzeuge bereits auf dem Tisch bzw. ist der gelbe Plastikschub schon geholt worden – eine Tätigkeit, die Anton häufig selbst ausführt –, dann kann er sich auch langsam auf die Maltätigkeit einstimmen, indem er sich den weißen Würfel aus der Materialkiste holt und zu würfeln beginnt. Bob, Christian und auch Gerd reagieren darauf, beobachten den Würfel und äußern sich über die gewürfelten Zahlen. Nach kurzer Zeit legt Anton den Würfel weg, nimmt sich einen Stift und beginnt zu zeichnen – in nahezu atemberaubendem Tempo. Seine rechte Hand hält den Stift locker, huscht schnell und zielsicher über das Papier, und auch wenn Anton sich seinen Mitschülern zuwendet, verlangsamt sich das Zeichentempo kaum. Anton kann schnell mit den anderen reden, dabei schnell mit dem linken Arm oder der linken Hand gestikulieren, seinen Oberkörper rasch vom Blatt ab- und wieder hinwenden und zugleich mit der rechten Hand flink zeichnen – ohne nach einer Interaktionsszene irritiert auf das soeben Gezeichnete zu schauen oder zum Radiergummi zu greifen. Kein anderer in dieser Runde beherrscht die Kunst der Zeichentätigkeit bei gleichzeitiger Interaktion in diesem Ausmaß.

Man könnte in Anton den Anführer einer Gruppe vermuten, die im Vergleich zu ihren anderen Mitschülerinnen und Mitschülern nur zögerlich mit den Unterrichtstätigkeiten beginnt und deren Mitglieder ihre Tätigkeiten immer wieder lebhaft unterbrechen und mehr aneinander als am Unterricht interessiert zu sein scheinen, was vom Lehrer hin und wieder als störend wahrgenommen wird und dazu führt, dass er ermahnend und fordernd eingreift. Allerdings ist Anton darin nicht feder- bzw. stiftführend. Vielmehr orientieren sich die anderen an ihm und beginnen in unterschiedlich großen Abständen selbst zu malen, nachdem er damit begonnen hat – was er relativ schnell tut. Auch unterbricht er das Zeichnen trotz seiner relativ ausladenden und lebhaften Bewegungen und seiner großen Aufmerksamkeit für die Interaktionsversuche, die sich von allen Seiten an ihn wenden und in deren Mittelpunkt er oftmals steht, nicht.

Rechts von Anton und damit am untersten rechten Platz der Tischreihe sitzt als einziger Linkshänder Daniel. Damit schließt sich der Kreis. Von allen Mitgliedern dieser Lerngruppe arbeitet er einerseits am langsamsten und ist andererseits durchgehend stark auf seine Arbeit konzentriert – und zählt mit dieser Mischung nach drei Unterrichtsstunden und in Bezug auf das Ergebnis zu den Erfolgreichsten. Wie auch bei Anton ist sein Setzkastenbild am Ende fertig gestellt und er ist mit seinem Werk offenkundig zufrieden, wenn er zwischendurch auf ein Lob Frankas mit verhaltener Freude reagiert und sein Werk am Ende der Unterrichtseinheit mit einem zufriedenen Kopfnicken anschaut und dabei ein leises und wohliges Schnaufen zu hören ist. Bis dahin war es ein langer Weg, vor allem unternimmt er im Unterricht lange Wege.

Wenn er zu Beginn sein Bild holt, das mit den Bildern der anderen von Herrn Fink in einem Stapel auf das untere Ende seiner Tischreihe gelegt wurde, so blättert er langsam und mehrmals den Stapel durch, beugt sich zurück, wenn andere Mitschülerinnen und Mitschüler ihre Bilder holen, was die meisten sehr rasch tun, oder reicht ihnen ihre Blätter. Er schaut sich die einzelnen Bilder aufmerksam an, dreht die Blätter und geht sorgsam mit ihnen um. Das gilt auch für das Anschauen und die Auswahl der Vorlagen, von denen er sich anregen lässt. Daniel wählt Motivvorlagen und Farben mit Bedacht. Die Motivvorlagen holt er sich aus Ordnern und Büchern, die in der Mediathek stehen. Er wählt Folien, Zeichnungen und Bildbände aus. Dabei können die Vorlagen wechseln, Daniel holt sich jedoch nicht gleich mehrere, sondern die verschiedenen Farb- und Motivvorbilder jedes Mal neu hintereinander. Damit ist er im Vergleich zu den anderen aus seiner Runde am häufigsten und längsten im Kunstraum und der Mediathek unterwegs.

Daniel kann rasch nach Werkzeugen greifen und zügig malen. Dann reagiert er zwar auf die Kontaktversuche der anderen, unterbricht seine Maltätigkeit jedoch nur sehr kurz – wenn überhaupt. Er wirkt nur auf den ersten Blick behäbig, schaut man genauer hin, so sind auch rasche Reaktionen, schnelle Antworten, zügige Fortsetzungen und flinke Bewegungen zu bemerken. Bezogen auf die Unterrichtstätigkeit ist er nicht schwerfälliger als die anderen aus der Viererrunde und auch nicht als seine anderen Mitschülerinnen und Mitschüler – weder körperlich noch mental, sondern er arbeitet mit Bedacht, Gründlichkeit und Sorgfalt.

Platzwahl und Gruppenverhalten im szenischen Arrangement des Unterrichts

Wen haben wir vor uns, wenn wir uns die Vierergruppe genauer ansehen? Die gegenseitigen Bezugnahmen aufeinander sind nicht unmittelbar an die Unterrichtstätigkeiten gebunden, sie bleiben aber auf diese bezogen und in der Gruppe erfolgen bruchlose, rasche und fließende Wechsel zwischen Unterrichtstätigkeit und Interaktionen. Die körperlichen Hinwendungen und die Aufmerksamkeit füreinander können zwar das Malen und Zeichnen unterbrechen, sie können jedoch ebenso parallel ablaufen. Darüber hinaus lassen sich keine körperlichen Markierungen, die den Übergang oder Wechsel anzeigen, finden. Die vier scheinen mit der Unterrichtstätigkeit ebenso vertraut zu sein wie miteinander bzw. einen gemeinsamen Erfahrungsraum zu teilen. Es handelt sich offenbar um eine Gruppe, die den Kunstunterricht nutzt, um sich zusammen zu setzen und ihre soziale Bindung – oder ihre Bande – zu pflegen und dabei gemeinsam malt und zeichnet. In diesem Sinne ließe sich von einer „Viererbande" sprechen.[13]

Die vier sind dabei keine Schülerbande oder *Gang*, die für den Unterrichtsverlauf wirklich gefährlich wird. Mitunter gewinnen ihre Interaktionen eine Intensität, die sie gegenseitig von ihrer Maltätigkeit ablenkt und diese unterbricht. Christian ist jedoch der einzige, der nach Abschluss der Interaktionen nicht sofort weitermalt. Er ist dabei aber der Leiseste unter den vieren, er steht kaum auf und auch wenn er sich lebhaft bewegt, greift sein Bewegungsradius nicht in die Arbeitsterritorien anderer ein, er stört die anderen nicht und bleibt verglichen mit Anton und Bob eher still. Anton und Bob wiederum sind lebhaft in ihren Interaktionen, dennoch malen und zeichnen sie zügig – nicht nur wenn Herr Fink in der Nähe ist.

Bezogen auf die Unterrichtstätigkeit ist Anton ein gekonnter Schnellzeichner, Bob ein effizienter Pragmatiker und Daniel ein sorgfältiger Handwerker. Wären sie insgesamt nicht langsamer als die Altarbauer, könnten sie aufgrund ihrer Fähigkeiten auch als Leistungsträger bezeichnet werden. Herr Fink äußert zwar Freude über die Altäre, bewertet aber das Hinterherhinken der Setzkastenzeichner nicht, weder in Form von Noten noch verbalen Beurteilungen. Auch unter den Mitschülerinnen und Mitschülern, die ihre Werke durchaus vergleichen, kommentieren und sich untereinander messen, erfolgen keine gegenseitigen Klassifikationen, die sich auf das Arbeitstempo oder die gesetzten Anforderungen beziehen. Leistung – im Sinne von Effizienz bezogen auf die Unterrichtseinheiten – zählt während der beobachteten Stunden nicht. Die vier bilden hier keine Ausnahme. Zudem stört die Gruppe das restliche Unterrichtsgeschehen nicht, obwohl ihre lebhaften Bewegungen und ihre stimmliche Lautstärke dominant werden können.

Herr Fink reagiert auf das Risiko, das von der Vierergruppe für den Unterrichtsverlauf ausgeht, nicht in besonderer Weise. Er steht nicht öfter hinter ihnen und auch nicht in einer außergewöhnlichen Art und Weise, sie bekommen seine Aufmerksamkeit kaum stärker zu spüren als andere in der Stammgruppe. Seine Blicke wandern ab und an zur Vierergruppe, aber er greift nur selten ein – und dann eher einzeln und individuell auf Christian bezogen. Auch werden seine Blicke – ebenso wie seine verbalen Äußerungen – nicht tadelnd oder strafend, eher auffordernd. Während drei Unterrichtsstunden ereignet sich eine einzige Ausnahme. In einer kurzen Szene demonstriert er der „Viererbande" seine Macht (und hat damit Erfolg). Trotz dieser Szene behandelt Herr Fink die vier sonst nicht in einer für ihn untypischen oder aus dem sonstigen Geschehen herausragenden Weise, ebenso wie die anderen Mitschülerinnen und Mitschüler sie nicht

13 In Anlehnung an den gleichnamigen Film von Jacques Rivette, in dem vier Schauspielschülerinnen gemeinsam in einem Haus am Rand von Paris leben und Theaterstücke proben.

ausgrenzen. Die vier werden im Unterrichtsgeschehen als Gemeinschaft sichtbar, ihre Platzwahl und ihr Verhalten sind jedoch in das szenische Arrangement des Unterrichts eingebunden, ohne dabei gestisch aufgeladen zu werden. Wie aber verhält es sich mit der Autorität des Lehrers?

Über Körperstile und die gestische Aufladung pädagogischer Autorität

Wie Herr Fink sitzt, steht und geht

Die erste beobachtete Unterrichtstunde beginnt mit einer Frontalunterrichtsphase, in der Herr Fink die Form und Funktion christlicher Altäre am Beispiel des Goslarer Altars erklärt. In den folgenden Stunden werden die Wissensbestände in einem Lehrer-Schüler-Gespräch wiederholt und eine Verbindung zu den Setzkästen hergestellt, indem Altäre, Vitrinen und Setzkästen als Orte behandelt werden, in denen ein zunächst sakrales Heiliges dargestellt und schließlich ein profanes, alltägliches Heiliges – Wichtiges, Wesentliches und nur in Ausnahmefällen Berührbares oder Veränderbares – ausgestellt wird. Im Lehrer-Schüler-Gespräch wird hier eine Verbindung zwischen Unterrichtsgegenstand, Unterrichtstätigkeiten und außerschulischer Lebenswelt hergestellt, verbunden mit der Aufgabe, in den selbstgebauten Altären Mitbringsel von Zuhause zu platzieren bzw. in die Setzkästen ähnliche Gegenstände zu zeichnen.

Während des Unterrichtsbeginns sitzt Herr Fink mit übereinandergeschlagenen Beinen auf dem Materialtisch neben dem Lehrertisch, steht zu Demonstrationszwecken ab und an auf, erläutert etwas am Modell und bewegt sich dabei mit kleinen Schritten bis zur – aus Kameraperspektive – linken vorderen Ecke des Lehrertischs und steht damit in der vorderen, horizontalen Mitte zwischen den beiden vertikalen Tischreihen. Hält er dabei nichts in der Hand, so winkelt er den linken Arm an und stemmt die linke Hand in die Hüfte. Den freien rechten Arm und die rechte Hand nutzt er im Gespräch fast ausschließlich für Zeigebewegungen auf Folie oder Modelle und auf Schülerinnen und Schüler, nur selten malen seine Handbewegungen das Gesagte aus. Zwischen Stand- und Spielbein wechselt er dabei kaum und seine Hüfte bleibt zumeist seitlich nach links gebeugt. Bis auf die Bewegungen seiner rechten Hand und seines rechten Armes zeigt sich eine geringe Vielfalt an Bewegungsfiguren des Rumpfes und der Gliedmaßen.

Die Position zwischen Lehrer- und Materialtisch ist die Position, die er im Unterricht immer wieder einnimmt und zu der er immer wieder zurückkehrt. Hier steht er während der beobachteten Unterrichtsstunden häufig mit aufrechtem Oberkörper, geradem Kreuz und in die Hüfte gestemmten Händen und lässt seine Blicke über das Unterrichtsgeschehen schweifen. Sein Körpergewicht ist dabei zumeist gleichmäßig auf beide Füße verteilt.

Während sich das Stehen des Lehrers als statische Bewegungsfigur kennzeichnen lässt, bewegt er sich dagegen dynamisch durch den Unterrichtsraum. Mit raschen und im Vergleich zu den Frontalunterrichtsphasen großen Schritten geht Herr Fink bevorzugt durch den Mittelgang. Auch hier bleibt er öfter stehen und nimmt dabei die für ihn typische Standfigur ein. So wenig Herr Fink beim Stehen in den Knien federt, so federnd ist sein Gang. Der Kontrast zwischen seinem Gehen und seinem Stehen fällt auch dann ins Auge, wenn er auf Ansprachen durch Schülerinnen und Schüler reagiert. Er reagiert rasch, mit leichtem Ausfallschritt, bleibt aber körperlich auch dann noch distanziert, wenn er sich zunächst zwar leicht nach vorn beugt, um sich in der Interaktion jedoch schnell wieder aufzurichten.

Nur selten umrundet Herr Fink die Tischreihen und begibt sich direkt zum Platz fragender Schülerinnen und Schüler. Manchmal reagiert er auf Anfragen und Ansprachen, indem er zum Tisch geht und seine Arme mit geballten Fäusten auf den Tisch stemmt. Dies ist die einzige Figur, mit der Herr Fink sich selten einmal weit zu den Schülerinnen und Schülern hinabbeugt. Diese für ihn typische Bewegungsfigur ist in ihrer Bedeutung nicht festgelegt und gewinnt unterschiedliche Funktionen. Sie kann einleiten zu einer verbalen Erörterung oder verbalen Hinweisen, zum unterstützenden Kopfnicken oder zu Bewegungen, mit denen er Techniken zeigt oder Tätigkeiten vorführt, die Schüler kontrolliert oder – wieder mit aufgerichtetem Oberkörper – aufkeimende Diskussionen beendet oder drohenden Streit schlichtet. Diese geronnene und für den Lehrer typische Bewegungsfigur gewinnt im Unterrichtsgeschehen unterschiedliche pädagogische Funktionen und verschiedene soziale Bedeutungen. Sie kann auch bedeutungslos im Sinne einer intersubjektiven Positionierung bleiben und außerhalb einer gestischen Aufladung des Lehrer-Schüler-Verhältnisses spielen.

Man könnte annehmen, dass der rasche und teilweise abrupte Wechsel zwischen Stand- und Bewegungsfiguren auf das Unterrichtsgeschehen ausstrahlt und die Unterrichtstätigkeiten und Interaktionen zwischen den Schülerinnen und Schülern reguliert, einen Wechsel der Unterrichtsphasen markiert oder die Aufmerksamkeit steuert. Dies lässt sich jedoch nicht beobachten. Auch bleibt beim Wechsel zwischen Gehen und Stehen die vertikale Ausrichtung der Körperhaltungen und Körperbewegungen erhalten, inklusive der Stimmbewegung. Die Lautstärke der Lehrerstimme übernimmt eine das Unterrichtsgeschehen regelnde Funktion eher als der Wechsel zwischen Stand- und Bewegungsfiguren; es sei denn, beides geschieht zugleich und die Stimme des Lehrers hebt sich und er begibt sich dabei an seine bevorzugte Raumposition. Werden in solchen Szenen eine Aufmerksamkeitsfokussierung auf den Lehrer und ein Wechsel der Unterrichtsphasen eingefordert oder angekündigt, so unterstreicht Herr Fink dies mit dem Griff zur Glocke. Herr Fink läutet die Glocke zumeist frontal zur Klasse und in Brusthöhe, wenn er diejenige Raumposition eingenommen hat, von der aus er das gesamte Unterrichtsgeschehen lenkt und führt. Wann wird das Aufstemmen zur Geste und welcher praktischen Logik folgt der Griff zur Glocke?

Wie Herr Fink sich aufstemmt und die Glocke läutet

Gegen Ende der dritten Stunde schaut Herr Fink vom Lehrertisch aus zunächst in die Runde, sein Blick bleibt bei der „Viererbande“ haften, er beugt seinen Kopf leicht zur Seite und beobachtet die Situation. Schließlich wendet er sich abrupt zur Seite, begibt sich schnellen Schrittes zur Gruppe und stellt sich schräg hinter Bob in Positur. Der muss sich nicht umdrehen, um dies zu bemerken, denn mit einem kurzen Seitenblick von Anton und einem leise gezischten „Oh, oh“ von Christian wurde er gewarnt.

Als Herr Fink hinter Bob stehen bleibt, baut er sich regelrecht auf. Zunächst drückt er sein Kreuz durch und stemmt bei sehr gerade aufgerichtetem Oberkörper seine Hände nachdrücklich in die Hüften. Die Jungs verändern zunächst ihre Körperhaltungen nicht, verstummen jedoch, richten ihre Blicke auf ihre Blätter und zeichnen zügig. Daniel stimmt ein leises „Schscht ...“ an, in das Christian und auch Bob einfallen, wobei sie grinsend lächeln und Anton leise kichert. Als sich der hinter ihm stehende Lehrer leicht nach vorn beugt und kurz in dieser Haltung verhält, senken die vier ihre Köpfe weiter nach unten. Anton verzieht dabei seinen Mund und presst seine Lippen kurz leicht zusammen, Christians Augenbrauen heben sich und er zieht sie kurz zusammen. Auch Bob reagiert in dieser Art.

Und tatsächlich beugt sich Herr Fink weiter nach vorn, macht einen leichten Ausfallschritt zur Tischplatte, nimmt dabei die Hände aus den Hüften, ballt sie zu Fäusten und stemmt sich nun mit durchgestreckten Armen auf die Tischplatte – sagt aber nichts. Dabei wiederholt sich das „Schscht“ und die „Viererbande“ beugt nun die Oberkörper ungewöhnlich tief über ihre Blätter und alle zeichnen nun besonders flink – sehr leise kichernd und kurz prustend. Herr Fink schaut sich das drei Sekunden lang schweigend und mit unbeweglicher Miene an, richtet sich dann mit einem leichten Kopfnicken wieder auf und bleibt noch für zwei Sekunden mit gestrecktem Kreuz, geraden Knien und in die Hüfte gestemmten Händen hinter Bob stehen. Schließlich wendet er sich um und begibt sich schnellen Schrittes, jedoch ohne Hast zurück zum Lehrertisch.

Inwiefern wird das Aufstemmen in dieser Unterrichtssituation gestisch aufgeladen? Sieht man in dieser Szene einen Machtkampf, dann hat der Lehrer hier seinen Körper wie ein schweres Geschütz aufgefahren und einen deutlichen Warnschuss abgefeuert. Die Figur des Aufstemmens ruft die vier als Schüler an und zur Ordnung. Weitere Attribuierungen oder gar Identitätszuweisungen – etwa in Form körperlicher Kritikzeichen wie Kopfschütteln, abschätziger oder gar verachtender Blicke oder verbaler Ermahnungen und Kommentare – ereignen sich jedoch nicht. Die Schüler reagieren im Sinne der Adressierung und entsprechen der darin enthaltenen Anrufung. Die Bewegung des Lehrers bewegt die vier dazu, leise, zügig und konzentriert zu zeichnen. Es erfolgt kein Feuergefecht – und der Lehrer dreht danach wieder bei.[14]

In dieser Szene ist nicht nur eine Spannungssteigerung im Lehrerhandeln zu beobachten, sondern auch eine auffällige Pause im Spannungsbogen. Der Übergang vom nachdrücklichen Stehen mit in die Hüften gestemmten Händen zum bedrohlichen Vorbeugen mit auf die Tischplatte gestemmten Händen geschieht nicht fließend, sondern wird unterbrochen und die Situation vom Lehrer zunächst beobachtet und anschließend verschärft. Als würde der Lehrer den ersten Reaktionen der Gruppe auf seine Standfigur, die parodistische Züge aufweisen, nicht vertrauen, intensiviert er seine Machtdemonstration durch die Bewegungsfigur. Unterwirft sich ihm die „Viererbande" oder tricksen sie?

Kaum hat sich Herr Fink abgewandt, richten sich die Oberköper wieder auf und werden zueinander gedreht. Christian bleibt aufrecht sitzen und stoppt den Zeichenvorgang, Bob beugt sich kurz zu Anton, Christian hält ebenfalls kurz inne. Die vier verständigen sich mit Blicken untereinander, Anton zuckt kurz mit den Schultern und zeichnet weiter, Daniels Blick folgt dem Lehrer, Christian dreht sich kurz um und zeichnet dann langsamer als in Anwesenheit des Lehrers weiter. Bis auf ein leises Flüstern ist nichts zu hören, alle vier zeichnen weiter und blicken dabei immer wieder kurz zueinander. Zunächst greift ihr Bewegungsradius nicht in den der anderen ein, jedoch zeigen sich Anton und Bob nach einigen Sekunden ihre Zeichenergebnisse wieder gegenseitig und tippen mit den Stiften auf die Blätter des Nachbarn. Auch Daniel schaut auf Antons Blatt und beugt seinen Oberkörper zu ihm, unterbricht sein Zeichnen und spricht hinter bzw. über Antons Rücken mit Bob. Sie zeichnen konzentrierter, verlieren aber nicht die Aufmerksamkeit füreinander, sie sind leiser, interagieren jedoch

14 Auch die Schilderung dieser Szene ist ein Extrakt aus mehreren Beobachtungsdurchgängen und dabei angereicherten Beobachtungsnotizen. Darüber hinaus wurde die Interpretation durch eine Suche nach ähnlichen Szenen und deren Vergleich in zwei Richtungen überprüft. Die Suche war einmal orientiert an einem kontrollierenden Eingreifen des Lehrers und dem Vergleich der dabei vollzogenen Körperbewegungen. Nicht nur war es schwierig, ähnliche Szenen zu finden, sie enthielten auch keine vergleichsweise geronnenen oder typischen Bewegungsfiguren. Zum anderen wurde nach Situationen gesucht, in denen sich die gleiche Bewegungsfigur zeigt und auf ihre jeweilige Funktion(en) im Unterrichtsgeschehen hin interpretiert. Aus beiden Vergleichsrichtungen betrachtet, erweist sich diese Szene als Ausnahme.

nach wie vor. Wesentliches hatte sich nur kurzzeitig und in Anwesenheit des Lehrers verändert. Die Geste des Lehrers hinterlässt keinen weiteren oder tiefen Eindruck, insofern nach seinem Abgang ein nur gradueller Unterschied zum vorherigen Verhalten der Gruppe besteht.

In den verbleibenden Unterrichtsminuten verlässt Herr Fink seine Position am Lehrertisch nicht mehr; er lässt seine Blicke wandern und als die Zeit gekommen ist, greift er zum Glöckchen und läutet das Ende der Unterrichtsstunde ein. Dieses Läuten unterlegt er mit der Aufforderung an die gesamte Stammgruppe, die Stifte wegzulegen und sich mit ihren Stühlen in seine Richtung zu drehen. Als er die Glocke läutet, entfährt Anton ein leises „Oh, Mist!“, er beugt sich tief über seine Zeichnung und zeichnet nun in rasantem Tempo. Christian macht es ihm nach, legt aber den Stift zunächst weg. Daniel unterbricht und schaut kurz auf, zeichnet dann aber in unverändertem Tempo weiter. Bob blickt zu Anton und zeichnet dann mit Blick auf den Lehrer weiter. Die vier passen auf und schätzen die Reaktion des Lehrers ab bzw. kontrollieren diese, indem sie ab und an aufblicken, auch Christian wendet sich einige Male kurz um, lässt seinen Stift dabei aber über das Papier gleiten – ohne tatsächlich zu zeichnen. Hier nimmt er seine Unterwerfung zurück und die anderen drei halten sich nicht nur nicht an die Anweisung des Lehrers, sondern arbeiten tatsächlich weiter an ihren Zeichnungen.

Mal hört man ein kurzes, knappes Lachen, vorwiegend fungieren aber Bewegungen mit Ellbogen und Händen als Hinweise auf das Risiko, das von Herrn Fink ausgeht, ohne dass die vier sich dabei untereinander berühren. Diese kurzen, plötzlichen Bewegungen sind unauffällig und liegen im Blickwinkel der Nachbarn oder des Gegenübers. Ebenso geschickt, wie sie auf das Aufstemmen des Lehrers reagiert haben, reagieren sie jetzt auf das Glockenläuten – und führen fort, was sie tun wollen, unabhängig vom Unterrichtsverlauf oder den aktuellen Wünschen des Lehrers. Sie haben sich ihm nicht unterworfen, sondern nur geschickt auf eine Situation reagiert – und führen dies jetzt vor, auch wenn sie das Risiko abschätzen, dass sie gegenüber Herrn Fink eingehen. Der geht auf die vier noch immer Zeichnenden nun nicht ein. Offenbar gehen diese nicht zu weit, obwohl sie ihre zuvor gezeigte Unterwerfungsgeste sichtbar zurücknehmen.

Dabei hatten ihre Reaktionen als Geste durchaus einen performativen Effekt, denn sie zeigen in der ersten Szene – deutlich markiert durch ihre Blicke, Köpfe und Oberkörper – vor den Augen des Lehrers (und ihrer Stammgruppe), dass sie nicht nur seine Anwesenheit wahrnehmen, sondern auf diese wie auf eine Aufforderung reagieren. Schließlich konzentrierten sie sich auf die Unterrichtstätigkeit und demonstrierten in dieser Situation ihre Bereitschaft, die gestellte Unterrichtsaufgabe zu erfüllen. Damit verleihen sie dem Lehrer pädagogische Autorität. Diese bleibt in abgeschwächter Form erhalten, denn während der zweiten Szene unternehmen sie eine Risikoabschätzung und nehmen insofern Rücksicht, als sie zwar seinen Anweisungen am Ende der Stunde nicht folgen, aber kein großes Theater machen und ihn nicht stören. Darüber hinaus widmen sie sich – wenn nun aus Lehrerperspektive auch über Gebühr – der Beendigung der vom Lehrer formulierten Unterrichtsaufgabe.

Als Herr Fink schließlich regeln will, wer in der Pause aufräumen darf, meldet sich Anton intensiv, wirft den Oberkörper gegen die Stuhllehne, streckt die Schultern, beugt Hals und Kopf weit nach hinten und streckt den erhobenen rechten Arm vollkommen durch. Außerdem macht er auch verbal auf seine Meldung aufmerksam. Tatsächlich ist das Aufräumen des Kunstraumes an dieser Schule keine Strafe, sondern eine Auszeichnung. Herr Fink schaut ihn nachdenklich an, schürzt die Lippen, schüttelt zunächst den Kopf und senkt dabei den Blick. Anton zieht nun seinen rechten Arm nach unten und legt den Zeigefinger seiner Hand an die rechte Halsseite, hebt den Arm aber schnell wieder und versieht das ganze mit der Bemerkung: „Ach, ich darf ja nicht." Er meldet sich trotzdem erneut. Herr Fink schaut daraufhin zu ihm auf und blickt ihn kurz nachdenklich an, wiegt leicht den Kopf hin und her, schaut dabei in die Runde, zuckt mit den Schultern, blickt Anton wieder an und nickt schließlich nachgebend. Anton und seine Mitschüler verstehen dies offenbar als „na gut" und Herr Fink akzeptiert diese Deutung. Anton jedenfalls triumphiert, indem er seine leichte Faust zweimal in die Luft streckt und „Jaa!" ruft. Daniel nickt kurz anerkennend in Antons Richtung, Bob berührt ihn freudig lächelnd und ebenfalls mit einem Kopfnicken mit der Hand am Unterarm. Die Kompetenz des Lehrers, seine Zuständigkeit und seine Verantwortlichkeit, werden hier von ihnen anerkannt und Anton freut sich sichtlich über die Auszeichnung.

Der Unterrichtsfrieden schien kurz gestört, es erfolgte eine Autoritätsbehauptung Herrn Finks vor der „Viererbande", die ihm gestisch zunächst bestätigt wird. Am unmittelbaren Ende der Stunde wird seine Macht und pädagogische Kompetenz jedoch nicht gänzlich infrage gestellt bzw. seine Autorität als Lehrer nicht vollständig – ausweglos oder nicht mehr übersehbar – bestritten, die Viererrunde konterkariert daher lediglich ihre vorangegangene und von Herrn Fink provozierte Unterwerfungsgeste. Und schließlich wird einer von ihnen vom Lehrer ausgezeichnet. Bezogen auf die Aufgaben, Tätigkeiten und das institutionelle Tableau des Kunstunterrichts ist der Frieden bzw. der Konsens im Sinne einer tatkräftigen, gegenseitigen Übereinstimmung wiederhergestellt und wird in die Pause verlängert. Gut getrickst bzw. geschickt agiert haben hier am Ende alle Beteiligten.

Herr Fink greift in allen Stunden zur Glocke, in der Regel zweimal. Das Läuten der Glocke unterbricht den Tätigkeits- und Interaktionsfluss der Schülerinnen und Schüler, fokussiert ihre Aufmerksamkeit und lässt das für die Selbstlerntätigkeiten zeitweise aufgehobene hierarchische Lehrer-Schüler-Verhältnis sichtbar werden. Herr Fink nimmt in diesen Szenen seine soziale Position als Lehrer ein: als Planer, Leiter und Lenker des Unterrichts. Der Griff zur Glocke markiert diesen Wechsel im Unterrichtsgeschehen und die Lehrerposition wird demonstriert. Das institutionelle Tableau des Unterrichts öffnet sich und die damit verbundene Autoritätsbehauptung wird von den Schülerinnen und Schüler durch ihre Reaktionen zumeist unmittelbar anerkannt.

Das Glockenläuten befremdet und irritiert die Schüler nicht. Und niemals greift eine Schülerin oder ein Schüler während des aufgezeichneten Unterrichts und in den Pausen zur Glocke. Das Läuten der Glocke ist insofern kodiert, als der Griff nach der Glocke für die Lehrperson reserviert ist und dem Glockenläuten von den Akteuren eine eindeutige, festgelegte und gewohnte Bedeutung zugewiesen wird. Der Einsatz der Glocke im Unterricht ist ritualisiert und ihre Handhabung durch den Lehrer habitualisiert. Der Griff zur Glocke folgt daher keinem gestischen Prinzip bzw. verwirklicht kein reflexives Potential, sondern die Glocke ist ein Utensil sozialer Magie, mit der die pädagogische Autorität des Lehrers gestisch aufgeladen wird.[15]

Wie Herr Behr meditieren lässt und sich vorbeugt

Herr Behr ist um einige Jahre älter als Herr Fink und im Vergleich zu seinem hageren Kollegen ist seine Statur korpulenter. Während Herr Fink sich eher leger in Jeans, Turnschuhe und helle Pullover kleidet, bevorzugt Herr Behr dunkle Stoffhosen und trägt über seinem Hemd oder einem dunklen, leichten Rollkragenpullover häufig ein Jackett. Eher ins Ohr als ins Auge sticht seine sonore Baritonstimme, die er im Unterricht nur selten erhebt. Wird seine Stimme während der Unterrichtsstunden doch einmal etwas lauter oder nachdrücklicher, so holt er die Kraft nicht aus angespannten Stimmbändern und seinem Kehlkopf, sondern über eine tiefe Atmung aus seinem Bauch, den er als Resonanzraum nutzt, was selbst noch seiner lauten Lehrerstimme einen runden, tiefen Klang und einen ruhigen Tonfall verleiht.

Herr Behr gehört zu jenen Lehrern an dieser Schule, die auf den Einsatz der Glocke im Unterricht ganz verzichten. Stattdessen lässt er den Unterricht regelmäßig mit einer kurzen Meditationsübung beginnen. Bevor die Stammgruppe den Kunstraum betritt, versammeln sich die Kinder im Stammgruppenzimmer und nehmen in der üblichen Zusammensetzung um die einzelnen Tischgruppen Platz. Sie warten auf Herrn Behr und folgen ihm mit ihren Blicken, bis er sich

15 Zum Konzept der sozialen Magie vgl. Bourdieu 1990: 73ff.; zur methodischen Umsetzung und Kritik vgl. Audehm 2008b: 131ff.

zunächst von der Tür ausgehend neben den Lehrertisch stellt und sie in tiefem und ruhigem Tonfall, leise und langsam sprechend, dazu auffordert, ihre Augen zu schließen und tief ein- und auszuatmen. Was die Schülerinnen und Schüler auch tun. Währenddessen begibt sich Herr Behr langsam schreitend und ebenso langsam sprechend wieder zurück und lehnt seinen Rücken an die Zimmerwand zwischen Regal und Tür. Leise, tief und betont wiederholt er seine Aufforderung dabei einige Male, die Kinder halten ihre Augen geschlossen. Herr Behr fordert sie nicht dazu auf, sich etwas oder gar etwas Besonderes vorzustellen, nur immer wieder tief ein- und auszuatmen.

Diese kleine Anfangssequenz wirkt offenbar beruhigend auf die Schülerinnen und Schüler. Trotz des anschließenden Wechsels in den Kunstraum und der selbständigen Platzwahl (und damit auch Partner- oder Nachbarssuche) bleiben sie leise, während sie Materialien und ihre Gipsplatten aus dem Regal entnehmen, neben dem Herr Behr steht; sie wechseln zügig, jedoch ohne Hast den Raum; sie wählen ohne Irritationen oder Verzögerungen erneut ihre Plätze, setzen sich zügig und beginnen sofort damit, ihre Maltätigkeit vorzubereiten. Sie legen die Gipsplatten ab, schauen nach Farben, Pinseln und Wasser, holen die Werkzeuge und sind dabei umsichtig beispielsweise im Umgang mit den Wasserschalen und machen sich gegenseitig Platz. Sie sind aufmerksam, manche sprechen sich ab oder helfen sich gegenseitig – andere nicht. Es scheint so, als hätten sich die Schülerinnen und Schüler von Herrn Behrs Bewegungsrhythmus und seiner Stimmlage anstecken lassen.

Die Stimmlage gibt bereits in dieser ersten Szene einen Hinweis auf die restlichen Körperbewegungen des Lehrers. Herr Behr beugt sich in den Interaktionen mit den Schülerinnen und Schülern weit nach unten und weit nach vorn, körperlich befinden sie sich während der einzelnen Interaktionsszenen auf gleicher Augenhöhe – und dies länger anhaltend. Im Unterschied zu Herrn Fink besitzen hier die Lehrerbewegungen eine horizontale Ausrichtung, das heißt, sein Körperstil zeichnet sich dadurch aus, dass er seine Bewegungen auf die sitzenden Schülerinnen und Schüler ausrichtet – und dies vorzugsweise einzeln.

Wie Herr Behr sich im Raum bewegt und vor die Stammgruppe tritt

Herr Behr kennt keinen bevorzugten Aufenthaltsort und wandert während des Unterrichts nahezu unentwegt durch die Tischreihen. Dabei nimmt er zu jedem einzelnen Schüler und zu jeder einzelnen Schülerin Kontakt auf, indem er sich jeweils schräg hinter ihnen positioniert, den Oberkörper dabei nach vorn beugt, ihnen zunächst über die Schulter schaut und wenn sich die Köpfe auf etwa gleicher Höhe befinden, stellt er entweder eine Frage, gibt einen Hinweis oder er lobt. Herr Behr lobt häufig, eigentlich fast immer und auch noch in der zweiten Runde – er schafft in den beobachteten Unterrichtsstunden mindestens zwei Runden um beide Tischreihen.

Herr Behr lobt freudig und nachdrücklich. Mitunter verstärkt er die Resonanz seiner Stimme und hebt seinen Oberkörper, um der versammelten Runde sein Lob mitzuteilen und sie so zu Zeugen eines besonderen Einfalls, einer zumindest für gut befundenen Arbeitsweise oder interessanten Maltechnik werden zu lassen. Dies geschieht ohne direkte, einzelne Blickkontakte, die auf andere eventuell ermahnend oder als explizite Aufforderung wirken könnten, sich ein Beispiel zu nehmen.

Beendet Herr Behr eine Runde, begibt er sich mit fließenden, ruhigen Bewegungen, die sich nicht vom Vor- oder Nachgeschehen abheben, neben den Lehrertisch und positioniert sich dort. Dabei reckt er sich nicht nach vorn oder streckt sich nach oben, sondern geht leicht federnd in die Knie, wählt Stand- und Spielbein, wobei er das Spielbein locker vor das Standbein zieht, entweder die rechte Hand leicht auf die Tischplatte stützt oder die linke in seine Hüfte – einmal steckt er sie in die Hosentasche – und spricht mit unveränderter Stimme in Bezug auf Lautstärke, Stimmhöhe und Sprechtempo weiter. In diesen Szenen unterscheidet sich sein Körperstil kaum von den anderen Interaktionsszenen, in denen er nicht frontal zur Klasse spricht. Seine Bewegungen sind ebenso, rund, weich und fließend – sie sind in diesen Szenen allerdings vielfältiger und wirken hier lässiger.

Wie in den Interaktionen mit Einzelnen, so bewegt und äußert sich Herr Behr auch vor der Stammgruppe wie jemand, der für bestimmte Aufgaben zuständig und verantwortlich ist – und dieser Zuständigkeit auch gerecht wird. Die Schülerinnen und Schüler erkennen diese Autorität des Lehrenden an, der sie anleitet, unterstützt und lobt – und der auch Forderungen formuliert und diese begründet. Die pädagogische Führungsmacht Herrn Behrs stellt sich während der beobachteten Unterrichtsstunden vor allem durch Stimm- wie Körpereinsatz her, wobei seine Bewegungen wie das Schiffchen wirken, das den Unterrichtsstoff webt – verstanden als Gewebe aus den Fäden der einzelnen Tätigkeiten und Interaktionen der beteiligten Akteure. Im Vergleich zu seinem Kollegen wird seine pädagogische Autorität weniger gestisch aufgeladen. Doch es gibt Ausnahmen.

Wie Herr Behr erstarrt

Im Unterschied zu seinen üblichen Bewegungsfiguren verändert sich seine gesamte Körperhaltung in zwei Interaktionssituationen. Beide Szenen ereignen sich, als ein Konflikt zu regeln und eine Störung zu managen ist. In dem einen Fall reagiert Herr Behr auf eine anschwellende Diskussion zwischen zwei Schülerinnen um Arbeitsgeräte und Bildmotive, die in Streit auszuarten droht. Eine der beiden Streitenden wendet sich an ihn. In der zweiten Szene war eine Schülerin noch von einer Lehrerreaktion aus dem vorangegangenen Unterricht sichtlich bewegt und hat intensive Zuwendung von einer Mitschülerin erfahren. Beide Mädchen verlassen den Raum, die Helferin ist jedoch beim Zurückkehren laut und die Schülerin nur wenig beruhigt. Hier wendet sich Herr Behr an die Helferin. Die Schülerinnen folgen Herrn Behr schnell und bereitwillig an den Rand des Geschehens und begeben sich in Richtung Lehrertisch.

Schließlich stellt sich Herr Behr mit geradem Oberkörper und gerecktem Kinn neben die betreffende Schülerin sowie mit Armen, die wie an die Hosennähte genäht wirken, weil sie nicht locker herunterhängen, sondern nach unten gestreckt sind. (Die Hände sind nicht zu Fäusten geballt.) Er fragt knapp, unterbricht längere Ausführungen und unterstreicht seine eigenen Äußerungen mit einem kurzen, abgehackten Nicken. Herr Behr nimmt in diesen Interaktionssituationen eine für ihn untypische, kerzengerade, distanzierte und fast bewegungslose Haltung ein, die im doppelten Sinn reserviert zu nennen ist. Außer den jeweiligen Schülerinnen reagiert der Rest der Stammgruppe auf diese Veränderung kaum.

Diese Interaktionen finden zwischen Lehrer- und Materialtisch statt. An diesem Ort ereignen sich ausschließlich Lehrer-Schülerinnen-Interaktionen dieser Art, der damit zum besonderen Platz der Regelung des Unterrichtsgeschehens wird. Dabei befinden sich die betreffenden Personen etwa einen Schritt hinter der für Frontalphasen bevorzugten regelmäßigen Lehrerposition und damit außerhalb der üblichen räumlichen Grenzen des szenischen Arrangements. Die Wegnahme von Bewegungsformen und die räumliche Randständigkeit markieren diese Unterrichtssituationen als außergewöhnlich.

Während also seine vielfältigen, runden und fließenden Bewegungen vor allem als Unterstützung und Anleitung zur Selbstführung der Schülerinnen und Schüler dienen, verändert Herr Behr seinen Körperstil in jenen Unterrichtssituationen, in denen er im Unterricht die (traditionelle) Lehrerposition einnimmt und die betreffenden Schülerinnen diszipliniert bzw. Störungen eindämmt und Konflikte regelt. Der Wechsel von der unterstützenden, ins Geschehen eingewebten körperlichen Führung hin zur sichtbaren, kontrollierenden und hierarchisierten Steuerung des Unterrichts wird körperlich markiert. In dieser Markierung manifestiert sich die Hierarchisierung des Machtverhältnisses zur Generationendifferenz. Interessant an diesen gestischen Aufladungen sind ihre räumliche wie temporäre Randständigkeit sowie die Bewegungslosigkeit bzw. Erstarrung des Lehrerkörpers.

Zum Zusammenhang von Aufladung, Autorität und Arrangement des Kunstunterrichts

Wird das Unterrichtsgeschehen aus der Perspektive gestischer Aufladung beobachtet, heben sich anfängliche Ratlosigkeit und ethnografisches Schwanken zwischen einem Zuviel und einem Zuwenig an Gesten auf. Die verdichteten Beschreibungen von Unterrichtsverläufen und die Auswahl einzelner Szenen lassen zwar Gesten erkennen, dennoch belegt gerade die Außergewöhnlichkeit der geschilderten Szenen die relativ geringe gestische Aufladung des beobachteten Kunstunterrichts – in beiden Stammgruppen und bei beiden Lehrern. Fehlen aber dem Kunstunterricht Gesten? Anders gefragt: Welcher Zusammenhang zwischen dem szenischen Arrangement des Unterrichts und der gestischen Aufladung des Unterrichtsgeschehens lässt sich aufzeigen?

Ausgehend von der gestischen Aufladung der pädagogischen Autorität der beiden Lehrer lassen sich zunächst vier empirische Ergebnisse festhalten. Zum einen ist eine gestische Aufladung nicht an einen verstärkten, intensiven oder extrovertierten Körpereinsatz im Zentrum des Geschehens gebunden. Dies zeigt die gestische Erstarrung und Randständigkeit des aufgeführten Machtverhältnisses zwischen Herrn Behr und den Schülerinnen in den beiden zuletzt geschilderten Unterrichtsszenen. Jedoch können insbesondere Wechsel auf solch räumliche Positionen und temporäre Veränderungen im Körperstil Unterrichtssituationen gestisch aufladen.

Zum anderen lassen personengebundene Körperbewegungen, die zu typischen Bewegungsfiguren gerinnen, nicht automatisch auf eine gestische Anreicherung schließen. Dies zeigt sich daran, dass sich Herr Fink zwar recht häufig aufstemmt, diese Bewegungsfigur jedoch nicht immer Zeichencharakter trägt und darüber hinaus in verschiedenen Interaktionen unterschiedliche pädagogische Funktionen gewinnt sowie in ihrer Bedeutung nicht festgelegt ist. Sie kann ihn sowohl in Interaktionen zwischen den Schülerinnen und Schülern einbinden, ohne dass sich in ihr eine Positionierung auf das Lehrer-Schüler-Verhältnis manifestiert, als auch zum Ausdruck der pädagogischen Generationendifferenz werden.

In der einzigen Unterrichtsszene, in der das Aufstemmen zur Machtdemonstration und Anrufung (der „Viererbande“) gerinnt, wird drittens deutlich, dass die gestische Aufladung pädagogischer Autorität riskant ist, denn sie erlaubt ebenso parodistische Reaktionen und trickreiche Simulationen. Und schließlich zeigen viertens die Beobachtungen des Körperstils der beiden Lehrer außerhalb einzelner Szenen, dass pädagogische Führungsmacht auch außerhalb einer gestischen Aufladung pädagogischer Autorität funktioniert.

Während des Unterrichts sind Orts- und Raumwechsel (vor allem zwischen Kunstraum und Mediathek) jederzeit möglich und nötig, etwa für die Suche nach Werkzeugen, Motiv- und Farbvorlagen oder zur Benutzung der technischen Geräte. Die räumlichen Wechsel der Schülerinnen und Schüler gewinnen bezogen auf das Unterrichtsgeschehen in der Regel keinen Zeichencharakter. Die Szene zwischen Herrn Behr und der Schülerin, die auf das Verlassen des Unterrichtsraumes in Richtung Schulflur folgt, bleibt während der beobachteten Stunden die einzige Szene, in der ein Raumwechsel einen bedeutungsgenerierenden Effekt erzielt und sich bei Rückkehr das institutionelle Tableau des Unterrichts öffnet.

Die Interaktionen der Schülerinnen und Schüler am Tisch bleiben relativ eng auf die Unterrichtstätigkeiten bezogen, insbesondere in der Viererrunde. Selbst bei ansteigender Intensität der Interaktionen – ablesbar etwa an Bewegungsradien, dem Tempo der Körperbewegungen und Reaktionen sowie der Lautstärke – bleiben sie auf die Gruppe bezogen und wirken nur selten darüber hinaus auf das Unterrichtsgeschehen ein. Ein Eingreifen der Lehrer ist hier kaum nötig, und selbst wenn sie eingreifen, ereignen sich kaum Brüche, Intervalle oder Irritationen in den Gruppeninteraktionen – wie die „Vierergbande“ als die stabilste und auffälligste Lerngruppe im aufgezeichneten Material vorführt.

Die Interaktionen der Schülerinnen und Schüler sind häufig gestisch angereichert, sie liegen jedoch ebenfalls überwiegend außerhalb einer gestischen Aufladung, die auf andere ausstrahlt und den Unterrichtsprozess steuert, den Rahmen des szenischen Arrangements übersteigt oder dessen institutionelles Tableau manifestiert und es dabei bezeugen, legitimieren oder auch parodieren würde. Nur in Ausnahmen wird eine solche Manifestation angeregt. Als in der oben geschilderten Szene die zwei Schülerinnen den Kunstraum verlassen, ist dies zwar ungewöhnlich, es ruft jedoch nur wenige Reaktionen bei den anderen Mitgliedern ihrer Stammgruppe hervor. Auch Herr Behr reagiert darauf erst, als bei der Rückkehr der beiden Mädchen deutlich wird, dass das Problem ungelöst geblieben ist und – aus Lehrerperspektive – das Unterrichtsgeschehen zu stören beginnt.

In der Unterrichtsorganisation wie im Unterrichtsgeschehen erfolgt keine strenge Einteilung der Schülerinnen und Schüler in Tätigkeitsbereiche oder gar Leistungsstufen, die am Tempo oder der Effizienz der erzielten Tätigkeits- und Lernerfolge – dem Fortschritt der erarbeiteten Kunstwerke – gemessen würden. Innerhalb der beobachteten Unterrichtsstunden wird auf ästhetische Kategorisierungen (als Kriterien der Bewertung und Leistungsanerkennung) oder didaktische Klassifikationen (durch Benotung oder kategoriale Einstufung der Schülerinnen) durch die Lehrer weitgehend verzichtet. Die Schülerinnen und Schüler werden allerdings zu Selbsteinschätzungen aufgefordert, dies auch nachdrücklich. Insbesondere Herr Behr lässt sich dabei von Kommentaren oder Fragen anderer nicht ablenken, sondern fordert mehrfach, in stiller, aufrechter Haltung am Rande einer Tischreihe und mit tiefer, sonorer und nachdrücklicher Stimme Einzelne auf, sich über ihre eigene Arbeit zu äußern. Dabei erstarrt er jedoch nicht. Bewertungen der Arbeit anderer sind erlaubt, werden jedoch nicht durch die Lehrer herausgefordert und mit eigenen, anerkennenden bzw. lobenden Kommentaren oder praktischen Hinweisen versehen.

Dem beobachteten Kunstunterricht fehlen keine Gesten. Die relativ geringe gestische Aufladung des Unterrichtsgeschehens ist an bestimmte Voraussetzungen und Bedingungen gebunden, wobei auch die Grenzen einer empirischen Verallgemeinerung deutlich werden. Die Unterrichtsräume sind hell und licht und die Ausstattung wirkt einladend. Zudem herrscht kein Mangel an Unterrichtsmaterialien, die nicht von zu Hause mitgebracht werden müssen. Bereits diese materiellen Bedingungen vermitteln eine großzügige Atmosphäre. Diese räumliche, technische, dingliche sowie die didaktische Gestaltung des Unterrichts läuft der ohnehin vorhandenen Unterrichtsbereitschaft der Schülerinnen und Schüler nicht zuwider. Diese ist ablesbar an ihrer Beteiligung an der Vorbereitung des Unterrichts während der Pause, an der freudigen Übernahme von Aufräumarbeiten, die als Auszeichnung gilt, wie auch an der überwiegenden Konzentration auf ihre Unterrichtstätigkeit auch ohne Beisein des Lehrers.

Abgesehen von der Problematik der Fachspezifik, stellt sich hier die Frage, ob bei einer anderen Ausstattung des Unterrichts und bei anderen Prägungen der Schülerinnen und Schüler etwa durch die schulische Lernkultur ein ähnliches szenisches Arrangement überhaupt möglich ist. So entspricht das Läuten der Glocke einer vertrauten Gewohnheit – nicht nur aus dem Unterricht bei Herrn Fink auch in anderen Fächern. Die Lehrerschaft der Schule ist zwar gespalten, jedoch benutzen viele Kolleginnen und Kollegen die Glocke oder eine Klangschale in ähnlichen Situationen und zu ähnlichen Zwecken.

Die videobasierte Beobachtung der gestischen Aufladung des Kunstunterrichts hat die Körperlichkeit der Akteure fokussiert. Bezogen auf die beiden Lehrer ist anzumerken, dass sie nicht nur erfahrene Pädagogen sind, sondern auch körperlich in der Lage, einen ihrer Statur entsprechenden Körperstil zu pflegen. Für beide Lehrer gilt, auch im Unterschied zu ihrem Unterrichtsstil in anderen Fächern, dass das Unterrichten im Fach Kunst einem Laufunterricht gleicht. Beide Lehrer gleichermaßen sind nicht nur nicht überfordert, sondern auch nicht überlastet durch Stammgruppengröße, Vertretungsunterricht oder Schulkultur. Daher lassen sich keine Verallgemeinerungen ableiten, mit denen die körperlichen Praktiken der Lehrer als vorrangige Prägungen ihrer Unterrichtspraxis gegenüber ihren verbalen Äußerungen, didaktischen Planungen oder den schulischen Bedingungen erscheinen. Die videobasierte Beobachtung lässt zudem keine Aussagen über geschlechtsspezifische Ausprägungen pädagogischer Körperstile zu. Darüber hinaus wäre zu prüfen, ob der aufgezeigte Zusammenhang zwischen gestischer Aufladung, pädagogischer Autorität und szenischem Arrangement von den Akteuren dauerhaft und nachhaltig durchgehalten wird oder Situationen in anderen Unterrichtseinheiten und insbesondere Bewertungssituationen doch einem gestischen Prinzip folgen bzw. dann Träger und affektive Wirkungen einer symbolischen Gewalt der Institution Schule sichtbar werden.[16]

16 Zu den Trägern, affektiven Wirkungen und Praktiken der Artikulation symbolischer Gewalt nach Pierre Bourdieu vgl. Schmidt/Woltersdorff 2008: 9ff.; zum aktuellen Stand, den Perspektiven und Dimensionen der Forschung auf pädagogischem Feld vgl. Alkemeyer/Rieger-Ladich 2008; zur empirischen Analyse und Diskussion der symbolischen Gewalt pädagogischer Praktiken vgl. Audehm 2008b.

Gestaltung, Verortung und Einfühlung Gesten im Familienleben

Sebastian Schinkel

Die Familie ist gewöhnlich diejenige Bezugsgruppe, in der Kinder während ihrer ersten Lebensjahre grundlegende Eigenschaften und Fähigkeiten herausbilden, und sie bleibt in den allermeisten Fällen über viele Jahre ein vorrangiger Bezugsraum während der kindlichen und jugendlichen Sozialisation.[1] Bereits lange Zeit bevor kleine Kinder zu sprechen beginnen oder die verbalen Inhalte des Sprechens verstehen, sind sie in das sinnlich-affektive Geschehen des Familienlebens eingebunden und nehmen aktiv daran teil. In der Körperlichkeit des Interagierens, das durch Bewegungen und Sinneswahrnehmungen ermöglicht wird, vermitteln sich grundlegende emotionale und nach den ersten Lebensmonaten auch symbolische Bezugnahmen. Noch vor dem Spracherwerb sind Körperbewegungen das Medium, in dem sich ein sozialer Sinn grundlegend entwickelt (Tomasello 2006: 80ff.; vgl. Tervarthen/Hubley 1978). Das körperliche Einbezogensein in Situationen mit anderen Menschen, die gleichfalls körperlich zugegen sind, bildet auch bei erworbenen Sprachfähigkeiten ein komplexes Sensorium, das nicht nur Gestimmtheiten im Sinne eines emotionalen Klimas erfasst und mit hervorbringt, sondern auch zwischenmenschliche Verständigungs- und Abstimmungsprozesse ermöglicht.

Klaus Mollenhauer und seine Ko-Autoren haben in ihrer interaktionstheoretischen Studie zur Familienerziehung von 1975 hervorgehoben (begründet durch

1 Unter „Familie“ wird hier ein Beziehungssystem in einem besonderen Kooperationsverhältnis nach innen und einem Solidaritätsverhältnis nach außen verstanden, für das verwandtschaftliche Beziehungen biologischer oder sozialer/juridischer Natur (z. B. durch Adoption oder Pflegeverhältnisse) und eine Generationendifferenz mit Erziehungsfunktion konstitutiv sind (vgl. Nave-Herz 1994: 5ff.). Eine Familie ist als verwandtschaftlicher Zusammenhang nicht scharf umgrenzt, doch schlagen sich Kernvorstellungen von Familie – die „von außen“ durch historisch, kulturell und sozialpolitisch variable Rahmenbedingungen bestimmt wird – gewöhnlich in regelmäßigen Interaktionen und oft auch in einem gemeinsamen Wohnbereich nieder. Eine Bestimmung des Familienbegriffs allein aufgrund einer Dauerhaftigkeit der Beziehungen und geteilter Ressourcen in einem Haushalt mit Fürsorgebeziehungen (vgl. Rössler 2001: 283) erscheint hingegen als fragwürdig, da hier der Familienbegriff von verwandtschaftlichen Beziehungen abgelöst ist. Unbeachtet bleibt dann das psychosoziale Kriterium einer „Unkündbarkeit der Personen“ in den Beziehungen (vgl. Hildenbrand 2005: 12), auch ohne gemeinsames Wohnen.

ihren Zugang über George H. Mead), dass der unaufhörliche „Strom von Informationen und Verständigungen“ nicht allein aus sprachlichen Artikulationen bestehe, sondern sich gleichfalls „aus nicht-sprachlichen Gesten und Handlungen zusammensetzt“ (Mollenhauer/Brumlik/Wudtke 1978: 88). Doch gehen die Autoren in dieser Studie anschließend kaum auf die ganzkörperlichen motorischen Dynamiken im Familienleben ein, sondern wenden sich stattdessen den sprachlichen Artikulationen zu – sie folgen mit Mead hierin Wilhelm Wundt und schreiben von vokalen, sprachlichen Gesten. Als ein eigener Forschungsgegenstand in Bezug auf das Familienleben sind Gesten seither kaum untersucht worden.[2]

Zwar gibt es ein Alltagsverständnis davon, dass Gesten zwischenmenschlichen Begegnungen persönliche und vertraute „Färbungen“ geben können, ein „lebendiger“ Austausch in einer Gruppe häufig auch „gestenreich“ ist, und der drohende Zeigefinger gilt nahezu als Sinnbild für eine strenge Erziehung. Auch besteht ein pädagogisches Praxiswissen um die Wirksamkeit körperlichen Auftretens – gerade in den emotionalen Bindungen der Familie –, wie in den letzten Jahren nicht zuletzt „Die Super Nanny“ und weitere Sendekonzepte im kontrovers diskutierten Doku-Soap-Format einer breiten Fernsehöffentlichkeit vorgeführt haben (vgl. Schinkel 2007). Gesten kann daher eine gewisse, wenn auch weitgehend unbestimmte Wirksamkeit in der Familieninteraktion zugesprochen werden, wodurch sie zu einem relevanten Forschungsthema werden, das empirisch bisher kaum fokussiert worden ist. Doch machen Gesten in ihrer Vielgestaltigkeit und komplexen, situationsspezifischen Bedeutungsdichte eine systematische und effiziente methodische Operationalisierung jenseits linguistischer, konversationsanalytischer Fragestellungen außerordentlich schwierig.

Werden Gesten im Familienleben wie in der vorliegenden Untersuchung ethnographisch beobachtet, besteht eine Schwierigkeit darin, ein Beziehungssystem zu beobachten, das von hoher Vertrautheit geprägt ist – getragen von einer aufeinander eingespielten Gruppendynamik innerhalb eines Erfahrungsraums mit einer gemeinsamen Familiengeschichte. Die Komplexität und Bedeutungstiefe des aufeinander bezogenen Verhaltens ergibt sich für die Familienmitglieder aus dem Verlauf einer konkreten Situation auf der Grundlage eines familiengeschichtlichen praktischen Wissens voneinander. Daraus folgt methodisch, dass für eine Untersuchung nicht allein Mikroanalysen der sichtbaren Bewegungsabfolgen, sondern stets auch Bezugnahmen auf verfügbares Vergleichsmaterial (gerade auch aus verbalen Informationen) erforderlich sind, um Interpretationen der Beobachtungen zu kontrollieren und zu verdichten. Anders als bei einer Fokussierung sprachlicher Äußerungen, die in sozialwissenschaftlichen Rekonstruktionen nahe-

2 Eine Ausnahme bilden in Hinsicht auf familiale Settings konversationsanalytisch orientierte linguistische Untersuchungen mit dem „ganzheitlichen“ Anspruch einer Berücksichtigung situativer „Kontexte“, vgl. z. B. Goodwin/Goodwin 1992.

zu immer eindeutig als solche identifiziert werden können, entziehen sich Gesten allerdings einer begrifflichen Konzeptualisierung, die in Hinsicht auf die phänomenale Alltagsrealität stets eine trennscharfe Abgrenzung zu Bewegungen ermöglicht, die nicht als Gesten zu betrachten sind. Sich mit Gesten zu beschäftigen heißt daher, mit Unbestimmtheiten konfrontiert zu sein, die der „Struktur des Phänomens“ selbst zu eigen sind (Egidi u.a. 2000: 11ff.).

Infolge von wiederholten teilnehmenden und videobasierten Beobachtungen im Wohnbereich mehrerer Familien wurden vorausgehende theoretische Begriffsbestimmungen zu dieser Untersuchung im Forschungsverlauf modifiziert, woraus ein weit gefasster Begriff von Gesten resultiert. Das Augenmerk richtet sich vorwiegend auf Situationen der Familieninteraktion, in denen Berührungen, taktile, motorische und lokomotorische Aktivitäten zusammen mit vokalen Äußerungen in orchestrierter Weise das Geschehen bestimmen und regulieren. Damit wird Abstand genommen von einem zu Beginn der Forschung geplanten Ansatz, besonders „exponierte“ Gesten als Aktion und Reaktion in Bezug auf ein dezidiertes Erziehungsgeschehen zu fokussieren (so reflektiert z. B. Frau Schneider, dass sie häufig ihre Hände in die Hüfte stemme und dann wohl manchmal bedrohlich wirke; Herr Franke erinnert sich, halb ernst und halb im Scherz, an den drohenden Zeigefinger der Mutter aus seiner Kindheit).

Abb. 1: *Herr Franke erzählt vom drohenden Zeigefinger.*

Die Suche in den audiovisuellen Aufzeichnungen nach solchen, wie sich herausstellte, rar auffindbaren „großen“ Gesten legte stattdessen nahe, begrifflich „tiefer“ anzusetzen und vom Aspekt einer grundsätzlichen körperlich-emotionalen Involvierung und einer fortwährend aufs Neue stabilisierten Ordnung in einem beständigen Fluss von Bewegungen auszugehen. Gesten zielen hier auf wechselseitige

Abstimmung unter Voraussetzung eines praktischen, impliziten Verstehens, wobei die Relevanz einzelner Bewegungsfiguren situativ erzeugt wird oder auch für den Beobachter emergieren kann – ohne notwendig mit einer kommunikativen Absicht verbunden zu werden. Erst auf dieser analytischen Grundlage wird die Frage nach der Bedeutung von Gesten für die Familienerziehung relevant – als eine spezifische, beeinflussbare „Qualität“ der Familieninteraktion.

Nach einer begrifflichen Konzeptualisierung von Gesten im folgenden Kapitel und einer Wegbeschreibung zum Erhebungsprozess werden drei verschiedene Wirkungsweisen von Gesten im Familienleben dargestellt, die in Hinsicht auf Erziehung relevant gemacht werden können. Zuerst richtet sich der Blick darauf, wie Gesten im Zusammenspiel mit sprachlichen Äußerungen, oder für sich allein, an der Organisation und Gestaltung einer Situation Anteil haben. Soziale Situationen können in zeitlicher und räumlicher Hinsicht strukturiert und Gegenstände, Orte, Zeitspannen und Sachverhalte können mit Bedeutsamkeit „aufgeladen“ werden. Doch Gesten wirken sich nicht nur in „entäußernder“ Weise auf einen Situationsverlauf aus, sondern sie wirken auch auf die Akteure und ihre Beziehungen zueinander ein. Dementsprechend wird zweitens der Aspekt einer Verortung und Orientierung durch Gesten innerhalb sozialer Räume fokussiert: durch Ansprüche, Abgrenzungen und Zuordnungen von Zugehörigkeiten, Gütern, Territorien, Verhaltensweisen oder Eigenschaften (z. B. im Sinne von Statusdifferenzen). In dieser Blickrichtung geht es um relationale Verortungen durch Selbstpositionierungen und die soziale Verortung anderer innerhalb einer symbolischen Ordnung und der konkreten materiellen Umgebung, die in solche Prozesse stets mit einbezogen ist. In ihren wechselseitigen Bezugnahmen können die Beteiligten auch eine „innere Beweglichkeit“ als ein Eingehen auf Perspektiven anderer zur Aufführung bringen. Daher werden Gesten drittens als dialogische Beziehungspraxis beleuchtet, in der Dynamiken von Zu- und Abwendungen, Annäherungen und Distanzierungen, Öffnungen und Schließungen sowie gemeinsame Bezugnahmen deutlich gemacht werden. In diesem Zusammenhang werden auch die intensiv erforschten „referentiellen“ redebegleitenden Gesten gesehen, mit denen die Aufmerksamkeit anderer gebunden und ein gemeinsamer Bezugsraum dargestellt wird, z. B. eine Erzählung begleitend. Diese drei Aspekte werden nicht als verschiedene Phänomene verstanden, sondern als analytisch unterschiedene Wirkungsweisen von Gesten, die im Zusammenspiel mit verbalen Äußerungen und weiteren Tätigkeiten dem Familienleben eine vertraute Form geben.

Gesten in Familien ethnographisch gesehen

Zu Beginn des 20. Jahrhunderts war George H. Mead, der an Wilhelm Wundt und Charles Darwin anknüpfte, ein Denker der Geste als evolutionärem Schwellenphänomen zwischen Instinkt- und symbolischem Kommunikationsverhalten (vgl. Mead 1973: 82ff.; Mead 1987a). Mead begreift Gesten in sozialphilosophischer Perspektive weit umfassender als die Konzeptionen in der Gestenforschung, die ein Jahrhundert später vorwiegend sprachwissenschaftlich orientiert sind (vgl. Kendon 2004). Für Mead können nicht allein absichtlich kommunikative Bewegungen – sei es mit der Hand oder anderen Körperpartien – als Gesten verstanden werden. Vielmehr könnten alle erkennbaren Bewegungsphasen des Körpers oder von Körperpartien zu Gesten werden, einschließlich lautlicher Äußerungen, insofern sie als „Auslöser" Reaktionen provozierten und dadurch sozial wirksam würden. Erst auf dieser weit gefassten Grundlage von Interaktion unterscheidet Mead zwischen nicht-signifikanten Gesten (d. h. „unmittelbar" ablaufendes, „instinktives" wechselseitiges Agieren) einerseits und einer „bewusste[n] oder signifikante[n] Kommunikation durch Gesten" andererseits, denen jeweils eine Fähigkeit zu Perspektivübernahme und Vorausschau zugrunde liegen muss (vgl. Mead 1973: 82ff.; Mead 1987b; vgl. auch Schmidt 2006: 300ff.).[3] Die intersubjektive Bedeutsamkeit einer Bewegungsfigur als Geste hängt in dieser Sichtweise maßgeblich von deren Wahrnehmung und praktischen Deutung innerhalb einer sozialen Situation ab.[4]

Für einen ethnographischen Blick auf die Interaktion von Familienmitgliedern untereinander (und mit ihren Gästen) im Wohnbereich erscheint in Anknüpfung an Mead ein Begriffsverständnis sinnvoll, das über die absichtliche Kommunikativität von Bewegungsfiguren hinausreicht und weniger deutlich adressierte Bewegungen als „Verhaltensäußerungen" mit einbezieht. Denn die Beurteilung der Absichtlichkeit kommunikativer Bewegungen ist zwar ein zentrales, aber kein ausschließliches Kriterium für die Deutungen und das Anschlussverhalten anderer. So weist Cornelia Müller in ihrer sprachwissenschaftlichen Arbeit über redebegleitende Gesten darauf hin, dass der Gestenbegriff in ethnographischen Mikroana-

3 In seiner historischen Darstellung zu Untersuchungen über Gesten führt Adam Kendon unter anderem ein Klassifikationssystem von Gilbert Austin (1753-1837) an, in dem ebenfalls zwischen „signifikanten" und „nicht-signifikanten" Gesten unterschieden wird (Kendon 2005: 88). In dessen Perspektive auf redebegleitende Gesten dienten „nicht-signifikante" Gesten der Diskursorganisation. In ihrer allgemeinen Charakterisierung heißt es bei Austin, diese Gesten bezögen ihre Bedeutsamkeit aus ihrer Anwendung in der Situation: „from the time and manner of their application, from the place in which they are used, and from their various combinations" (zit. nach Kendon 2004: 89). George H. Mead findet bei Kendon, trotz seiner umfassenden Übersicht auch zum 20. Jahrhundert, keine Erwähnung.

4 Vgl. dazu auch das Kapitel „Gestures as interaction" in Jürgen Streecks Buch *Gesturecraft: the manu-facture of meaning* (Streeck 2009).

lysen häufig ganz bewusst unscharf bleibe. Die verschiedenen Kommunikationsformen würden als orchestrierte Stimmen in einem kommunikativen Gesamtgeschehen aufgefasst, in dem ein besonderes Augenmerk auf die sozial-regulativen und Sinn konstituierenden Funktionen von Gestik gelegt werde (Müller 1998: 72). Vieles teilt sich dabei ungewollt mit und wird ohne besonders fokussierte Aufmerksamkeit auch nur „dunkel" wahrgenommen (vgl. Hahn 2001: 26).

Eine Begriffsverwendung hängt immer von dem Erkenntnisinteresse und den theoretischen Grundlagen ab. In der hier eingenommenen Forschungsperspektive wird ein Interesse für die Beurteilung von Absichten – die sich der Beobachtung entziehen können – zurückgestellt und stattdessen danach gefragt, was in Interaktionsprozessen zwischen den Akteuren auf praktischer Ebene im Detail geschieht und wie dieses Geschehen auf der Grundlage weiterer Beobachtungen reflektiert werden kann.[5] Eine Beschränkung des Gestenbegriffs auf Intentionalität ist aus einer praxeologischen Forschungsperspektive methodologisch fragwürdig, weil das Erkenntnisinteresse über die Absichten der Beteiligten hinausgehend an der Frage orientiert ist, was sich durch Gesten vermittelt – in Karl Mannheims Worten: was sich in Gesten „dokumentiert" (vgl. Mannheim 1970: 109).

Die Wechselwirkungen des Sich-Bewegens, das in Ko-Präsenz mit anderen unvermeidlich lokale Beziehungsdynamiken hervorbringt,[6] lassen daher mit Blick auf die Familieninteraktion eine Unterscheidung von absichtlich kommunikativen Bewegungsakten als „Gesten" einerseits und einem beiseite gelassenen „Rest" von Bewegung andererseits (der ebenfalls kommunikativ und sozial wirksam sein kann) als nicht zweckmäßig erscheinen.[7] Mit Blick auf das Familienle-

5 Vilém Flusser, der in seiner phänomenologischen Begriffsbestimmung eine Beschränkung auf beabsichtigte Bewegungsfiguren verfolgt, merkt dazu an: „Man kann diese Art von Bewegungen als ‚Ausdrucksweisen einer Intention' beschreiben. Das ergibt eine schöne Definition: ‚Die Gesten sind Bewegungen des Körpers, die eine Intention ausdrücken'. Aber sie ist nicht sehr zweckdienlich. Denn man müsste die ‚Intention' bestimmen, die ein zweifelhafter Begriff ist, der das Problem der Subjektivität und der Freiheit nach sich zieht und der uns gewiß Schwierigkeiten bereiten würde." Dementsprechend definiert Flusser die Geste nicht als intentionale Bewegung, sondern *ex negativo* als eine Bewegung, die als „Resultat physikalischer, physiologischer, psychologischer, sozialer, ökonomischer, kultureller und sonstiger Ursachen" nicht zufriedenstellend erklärt werden kann (Flusser 1993: 7ff.).

6 Vgl. dazu Stefan Hirschauers Analyse des Fahrstuhlfahrens: „Schon die bloße Platzierung von Körpern ist kommunikativ, insofern sie Beziehungszeichen absondert. [...] Die körperliche Nähe [in der Fahrstuhlkabine] wirkt zwar als drängender Gesprächsappell – als würde ständig das Telefon klingeln –, aber alle tun so, als seien sie ‚nicht da'." (Hirschauer 2004: 80ff.; Hirschauer 1999; siehe dazu auch Goffman 1982: 58f., 255ff.). Zur Differenz Anwesenheit/Abwesenheit als kommunikativer Faktor vgl. auch Luhmann 1972 und Geser 1990.

7 Wenn z. B. Adam Kendon eine Geste als „any visible bodily action by which meaning is given voluntary expression" bestimmt, so bindet er den Begriff an die Zuschreibung einer souveränen Autorschaft (Kendon 1983: 13; vgl. Kendon 2004: 7-16). Dadurch wird jede Bewegungsfigur begrifflich ausgeklammert, in der nicht (wie bei sprachlichen Äußerungen) die Absicht gesehen wird, etwas zum Ausdruck bringen zu wollen.

ben spricht der grundsätzlich sozialisierende Gehalt einer wechselseitigen, körperlichen Bezogenheit der Familienmitglieder gegen eine solche Einschränkung. Lernprozesse finden in der Familie vorwiegend in der Praxis des alltäglichen Zusammenlebens statt, insbesondere in der Beteiligung an Alltagsinteraktionen (vgl. Mollenhauer/Brumlik/Wudtke 1978: 89), und die Wirksamkeit der wechselseitigen Verhaltensweisen geht nicht in den Erziehungsabsichten und -bemühungen der Eltern auf (vgl. Ecarius 2007: 142f.; Darling/Steinberg 1993: 488; Schneewind/Ruppert 1995). Frei nach Pierre Bourdieu (der mit diesem Ausdruck auf die Wirksamkeit inkorporierter Disziplin abzielt) kann in Bezug auf Gesten von einer „stillen Pädagogik“ gesprochen werden, die sich in der Teilnahme am Familienleben als „praktische Mimesis“ unexpliziert vollzieht (Bourdieu 1997: 128, 135; vgl. Schmidt 2008). Kinder und Eltern „erziehen“ sich dabei im Familienalltag durchaus wechselseitig (vgl. Bell 1968; Rheingold 1969; Kuczynski/Parkin 2007). Nicht zuletzt diesbezüglich kann ein Untersuchungsfokus mit einem Gestenbegriff aufschlussreich sein, der über eine beabsichtigte Kommunikativität hinausreicht.

Daher werden Gesten hier als Bedeutung generierende motorische Phänomene bestimmt.[8] Ihre „Beobachtbarkeit“ im Sinne einer Wahrnehmbarkeit ist prinzipiell nicht auf einen visuellen Sinn beschränkt, sondern umfasst ebenso ihre Hörbarkeit und Taktilität (z. B. beim Anklopfen oder Anstupsen) – auch wenn im Folgenden visuelle Aspekte von Bewegungsfiguren im Vordergrund stehen. Zwar können manchen Gesten aufgrund ihrer Konventionalität oder ihrer Ikonizität etablierte und weit verbreitete Bedeutungen zugeschrieben werden. Die situationsbezogene Komplexität und Dichte geht jedoch erst aus der konkreten *Inter*aktion und den praktischen Deutungen der beteiligten Akteure hervor und wird hier im Abgleich mit dem gesammelten Wissen über die situativen Rahmungen und das Forschungsfeld interpretiert. Der analytische Umgang mit den audiovisuellen Aufzeichnungen war zur Rekonstruktion einzelner fokussierter Szenen hinsichtlich einer zweistufigen Interpretation an der Vorgehensweise der dokumentarischen Methode (vgl. Bohnsack 2003; Wagner-Willi 2003, 2004) und zur Konzept-

8 Gesten werden hier nicht allein als *nonverbale* Kommunikation gefasst, weil Gebärdensprachen (als elaborierte Sprachsysteme, die gleichfalls „verbal“ sind) aus dem Begriff ausgegrenzt würden. Zwar befindet sich innerhalb des empirischen Samples kein gehörloses Familienmitglied, doch die Möglichkeit eines derartigen Samples würde eine solche begriffliche Konzeption aufsprengen. Mimik wird hier als prinzipiell sichtbares motorisches Phänomen dem Gestenbegriff subsumiert. Die stimmliche Artikulationsweise hingegen, wie z.B. die Intonation, wird dem Gestenbegriff hier nicht zugeordnet, da stimmliche Laute zwar ebenfalls aus Körperbewegungen resultieren, diese sich jedoch in ihrer „klanglichen“ Erzeugung durch Schwingungen aus dem Körperinneren heraus von den hier als Geste gefassten Phänomenen unterscheiden. Es wird allerdings eingeräumt, dass es in einer evolutionstheoretischen Perspektive sinnvoll ist, die Lautproduktion ebenfalls als Geste zu fassen (zu einer Annäherung der menschlichen Stimme an den Gestenbegriff siehe außerdem Kolesch 2002).

bildung an Impulsen aus der Grounded Theory orientiert (vgl. Charmaz/Mitchell 2001; Glaser/Strauss 2005; Strauss 1994). Dabei zielte die Rekonstruktion der Szenen auf eine systematisierende Unterscheidung verschiedener Wirkungsweisen von Gesten in ihrem situativen Verwobensein.

Ethnographische Wegbeschreibung

Zu den beiden hier im Fokus stehenden Familien Schneider/Rocchi und Müller/ Franke wurden mithilfe der Schulleitung und des Lehrpersonals einer Grundschule Kontakt aufgenommen. Nach einem Vorgespräch bei den Familien zuhause wurden jeweils vier Erhebungstermine vereinbart. Mit der Festlegung auf vier Settings – je einer Familienmahlzeit, einem selbst gewählten gemeinsamen Spiel, einem Gespräch zum Familienalltag sowie einem Gespräch zum familiengeschichtlichen Hintergrund – wurde der Schwierigkeit Rechnung getragen, während der Erhebung eine Balance wahren zu müssen zwischen dem Interesse, die häusliche Familieninteraktion zu beobachten, und der „zeitraubenden" Aufdringlichkeit dieses Anliegens. Das anfängliche Vorhaben einer aktiven, „fokussierten" Kameraführung ohne statischen Kamerastandort (vgl. Mohn 2008) wurde nach der ersten Vorbesprechung fallengelassen, weil ich aus den geäußerten Bedenken einzelner Familienmitglieder schließen musste, dass ein solches Vorgehen im familialen Wohnraum als zu „invasiv" empfunden wird – was die Teilnahme der Familie im weiteren Forschungsverlauf gefährdet hätte.

Um die Familien für eine Teilnahme am Forschungsvorhaben zu gewinnen, war ich daher bemüht, den Rahmen der Erhebungen möglichst fassbar zu konturieren und überschaubar darzustellen. In der Beschränkung des Aufzeichnungsrahmens auf diese Tisch-Settings war das unausgesprochene Zugeständnis einer gewissen Kontrollierbarkeit und auch Ausweichmöglichkeit für die Teilnehmer enthalten. Die Loslösung des Forschenden von der Kamera hatte dabei den zweifachen Vorteil, dass parallel aus einer anderen Perspektive teilnehmend beobachtet werden konnte und die Kamera tendenziell in den Hintergrund rücken würde.[9]

Die Möglichkeit, den Familien die Kamera für eine „Selbst-Dokumentation" zeitweilig in Abwesenheit des Forschenden zu überlassen – wie im Bereich der Konversationsanalyse mit auditiven Aufzeichnungsgeräten bei Tisch

9 In mehreren Familien wurde erwähnt, dass die statische Kamera während der Erhebung kaum irritiert hätte und ich wie ein „normaler" Gast in der Familie wahrgenommen worden sei, wohingegen meine Positionierung hinter der Kamera durch ein bleibendes Unwohlbefinden begleitet gewesen wäre. Es galt also zu berücksichtigen, dass die Kamera ein Instrument ist, das in seinen Gebrauchsweisen in unterschiedlichem Ausmaß performativ (d. h. auf sinnlich-symbolisch Weise soziale Realität hervorbringend und bearbeitend) ein Machtgefälle, eine soziale Distanz etabliert.

häufig praktiziert –, wurde ebenfalls verworfen.[10] Erstens, weil die Auswertung mit weiteren Interpretationserfordernissen in Hinsicht auf Kameraführung, Perspektiven, Bildrahmung und Auswahl der Aufnahmezeiten in Hinblick auf das Forschungsinteresse erheblich erschwert worden wäre (zur methodologischen Reflexion formaler Gestaltungsfaktoren in der Bilderzeugung vgl. Bohnsack 2007, 2009: 32ff.); zweitens, weil zu befürchten war, dass die Kamera zum Zankobjekt zwischen den Geschwisterkindern oder einseitig durch die Eltern bedient werden würde; sowie drittens, weil die Eltern im ersten Vorgespräch aus dem soeben genannten Grund nicht gerade begeistert von einem entsprechenden Vorschlag waren.

Im Erhebungsdesign bildete die Familienmahlzeit aufgrund ihres verbindenden Potentials den Anfang der vier Erhebungstermine.[11] Da ich die Gesprächstermine in ihrer zeitlichen Ausdehnung insbesondere für die jüngeren Kinder als langweilig antizipierte (tatsächlich suchten sie sich währenddessen vornehmlich andere Beschäftigungen), wurde das Familienspiel als eine Abwechslung zwischen den beiden Gesprächsterminen positioniert. Da erwartbar war, dass die Erzählungen zum Familienalltag unverfänglicher und für das familiengeschichtliche Gespräch eine gewisse Vertrautheit hilfreich sein würden, bildete der familiengeschichtliche Termin den Abschluss der vier Erhebungen. Zu den beiden Familiengesprächen wurde mit dem Aufbau der technischen Apparatur (Kamera und Stativ) ebenso verfahren wie zu den weiteren beiden Terminen. Erstens, um trotz der geringen Terminanzahl eine Gewöhnung zu erreichen und zweitens, weil die Aufzeichnungen zu den Gesprächen in Hinblick auf Gesten als gleichwertiges Material dienen sollten.[12]

Der Erhebungsprozess in den Familien wurde von nur einer Person durchgeführt. Das hat mit Blick auf die teilnehmende Beobachtung den Nachteil, dass innerhalb dieses methodischen Zugangs keine „ergänzende" Perspektive als „Korrektiv" mit einbezogen ist. In Hinsicht auf ein Vertrauensverhältnis zu den Forschungsteilnehmern lässt sich solchen Alleingängen jedoch auch Positives abgewinnen (vgl. Girtler 2001). Ein vergleichbares methodisches Korrektiv ist stattdessen im Zugang der audiovisuellen Aufzeichnung zu finden. Die teilneh-

10 Vgl. z. B. Keppler 1995. Für eine ritualtheoretische Perspektive jenseits der Konversationsanalyse und eine Auseinandersetzung mit deren methodologischen Voreinstellungen vgl. Audehm 2007: 72f.

11 „Die Mahlzeit miteinander zu teilen bedeutet schon immer in allen Gesellschaften, die Freundschaft und den Frieden zu besiegeln und soziale Verbindungen zu knüpfen" (Kaufmann 2006: 75). Zur Bedeutung der Mahlzeit als Familienritual in Hinsicht auf Differenzbearbeitung und Stabilisierung siehe Audehm 2007; Audehm/Wulf/Zirfas 2007; Audehm/Zirfas 2000, 2001.

12 Außerdem wurden Fragebögen für alle Familienmitglieder verteilt, um Angaben über persönliche Daten zu erhalten (vollständiger Name, Geburtsdatum, Religionszugehörigkeit, Ausbildungs- und Berufsstand, regionale Herkunft, die letzten Wohnungsumzüge).

mende Beobachtung fungiert hier in Bezug zur Videographie als eine Ergänzung bzw. Fundierung im Sinne einer „analytischen Verdichtung“ (vgl. Kelle 2001: 206). Trotz des „Ausschnitthaften“ und der technischen Selektivität der Aufzeichnung – ein räumlich-atmosphärisches, örtlich verstreutes Geschehen wird in ein zweidimensionales Bewegungsbild mit scharf umgrenzten Bildrändern und eine dazu synchronisierte Tonspur transformiert, die der Kameraperspektive, Bildweite und Mikrofonausrichtung entsprechend fokussiert sind (vgl. Wagner-Willi 2003: 135, 2004: 52; Knoblauch/Schnettler/Raab 2006) – ermöglicht das gewonnene videographische Material eine Multiperspektivität sowohl hinsichtlich der möglichen Fokussierungen bei einzelnen Szenen als auch in Hinsicht auf beliebig wiederholbare „Peer-Reviews“ durch verschiedene Betrachter (und Zuhörer), die ihre Sichtweise einbringen und mit denen Interpretationen diskutiert werden können. Die technische Selektivität der Aufzeichnung wird dabei aufgewogen durch den Präzisionsgewinn in den Beobachtungsmöglichkeiten, denn im Rahmen des visuellen und akustischen Fokus der Aufzeichnung werden Bewegungen detaillierter registriert als es der ebenfalls selektive Wahrnehmungsapparat eines organischen Forscherkörpers vor Ort und Beschreibungstechniken in Erinnerungsprotokollen vermögen (vgl. Bergmann 1985; Knoblauch 2001). Die technische Selektivität der Aufzeichnung wird durch die teilnehmende Beobachtung kontrolliert und ergänzt, die daher ein wichtiger Bestandteil der Erhebung ist.

Krappmann und Oswald appellieren im Rahmen ethnographischer Untersuchungen in einer Schule dafür, sich während der Erhebungen nicht allzu sehr um Unauffälligkeit zu bemühen, um „gleichsam Unsichtbarkeit [zu] simulieren“ (Krappmann/Oswald 1995: 43f.). Nichts irritiere Menschen und ihr Verhalten mehr, als Personen, die sich in ihre Nähe begeben, deren Identität ihnen jedoch unklar bleibe, weil sie den wechselseitigen Prozess der Interaktion zu unterbinden versuchen. Dementsprechend bin ich dem Disziplinierungspotential bloßer Anwesenheit (vgl. Luhmann 1972: 60f.) methodisch dadurch begegnet, dass ich Aufforderungen zur Teilnahme an Familienmahlzeit und Familienspiel weitgehend nachgekommen bin.

Zwar präsentieren sich Familien gegenüber Außenstehenden entsprechend ihrer Vorstellungen einer „guten“ Außendarstellung, doch dieser Aspekt verweist nicht auf einen Gegensatz von Authentizität oder „Verstellung“. Die Teilnehmer arbeiten vielmehr immer schon – mehr oder weniger bewusst – an einer „Inszenierung“ als kulturell gegebenes Ausdrucksrepertoire zur Selbstdarstellung und betreiben „Imagepflege“, so dass diese Arbeit je nach Beschaffenheit der Beziehungen lediglich graduell unterschiedlich intensiv und fokussiert betrieben wird (vgl. Goffman 2001: 23ff., 1986: 10-53; Knoblauch 1998). Die Familienmitglieder werden durch ihre Teilnahme nicht zu anderen Personen, sondern bewegen sich im Rahmen ihres persönlichen Verhaltensspektrums. Auch bei einer graduell gesteigerten Selbstkontrolliertheit bleibt, mit Bourdieu zu sprechen, der Habitus das Verhaltensmaß. Die alltäglichen Bewegungsmuster und das individuelle Repertoire an Interaktionsweisen, in denen der praktische Sinn der Familienmitglieder zum Ausdruck kommt, dienen als grundlegende körperliche Verhaltenskapazitäten, über deren Potential und Grenzen nicht umfassend verfügt werden kann (vgl. Bourdieu 1993: 122ff.). In der alltäglichen Selbstdarstellung zu „schauspielern" könnte zwar, wie bei professionellen Darstellern, Bestandteil dieses Repertoires sein, hätte aber durch viel Übung „in Fleisch und Blut übergegangen" sein müssen.

Profil-Skizzen zur Vorstellung

Die 42-jährige Susanne Schneider und der 43-jährige Davide Rocchi wohnen zusammen mit ihren drei Kindern, der 9-jährigen Tochter Rebecca, dem 6-jährigen Sohn Lorenzo und der 3-jährigen Tochter Anna in einem Obergeschoss eines Stadthauses mit mehreren Mietparteien an einer ruhigen Straße, nahe gelegen an einem Stadtplatz.[13] Die Eltern sind unverheiratet; ihre drei Kinder tragen den Nachnamen des Vaters. Ein Elternteil von Herrn Rocchi stammt aus Italien und auch die Vornamen der drei Kinder haben einen deutlichen italienischen Anklang. Herr Rocchi hat einen technischen Beruf mit Hochschulabschluss studiert und ist ganztägig in Berlin tätig. Frau Schneider studierte nach einer handwerklich orientierten Ausbildung ebenfalls einen technischen Beruf. Sie arbeitet in Berlin mit einer Anstellung in Teilzeit. Die gegenwärtige Mietwohnung hat die Familie vor knapp einem Jahr bezogen. Für die Kinder war es der erste Umzug und erst allmählich haben sie sich in diese neue Umgebung eingelebt. Die beiden jüngeren Kinder, Lorenzo und Anna, teilen sich ein gemeinsames Kinderzimmer. Die ältere Tochter Rebecca hat ein eigenes Zimmer. Die Erhebungen fanden nach dem ersten Erhebungstermin (an einem Freitagabend) stets am Wochenende nachmittags in einem Abstand von zwei Wochen statt.

Birgit Müller und Fabio Franke, beide 45 Jahre alt, leben mit ihren gemeinsamen Kindern, der 9-jährigen Tochter Haya und dem 6-jährigen Sohn Luis, im Parterre eines Mietshauses, ebenfalls an einer ruhigen Straße ganz in der Nähe eines Stadtplatzes, auf dem sich ein kleiner Spielplatz befindet. Herr Franke hat neben den beiden gemeinsamen Kindern mit Frau Müller noch eine 18-jährige Tochter aus einer vorherigen Partnerschaft, die inzwischen außerhalb Deutschlands in Mitteleuropa wohnt. Frau Müller und Herr Franke sind ebenso wie Frau Schneider und Herr Rocchi nicht verheiratet. Ihre beiden Kinder tragen den Nachnamen der Mutter. Herr Franke hat Abitur; Frau Müllers Angaben zum Ausbildungsstatus deuten auf einen Hochschulabschluss hin, blieben jedoch un-

13 Alle Personennamen aus dem Forschungsfeld wurden durch Pseudonyme anonymisiert.

geklärt. Beide sind freischaffende Künstler und arbeiten viel zuhause. Aufgrund des zweiten gemeinsamen Kindes sind sie vor etwa sechs Jahren in eine größere Wohnung umgezogen. Haya und Luis teilen sich hier ein gemeinsames Zimmer, womit Haya nicht mehr zufrieden ist. Sie soll in den nächsten Jahren ihr eigenes Zimmer bekommen, wofür über größere Umstrukturierungen des Wohnbereichs inklusive einer Verlegung der Küche nachgedacht wird. Die Wohnung liegt „nach hinten" und schließt an einen Garten an. Auch hier fanden der erste Erhebungstermin an einem Freitagabend, die nachfolgenden Termine ausschließlich Dienstag nachmittags in Abständen von zwei bis zu sechs Wochen statt.

Schauplätze

In allen Settings der Erhebungen war ausnahmslos ein Tisch mit den umher gruppierten Sitzgelegenheiten ein einvernehmlicher Ort der Erhebung. Am Tisch trafen das Forschungsinteresse nach Überschaubarkeit – durch methodische Verfahrensentscheidungen präformiert (vgl. Kelle 2001: 198) – und ein praktisches Selbstverständnis der Eltern von Repräsentierbarkeit der Familie zusammen. Denn der Tisch wirkt als fixierendes Bindeglied, das zwischen den Sitzenden einen stabilen räumlichen Zusammenhang als Gruppierung schafft und dem Familienleben sozusagen „Form verleiht" (vgl. Muxel 1996: 64). Er gibt durch seine rituelle Inanspruchnahme der sozialen Organisation der Familie (potentiell) Stabilität und wird dadurch zu einem zentralen familialen Gedächtnisträger.[14]

Den Tisch und seine Sitzvorgaben zu erwähnen ist keine Marginalie, denn es ergeben sich (abgesehen von dem Aspekt, dass nahe beieinander gesessen wird) Unterschiede in Hinblick darauf, welche Bewegungen aus einem breiteren Repertoire möglicher Bewegungen vorrangig mittels videographischer Analysen rekonstruierbar sind. Die Füße und Beine sind vom Stehen und Gehen freigestellt und können so verstärkt auch kommunikativ in Aktion treten – sie werden allerdings auch häufig durch die Tischplatte verdeckt. (Es kann davon ausgegan-

14 Der Tisch ist im Wohnbereich kein „ahistorischer" Gegenstand, sondern hat sich in Europa, nachdem seine sakrale Bedeutung als Altar im Laufe der Jahrhunderte in den Hintergrund getreten ist, als heute kanonisches, feststehendes Ensemble zusammen mit Stühlen erst im Europa des 18. Jahrhunderts durchgesetzt (Kaufmann 2006: 88f.; van Dülmen 1995: 56ff.). Man sitzt sich nun regelmäßig gegenüber, anstatt „verstreut" im Raum zu sitzen. Interessanterweise findet diese Entwicklung mit der Herausbildung der „modernen Familie" statt, in der die emotionalen Beziehungen stärker in den Vordergrund treten. Kaufmann hebt die „Interobjektivität" (vgl. Latour 2001) dieser Entwicklung besonders hervor: „Die hierarchischen Befehlsstrukturen haben Diskussions- und Verhandlungstechniken Platz gemacht [...] Durch seine strukturierende Materialität erzeugt [dieses Möbelstück] (täglich in der Familie wie in den Büros auf der ganzen Welt) soziale Formen, ohne dass dies den Akteuren bewusst wäre" (ebd.: 210). Vgl. zum Aspekt des Gedächtnisses in Artefakten des Wohnbereichs auch Kaufmann 1999: 44.

gen werden, dass eine Interaktion „unter dem Tisch" mit zunehmender Relevanz thematisch „nach oben gehoben" wird und nicht auf den Fußbereich beschränkt bleibt.) Die sitzende Haltung fixiert vor allem das Gesäß und den Beckenraum und macht diesen Bereich unbeweglicher (vgl. Eickhoff 1997). Der Bewegungsraum insbesondere der Arme und Hände muss zudem einem „persönlichen Raum" der nahe sitzenden Anwesenden rücksichtsvoll angepasst werden, insbesondere in Hinblick auf einen Nahraum vor deren Gesicht (vgl. Goffman 1982: 56). Dieses Erfordernis wird in verschärfter Tonlage eingefordert, wenn sich z. B. in der Hand ein Essmesser befindet. Andererseits kann die haptische Nähe zu Berührungen anstiften (vgl. Breidenstein 2004: 100), die angenommen, erduldet oder auch zurückgewiesen werden können.

Die stattfindende Interaktion ist vor allem auf kurze Distanzen zwischen den Anwesenden bezogen, was einen Einfluss auf den Radius des beanspruchten Gestenraums hat (vgl. Efron 1972: 92f., 121). Für die Analyse hatte die Ausrichtung der Erhebungssituation auf ein Tisch-Arrangement auch dadurch Folgen, dass der statische Kamerafokus zum Zweck von Detailanalysen möglichst „nah" an die Gruppierung bei Tisch „herangezoomt" wurde. Dadurch wird der Bildrahmen der Aufzeichnung auf einen verhältnismäßig kleinen Ausschnitt des Wohnraums reduziert. Die Auswahl des Settings beinhaltet daher die Entscheidung für Detailstudien kleiner und räumlich fixierter Ausschnitte der Familieninteraktion.

Vom jeweils ersten Termin der Familienmahlzeit abgesehen wurden die Erhebungstermine in beiden Familien an ein wiederkehrendes Arrangement mit Kaffee oder Tee und Gebäck gebunden. Dabei handelte es sich in beiden Familien um ein gewohntes, wenn auch unregelmäßig wiederkehrendes Familienritual, das an den entsprechenden Tagen offensichtlich zeitlich mit meinem Besuchstermin abgestimmt wurde. Nicht nur die Eltern, auch die Kinder sind dabei auf den Termin vorbereitet. Teilweise werden sie nach meiner Ankunft in Vorbereitungen mit einbezogen, indem sie Geschirr, Gebäck oder Besteck aus der Küche in das Wohnzimmer tragen; ansonsten halten sie sich in Rufnähe auf. Sie bewegen sich (im Gegensatz zu mir) auf vertrautem Terrain und können sich ebenso wie die Eltern in der Wohnung auch „freier" bewegen. Der Status „zuhause" oder „Gast" zu sein reguliert vor dem Hintergrund kultureller und sozialer Gepflogenheiten einen Bewegungsraum. Auch die Generationendifferenz schlägt sich in einer je nach Alter der Kinder unterschiedlichen räumlichen „Bewegungsordnung" nieder, denn nicht alle Zimmer (z. B. das Arbeitszimmer, aber auch die Kinderzimmer) sind für alle Familienmitglieder in gleicher Weise zugänglich.

Gestaltung

Die gemeinsame Forschungssituation, in die ich bei meiner Ankunft an der Türschwelle eintrete, ist durch vorherige Absprachen, vor allem aber durch die vorausgehenden Gewohnheiten einer gelebten Familienkultur sowie die Einordnung des Erhebungstermins in diese Gewohnheiten (und Phantasien) vorstrukturiert. Diese komplexe und dynamische Ordnung des Vertrauten, des „Familiären", wird durch die alltägliche, aufeinander abgestimmte Praxis der Anwesenden in Bewegung gehalten und aktualisiert – wobei auch der Wohnraum, die in ihm befindlichen Dinge und die Wohnumgebung als räumlich organisierte Gedächtnisträger eine Kontinuität des Vertrauten mit tragen (vgl. Löw 2001: 199). Die verschiedenen Abläufe und Arrangements im Tagesverlauf der Familie folgen eingespielten Choreographien, vom Aufstehen und Anziehen bis zum Ausziehen und Schlafen gehen, wobei diese weniger gemäß einem starren Skript durchgeführt, als vielmehr in ihren Wiederholungen jeweils neu ausgehandelt und variiert werden. Alle Beteiligten wirken dabei im Spektrum ihrer praktischen Möglichkeiten und Vorstellungswelten an der gewohnten Alltagsordnung in konkreten Situationen mit (wozu auch die Möglichkeit vorübergehender Abwesenheit zu zählen ist).

Der Begriff des Arrangements wird im Folgenden in einem doppelten Sinn verwendet: als praktisches Arrangement, im Sinne eines durch Materialität und Akteure getragenen Settings, das durch Praktiken in Bewegung bleibt, sowie als implizite Übereinkunft zwischen Personen, die aufeinander „eingespielt" sind. Diese analytische Unterscheidung bezieht sich nicht auf zwei verschiedene Phänomenbereiche, sondern eher auf eine dem Begriff inhärente Mehrdeutigkeit, die unterschiedliche Facetten beleuchtet. In einem Arrangement im ersten Sinn sind nach Theodore Schatzki Personen, weitere Organismen (wie Tiere oder Pflanzen) und Artefakte räumlich, kausal, intentional (mental) und „präfigurierend" (die Aktivitäten der jeweils anderen sowohl ermöglichend als auch beschränkend) aufeinander bezogen (Schatzki 2001: 43). „Präfiguriert" sind die jeweiligen Aktivitäten allerdings nicht nur durch eine aktuelle räumliche Konstellation, sondern auch durch die Zeitlichkeit einer gemeinsamen Praxisgeschichte mit entsprechenden Routinen und Gewohnheiten, in denen sich die Teilnehmer in einem Beziehungsnetz aufeinander „eingestellt" haben.

An der praktischen Ausgestaltung eines Arrangements wirken alle Beteiligten körperlich mit. So sind die einfachen und stummen motorischen Tätigkeiten bei einer Familienmahlzeit oder einem Familienspiel auch nur scheinbar ohne Kommunikativität, denn während eine Mahlzeit oder viele Familienspiele sehr gut ohne verbale Beteiligung „ablaufen" können, werden sie von konstitutiven Bewegungsfiguren getragen, deren Bedeutsamkeit für den Vorgang erst dann hervortritt, wenn sie unterlassen oder „in illegitimer Weise" aufgeführt werden.

Wenn der nächste Spielzug in einem Gemeinschaftsspiel nicht ausgeführt wird, stagniert der Spielverlauf. Auch das bloße Faktum des „Mitessens" (oder seines Unterlassens) während einer gemeinsamen Familienmahlzeit ist (ob willentlich oder unwillentlich) kommunikativ und „mit Bedeutung aufgeladen". Die konstitutiven physischen Akte solcher Settings sind zugleich symbolische Akte. Gewöhnlich signalisieren sie im stummen Einvernehmen eine erwartungsgemäße Bereitschaft zum „Mitmachen", die in ihrer „Positivität" unauffällig bleibt und die gewohnte Ordnung „am Laufen" hält.[15] Vor diesem Hintergrund, dem Erfordernis einer minimalen konstitutiven Beteiligung (die Widerständigkeit wie „Verhaltensweisen des Nichttuns" oder Sprunghaftigkeit nicht ausschließt), wird z. B. die Mahlzeit zu einem notorischen Konfliktherd zwischen Eltern und Kindern. Unter der Voraussetzung einer kulturhistorisch etablierten und lokal aufrechterhaltenen Praxis der gemeinsamen Tischmahlzeit lenkt das Unterlassen des „Mitessens" Aufmerksamkeit auf sich, wie bei der 3-jährigen Anna, die am Tisch sitzend nicht mit den anderen Familienmitgliedern zu essen beginnt.

Abb. 2: *Anna (vorne rechts) beim Abendessen der Familie Schneider/Rocchi.*

Diese grundsätzliche Mitwirkung an einem gemeinsamen Arrangement erfordert eine gewisse „Mitmachkompetenz", die auf praktischem Wissen beruht, das vorwiegend mimetisch (vgl. Gebauer/Wulf 2003), anfangs vor allem durch Gesten

15 Vgl. zum Begriff der Positivität die Verbindung, die Giorgio Agamben mit Referenz auf Michel Foucault zum Begriff des Dispositivs herstellt (Agamben 2008). „Als Dispositiv bezeichne ich alles, was irgendwie dazu imstande ist, die Gesten, das Betragen, die Meinungen und die Reden der Lebewesen zu ergreifen, zu lenken, zu bestimmen, zu hemmen, zu formen, zu kontrollieren und zu sichern" (ebd.: 26).

angeregt und erworben wird (wie z. B. den Mund öffnen, wenn das Löffelchen dargeboten wird).

Doch auch wenn entsprechende sozio-kulturell geformte Körpertechniken als „Gesten“ oder „Gebärden“ bezeichnet werden können (vgl. Simmel 1910 zur „Essgebärde“), die durch Wiederholung und Korrekturen eingeübt werden und gemeinsame Ordnungsbezüge in der „Positivität“ ihrer Ausführung zeigen und dadurch auch aufrechterhalten (seit Norbert Elias ist das Führen des Bestecks beim Essen dafür ein prominentes Beispiel), wird diese allgemeine Ebene praktischer Aktivitäten hier noch nicht als „gestisch“ gefasst. Einzelne Bewegungsfiguren werden vielmehr erst unter der Voraussetzung als „Gesten“ begriffen, dass sie in ihrer Performativität – verstanden als Prozess der sinnlich-symbolischen Hervorbringung und Bearbeitung sozialer Realität – in kommunikativer Hinsicht mehr „tun“, als bloß „sich selbst“ als eine erlernte Körpertechnik zu zeigen (z. B. als praktisches Wissen eines spezifischen Bewegungsstils während einer Mahlzeit) und dabei eine kulturelle bzw. soziale Zugehörigkeit aufzuführen.[16]

Ein performatives Potential körperlicher Bewegungsfiguren, über den bloßen physischen Akt des Bewegens hinaus für den Situationsverlauf symbolisch bedeutsam und wirksam zu werden, zeigt sich in der Organisation und Gestaltung praktischer Arrangements. Die symbolische Feinjustierung solcher Arrangements geschieht neben sprachlichen Äußerungen – und oft im Zusammenspiel mit diesen – auch durch Gesten. Durch Gesten werden wechselseitige Abstimmungsprozesse zwischen beteiligten Personen mittels Bewegung ausagiert und wahrnehmbar gemacht. In Hinsicht auf die Organisation und Gestaltung eines Arrangements soll dieses Kapitel aufzeigen, wie Gesten, im Zusammenspiel mit sprachlichen Äußerungen oder für sich allein, zeitliche und räumliche Aspekte steuern und dadurch an der Strukturierung einer Situation Anteil haben. Es können dabei sowohl zeitliche und räumliche Markierungen gesetzt als auch Gegenstände, Orte, Zeitspannen und Sachverhalte mit Bedeutsamkeit „aufgeladen“ werden, z. B. indem Abläufe be- oder entschleunigt werden. Es sind kleine und unscheinbare Bewegungsmomente, die als unbedeutende motorische Aktivitäten erscheinen, aber dem jeweiligen Arrangement, das durch verbale Äußerungen und Gesten auf persönliche Art und Weise verkörpert wird, eine familiäre Charakteristik geben. Die Hervorbringung eines gemeinsamen Arrangements in körperlicher Ko-Präsenz – die Beteiligten setzen sich z. B. zum Tee an einen Wohnzimmertisch – erfordert Orientierungs- und Ordnungsleistungen, die kaum

16 Eine eindeutige Grenzziehung des Gestenbegriffs ist jedoch nicht möglich, worin ganz unterschiedliche Ansätze mit divergenten Fragestellungen und unterschiedlichen Präferenzen in der Grenzziehung übereinstimmen. „We have to accept, however, that the boundaries between a gesture, a practical action, a self-directed ‚monological‘ activity, and an involuntary expression are fuzzy“ (Müller 2005: 267).

expliziert werden, sondern vorwiegend beiläufig und pragmatisch im Fluss physischer Aktivitäten vollzogen werden.

In den beiden Familien Schneider/Rocchi und Müller/Franke wird jeweils viel Wert auf Gemeinsamkeit gelegt, die in Familienritualen wie einer Tischmahlzeit durch dirigierende Aktivitäten, aber auch durch delegierte Aufgaben und verteilte Verantwortlichkeiten im Sinne von Partizipation an Haushaltsaufgaben abgesichert wird. Der zeitliche und räumliche Zusammenhalt des Familienensembles in Momenten der „Gemeinsamkeit" erfordert nur insoweit deutliche Abstimmungs- und Steuerungsaktivitäten, wie Routinen durch das bisherige Zusammenleben nicht greifen oder funktionale Signale benötigen. Die Familienmitglieder kennen weitgehend „ihren" Platz und zeitliche „Verlaufsmuster", und sie agieren entsprechend dieses praktischen Wissens.

Einen Anfang machen

Anfänge, die „gemeinsam" anstatt „individualisiert" sein sollen, erfordern allerdings häufig Koordinationsleistungen in Wort oder Tat. Solche Anfangssignale können implizit in einfachen physischen Aktivitäten aufgehoben sein, ohne z. B. als Geste deutlich exponiert zu werden. Sich am Nachmittagstisch einen Keks oder eine Schokoladenkugel zu nehmen – ein einfaches Beispiel –, kann u. U. bedeuten, eine „Keksmahlzeit" als rituelles Setting am Nachmittag zu eröffnen und andere Teilnehmer zu ermuntern, ebenfalls zuzugreifen, indem ein Anfang markiert wird; es kann gleichermaßen aber auch heißen – wie in den nachfolgenden Momentaufnahmen – einem gemeinsamen Anfang bei Tisch „vorzugreifen" und daher eine planmäßig zelebrierte Gemeinsamkeit zu unterlaufen. Nicht jedes Greifen ist als eine Geste zu verstehen; im Rahmen einer spezifischen Situation als Erste nach einem Keks zu greifen (oder auch nur an einer Schokoladenkugel zu nesteln) kann jedoch zu einer Geste werden, die einen symbolischen Anfang setzt oder auch einem gemeinsamen Anfang „vorgreift".

Familie Schneider/Rocchi,
nachmittags am Esstisch zu Kaffee, Milch und Gebäck

Anna nestelt am Tisch sitzend an der Aluminiumverpackung einer kleinen Schokoladenkugel. Ihre Schwester Rebecca sitzt neben ihr am Esstisch.

Rebecca	(rufend): Anna, was fängst Du schon an!
Anna	(leise murmelnd): Wir dürfen
Frau Schneider	(an einem Buffetschrank mit Tellern hantierend, dabei vom Tisch abgewandt): Nee, Anna, wir dürfen noch nich' anfangen.

(F2E3 00h 20m 38s – 00h 20m 44s)

Familie Müller Franke,
nachmittags am Couchtisch zu Tee, Saft und Gebäck

Luis nimmt sich einen Keks vom Keksteller, sagt „guten ...“ und hält sich den Keks vor den weit aufgesperrten Mund, dabei in die Kamera schauend. Frau Müller greift ihm an das Handgelenk, zieht den Arm nach unten: „Nee, das ist keine nette Geste.“ Luis kichert indessen. (F4E3 00h 00m 50s – 00h 00m 55s)

Luis expliziert hier ansatzweise verbal, was er tut – und deutet zugleich an, direkt zur „Tat“ zu schreiten, was die verbale Formulierung dann auch schon wieder überflüssig macht. Anstatt eines „Guten Appetit“ sagt er bloß „guten“ und der aufgesperrte Mund, der den Biss andeutet, tritt an die Stelle des bereits nicht mehr stimmlich artikulierten „A“.

Abb. 3: *Luis: „Guten ...“*

Das gesprochene „Guten Appetit“ ist ein verbales Strukturierungsmittel, um zur gemeinsamen Mahlzeit einen Anfang zu setzen, das gegenüber einem stumm bleibenden „Zugreifen“ oder anderen Formen potentiell initiierender Gesten (wie z. B. einer „einladenden“ und auffordernden Handbewegung) den Vorteil hat, die Möglichkeit eines gemeinsam miteinander ausgeführten Anfangs zu suggerieren. Als performativer Akt des „Initiierens“ bietet das verbale „Guten Appetit“ statt eines stummen Zugreifens (das „Tatsachen“ schafft) die Möglichkeit der Erwiderung, um einen Anfang bei Tisch wechselseitig zu autorisieren. Dementsprechend sagt Rebecca bei Familie Schneider/Rocchi, um auf das erste der beiden Beispiele zurückzukommen, auch zur Keksmahlzeit: „einen guten Appetiert“ (sic!), worauf Frau Schneider mit „genau“, Herr Rocchi und ich mit „guten Appetit“ antworten. Ebenso wie bei ihrer Rüge an Anna agiert Rebecca dabei innerhalb einer vertrauten Regelhaftigkeit und fordert die rituelle Rahmung durch einen gemeinsam gesetzten Anfang ein.

Den meisten Gästen sind solche Settings mit ihrer raum-zeitlichen Ordnung nicht ganz fremd, aber in ihrer jeweiligen familiären Ausprägung auch nicht vollkommen vertraut. Als Gast bewege ich mich gemäß meinen Schemata einer nachmittäglichen Keksmahlzeit, bin aber darauf angewiesen, auf Hinweise – auch durch Gesten – zu achten (ich möchte „gut ankommen" und wiederkommen dürfen). Ein Beispiel für eine räumlich orientierte Strukturierung ist diesbezüglich die Regelung der Sitzordnung durch Platzierungen, wobei ein hinweisendes Zeigen nur eine mögliche und besonders exponierte Variante räumlicher Organisation und Gestaltung durch Gesten darstellt. Nachdem Frau Müller mir bereits kurz zuvor den linken Korbsessel zugewiesen hatte, ich aber bisher noch nicht dort Platz genommen habe, weist Sie mich erneut auf diese Sitzmöglichkeit hin.

Familie Müller Franke,
nachmittags am Couchtisch zu Tee, Saft und Gebäck

Nachdem Frau Müller erzählt hat, wie sie gemeinsam das Kartenspiel gebastelt haben und Luis einige Kartenfunktionen erläutert hat, sagt Mia, ein Nachbarkind, das zu Gast da ist: „Ich hab' schon wieder vergessen, wie das Spiel geht." Frau Müller: „Wir, wir setzen uns mal hin und trinken Tee, und dann erklär'n wa's schon mal, ne? So." Ich sage, momentan vor der Kamera hockend: „Genau." Sie greift mit rechts zur Teekanne und weist mit links auf einen Korbsessel, während sie die Kanne zu der Tasse führt, die vor diesem steht: „Du kannst Dich da hin" – Ich stehe auf, sage „ja" und greife nach dessen Lehne. Luis nimmt sich derweil einen Keks und sagt: „Guten Appe-chone." (sic!), behält den Keks aber in seiner Hand. Während ich mich hinsetze, schenkt Frau Müller Tee in die Tasse und sagt: „Fabio kommt gleich."[17] (F4E3 00h 02m 16s – 00h 02m 26s)

17 In den beiden hier fokussierten Familien wurde von den (mir zuvor unbekannten) Eltern gleich zu Beginn der Erhebungen angeregt sich zu duzen, was ich gerne annahm. Begründet wurde das jeweils dadurch, dass ansonsten eine Spannung zwischen dem intimen Einblick in das Familienleben einerseits und einer formalen Distanzwahrung andererseits als befremdlich empfunden würde. Die „methodische Befremdung" in der rekonstruktiven Arbeit steht im Feld in Wechselwirkung mit emotionalen „Einbindungen", die nicht einfach zugunsten einer „objektiven" Sichtweise negiert werden können. Stattdessen sind Verunsicherungen, die aus der Positionierung im Feld resultieren und „situationssensitive" Reflexionen und Entscheidungen erfordern, produktiv zu machen (vgl. Amann/Hirschauer 1997: 21ff.). In zwei weiteren Familien des Forschungssamples stand ein solches Spannungsempfinden nicht im Vordergrund, und das „Siezen" wurde nicht thematisiert, sondern (möglicherweise gerade zur Distanzwahrung) beibehalten. Dieser Unterschied begründet jedoch nicht die Auswahl der fokussierten Familien. Auswahlkriterium war die Ähnlichkeit der beiden Familien in Hinsicht auf eine Altersverteilung der Kinder.

Abb. 4: *Frau Müller weist mir den linken Korbsessel zu.*

Frau Müller weist mir nicht nur verbal und gestisch zum zweiten Mal den linken Korbsessel als Sitzplatz zu, sondern bringt auch zusätzlichen Nachdruck in ihre Aufforderung, indem sie Tee in die Tasse schenkt, die aufgrund der Platzierung vor dem linken Korbsessel und der Sitzplatzzuweisung nun deutlich als „meine" Tasse markiert ist. Nicht nur in ihren Worten fordert sie auf, „Ordnung" in das Arrangement zu bringen, nämlich Platz zu nehmen und mit dem Teetrinken zu beginnen. Auch die Tätigkeit des Einschenkens ist als „antreibende", den Verlauf „beschleunigende" Aufforderung zu verstehen, die durch die gleichzeitige Sitzplatzzuweisung ihr Gewicht erhält. Das Einschenken des Tees forciert in diesem Zusammenhang auch eine Orientierung auf den Tisch als Zentrum des avisierten Geschehens: das Teetrinken. Die Aufforderung, Platz zu nehmen, mit einem verbindlichen „wir", folgt einer Zeitlinie des „Anfangens" (als ein prozesshaftes Geschehen), da Frau Müller bereits (als Erste) auf der Couch Platz genommen, Utensilien geordnet und währenddessen auf die anderen Teilnehmer gewartet hat. Bereits darin liegt in diesem Zusammenhang eine dezente, noch schweigsame Aufforderung, doch ebenfalls Platz zu nehmen, eine Steuerungsfunktion.

Luis bewegt sich dabei mit seinem Griff zum Keks und seinem Ausspruch „Guten Appe-chone" ebenfalls auf dieser Zeitlinie des „Anfangens", indem er versucht, den Ablauf gleichfalls zu steuern und zusammen mit dem Griff zum Keks das Anfangen (des für ihn offensichtlich eher relevanten Keksessens) zu initiieren. Allerdings wird auf sein Signal nicht reagiert und er behält den Keks in der Hand zurück. Während Frau Müller zu den Spielkarten greift, schreitet Haya daraufhin zur Tat, nimmt sich einen Keks und beißt ab.

Abb. 5: *Frau Müller hält die Tasse hoch und sagt „Prost“.*

Familie Müller Franke,
nachmittags am Couchtisch zu Tee, Saft und Gebäck

Nachdem Haya sich einen Keks genommen und abgebissen hat, fragt Mia an Frau Müller gewandt: „Darf man essen?“ Frau Müller daraufhin: „Ja. Jetzt könnt ihr auch“ Sie greift zu der Tasse vor ihrem Platz, hebt diese auf Höhe des Gesichts und sagt: „Prost.“ Sie schaut dabei erst zu Mia und dann lachend zu mir. (F4E3 00h 02m 55s – 00h 02m 59s)

Für das Nachbarkind Mia bleibt unklar, ob das Keksnehmen von Luis oder Haya autorisierte Anfänge sind. Sie zieht es daher vor, sich rückzuversichern und nachzufragen. Ihr fehlt in diesem „informellen“ Anfang ein markantes Signal. Frau Müller bestätigt dementsprechend, dass jetzt auch gegessen werden darf und markiert auf herausgestellte Weise einen autorisierten Anfang, indem sie ihre Teetasse hochhebt und dabei „Prost“ sagt. Dennoch wird der „informelle Anfang“ der beiden Kinder nicht uneingeschränkt gutgeheißen. Frau Müller schaut auf die Keks essende Haya, nimmt den Keksteller, hält ihn mir entgegen und sagt: „Ich geb' mal erstmal dem Gast, hier.“ Vorgeführt wird eine Korrektur der Form: Anstatt einfach zuzugreifen, biete man zuerst dem Gast etwas an, um einen Anfang zu setzen. Im Anschluss weist Haya ihre Mutter darauf hin, dass auch das Nachbarkind Mia zu Gast sei, woraufhin auch ihr der Teller gereicht wird.

Abb. 6: *Frau Müller bietet mir die Kekse an.*

Interaktionen und Tätigkeiten

Die Organisation und Gestaltung eines Arrangements vollzieht sich gerade auch im Kleinen und Beiläufigen, im Randbereich dessen, was unter der gewählten Betrachtungsweise als Geste gefasst werden kann. Einen Anfang zu „machen" ist dafür ein geeignetes Beispiel. Neben dem Anbieten des Kekstellers, eine Bewegungsfigur von Frau Müller, die (im informierten Wissen um das Forschungsthema) auf Vorstellungen einer atmosphärischen (und pädagogischen) Gestaltung gründet, sind auch weitere Tätigkeiten beobachtbar, in denen konkrete Reaktionen wortwörtlich „nahe gebracht" werden. Nicht immer wird dabei in ebenso deutlicher Weise eine kommunikative Absicht erkennbar. Eine strikte Unterscheidung zwischen gestischer Interaktion (als zwischenmenschliche Bezugnahme) einerseits und einem praktischen Umgang mit Artefakten als „physische Tätigkeit" andererseits ist losgelöst von der konkreten Situation nicht möglich.[18]

Denn warum sollte z. B. das Zeigen auf ein Wasserglas während einer Mahlzeit als eine Geste interpretiert werden können, wohingegen das geringfügige

18 In dieser Stoßrichtung ist die Aussage verallgemeinerbar, dass die theoretische Grenze zwischen „Handeln" und „symbolisch-kommunikativem Handeln" sehr unscharf, „fuzzy and shifting" sei (vgl. Streeck 1996: 373). Dabei gilt es zu bedenken, dass diese Grenze analytisch „gemachte" Kategorien unterscheidet und die Redeweise von einer Grenze (anstatt eines Kontinuums) daher hinterfragt werden kann. Denn unbesehen von der „akademischen" Frage, ob eine Bewegungsfigur begrifflich als Geste verstanden werden kann, ist das „reine" Tun eine alltagspragmatische Abstraktion. Materielles Handeln „ist immer auch fähig, interpretiert zu werden. Es ruft Gefühle und Assoziationen hervor, die die Interaktion selbst beeinflussen können. Daher hat körperliches Handeln eine zeigende Seite – im Handeln ist eine Darstellung der handelnden Person involviert" (Gebauer/Wulf 1998: 9f.).

Verschieben des Glases über den Tisch auf jemanden zu oder auch das Einschenken eines Getränks in dieses Glas als Geste begrifflich kategorisch ausgeschlossen bleiben? Alle drei motorischen Akte können am Esstisch in einer entsprechend rekonstruierten Situation gleichermaßen als Aufforderung interpretiert werden, zum Essen auch etwas zu trinken, und es ist jeweils eine Frage des konkreten Bewegungsstils und der situativen Einbettung, wie viel Nachdruck eine solche Aufforderung enthält und ob es sich überhaupt um eine solche handelt. Als Frau Schneider zum Beginn einer Abendmahlzeit eine Schale mit Parmesankäse in die Nähe meines Tellers rückt, bleibt der Aufforderungs- bzw. Angebotscharakter in der Schwebe, so dass es weitgehend mir überlassen ist, ob ich diese Platzierung als Angebot, Aufforderung oder ohne Bezug auf mich auffasse.

Alle drei Varianten des genannten Beispiels der Bezugnahme auf das Glas unterscheiden sich hinsichtlich ihrer Qualität für die Situation und kommen als (potentielle) Gesten unterschiedlich dezent oder exponiert zur Geltung. Das Einschenken eines Getränks hat etwas zurückhaltend Fürsorgliches, das als Geste auch leicht übersehen werden kann; das Zeigen ist hingegen unübersehbar auffordernd, wohingegen das Verschieben des Glases oder einer Schale so ambivalent bleiben kann, dass je nach Situation eine Auslegung als Aufforderung weitgehend dem Adressaten überlassen bleibt. Derartig „dezente“, beiläufige Gesten können in organisatorischer Hinsicht etwas „nahe bringen“ und dabei den Entscheidungswillen des Adressaten graduell unterschiedlich stark respektieren oder übergehen (und die Wahrnehmung dessen ist abhängig vom Alter der beteiligten Person). Wenn Herr Rocchi während eines Würfelspiels die Würfel zu Lorenzo schiebt, der nach ihm am Zug, jedoch momentan lustlos und widerwillig ist, hat diese Platzierung angesichts der Situation einen deutlich imperativen Charakter.

Dementsprechend wird hier in der Unterscheidung von Interaktion und Tätigkeit eine Unschärfe gesehen, die zu einem übergreifenden Praxisbegriff führt, der zu einer Rekonstruktion der Situationen von Fall zu Fall auffordert.[19] Um Gesten angemessen zu interpretieren, müssen die Situation und die prozessualen Positionierungen der Personen adäquat verstanden werden. Das ist allerdings nicht zuletzt auch eine Frage des kulturhistorischen Hintergrunds und sozialer Konventionen, wie auch von familieninternen Regeln und Gewohnheiten.

19 Jürgen Streeck und Siri Mehus beschreiben eine tendenzielle Hinwendung mikroethnographischer Untersuchungen (verstanden als Ethnographien „klein“ eingegrenzter Lokalitäten) zu den Dingen in der Kulturanalyse: „The importance of the material setting as a resource and medium of interaction and sense making was discovered: We not only communicate with our voices and bodies but also with material objects. Some objects are specifically designed for purposes of communication [...], others are adapted for this purpose only secondarily (e.g. when we gesture with the tools and materials with which we currently work)“ (Streeck/Mehus 2005: 389).

Gestaltung im „dichten Zusammenhang" einer Situation

Auch das Beispiel einer Szene zum Beginn eines Familienspiels, die im Folgenden beschrieben und interpretiert wird, weist Aktivitäten der Organisation und Gestaltung auf, die als steuernde Bewegungsfiguren nicht allzu deutlich hervortreten.

Familie Schneider/Rocchi,
Spielaufbau

Frau Schneider, Anna und Rebecca sitzen an der rechten Tischseite. Ich sitze vorne links an der Ecke, anfangs weitgehend jenseits der Bildfläche der Videoaufzeichnung. Herr Rocchi kommt von links an den Tisch und setzt sich, dabei sagend: „So, wo ist denn jetzt das Spiel?" Frau Schneider trommelt mit beiden Handflächen nah beieinander schnell nacheinander auf die Tischplatte und wiederholt: „Wo ist das Spiel?" Sie schaut in Richtung Lorenzos, der in diesem Moment mit einer kleinen Schachtel an den Tisch tritt, sie dort ablegt, eine Tasse vor seinem Platz leicht verschiebt und mit den Knien auf einen Stuhl steigt. Rebecca: „Das Spiel, darf ich es erklären?" Lorenzo direkt im Anschluss: „Ich." Zeitgleich greifen Herr Rocchi nach seiner Kaffeetasse und Frau Schneider, dabei pfeifend, mit beiden Händen an die Schachtelseiten. Während sie den Deckel nach oben abhebt und ihn mit einer Hand daneben legt, führt Herr Rocchi seine Tasse zum Mund und trinkt. (F2E3 00h 50m 03s – 00h 50m 11s)

Die wiederholte Frage, wo das Spiel denn sei, ist hier keine wirkliche Frage, sondern eine Aufforderung. Frau Schneider hatte die gleiche Frage bereits fünf Minuten zuvor gestellt, worauf Rebecca sagte, sie könne das Spiel schon sehen (sie blickt vom Tisch auf einen Wohnzimmerschrank, in dem in offenen Regalen Spiele gestapelt sind). Lorenzo sollte das Spiel mit an den Tisch bringen. Bei der Wiederholung der Frage, die Frau Schneider nun nach der Äußerung von Herrn Rocchi wieder aufnimmt, kann sie Lorenzo bereits sehen, denn dieser tritt unmittelbar darauf mit dem Spiel in den Händen an den Tisch (auch die Geschwister können sehen, dass sie ihn bei ihrer Äußerung mit dem Spiel sieht). Durch diese verbale Äußerung wird die Aufmerksamkeit gebündelt und auf Lorenzo mit dem Spiel gerichtet – eine potentiell gesteigerte Aufmerksamkeit, die nicht nur Lorenzo zuteil wird, sondern auch der Rahmung des bevorstehenden Spiels.

Frau Schneider gibt ihrer Aufforderung eine nachdringliche Note, indem sie dabei auf den Tisch trommelt. Das Trommeln mit den Fingern ist ein Ausdruck von Ungeduld oder Spannung. Es kann hier den auffordernden Charakter der Äußerung unterstreichen, um die Sache zu beschleunigen, oder auch eine Spielspannung atmosphärisch inszenieren und initiieren. Zugleich wirkt der Tisch beim Trommeln als ein Resonanzboden, über den – entgegen einer räumlichen Zerstreuung der Teilnehmer – die Zentrierung auf den Tisch aktualisiert wird (nicht nur: „wo ist das Spiel“, sondern auch: „hier spielt die Musik“). Während daraufhin Herr Rocchi nach seiner Kaffeetasse greift und daraus trinkt, übernimmt Frau Schneider wie selbstverständlich die Organisation des weiteren Verlaufs. Sie nimmt das Spiel buchstäblich in ihre Hände und eröffnet symbolisch den Spielaufbau, indem sie den Deckel abhebt.

Abb. 7: *Frau Schneider öffnet den Spielkarton, Herr Rocchi greift zur Kaffeetasse.*

Frau Schneider organisiert nicht allein sprachlich, sondern auch durch Gesten den Verlauf dieser Szene, indem sie zur Beschleunigung anspornt (vergleichbar mit dem Einschenken des Tees im vorherigen Beispiel) und den Spielaufbau eröffnet – und sie befördert zugleich eine räumlich-atmosphärische Rahmung des angekündigten Spiels mit einer Fokussierung des avisierten Geschehens bei Tisch. Ihr Tischtrommeln und die Initiierung des Spielaufbaus können in der vorliegenden Szene (ebenso wie das „Zusammentrommeln“ der Teilnehmer zum Teetrinken durch Frau Müller) als „programmorientiert“ verstanden werden, und Herr Rocchi überlässt Frau Schneider mit seinem Griff zur Kaffeetasse einvernehmlich die Programmkoordination. Ihr Pfeifen verstärkt hier den Eindruck einer Orientierung auf die Organisation des Settings. Das Pfeifen „übertönt“ die Äußerungen der Kinder (die in diesem Moment ignoriert werden) und füllt ebenso wie das Trommeln den „Leerlauf“ einer Schwellenphase im Übergang zum gemeinsamen Spiel. Die Situation wird mittels verbaler Äußerungen und gestischer Aktivitäten nicht nur strukturiert, sondern durch „Aufladungen“ mit Bedeutung auch in einer spezifischen, familiären Weise atmosphärisch ausgestaltet (vgl. Böhme 1995: 33f.).

Abstimmung, Kontrolle und Partizipation

Hinsichtlich dieser Facetten der Organisation und Gestaltung hat die synchrone Aktivitätsverteilung zwischen beiden Elternteilen in der vorhergehenden Szene – Frau Schneider greift nach dem Spiel, Herr Rocchi nach seiner Kaffeetasse – eine gewisse Prägnanz, auch wenn diese einzelne Szene nicht zu übereilten Schlussfolgerungen hinsichtlich des Geschlechterverhältnisses zwischen den Eltern verleiten darf.[20] Frau Schneider und Herr Rocchi sind beide berufstätig und bemühen sich explizit um ein geschlechtergerechtes Engagement im Umgang mit den Kindern (was in der Abbildung auch in der wiederkehrenden diagonalen Platzierung der beiden Eltern am Tisch zum Ausdruck kommt). Sie wechseln sich z. B. allabendlich damit ab, die drei Kinder ins Bett zu bringen, während der oder die andere im Haushalt aufräumt oder sich auch etwas Zeit für sich nehmen kann.

Die Gesten geben jedoch Hinweise „en miniature" auf habituelle Unterschiede hinsichtlich der individuellen Orientierungen und Aktivitäten sowie entsprechender Kontrollansprüche. Diese sollten nicht allein dem Geschlechterverhältnis, sondern differenzierter dem (durch die Geschlechtszugehörigkeit mitbestimmten) eingespielten Arrangement in Hinsicht auf Kontrollansprüche und räumliche Präsenz (vgl. Fischer-Lichte 2004: 166) bei Anwesenheit eines Fremden zugeschrieben werden. Wie in der beschriebenen Szene ist es im gesamten Erhebungsprozess keineswegs ausschließlich, aber doch vorwiegend Frau Schneider, die in Anwesenheit des Forschenden für die situative Rahmung Sorge trägt und auf der beobachtbaren „Vorderbühne" (vgl. Goffman 2001) im Erhebungsprozess eine geschäftige Organisations- und Gestaltungsaktivität zur Geltung bringt. So füllt Frau Schneider auch die Schwellenzeiten am Anfang und zum Ende der Erhebungen mit ihrer körperlichen Präsenz, Hintergrundgesprächen und parallelen weiteren physischen Aktivitäten (aufräumen etc.), thematisiert Familientermine der nächsten Tage am Tisch und reguliert das Verhalten der Kinder, z. B. in Hinsicht auf deren Lautstärke (insbesondere bei der ältesten Tochter Rebecca).

Auch Herr Rocchi kümmert sich um organisatorische Belange – er sieht z. B. vor der Mahlzeit nach, ob die Kinder schon gemeinsam den Tisch fertig ge-

20 Der siebte Familienbericht der deutschen Bundesregierung bildet in Hinsicht auf die geschlechtliche Arbeitsteilung in der Elternschaft eine theoretische Hintergrundfolie, die entsprechend abstrakte Schlussfolgerungen nahe legt. Demnach ist zwar eine partnerschaftliche Arbeitsteilung im Haushalt als Idealvorstellung inzwischen verbreitet, doch blieben „insbesondere routinemäßig anfallende Arbeiten der täglichen Versorgung sowie die Gesamtkoordination und -organisation des Alltags und schließlich die ‚Gefühlsarbeit' weitgehend den Frauen überlassen" (BMFSFJ 2006: 91f.). Seit der Nachkriegszeit habe zwar eine starke technische Rationalisierung zur Entlastung bei der „klassischen" Hausarbeit geführt, dafür sei jedoch aufgrund einer Zunahme von Außenbeziehungen und Verflechtungen „an den Schnittstellen zu den verschiedenen Institutionen, von denen Haushalte Güter und Dienstleistungen beziehen", eine „neue Hausarbeit" hinzugekommen (Thiele-Wittig 2003: 4).

deckt haben oder er kümmert sich während der Mahlzeit darum, dass Anna doch noch etwas von ihrem Risotto isst. Frau Schneider entfaltet jedoch in der Gesamtschau der Beobachtungen eine weit stärkere Präsenz und motorische Kontrolle hinsichtlich der raum-zeitlichen und atmosphärischen Feinjustierung der verschiedenen Settings. Das zeigt sich nicht allein in fokussierten „Übergangsszenen“ wie dem Austeilen des Risottos zum Beginn der Mahlzeit, das Frau Schneider für alle Anwesenden am Tisch stehend auf die verschiedenen Teller verteilt.

Abb. 8: *Frau Schneider teilt für alle das Essen aus.*

Auch diese Aktivität sollte hinsichtlich einer „Aufladung“ mit Bedeutsamkeit nicht auf den einfachen physischen Aspekt einer materiellen Verteilungstätigkeit reduziert werden. In einer solchen Szene kann vielmehr eine „warme“ Atmosphäre aufgeführt werden, in der „mütterliche“ Fürsorge wie auch ein gewisser Regieanspruch zur Geltung kommen.[21] Genauso bringt das Ausschenken von Milch an die Kinder reihum zum Nachmittag nicht allein einen „praktischen“, sondern auch einen atmosphärischen, fürsorglich-emotionalen Versorgungsaspekt zur Geltung.

21 In so einer Szene kann unter Umständen auch die Reihenfolge der Verteilung relevant werden, denn in der Regelung der Reihenfolge liegt die prinzipielle Möglichkeit, eine Rangfolge und damit auch Prioritäten oder Benachteiligungen auszudrücken (vgl. Duranti 1994, nach Streeck/Mehus 2005: 396). Das traditionell geschlechtskodierte Feld der Nahrungszubereitung scheint grundsätzlich auch weiterhin vorwiegend dem weiblichen Geschlecht zugeordnet zu sein (vgl. DeVault 1991).

Abb. 9: *Frau Schneider schenkt an alle Kinder Milch aus.*

Weil das Ausschenken von Milch oder Saft je nach spezifischer Situation als eine Geste mit einer fürsorglich-emotionalen „Tönung“ der zugrunde liegenden motorischen Tätigkeit verstanden werden kann, empfand ich während eines Erhebungstermins bei Familie Müller/Franke eine kurze Verunsicherung, ob mein Agieren ein Fehlgriff sei, als ich am Couchtisch die Saftkaraffe nahm und für Luis und Mia Saft ausschenkte. Luis hatte soeben seine Mutter gebeten, ihm „ein bisschen“ Saft einzuschenken.[22] Frau Müller erwiderte daraufhin „ja gleich“, da sie noch damit beschäftigt war, Tee in die Tassen der Erwachsenen einzuschenken (diese Szene ist weiter oben bereits kurz erwähnt worden). Während meines beflissenen Griffs zur Karaffe wurde mir erst klar, dass es hier keineswegs allein darum geht, Saft in ein Glas zu füllen – also um eine physische Tätigkeit –, sondern auch um den emotionalen „Mehrwert“ einer praktisch aufgeführten fürsorglichen Bindung, die in Luis’ Adressierung an Frau Müller mit aufgerufen wurde. Während des Ausschenkens empfand ich den Griff zur Saftkaraffe anstelle der Mutter – und ich führe dieses Gefühl auf subtile Reaktionen der Anwesenden zurück, die sich einer audio-visuellen Aufzeichnung entziehen – als ungefragten „Eingriff“, auf den sich alle Beteiligten nach einem kurzen Moment der Irritation einstellten.

22 Vergleichbar zu Familie Schneider/Rocchi wirkt auch bei Familie Müller/Franke vorwiegend Frau Müller als treibende Kraft in Hinsicht auf Organisation und Gestaltung. Im Unterschied zu Familie Schneider/Rocchi sagen hier jedoch beide Elternteile im Familiengespräch zur Alltagsbewältigung, dass die Haushaltsführung (vom Einkaufen abgesehen) vorwiegend Frau Müller überlassen ist.

Abb. 10: *Ich schenke Luis anstelle von Frau Müller Saft ein.*

Ordnungsaktivitäten und atmosphärische Aufladungen

Eine unterschiedliche Präsenz und Kontrolle der Beteiligten zeigen sich auch in „mitlaufenden" motorischen „Nebenaktivitäten", in denen der zeitlichen und räumlichen Ordnung ein spezifischer „Feinschliff" gegeben wird. Diesen motorischen „Nebenaktivitäten" kann in ihrer „Beiläufigkeit" eine habituelle Bildsamkeit zukommen, indem sich in ihnen ein grundsätzliches Ordnungsverständnis verkörpert. Gerade der unscheinbare Überschuss mancher Ordnungsaktivitäten, geringfügiger „überflüssiger" Manipulationen, kann z. B. eine sorgsame Gewissenhaftigkeit oder auch einen Kontrollanspruch über die Gestaltungsaspekte kenntlich machen. Wird die Motorik in Hinsicht auf die Organisation und Gestaltung der Situation beobachtet, so lassen manche beiläufigen Aktivitäten aufmerken, die sich als singuläre Bewegungsfiguren zwar nicht sofort als Gesten erschließen, mit einem Blick auf längere Zeitverläufe im aufgezeichneten Material aber eine familiäre Bedeutsamkeit gewinnen, die sie für diese Thematik relevant macht. Solchen Bewegungen kann ein spezifischer Ordnungsstil zugesprochen werden, an dem alle Familienmitglieder körperlich partizipieren. Jean-Claude Kaufmann schreibt mit Blick auf die kleinen motorischen Tätigkeiten im Umgang mit den Dingen des Haushalts emphatisch von „ursprünglichen Gesten" – unter Bezugnahme auf den Begriff der „technischen Geste" bei André Leroi-Gourhan (1988: 296ff.) und die ritualtheoretischen Analysen von Ordnungsvorstellungen bei Mary Douglas (1988).

> „Tag für Tag erschaffen sich Menschen mit diesen und tausend anderen Gesten [des Aufräumens und Anordnens] aufs neue die Grundlagen eines Systems von ungeheurer Komplexität, ein Ordnungs- und Klassifikationssystem, das jedem Ding seinen genauen Platz innerhalb einer großen Ordnung zuweist, die, trotz ihrer scheinbar geringen Bedeutung, die Grundlage jeder Zivilisation bildet“ (Kaufmann 1999: 19ff.).

Im Unterschied zu Kaufmann wird hier jedoch nicht jede „Ordnung schaffende“ Platzierung per se als Geste begriffen. Die begriffliche Konzeption der Geste fokussiert vielmehr eine situative Kommunikativität von Bewegungsfiguren, deren Bedeutsamkeit – ob beabsichtigt oder unbeabsichtigt – im Praxisbezug eines konkreten Arrangements hervorgebracht wird bzw. emergiert. Einfache Platzierungen können in einer Situation als Gesten interpretiert werden, wenn sich in diesen Bewegungsfiguren mehr ereignet als einfach nur das Platzieren von Dingen.

Bei Familie Schneider/Rocchi wird z. B. ein spezifischer Ordnungsstil aufgeführt, mit dem ein gewohntes Maß an Gewissenhaftigkeit zum Ausdruck gebracht wird. So unterliegt der Spielaufbau einem wiederholten gestischen „Feinschliff“.

Abb. 11: *Frau Schneider korrigiert die Platzierung einer Spielkarte.*

Während des Spiels (das aus zu einem Ring aneinander gelegten Kartonteilen, in dessen Mitte sich einzelne Karten befinden, sowie farbigen Spielfiguren besteht) sind wiederholte „Feinkorrekturen“ des Spielfelds durch Frau Schneider, weniger häufig auch durch Rebecca und Lorenzo, zu beobachten, in denen einzelne Bestandteile des Spiels minimal zurecht gerückt werden. Obwohl alle Spielteilnehmer Korrekturen am Spielfeld vornehmen, wenn z. B. eine Spielfigur umgekippt ist (Spielfigur wieder aufstellen) oder die aneinander gelegten Karten auf dem Tisch verrückt werden (das Spielfeld wieder herrichten), bringt insbesondere Frau Schneider eine zusätzliche Qualität von Ordnungsaktivitäten ins Spiel, indem sie Feinkorrekturen „um ihrer selbst willen“ ausübt und minimale Verschiebungen einzelner Spielteile vornimmt. In der Mitte eines Kreises liegen z. B. einzelne Spielkarten durcheinander, die ähnlich wie im Spiel „Memory“ aufgedeckt werden müssen. Als Lorenzo auf eine dieser Karten zeigt, diese dabei mit der Fingerkuppe berührt und im Wegnehmen des Fingers diese um etwa ein bis zwei Zentimeter verschiebt, zieht Frau Schneider die Karte mit ihren Fingerspitzen zurück auf ihren ungefähren vorherigen Ort. Sie übt auch wiederholt Feinkorrekturen im Millimeterbereich an einzelnen Spielteilen aus, ohne dass diese unmittelbar zuvor überhaupt berührt wurden. In diesen Feinkorrekturen führt sie eine gewissenhafte Genauigkeit auf, die auf dem Spielfeld neben dem eigentlichen Spielgeschehen einen von den anderen beobachteten Nebenschauplatz darstellt.

Abb. 12: *Feinkorrektur des Spielfeldes durch Frau Schneider.*

Mit dieser aufgeführten Sorgfalt werden die Utensilien des Spiels mit einer quasi rituellen Intensität gepflegt: Auch ohne direkten Anlass wird der Spielaufbau im Spielverlauf „umsorgt“ und „in Ordnung gehalten“. Diese atmosphärische „Aufladung“ durch einen besonders sorgsamen Umgang mit den Bestandteilen des Arrangements bei Tisch bekräftigt die Interpretation einer atmosphärisch in Szene gesetzten Spiel-Spannung zu Beginn des Spiels. Im Vergleich mit weiteren kleinen Beobachtungen wie dem Auszählen der Kekse und Schokoladenkugeln am Nachmittag (von dessen Regelmäßigkeit Frau Schneider im Gespräch berichtet hat) wird zudem eine inkorporierte Gewissenhaftigkeit hinsichtlich der gemeinsamen Arrangements am Familientisch nahe gelegt.

Aktivitätsverteilungen

Die Gestaltung und Organisation von Situationen machen Abstimmungen zwischen den Beteiligten erforderlich, die nicht notwendig verbal und explizit ausgehandelt werden müssen, zumal dann, wenn die verschiedenen Akteure miteinander vertraut und daher als Gruppe aufeinander „eingespielt" sind. Die konkrete Gestaltungspraxis wirkt dabei zurück auf das Arrangement im oben genannten zweiten Sinn einer impliziten Übereinkunft zwischen den Beteiligten und bekräftigt entweder eine etablierte Aktivitätsverteilung oder ist andernfalls Auslöser für aktualisierende Aushandlungsprozesse. Die Verteilung der „kleinteiligen" gestischen Strukturierungen, situativen „Aufladungen" und Ordnungsaktivitäten zwischen den Beteiligten und die Art ihrer jeweiligen praktischen Einbindung in die familiäre Organisation bringen eine Alltagspraxis zur Geltung, in der die konkreten Beziehungen zwischen dem Elternpaar (sofern es ein Paar gibt), den Eltern und Kindern oder auch zwischen den Geschwistern mit ihrem meist unterschiedlichen Alter (sofern es Geschwister oder „anverwandte" Kinder gibt) ausagiert und vorgelebt werden.

Die Partizipation an der Haushaltsführung bewegt sich nach Helga Zeiher zwischen den Dimensionen der delegierten Verantwortlichkeit/Freistellung und der praktischen Fürsorglichkeit/Eigenversorgung.[23] So trägt die familiäre Alltagspraxis in ihren Aktivitätsverteilungen permanent und nachhaltig – gerade in den kleinen Tätigkeiten und Gesten wie auch deren Unterlassen – dazu bei, dass nicht nur Arrangements und Abläufe nach einem gewohnten Muster verlaufen und als vertraut empfunden werden, sondern auch entsprechende Subjektivierungen der Beteiligten ausgebildet werden. Denn Gesten wirken sich nicht nur in „entäußernder" Weise auf eine Situation aus, sondern wirken zugleich auch auf die Akteure und ihre Beziehungen zueinander ein.

Verortung

Gesten sind, wie im vorhergehenden Kapitel dargelegt wurde, an der Gestaltung und Organisation von Arrangements beteiligt. Die sich bewegenden Teilnehmer sind auch damit beschäftigt, sich und andere in ihrer körperlichen Anwesenheit zueinander in Bezug zu setzen, sich sozial zu orientieren und zueinander zu posi-

---

23 Helga Zeiher fragt auf Grundlage ihrer Studien unter dem Paradigma der „Lebensführung" danach, in welchem Umfang und in welcher Weise Eltern einerseits Sorgearbeit leisten oder Kinder für sich selbst sorgen und inwiefern Kinder andererseits mit Arbeiten und Verantwortung für das familiale Gemeinwohl eingebunden werden (vgl. Zeiher 2002). Dabei handelt es sich nicht um dichotome Gegensätze, sondern um fallspezifische Mischungsverhältnisse.

tionieren. Aufgrund der zu Beginn gefassten begrifflichen Konzeption von Gesten wird auch hierbei die Annahme überschritten, Gesten würden ausschließlich intentional zu entsprechenden Bezugnahmen und „Machtspielen" genutzt. Die Körper sind in die Situation involviert – sie sind dynamisch mit ihr verwoben und agieren nicht wie in einem Marionettentheater kontrolliert „von außen" in eine Situation hinein. Weil sie voll und ganz *in* der Situation sind, setzen sie dabei gestisch mehr um als ausschließlich zielstrebig gefasste Absichten.

Im Folgenden wird dem Aspekt nachgegangen, wie mittels Gesten wechselseitige Verortungen durch Zuordnungen und Abgrenzungen aufgeführt, austariert und dabei auch aktualisiert werden. In Gesten werden Machtbeziehungen ausgehandelt und geltend gemacht, wobei die bestehenden relationalen Positionierungen sowohl ins Spiel gebracht als auch in aktualisierter Weise hervorgebracht werden. So können durch Gesten auf subtile Weise symbolische Differenzen und Asymmetrien in Szene gesetzt werden, z. B. in Hinsicht auf Statusunterschiede und Differenzen wie Geschlecht oder die Generationenzugehörigkeit.[24] Verortungen finden auch in Hinsicht auf weitere Zuordnungen statt. Mittels Gesten werden ebenso forciert wie auch beiläufig Ansprüche und Zuweisungen von Eigenschaften, Zugehörigkeiten, Gütern, Orten und Zeitspannen (z. B. Redezeit) markiert. Die „Beweggründe" solcher Zuordnungen sind dabei nicht allein in kalkulierten Absichten, sondern vielmehr im Habitus zu suchen, in dessen theoretischem Konzept bewusste Ziele zwar mit einbezogen sind, der aber in Hinsicht auf ein praktisches Gespür für soziale Situationen nicht auf bewusste Absichten zu beschränken ist (vgl. Bourdieu 1997).

Auf phänomenaler Ebene lassen sich die im Folgenden betrachteten Gesten nicht kategorisch unterscheiden von den Gesten im vorherigen Kapitel. Auch dort wurden bereits Zuordnungen von Orten oder Dingen beschrieben. Akzentuiert werden nun jedoch die relationalen Verortungen der Personen zueinander innerhalb einer symbolischen Ordnung und der vorhandenen materiellen Umgebung, so dass hier Machtaspekte in den verschiedenen Beziehungskonstellationen von Erwachsenen und Kindern (als Elternpaar, als Generationenbeziehung oder als Kinder untereinander) stärker in den Vordergrund rücken.

Vorgeführte Statusdifferenzen

Die folgende Beschreibung bezieht sich auf eine Szene bei Familie Müller/ Franke, kurz nachdem die Kamera aufgebaut und eingeschaltet wurde. Luis hatte

24 Siehe zum Thema performativ ausagierter Asymmetrien, die durch Gesten kenntlich gemacht werden, auch den Beitrag von Kathrin Audehm in diesem Band.

sich unter der Couch versteckt, wurde von Frau Müller jedoch kurz darauf entdeckt. Luis ist unter dem Sofa hervor gekommen und aufgestanden.

Familie Müller/Franke,
zu Gebäck, Tee und Saft

Frau Müller streicht sich durch das Haar und schaut auf den Tisch. Während sich Mia zum rechten Korbsessel bewegt, schnellt Luis am Tisch vorbei in dessen Richtung, drängt sich zwischen Tisch und Mia hindurch und schneidet ihr dadurch den Weg zum Korbsessel ab. Er ruft mit krächzendem Ton, sich vor dem Sessel zu ihr umwendend: „Mia setz Dich! Du solls::s“. Mia dreht sich indessen zum zweiten Korbsessel nach links. Als Frau Müller daraufhin mit ihrer rechten Hand neben sich auf die Couch klopft und sagt: „Komm doch zu mir, Luis“ läuft dieser, der sich bisher noch nicht hingesetzt hat, sondern nur kurz vor dem Sessel zum Stehen kam und dort mit beiden Armen nach hinten an die Armlehnen gefasst hat, mit einem „ach nö“ aus dem Bildfeld der Kamera. Mia bewegt sich wieder vom linken Sessel weg und bleibt vor dem Tisch stehen, schaut dort mehrmals wechselnd nach links und rechts, dreht dabei betont den ganzen Oberkörper mit. Frau Müller zeigt auf den linken Korbsessel und sagt: „Da sitzt vielleicht Sebastian.“ Sie zeigt in Richtung des Esstischs: „Hol Dir doch noch'n Stuhl.“ Woraufhin auch Mia aus dem Bildfeld der Kamera geht. Luis kommt mit einem leeren Trinkglas zurück und setzt sich in den rechten Korbsessel. (F4E3, 00h 00m 32s – 00h 00m 46s)

Abb. 13: *Luis schneidet Mia den Weg zum rechten Korbsessel ab.*

Unter dem Sofa von der Mutter aufgespürt, krabbelt Luis hervor, steht auf und kommt dem Nachbarkind Mia auf ihrem Weg zum rechten Korbsessel zuvor. Auf diese Weise markiert er den rechten Korbsessel als seinen Platz. Indem er ihr den Weg zum Korbsessel versperrt, sich vor diesem platziert und Mia mit einem parodiert autoritären Tonfall auffordert, sich (jetzt sofort) einen Sitzplatz zu suchen, übt er zeitlich Druck aus, sich auf einen anderen Platz als den von ihr zuvor gewählten festzulegen. In dieser Aufforderung, sich zu setzen, während er ihr den anvisierten Platz verwehrt, liegt ein unmissverständlicher Affront. Luis ärgert Mia öfters, die ebenfalls während des ersten Erhebungstermins zum Abendessen anwesend ist, und wird dabei gelegentlich auch physisch übergriffig, indem er in ihrer Körpernähe auf Kopfhöhe „herumfuchtelt" und auch Schläge simuliert (diese Art der Übergriffigkeit habe ich gegenüber seiner Schwester Haya nicht beobachtet).

Abb. 14: *Frau Müller bietet Luis einen Platz neben sich an.*

Luis nutzt in dieser Szene einen Heimvorteil. Er bringt mit ganzkörperlichem Einsatz, ergänzt durch seine stimmliche Parodie einer autoritären Anweisung, eine Statusdifferenz gegenüber Mia zur Geltung, die ihn quasi als „Hausherrn" einsetzt, wohingegen Mia nur Gast ist. Luis macht hier geltend, dass er die institutionelle Ordnung der Familie im Rücken hat (vergleichbar mit einem Lehrer, der einen Schüler mit Nachdruck auffordert, sich hinzusetzen). Da Luis Mia auch zu anderen Gelegenheiten attackiert, liegt es nicht ganz fern, neben dieser zum Tragen gebrachten Statusdifferenz (zuhause/Gast) auch eine geschlechtliche Differenz in Szene gesetzt zu sehen. Auf Grundlage der aufgeführten Statusdifferenz setzt sich Luis als vermeintlich körperlich überlegener Junge durch, da er dem etwas älteren Mädchen mit einer ganzkörperlichen Geste den Sitzplatz verwehren kann.

Mia unterwirft sich seiner verbalen Aufforderung allerdings nicht, sich (jetzt sofort) zu setzen, die im Zusammenspiel mit der Geste des Platzversperrens eine Zuweisung von Unterlegenheit ist. Mia geht zwar in die Nähe des anderen Korbsessels, bewegt sich dann jedoch wieder zurück, zwischen die beiden

Sessel, und bleibt hier mit einer körperlich zur Schau gestellten Unschlüssigkeit, nach links und rechts schwenkend, vor Frau Müller stehen. Währenddessen hat sich Luis von „seinem" Sessel entfernt, dabei einen durch Frau Müller angebotenen Sitzplatz auf der Couch ausschlagend. Dieses lapidare Ausschlagen der Sitzplatzalternative neben Frau Müller spricht dafür, dass er weiterhin den rechten Sessel für sich beansprucht und sich seines Erfolgs auch sicher ist. Mia wendet sich vor dem Tisch stehend nach links und rechts – sie zieht also auch den wieder frei gewordenen rechten Korbsessel für sich in Betracht – doch sie zögert.

Abb. 15: *Mia wendet sich nach links und rechts; Frau Müller: „Da sitzt vielleicht Sebastian."*

Während ihrer in Szene gesetzten Unentschiedenheit im Angesicht zu Frau Müller liegt bei dieser die Option zu klären, ob Luis den Korbsessel wirksam für sich beanspruchen kann oder nicht. So zeigt sich im Anschluss, dass er den Sessel erfolgreich sich selbst zugewiesen (und Mia damit abgewiesen) hat – ohne sich auch nur hingesetzt oder diesen Anspruch verbal expliziert zu haben. Denn Frau Müller weist gegenüber Mia (und mir) lediglich auf den linken Sessel hin, der nun ebenfalls (für mich) „verplant" ist. Der rechte Sessel ist hingegen als eine Sitzmöglichkeit für Mia bereits ausgeschlossen.[25] Frau Müller schlägt stattdessen vor, Mia könne sich einen Stuhl holen. Mit dieser Aufforderung wird die Statusdifferenz gleich zweifach beglaubigt, denn nicht nur die beiden Korbsessel sind für Mia nicht verfügbar, auch ein Sitzplatz auf der Couch, den Frau Müller Luis alternativ angeboten hatte, kommt für Mia nicht in Betracht. Zugleich wird in

25 Denkbar ist, dass Luis hier so etwas wie ein Gewohnheitsrecht auf diesen Sitzplatz als seinen „Stammplatz" erhoben hat, doch wurde auch eine Situation beobachtet, in der seine Tante, die zu Gast ist, diesen Platz besetzt und Luis auf der Couch bei seiner Mutter Platz nimmt.

dieser Sitzplatzzuordnung auch eine Differenz zwischen Mia und mir als unterschiedlichen Gästen deutlich gemacht (als Erwachsener und Kind? als Forschender und Nachbarin? als neuer und regelmäßiger Gast?), denn die Korbsessel werden hier als „erste Wahl" gehandelt. Der Sitzplatz auf der Couch neben Frau Müller bringt außerdem eine körperliche Nähe mit sich, die eine intime Zugehörigkeit markieren kann, die nur dem eigenen Kind zugesprochen wird.

In dieser Szene wird auch verbal ein Ringen um Platzierungen explizit gemacht. Verhandelt wird jedoch nicht nur die Zuweisung eines Sitzplatzes im Sinne einer Sitzordnung, sondern es werden Zuordnungen von Status, damit verbundene Vorrechte auf Güter und persönliche Zugehörigkeiten aktualisiert und aufgeführt. Das wird an dieser Stelle erst dann richtig deutlich, wenn die „Schweigsamkeit" von Körperbewegungen und räumlichen Beziehungen (z. B. das Öffnen oder Versperren von Bewegungslinien) neben verbalen Äußerungen berücksichtigt werden (vgl. Hirschauer 2001). Im praktischen Zusammenspiel von Gesten, Platzierungen und verbalen Äußerungen werden die beteiligten Personen innerhalb der materiellen Gegebenheiten und eines sozialen Raums relational zueinander verortet, ohne dass diese Verortungen ihnen vollständig verfügbar wären, da diese durch eine überdauernde symbolische Ordnung und „Beglaubigungen" anderer bedingt sind.

Die unterschiedlichen Platzierungen im rechten und linken Korbsessel wie auch neben Frau Müller werden zu Zeichen differenzierter Positionen, wodurch ein dynamisches Beziehungsgewebe kenntlich gemacht wird, in das die Materialität des Arrangements als stabilisierender Gedächtnisträger mit eingewoben ist. Die sozialen Beziehungen werden sozusagen – diskursiv präformiert – auf dinglicher Grundlage „fest" gemacht. Um wechselseitige Verortungen zu aktualisieren und nuanciert zu bestätigen, bedarf es lokaler Bezugnahmen und ihrer praktischen Anerkennung, wobei über dieses lokale Agieren hinausreichende symbolische Verortungen auf dem Spiel stehen können. Denn der Erfolg demonstrierter Ansprüche und Zuordnungen hängt ebenso wie bei verbalen performativen Äußerungen nicht allein vom Tun eines einzelnen Akteurs ab, sondern von sozialen Gelingensfaktoren (vgl. Austin 1998) wie der Art und Weise der Durchführung, der emotionalen und institutionellen Beziehungskonstellation,[26] den situativen Umständen sowie etablierten Ordnungsvorstellungen und Konventionen.

26 Vgl. hier zum Begriff der Institutionalisierung Berger/Luckmann: „Institutionalisierung findet statt, sobald habitualisierte Handlungen durch Typen von Handelnden reziprok typisiert werden. [...] Für ihr Zustandekommen wichtig sind die Reziprozität der Typisierung und die Typik nicht nur der Akte, sondern auch der Akteure" (1980: 58).

Divergierende Kontrollansprüche

Auch die folgende Interpretation einer kurzen aufgezeichneten Szene zeigt, dass über Gesten Machtthematiken berührt werden, die in der Situation verbal weitgehend ausgespart bleiben können. Während eines Familienspiels bei Familie Schneider/Rocchi geht es in dieser Szene, wie bereits im vorherigen Kapitel zu Organisation und Gestaltung beschrieben, um kleine arrangierende Handgriffe, minimale Manipulationen von Dingen, mit denen auch wechselseitige Kontrollansprüche ausgehandelt werden.

Frau Schneider, Herr Rocchi und ihre drei Kinder sitzen in dieser Szene mit einem Würfelspiel am Esstisch im Wohnzimmer. Auf den Würfeloberflächen sind Tierbilder abgebildet, die den unterschiedlichen Feldern auf einer Spielkarte in der Tischmitte entsprechen. Jede Spielerpartei hat drei Würfelversuche pro Runde, um die entsprechenden Tierbilder einer aufgedeckten Karte zu würfeln. Wenn alle Felder auf der Karte durch ein passendes Würfelbild belegt werden können, hat die Spielerpartei die Karte gewonnen und darf eine neue Karte aufdecken. Herr Rocchi und die jüngste Tochter Anna bilden hier eine gemeinsame Partei, Frau Schneider, Rebecca und Lorenzo spielen allein.

Familie Schneider/Rocchi,
Familienspiel

Frau Schneider nimmt auf der Tischmitte eine neue Karte vom Kartenstapel und legt sie daneben. Herr Rocchi hustet derweil kurz. Während Anna singt: „Wir ham [gewonnen]“, haut Herr Rocchi mit der flachen Hand auf diese Karte und sagt in Richtung von Frau Schneider: „Wir dürfen aufdecken.“ Rebecca setzt sich dabei senkrecht auf, zieht ihre bereits gewonnenen Karten näher zu sich hin und äußert ein: „aou aou“. Frau Schneider äußert zu Herrn Rocchi gewandt: „Entschuldigung ja“ und versucht, mit der flachen Hand die aufgedeckte Karte in der Tischmitte an sich zu ziehen. Doch Herr Rocchi zieht die Karte seinerseits zu sich, greift sie mit den Fingerspitzen vorne auf und legt sie geräuschvoll zurück auf den Kartenstapel. Frau Schneider schiebt daraufhin den Stapel mit beiden Händen seitlich zusammen. Herr Rocchi hat währenddessen erst auf Anna und dann zum Stapel gezeigt, dabei sagend: „Du darfst aufdecken.“ Während er seinen Kopf am angewinkelten Arm auf dem Tisch abstützt, nimmt Anna die Karte wieder vom Kartenstapel, legt sie daneben und schiebt sie sorgfältig parallel neben den Stapel. In diesen drei Sekunden sagt niemand etwas. Lorenzo nimmt die Würfel, schüttelt diese im Hohlraum zwischen beiden Handflächen und würfelt. (F2E3, 01h 36m 22s – 01h 36m 35s)

Nachdem Anna und Herr Rocchi eine Spielkarte gewonnen haben, deckt Frau Schneider die nächste Karte auf, worauf Herr Rocchi unwirsch reagiert: Seine Hand, die mit etwas Verzögerung flach auf den Tisch schlägt, bringt zum einen den Anspruch auf Beachtung eines Anliegens zum Ausdruck. Wer auf den Tisch haut, der zieht Aufmerksamkeit auf sich und sein Anliegen. Das „auf den Tisch hauen“ verweist hier auf eine Thematik, die „auf den Tisch gebracht“ wird. Dabei macht Herr Rocchi verbal ein Thema explizit: Er und Anna dürfen aufdecken, Frau Schneider ist nicht „dran“. Seine flache Hand ist so auf dem Tisch platziert, dass sie die umgedrehte Karte bedeckt und dadurch auch einen Kontrollanspruch über die Karte zur Geltung bringt.

Abb. 16: *Herr Rocchi schlägt mit der flachen Hand auf Karte und Tisch.*

Abb. 17: *Frau Schneider und Herr Rocchi bemühen sich beide darum, die Spielkarte zu fassen zu kriegen.*

Frau Schneider reagiert lächelnd und entschuldigt sich verbal, doch die Angelegenheit ist damit noch nicht wieder bereinigt. Das sich anschließende kurze Konkurrieren um die Karte macht zum einen die von ihr akzeptierte Geltung der Kritik kenntlich, zum anderen jedoch auch eine unterschiedliche Auffassung von daraus abzuleitenden Konsequenzen. Herr Rocchi, der zusammen mit Anna „dran" ist, verwehrt Frau Schneider den weiteren Zugriff auf diese Karte und verteidigt dadurch einen einseitigen Kontrollanspruch. Sein geräuschvolles Zurücklegen der Karte unterstreicht diesen Anspruch ebenso wie sein demonstratives Zeigen und Auffordern an Anna: „Du darfst aufdecken".

Anders als es scheinen könnte, nimmt Frau Schneider diesen Kontrollanspruch nicht unerwidert hin. Da ihr die Möglichkeit genommen wurde, die aufgedeckte Karte selbst zurückzulegen, markiert sie implizit ihre Stellung, indem sie anschließend den Kartenstapel zusammenschiebt. Frau Schneider wurde davon abgehalten, sich selbst zu korrigieren – nun ordnet sie den Kartenstapel, wodurch sie Herrn Rocchi sozusagen „hinterher räumt". Erving Goffman schreibt mit dieser Szene vergleichbar in seinem Essay über die „Techniken der Imagepflege" in Hinsicht auf eine ritualisierte Handlungsebene von „Ausgleichshandlungen" (Goffman 1986: 25). An dieser Stelle ist es wichtig darauf hinzuweisen, dass hier keine absichtsvolle Bedeutung unterstellt wird.

Abb. 18: *Frau Schneider rückt den Kartenstapel zurecht.*

Frau Schneider hat zwar deplatziert, ohne „dran" zu sein, in den Spielverlauf eingegriffen, doch wird an diesem Nachmittag über solche Einmischungen im Spielverlauf auch mehrfach hinweg gesehen. Als Rebecca nur drei Minuten zuvor eine Karte zurückweist, weil Lorenzo diese aufgedeckt hat, obwohl eigentlich sie „dran" ist, sagen beide Eltern einmütig, das sei doch egal. Daher muss ein anderer bedeutungsvoller Aspekt als die verbal explizierte Spielregel die Gefühlslage dieser Situation mitbestimmen. So lassen sich im Verlauf des aufgezeichneten Spiels Äußerungen finden, nach denen Herr Rocchi sich gestört fühlt, weil Frau Schneider ihre Hände zu sehr „im Spiel hat", ihre Position als Mitspielerin also nicht „sauber" genug trennt von einer Rolle als „Ordnung schaffender" Elternteil. Als Frau Schneider z. B. eine halbe Stunde zuvor in einem anderen Spiel, das dem Spiel „Memory" ähnelt, voreilig eine aufgedeckte Spielkarte wieder umdreht, ohne „dran" zu sein, sagt Herr Rocchi zu ihr: „Lass die doch mal umgedreht, was soll'n das?" Umgekehrt äußert auch Frau Schneider halb neckend und halb im Ernst, Herr Rocchi solle doch sein Kind auch mal etwas machen lassen, als er (eigentlich im Team mit Anna) mehrere Spielzüge allein ausführt. Beide Eltern haben sich bereits zuvor verbal reglementiert, indem sie sich aufforderten, die Kinder zum Zug kommen zu lassen und sich selbst dafür zurück zu nehmen. Vor diesem Hintergrund nimmt Herr Rocchi den Griff Frau Schneiders nach einer Karte zum Anlass, einen Überschuss an „Ordnungsaktivitäten" zurückzuweisen.

Nicht allein differenzielle Subjektpositionen (z. B. zuhause oder Gast, über- oder unterlegen, „dran" oder nicht „dran" zu sein) werden im gestischen Beanspruchen und Zuordnen von Dingen, Territorien, Eigenschaften oder „Handlungsressorts" ausgehandelt, sondern auch „Eingrenzungen" des wechselseitig akzeptierten Verhaltens – und letztendlich des zugrunde liegenden Habitus, der beharrlich sein mag, aber in biographischer Perspektive nicht unbeweglich bleibt (vgl. Koller 2009). In dieser Hinsicht „erziehen" sich im familiären Beziehungssystem alle Familienmitglieder wechselseitig, da sie in einer gemeinsamen Entwicklung wechselseitig das situativ und auch situationsübergreifend jeweils zugestandene „Terrain abstecken". Unter Mitwirkung gestischer Vollzüge werden in alltäglich variierten Wiederholungen Erwartungen und Möglichkeiten ebenso wie Grenzen der Akzeptanz aufgezeigt.

Autorität und Autonomie – Spielräume auf Verhandlungsbasis

Vor dem historischen Hintergrund einer Aufwertung der Gefühle in den Familienbeziehungen in Europa seit der Frühen Neuzeit (vgl. Ariès 1978; de Singly 1994) und einer grundsätzlichen „Erwärmung des emotionalen Binnenklimas" im modernen Familienleben (Shorter 1976) ist mit Blick auf die Erziehungspraktiken im Verlauf des 20. Jahrhunderts auf eine allgemeine Entwicklungstendenz „vom Befehls- zum Verhandlungshaushalt" verwiesen worden (Büchner 1989; vgl. in allgemeinerer Hinsicht Swaan 1982, 1991). Auf der Ebene veränderter Erziehungswerte treten vor allem seit den 1970er Jahren „Selbstentfaltungswerte" wie etwa Unabhängigkeit oder ein „freier Wille" hervor, wohingegen „der Kanon der sogenannten Pflicht- und Akzeptanzwerte, wie z. B. Gehorsam oder Unterordnung, spürbar an Bedeutung eingebüßt" haben (Schneewind 2000: 190; vgl. Reuband 1997). Aus einer verstärkten Berücksichtigung nicht nur der emotionalen Bedürfnisse, sondern auch darüber hinausgehender Willensbekundungen resultiert für das alltägliche Zusammenleben ein intensiviertes, immer wieder neu auszutarierendes Spannungsverhältnis zwischen wechselseitigen Erwartungen und der Eigensinnigkeit jedes Einzelnen – nicht allein in den Generationenbeziehungen zwischen Eltern und ihren Kindern, aber gerade auch dort. Nichtsdestotrotz bedeutet eine entsprechende „Enthierarchisierung des Eltern-Kind-Verhältnisses" (Walper 2004: 221) keine Verflüchtigung von Asymmetrien und elterlicher Autorität.

Prozessen der Verortung im Generationenverhältnis können Erkundungsspielräume und eine entsprechende Zeitlichkeit zugestanden werden, doch sind neben Aushandlungen „auf gleicher Augenhöhe" auch Momente unvermeidlich, in denen elterlichen Orientierungen Geltung verschafft wird. In solchen Momenten geforderter Entscheidungsgewalt sind die Manifestation von Erziehungsverantwortung und eine offene Bekundung von Autorität, z. B. durch „frontale" Auseinandersetzungen, jedoch nur eine Spielart widerstreitender Orientierungen. Eine generationenbedingte Asymmetrie in Hinsicht auf Geltungsansprüche kann auch mehr oder weniger „kaschiert" werden, indem Ordnungsansprüche eher auf Umwegen und „von der Seite" als frontal realisiert werden – ohne „große Gesten" der Konfrontation. Ein Beispiel für entsprechend „weiche" Machttechniken ist die Unterstellung von Einsicht und Kooperationsbereitschaft durch Forderungen in Verbindung mit Erklärungen: Begründungen und Appelle an eine sich ausbildende Vernunft auf Grundlage einer verständnisvollen emotionalen Beziehung bei der gleichzeitigen Signalisierung konkreter Erwartungen. Die Emotionssoziologin Arlie R. Hochschild hebt mit Bezug auf Basil Bernstein hervor (und diese Sichtweise ist machttheoretisch insbesondere mit den späteren Arbeiten Michel Foucaults assoziierbar), dass Kontrolle je nach Erziehungstyp nicht allein *gegen* den Willen eines Kindes, sondern auch *durch* diesen Willen ausgeübt werde (vgl. Hochschild 1983: 157).

Bei Familie Müller/Franke besteht am Tisch – ebenso wie bei Schneider/Rocchi – eine gewohnte, im Prinzip jedoch wandelbare Sitzordnung, die zumal dann in Bewegung gerät, wenn Gäste zu Besuch sind. Diese Beweglichkeit des gewohnten Tisch-Arrangements wird vor und während der nachfolgend beschriebenen Szene bei Familie Müller/Franke in erster Linie von Frau Müller reguliert und reorganisiert. So weist sie Mia z. B. einen Stuhl an der Tischseite zu, an der sie selbst sowie Luis (zwischen den beiden) sitzen sollen. Luis versucht hingegen zu erreichen, dass er an dieser Tischseite zwischen Mutter und Vater sitzen kann. Er blockiert den Mia zugewiesenen Stuhl und besetzt ihn. Allerdings gibt Herr Franke zu verstehen, dass er auf seinem gewohnten Sitzplatz gegenüber von Frau

Müller sitzen werde. Frau Müller und Herr Franke reden Luis ruhig zu, dass er in die Mitte auf seinen Kinderstuhl rutschen soll, indem sie argumentieren, dass sonst auf der anderen Tischseite vier Personen sitzen müssten, was aber zu eng wäre.

Abb. 19: *Frau Müller (h.l.) fordert Luis (v.l.) auf, in der Mitte auf seinem Kinderstuhl Platz zu nehmen.*

Familie Müller/Franke,
am Tisch vor dem Abendbrot

Luis hat seine Hände vor dem Bauch gefaltet, sagt leise, zu Frau Müller schauend: „Ich setz mich mal hier hin." Diese leicht lachend: „Ich hab' doch grad gesagt, du sollst dich [sie hebt dabei die Hand von der Stuhlfläche, klopft darauf und lässt ihre Hand wieder dort liegen] hier hin setzen." Luis: „Ich hab' aber" – Frau Müller fällt ihm ins Wort: „Hier sitzt dann jetzt aber keiner." Luis nun lauter, mit rechts auf den Teller vor sich zeigend: „Ich hab' aber gerade gesagt, ich setz mich hier hin." Frau Müller, nun ernster, mit einem Blick zu Mia: „Gut, dann tausch bitte die Stühle, dann kann sich Mia hierhin setzen, ne?" Ein lachendes Geräusch ist zu hören [von Herrn Franke? Sein Kopf ist nicht in der Bildfläche], auch Frau Müller lächelt wieder, während Luis starr geradeaus vor sich auf den Teller schaut. Herr Franke: „Luis. (.) Nanu? (.) Das is' doch. Das ham'wa sonst nie." Er setzt sich auf seinen Stuhl an der gegenüberliegenden Tischseite. Frau Müller: „Entweder Stuhltausch oder, (.) so." Luis steht währenddessen mit einem Ruck auf und setzt sich auf die Kante des Kinderstuhls, zieht den anderen Stuhl dabei zu sich heran. Frau Müller weiter, erst auf Mia, dann zum betreffenden Sitzplatz und anschließend zu Herrn Franke zeigend: „Dann kann Mia sich hier hin setzen, dann hat Papa da auch ein bisschen Platz." Herr Franke: „Ja." Frau Müller: „So." Luis sitzt auf der Stuhlkante und beugt sich mit dem Oberkörper wieder zum vorherigen Stuhl, zieht ihn näher zu sich heran. Mia ist aufgestanden und zu diesem Stuhl gegangen, doch Luis hat sich schon wieder zurück auf den vorherigen Stuhl geschoben, sagt mit spitzer Stimme: „Ich sitz jetzt hier." Frau Müller zieht ihn am Unterarm zurück zum Kinderstuhl, sagt mit gekräuselter Stirn leise zu ihm: „Hör jetzt mal auf." Luis setzt sich auf seinem Kinderstuhl zurecht; Mia setzt sich auf den nun freien Platz. Frau Müller zu Luis gewandt: „Ist gleich 'ne Geste." Haya: „Ne Gä::ste." Frau Müller wendet sich lächelnd zur Tischrunde und schlägt mit beiden Fäusten links und rechts von ihrem Teller auf die Tischplatte: „So." (F4E1, 00h 02m 43s – 00h 03m 23s)

Nachdem Luis einsehen muss, dass Herr Franke sich nicht auf den von ihm zugedachten Platz setzen wird, nimmt er diesen Platz für sich selbst in Beschlag. Demonstrativ verschränkt er seine Hände vor dem Bauch, was als ein bildhafter Ausdruck von „Gesetztheit" und Immobilität verstanden werden kann, und nimmt für sich das Recht einer selbstbestimmten Platzwahl in Anspruch. Frau Müller sieht das bis hierhin jedoch anders. Sie hat ihrem Kind bereits einen Sitzplatz zugewiesen und nimmt seinen Anspruch daher nicht ernst bzw. ist davon irritiert. Sie fällt ihm dementsprechend ins Wort, wobei sie zu erkennen gibt, dass sie seine Position zwar verstanden hat, diese jedoch dem Organisationserfordernis nachgeordnet sieht. Ihre Hand auf der Sitzfläche neben sich macht weiterhin auf den mittleren, „leeren" Sitzplatz aufmerksam – eine fortbestehende Manifestation ihrer Aufforderung, dort Platz zu nehmen, die mit Luis verschränkten Händen im Widerspruch korrespondiert. Vor dem Hintergrund des am Tisch Erörterten ist der Aspekt einer gleichmäßigen Verteilung der Sitzplätze für das gemeinsame Abendbrot bloß eine mögliche Perspektive. Denn Luis ist auf seine Platzierung zwischen Mutter und Vater bzw. anschließend auf die Bekundung eines „eigenen Willens" durch selbstbestimmte Platzwahl ausgerichtet. Indem sich die Adressierungen an ihn (mit der Aufforderung, nun Folge zu leisten) dagegen richten, wird auch sein Kindheitsstatus aktualisiert: Grundsätzlich wird ihm als Kind nicht in jeder Situation das gleiche Mitbestimmungsrecht zugestanden.

Luis beharrt allerdings auf seiner Position, unbeeindruckt von dem Argument im Vorfeld der beschriebenen Szene, dass dann „hier zwei" und „da vier" säßen. Nach dieser Irritation wirkt Frau Müller nun ernster und gibt zu erkennen, dass sie jetzt auch Luis Anspruch ernst nimmt. Die von ihr anvisierte Tischordnung soll dadurch jedoch nicht unterlaufen werden. Sie bindet daher ein Entgegenkommen als Kompromiss an eine Bedingung: Mia und Luis sollen innerhalb der von ihr vorgesehenen Ordnung die Plätze tauschen. Mit dem Entgegenkommen von Frau Müller zeigt auch Herr Franke eine Alternative auf. Er lacht leicht, äußert Verwunderung und modelliert ein normatives, „vernünftiges" Bild von Luis im Kontrast zur momentanen Situation (das würden sie von Luis ja gar nicht kennen). Luis reagiert auf diesen Zuspruch von „selbstgesteuerter Vernünftigkeit", indem er sich einen Ruck gibt und sich zu seinem Kinderstuhl hin bewegt (eine Geste des Einlenkens) – zumal er damit Frau Müller zuvorkommt, die soeben dazu ansetzt, mehr Druck aufzubauen und eine Handlungsalternative zu formulieren. Zugleich macht er auf dieser gestischen Ebene jedoch auch deutlich, dass sein Entgegenkommen nur eine Entscheidung unter Vorbehalt ist. Er setzt sich nur auf die seitliche Stuhlkante, zieht den anderen Stuhl näher zu sich heran und räumt sich damit einen Übergangsspielraum ein, in welchem der Platzwechsel noch nicht endgültig vollzogen ist – was er auch sofort mit einer Körperverlagerung kenntlich macht, als seine Eltern das widerständige Zwischenspiel für abgeschlossen erklären. Als Luis daraufhin erneut versucht, Mia von dem Sitzplatz fernzuhalten, zieht ihn Frau Müller zurück auf den ihm zugewiesenen Platz und setzt mit ihrem gezeigten Unwillen erfolgreich einen Schlusspunkt.

Abb. 20: *Luis wechselt den Platz, während Frau Müller auf Mia zeigt: „Dann kann Mia sich hier hin setzen ...“*

In diesem Kapitel wurde anhand interpretierter fokussierter Szenen gezeigt, wie Gesten oder das Zusammenspiel von Gesten und sprachlichen Äußerungen daran mitwirken, dass sich innerhalb eines sozialen Raums zueinander positioniert wird. Die teilnehmenden Akteure weisen sich im Wohnzimmer nicht allein Standorte oder Sitzplätze zu (siehe hinsichtlich solcher Strukturierungsaspekte das vorige Kapitel), sondern aktualisieren „en passant“ relationale Subjektpositionen (als Elternteil oder Kind, als Bewohner oder Gast) und entsprechende Machtbeziehungen, die mithilfe der dinglichen Umgebung manifestiert und „fest“ gemacht werden können. Sie erheben persönliche Ansprüche und ordnen sich selbst oder auch anderen performativ bestimmte Güter, Terrains, Zugehörigkeiten oder auch Eigenschaften zu (z. B. Über- oder Unterlegenheit; im Recht oder im Unrecht sein). Sie signalisieren damit verbunden wechselseitig ihre Erwartungen und Grenzen tolerierten Verhaltens, wobei ein mehr oder weniger großer Spielraum zwischen Selbststeuerung und Kontrollansprüchen zugestanden wird. In Hinblick auf dieses Tun gilt entsprechend zur konzeptionellen Fassung des Gesten-Begriffs für die

Interpretation, dass nicht in jedem Moment durchdachte Absichten oder planvolles Handeln unterstellt werden müssen, sondern diese Praxis einem interessegeleiteten sozialen Sinn für das Geschehen folgt.

Im Folgenden wird der Blick abschließend auf eine Ebene gerichtet, die einerseits zwar auch für die bisher behandelten Aspekte der Situationsgestaltung und Verortung grundlegend ist, die andererseits aber für sich allein betrachtet eine ergänzende Perspektive eröffnet, indem in den familialen Abstimmungsprozessen die Möglichkeit eines Perspektivenaustauschs als ein dialogischer Kontakt „in actu" fokussiert wird. Diese Fokussierung schließt an die zu Beginn dieses Beitrags erwähnte Thematik emotionaler Verständigungs- und Abstimmungsprozesse an.

Einfühlung

Im zwischenmenschlichen Kontakt werden (bei körperlicher Ko-Präsenz) individuelle Dynamiken zwischen Zu- und Abwendung, Anteilnahme und Distanzierung, „sich einlassen" und „sich verschließen" aufgeführt, in denen praktisch mit den „im Raum stehenden" sozialen Anforderungen umgegangen wird, auf eine gemeinsame emotionale Situationsdynamik und die Perspektiven anderer einzugehen. Zu diesen körperlich ausagierten Dynamiken können Annäherungen und Berührungen als Kontaktaufnahmen oder deren Zurückweisung gezählt werden, die Ausrichtung und Lenkung von Aufmerksamkeiten, aber auch das Bemühen, jemanden zu „trösten", oder auch die vielfältigen referentiellen Bezugnahmen auf abstrakte oder konkrete Gegenstände (z. B. etwas durch Gesten veranschaulichen), in denen ein gemeinsamer thematischer Bezugsraum in Erzählungen oder Argumentationen hervorgebracht wird. Im Fokus steht in diesem Kapitel die aufgeführte Dialogizität eines Perspektivenaustauschs, mit der nicht nur ein Verständigungsraum gebildet, sondern auch eine persönliche Interessenlage vermittelt wird.

Einfühlung als Voraussetzung – Bildung gemeinsamer Bezugsräume

Grundsätzlich liegt auch den bereits beschriebenen Aspekten unter den Kapiteln „Gestaltung" und „Verortung" ein Erfordernis von Einfühlungsvermögen zugrunde, um soziale Situationen adäquat deuten und antizipieren zu können und dadurch erfolgreich handlungsfähig zu sein – sowohl in Hinsicht auf Strukturierungen eines Arrangements, an dem mehrere Akteure partizipieren, wie auch in Hinsicht auf relationale Verortungen durch Ansprüche, Abgrenzungen und Zuordnungen. Die Akteure müssen sich fundamental als einander gleichende Wesen mit Absichten, Erwartungen und gewohnheitsmäßigen Verhaltens- und Verarbeitungsmustern verstehen und einen entsprechenden sozialen Sinn für Situationen haben, an denen sie teilnehmen – eine Fähigkeit, die phylogenetisch angelegt ist und ontogenetisch durch Partizipation an sozialen Praxen in wiederkehrenden Arrangements eingeübt und geformt wird.

Der Anthropologe Michael Tomasello erläutert in Bezug auf die frühkindliche Entwicklung sogenannte „Protokonversationen“ über wechselseitigen Blickkontakt, Laute und Körperberührungen, die mit Säuglingen schon bald nach der Geburt möglich sind, die rekonstruierbare kommunikative Strukturen aufweisen und in denen Grundstimmungen mitgeteilt und miteinander geteilt werden können. Neugeborene nehmen demnach schon sehr bald an wechselseitigen sozialen Abstimmungsprozessen teil, in denen besonders die Fähigkeit hervorzuheben ist, sich mittels Bewegungen „in gewissem Sinn mit den Artgenossen zu ‚identifizieren‘ “ – ein evolutionäres Anpassungspotential des Menschen, das mit der Fähigkeit von Säuglingen einhergeht, sich durch „Affektregelung“ an die emotionalen Zustände Erwachsener anzupassen (Tomasello 2006: 81). Über diese Kontaktmöglichkeiten bilden sich nicht nur emotional geteilte Stimmungsmomente. Gesten (die Tomasello als intentionale kommunikative Bewegungen versteht) sind auch schon früh grundlegend bedeutsam für die kognitive Entwicklung.

> „Die frühesten Gesten menschlicher Säuglinge sind typischerweise dyadische Ritualisierungen, die im wesentlichen den Gesten der Schimpansen gleichen. Beispielsweise halten viele Kinder auf der ganzen Welt ihre Hände hoch, wenn sie hochgehoben werden wollen. [...] Zwischen elf und zwölf Monaten beginnen Kinder dann triadische Gesten hervorzubringen, wie z. B. bestimmte Formen des Hinweisens“ (ebd.: 116f.).

Das bewusste Lenken der Aufmerksamkeit anderer Personen auf etwas Drittes ist nach Tomasello ein wichtiger Schritt in der Entwicklung eines Kindes, die ein Verständnis anderer Menschen als ihm ähnliche intentionale Wesen voraussetzt, mit denen eine entsprechend ausgerichtete Bezugnahme auf etwas Drittes geteilt werden kann.[27] Wenn ein Kind allmählich lernt, mittels Gesten den eigenen Fokus zu kommunizieren und die Aufmerksamkeit anderer auf ein gemeinsames Drittes lenken zu können, dann teilt es mit diesen ein intersubjektiv verstehbares und somit symbolisches Kommunikationsverhalten.

---

27 Zwischen dem neunten und zwölften Monat beginnen Säuglinge, andere Menschen analog zu sich selbst als intentionale Wesen zu verstehen, was als „Neunmonatsrevolution“ bezeichnet wird. Sie fangen in diesem Alter „zum ersten Mal damit an, sich auf die Aufmerksamkeit und das Verhalten Erwachsener gegenüber äußeren Gegenständen ‚einzustellen‘ “ (vgl. Tomasello 2006: 85). Für dieses Phänomen wird der Fachausdruck *joint attention* (gemeinsame Aufmerksamkeit) verwendet (ebd.: 84).

> „Es ist nicht so, dass sechs Monate alte Kinder keine kulturellen Wesen wären [...] während der ganzen ersten neun Lebensmonate werden sie auf immer aktivere und teilnehmende Weise allmählich zu Mitgliedern ihrer Kulturen. Aber bevor sie andere als intentionale Wesen verstehen, mit denen sie ihre Aufmerksamkeit auf äußere Dinge konzentrieren können, durchlaufen sie nur individuelle Lernprozesse bezüglich der Welt, in die sie hineingeboren wurden. Wenn sie dann andere als intentionale Akteure wie sich selbst verstehen, beginnt sich eine ganz neue Welt intersubjektiv geteilter Wirklichkeit für sie zu öffnen. Eine Welt, die von materiellen und symbolischen Artefakten und von sozialen Praktiken bevölkert ist ..." (ebd.: 121).

Über gestische Abstimmungs- und Verständigungsprozesse mit nahe stehenden Menschen öffnet sich Kleinkindern eine zunehmend komplexere soziale Welt mit neuen Wahrnehmungs- und Handlungsmöglichkeiten. Ein entscheidender Schritt in der Entwicklung ist demnach, über ein instrumentelles Verständnis der Wirksamkeit sensu-motorischer Manipulationen hinaus, durch Identifikationsprozesse mit anderen Menschen zu lernen, die Welt (einschließlich sich selbst) auch „mit anderen Augen" wahrnehmen zu können. Die Ausbildung von Empathie in den praktischen Ko-Konstruktionen der sozialen Realität sind für ein soziales, symbolisches Verständnis des eigenen Verhaltens wie auch des Verhaltens anderer erforderlich (vgl. Dornes 2005).

Wechselseitige Abstimmungs- und Verständigungsprozesse bleiben (von einer individualpsychologischen Entwicklungsperspektive abgesehen) als situationsangemessene Regulierungen des zwischenmenschlichen Kontakts wie auch als langfristige Beziehungspflege soziale Anforderungen, zu denen sich die Beteiligten in ihren praktischen Bezugnahmen zueinander verhalten müssen. In dialogisch strukturierten Interaktionen wird um Verständnis geworben und wechselseitiges Verstehen von Bedürfnissen, Perspektiven und zugrunde liegenden Orientierungen aufgeführt, wobei ein Perspektivenaustausch zwischen Zuwendung und Abwendung, Annäherung und Distanzierung, Erwartung und zugestandener Eigensinnigkeit vollzogen wird.

Aufmerksamkeiten

Um an Prozessen der Interaktion zu partizipieren, bedarf es entsprechender Hinwendungen und Fokussierungen einer sowohl steuer- wie auch irritierbaren Aufmerksamkeit (vgl. Neumann 1971). In ihrer körperlichen Ko-Präsenz gehen die Beteiligten in spezifischer (nicht unbedingt auch äquivalenter) Weise aufeinander ein, suchen in einer Situation (mit einer individuellen „Herangehensweise", Intensität und Stetigkeit) Körper- oder Blickkontakt (für das frühe Säuglingsalter vgl. Klasen 2008), oder beschränken sich auch auf eine räumlich-akustische Präsenz, ohne wechselseitig einander zugewandt zu sein. Um die Aufmerksamkeit von anderen wird durch Adressierungen mittels Gesten geworben (in der Primatenforschung „attention getter“ genannt) und gestisch kann andererseits angezeigt werden, dass Aufmerksamkeit „gegeben“ oder auch vorenthalten wird.

In einigen beobachteten Szenen zeigt sich, dass auch zeitweiliges Ignorieren von Adressierungen eine zeitliche Ordnung vorführen kann, durch die das Durcheinander mehrerer Ansprüche zeitlich „entzerrt“ und diese Ansprüche „sequenziert“ werden – z. B. wenn Anna von Frau Schneider etwas möchte, diese aber in einem Gespräch ihre Gedanken erst „zu Ende“ artikuliert, bevor sie sich anschließend Anna zuwendet. Umgekehrt können Gesten dann als „Verstärker“ von Dringlichkeit eingesetzt werden, um bei mehr oder weniger konkreten Anliegen sofortige Aufmerksamkeit auf sich zu ziehen. Anna kann winken, zappeln, auf den Boden trampeln oder – was als gestischer Appell unmittelbar am wirksamsten ist – Frau Schneider berühren. Auch eine Geste der Berührung ist in sich qualitativ variier- und steigerbar: von leicht einen Körper streifen über antippen bis zum Schlagen. Das nötige Werben um und Gewähren von Aufmerksamkeit ist dabei prinzipiell wechselseitig. Eltern sind gleichfalls ihren Kindern gegenüber darauf angewiesen, um Aufmerksamkeit zu werben oder Aufmerksamkeit gegebenenfalls auch mit Druckmitteln einzufordern. Als z. B. der 6-jährige Lorenzo am Ende des letzten Erhebungstermins auf der Couch liegend in seinen Comic vertieft ist (während Frau Schneider und ich vor ihm stehen) und Lorenzo auch bei der dritten Anrede seiner Mutter keine Reaktion zeigt – Frau Schneider möchte, dass sich Lorenzo kurz von mir verabschiedet –, nimmt sie ihm das Comicheft aus den Händen.[28]

Die Zuwendung von Aufmerksamkeit ist Bedingung für ein „Sich Einlassen Können“ auf den Anderen und dessen Perspektive, die gemeinsam auf etwas Drittes gewendet werden kann, wobei die Aufmerksamkeit nicht nur punktuell umgelenkt, sondern auch zeitweilig „gebunden“ wird. Dementsprechend haben Momente geteilter Aufmerksamkeit etwas sozial Verbindendes und ein Blick auf das Spektrum redebegleitender referentieller Gesten (Bewegungen, die z. B. im Gespräch etwas veranschaulichen; vgl. Müller 1998) fokussiert hier weniger deren „inhaltliche“[29] als vielmehr darin wirksame Beziehungsaspekte (vgl. Watz-

28 Dieser Aspekt des Ignorierens scheint ein Phänomen zu sein, für das die teilnehmende Beobachtung (durch die eigene körperliche Anwesenheit und das Eingebundensein in die Situation) viel empfänglicher und sensibler ist als eine Beobachtung von audiovisuell aufgezeichnetem Material (zu dem der Beobachter mehr emotionalen Abstand hat). Insbesondere in den Szenen, in denen ich als Teilnehmer intensiv involviert war, galt es, das konflikthafte Geschehen „am eigenen Leib“ zu verarbeiten (ich möchte mich als Beobachter im Hintergrund halten und bin in der Situation unfreiwillig der konkrete Anlass für eine Frustration).

29 So unterteilt z. B. David McNeill die redebegleitenden Gesten in emblematische Gesten als Visualisierungen von konkreten und abstrakten Referenzen („iconics“ und „metaphorics“), in das Sprechen organisierende „beats“, in „cohesives“ – die Sachverhalte relational zueinander in Bezug setzen (wie z. B. einerseits/andererseits) – sowie „deictics“ als Gesten des Zeigens (McNeill 1992: 12ff.).

lawick/Beavin/Jackson 2007: 53ff.; Schneewind 2000: 199). Im Zusammenspiel von Sprechen und redebegleitenden Gesten können gemeinsame Bezugnahmen auf konkrete und abstrakte Sachverhalte nur dann hervorgebracht und wechselseitig gesteuert werden, wenn eine Bereitschaft besteht, fremden Perspektiven Raum zu geben und diese nachzuvollziehen. Dabei wird im Unterschied zu den zuvor thematisierten Aspekten der Gestaltung eines Settings und der wechselseitigen sozialen Verortung hier der Fokus auf eine Beziehungspraxis gerichtet, in der die Beteiligten emotionale „Kontaktnahmen" und ihr perspektivisches Verständnis für den Anderen dialogisch zur Aufführung bringen.

Aufmerksamkeit als Gespür: Bearbeitung divergierender Perspektiven

Wie Gesten in Aushandlungen eingesetzt werden, um sich in Dynamiken von Annäherung und Distanzierung, Öffnung und Schließung über die jeweiligen Perspektiven auszutauschen, soll abschließend an zwei zusammengehörigen Szenen verdeutlicht werden. Dabei zeigt sich nicht nur durch die verbalen Äußerungen, sondern auch anhand von Gesten, inwiefern auf ein Gegenüber eingegangen und ein Verständnis für dessen Sichtweise zum Ausdruck gebracht wird, ohne dass dadurch bereits ein Konflikt widerstreitender Vorstellungen auflösbar würde. In der nachfolgend beschriebenen Szene machen Herr Rocchi und Lorenzo deutlich, dass die jeweilige Perspektive des Anderen zwar als solche anerkannt wird, ohne in diesem „Eingehen" auf den Anderen jedoch die eigene Perspektive aufzugeben.

Auch in dieser Szenenbeschreibung geht es um eine Sitzplatzwahl. Bevor die Familienmahlzeit bei Familie Schneider/Rocchi beginnt, decken die Kinder (vornehmlich Rebecca und Lorenzo) den Tisch. Lorenzo ordnet mir einen Sitzplatz zu, indem er auf eine Stuhllehne klopft und mich verbal auffordert, dort zum Essen Platz zu nehmen. Für sich selbst platziert er daneben einen Korbsessel, den er dorthin geschoben hat (auf dem Tisch wurden bereits „Erwachsenen-" und „Kinderteller" verteilt). Als Herr Rocchi mit der Frage ins Wohnzimmer tritt, wie weit sie denn seien, stellt ihm Lorenzo seine Sitzordnung vor und schlägt dabei auf die Lehnen von „meinem" und „seinem" Stuhl. Herr Rocchi geht mit der Ankündigung aus dem Wohnzimmer, er hole noch Annas Stuhl (alle drei Kinder haben verschiedenfarbige, persönliche Kinderstühle). Als er mit Annas Stuhl zurückkehrt, weist Lorenzo ihn auf den Korbsessel hin: Er sitze dort.

Abb. 21: *Lorenzo geht der Reihe nach die Sitzordnung durch. Auf diesem mittleren Stuhl soll der Verf. sitzen.*

Familie Schneider/Rocchi,
Tischdecken vor dem Abendessen

Herr Rocchi um den Tisch gehend: „Da stell ich Dir jetzt Deinen Stuhl noch hin." Lorenzo umklammert mit beiden Händen die Rücklehne des von ihm gewählten Korbsessels: „Der bleibt dort." Herr Rocchi, den Zeigefinger schwenkend: „Nein, das geht nicht. Da sitzt Du zu tief, das geht nicht." Er hebt die Schultern kurz an und lässt sie wieder sinken: „Da sieht man Dich auch nicht. Da sitzt Du bis hier [er hält seine flach ausgestreckte Hand waagerecht auf Augenhöhe] unter'm Tisch." Lorenzo klettert derweil über die Stuhllehne auf den Korbsessel. Herr Rocchi berührt ihn kurz am Arm, sagt leise: „Ich hol Deinen Stuhl" und geht aus dem Zimmer. Zwischenzeitlich ist Anna redend zu Herrn Rocchi gelaufen, findet kein Gehör und wendet sich zu mir. (F2E1, 00h 07m 34s – 00h 07m 50s)

Lorenzos Platzwahl ist für sich genommen noch keine Neuigkeit, da es sich hierbei um seinen üblichen Sitzplatz handelt, und Herr Rocchi nimmt dementsprechend affirmativ Bezug auf diese Platzierung, geht dabei jedoch über den implizierten Hinweis auf den Korbsessel hinweg, wodurch die eigentliche Information als „indiskutabel" negiert wird. Lorenzo verschafft der Materialität des Korbsessels daraufhin nachdrücklich Geltung, indem er sich an den Korbsessel „klammert" und auch verbal proklamiert, der bleibe da. Über den Korbsessel weiterhin hinwegzusehen hieße nun, auch Lorenzo als Person mit einer eigenen Perspektive zu übergehen. Herr Rocchi antwortet ihm, dass dieser Korbsessel als Sitzplatz nicht in Frage komme.

Abb. 22: *Herr Rocchi verneint, Lorenzo manifestiert die Wahl des Korbsessels als seinen Sitzplatz.*

Während sein Zeigefinger strikt negiert, erklärt er verbal – eingerahmt auch von verbalen Verneinungen – warum das nicht gehe. Dabei hebt er kurz die Schultern an und führt seine Erklärung aus, die er währenddessen auch plastisch veranschaulicht. Herr Rocchi gibt eine Perspektivübernahme zu erkennen, indem er seine Hand (als Tischkante) in Augenhöhe vor das Gesicht hält, so als sei er für diesen Augenblick Lorenzo. Auf diese Weise erklärt er nicht nur anschaulich, dass Lorenzo mit diesem Sessel kaum über die Tischkante gucken kann, sondern führt auch die Möglichkeit eines wechselseitigen Austauschs der Perspektiven auf, da diese Aufführung erforderlich macht, dass sich Lorenzo in Herrn Rocchis Darstellung wiedererkennt. Auch Herrn Rocchis zuvor hochgezogene Schultern machen eine Perspektivübernahme deutlich: den emotionalen Nachvollzug von Lorenzos Anliegen mit dem Dilemma, dass „Sachzwänge" diesem Wunsch entgegenstehen.

Herr Rocchi versucht verbal den Widerstreit beider Perspektiven aufzulösen, indem er an Lorenzos Interesse mit dem Argument appelliert, dass man ihn sonst gar nicht (auf der Videoaufzeichnung) sehen könne.[30] Herr Rocchi bleibt also

30 Durch den Aufbau von Kamera und Stativ ist die Frage nach der „richtigen" Perspektive und somit nicht nur der Bildrahmung, sondern auch des Bildinhalts ein praktisches Thema, in dem sich das Forschungsinteresse mit den Interessen der Familienmitglieder an ihrer „Außendarstellung" treffen. In ihrer Deutung der Erhebungsvorgänge vor Ort wird dabei teilweise an ein Routinewissen durch Praxen mit Familienfotos und -filmen angeknüpft. Insbesondere die beiden Jungen in den hier fokussierten Familien, Lorenzo Rocchi und Luis Müller, zeigen anfangs ein intensives Interesse an der Kameratechnik und dem Aufzeichnungsvorgang. Lorenzo klettert wiederholt auf einen Stuhl, um die kleine LCD-Fläche des Kameramonitors zu begutachten oder posiert vor der Kamera. Es ist eine interessante Frage, wer oder was dabei eigentlich ad-

auch im Folgenden nicht einfach „bei sich“ mit einem eigenen Standpunkt, sondern geht darüber hinaus auch weiterhin auf Lorenzos Perspektive ein.

Abb. 23: Herr Rocchi: „Da sitzt Du bis hier unter'm Tisch.“

Lorenzo beharrt auf seinem Anliegen, klettert auf den Korbsessel und „besetzt“ ihn – womit er implizit zu erkennen gibt, auch Herrn Rocchis Sichtweise verstanden zu haben, seine eigene jedoch keineswegs aufgeben zu wollen. Herr Rocchi kehrt daraufhin zur anfänglich geäußerten Verneinung und der Ankündigung zurück, Lorenzos Stuhl zu holen. Seine Berührung kann in diesem Zusammenhang als taktile Besiegelung der eigenen Haltung verstanden werden. So schreiben Richard Heslin und Tari Alper Berührungen nicht nur die Kraft emotionaler Verbindlichkeit zu, sondern auch eine Dominanzkomponente. Der Berührende führe durch seine Aktivität und Initiative einen Status von Dominanz in der Situation auf und verweise den Berührten in eine Position von Passivität (Heslin/Alper 1983: 69f.).

Nachdem Herr Rocchi das Wohnzimmer wieder verlassen hat, um Lorenzos Stuhl zu holen, fragt Lorenzo zu mir gewandt (während Anna versucht, mir etwas zu erzählen und ich die Kamera für die bevorstehende Mahlzeit anders positioniere), ob es auf dem Stuhl „so okay“ sei. Er meint damit die visuelle Aufzeichnung, da Herr Rocchi bereits einige Minuten zuvor die Frage aufgeworfen hatte, wo denn Anna am Tisch sitzen solle, um nicht nur mit dem Rücken im Bild zu sein (sie hätte ansonsten am schmalen Tischende gesessen). Lorenzo orientiert sich also zur Verteidigung seiner Stuhlwahl an dem aufgeworfenen

ressiert wird – ein externes Gedächtnis, eine abstrakte Öffentlichkeit? So hielten z. B. Luis und das Nachbarkind Mia bei Familie Müller/Franke während des Kartenspiels Uno in „dokumentarischer“ Manier (für die Mitspieler verdeckt) ihre Spielkarten „in die Kamera“.

Thema ausreichender Sichtbarkeit im Kamerabild und versucht abzusichern, dass er auch im Korbsessel gut zu sehen ist. Mein Interesse ist hingegen, mich aus diesem Konfliktbereich so weit wie möglich herauszuhalten, vertrete dabei allerdings die Position des Vaters und antworte, das sei doch gerade schon besprochen worden, dass sein Vater einen anderen Stuhl hole. Lorenzo erwidert, er wolle aber nicht und könne „sonst auch so machen", wobei er sich im Korbsessel auf seine Knie setzt. Ich antworte mit einem unbestimmten „Hm." Herr Rocchi betritt indessen wieder das Wohnzimmer.

Familie Schneider/Rocchi,
Tischdecken vor dem Abendessen

Lorenzo wendet sich im Korbsessel nach hinten und sagt: „Häh? Von wegen." Herr Rocchi ist derweil hinter ihn getreten, hat den herbei getragenen Kinderstuhl abgesetzt und kurz mit dem nach oben gerichteten Zeigefinger stumm zu sich hin gewunken. Lorenzo dreht sich weg, zum Tisch zurück, wobei er seinen Blick kurz zur Decke streifen lässt und seinen Mund zu einem simulierten Pfeifen formt; dann starrt er geradeaus über den Tisch. Herr Rocchi zieht eine Stehleuchte hinter dem Korbsessel etwas zurück, stubst Lorenzo an der Schulter an, legt seine Hände auf die Rücklehne des Stuhls, trommelt dort leicht mit den Fingern der linken Hand und sagt laut: „(Den) Sessel, den ham' wa nur im Notfall gebraucht; an Sylvester; als wir ganz viele war'n. Jetzt [er tippt Lorenzo mit links an die Seite] ham' wir aber genug Stühle." Herr Rocchi stützt sich auf der Rücklehne ab, beugt sich leicht nach vorne zu Lorenzo, sagt leise: „Lorenzo, los." Anna versucht indessen von ihrem Kinderstuhl aus, eine Flasche Wasser auf dem Tisch zu erreichen. Herr Rocchi wartet kurz, greift dann nach vorne und nimmt etwas Kleines (in der visuellen Aufzeichnung nicht sichtbar) neben Lorenzos Teller von der Tischplatte, sagt dabei leise: „Eins." Lorenzo, zuvor mit verschränkten Armen auf den Tisch abgestützt, lehnt sich abrupt nach hinten, schiebt mit seinem Hinterkopf den Bauch des Vaters zurück und sagt: „Ja, Du kannst es doch machen." Herr Rocchi hat sich mit Lorenzos Bewegung nach hinten wieder aufrecht hingestellt: „Ja, dann geh' mal weg da." (F2E1, 00h 08m 21s – 00h 08m 39s)

Beide Konfliktparteien bekräftigen nach Herrn Rocchis Rückkehr nochmals ihre Perspektive. Lorenzo versucht seine Stellung vor Ort zu wahren, während Herr Rocchi mit dem Zeigefinger stumm zu verstehen gibt, er solle sich von dort fort bewegen. In seiner anschließenden Abwendung setzt Lorenzo trotzig seine Unbeteiligtheit in Szene: Er schaut an die Decke und starrt dann geradeaus über den Tisch, fängt kurz an zu pfeifen. Er versucht sich also dem Konflikt zu entziehen. Doch die eingesetzte Taktik „nichts gehört und nichts gesehen zu haben – eigentlich gar nicht beteiligt zu sein" steht hier einer deutlich explizierten Aufforderung entgegen und lässt sich nicht so einfach durchhalten, denn Herr Rocchi macht mit Nachdruck auf seine fortbestehende Anwesenheit und Bezugnahme aufmerksam, indem er Lorenzo von hinten anstupst. Insbesondere bei Berührungen lässt sich ein Adressatenstatus jedoch kaum leugnen, der Appell ist weder übersehbar noch überhörbar, sondern wird fühlbar.

Abb. 24: *Herr Rocchi stützt sich auf die Lehne des Sessels; Lorenzo starrt geradeaus über den Tisch (während Anna nach der Wasserflasche angelt).*

Das Anstupsen in dieser Szene kann als eine Impulsgabe betrachtet werden: Jemandem „einen Anstoß geben" ist eine stille Aufforderung, sich selbst einen Ruck zu geben (genauso sollte Luis Müller im vorherigen Kapitel von sich aus den Sitzplatz wechseln und einen „besetzten" Stuhl freigeben). Dieses Einräumen von Zeit für ein „freiwilliges" Einlenken erklärt auch, weshalb Herr Rocchi zögert und zuerst die Stehleuchte zurückzieht. Als daraufhin jedoch ein kleiner Anstoß nichts bewirkt, verstärkt Herr Rocchi den Nachdruck, lehnt sich über die Stuhllehne, beugt sich über Lorenzo und erklärt laut, warum der Sessel nicht in Frage komme. Auch in der Erklärung nimmt er Lorenzos Perspektive ein und entkräftigt dabei eine mögliche Legitimation der Sesselwahl. Herr Rocchi lehnt sich mit mehr Gewicht auf die Sessellehne und auch der Konflikt droht zunehmend Gewicht zu bekommen, was mit einer angedeuteten Drohung explizit gemacht wird. Herr Rocchi beginnt, nach vorne gebeugt, leise anzuzählen: „Eins."[31]

31 Im Erinnerungsprotokoll zum Vorgespräch bei Familie Schneider/Rocchi ist eine vergleichbare Situation zu finden, in der Lorenzo ein Feuerzeug (das zum Kerzen anzünden verwendet wird) auf den Tisch legen soll, und der Vater beginnt zu zählen. Bei „zwei" lenkt Lorenzo ein und sagt lächelnd „na gut". In Bezug auf diese Auseinandersetzungen ist es sinnvoll, von einer angedeuteten Drohung zu sprechen, die den subjektiven Entscheidungsraum stark verengt, da sie auf die Möglichkeit von Zwangsmitteln verweist. Entgegen einer Warnung lässt eine Drohung keine ernstzunehmende Wahlmöglichkeit mehr, sondern kündigt die aktive Hervorbringung ne-

Lorenzo reagiert darauf abrupt mit einer Bewegung nach hinten: Er schiebt den Hinterkopf gegen den Bauch des Vaters und versucht der angedeuteten Drohung auch durch seine verbale Erwiderung etwas entgegen zu setzen. Dazu knüpft er an seine vorherige Taktik an, den Adressatenstatus zurückzuweisen und eine Involvierung zu leugnen. Der Vater könne „es" doch machen. Dieses „es" bleibt in seiner Unbestimmtheit ambivalent und könnte sich sowohl auf den angestrebten Stuhltausch als auch auf die angedrohten Konsequenzen beziehen. Der kurze Kopf-Bauch-Kontakt ist dabei gleichfalls als eine ambivalente Bewegung interpretierbar: zugleich als eine Zurückweisung der Positionierung des Vaters über ihm und doch auch eine körperliche Kontaktaufnahme mit dem Hinterkopf zum weichen Bauch, eine Annäherung als ein (kaschierter) Appell an Schutzgefühle. Seine ambivalente Reaktion erweist sich dabei als Ausflucht aus einer Zwangslage, indem er die Drohung vorerst „ins Leere" laufen lässt und sich so einen zeitlichen Spielraum erhält. Herr Rocchi wiederholt seine Forderung, den besetzten Sessel zu räumen – die vorherige Eskalation jedoch stillschweigend zurücknehmend.

Das Drohen ist dabei weniger als ein Gegenpol zum Aspekt der Einfühlung zu betrachten (andere zu verstehen kann auch zum Drohen zweckdienlich sein), sondern vielmehr als eine Taktik, die ebenso wie Lorenzos Leugnen von Beteiligung eine Aussetzung der Dialogbereitschaft markiert, indem sich der Perspektive des oder der anderen demonstrativ verschlossen wird (vgl. Butler 1998: 23f.). Insofern können diese beiden Taktiken des Drohens und des Ignorierens als Distanznahmen verstanden werden, in denen ein Verständnis für die jeweils andere Perspektive ausdrücklich (und in der Regel kontrafaktisch) negiert wird.

In dieser letzten, zweigeteilten Szene einer Konfliktsituation wurde exemplarisch deutlich, wie durch Gesten nicht allein strukturierende Gestaltungsaspekte und wechselseitige soziale Verortungen, sondern auch divergierende Perspektiven und wechselseitiges Verstehen aufgeführt werden – ohne dass ein Bemühen darum, den Anderen zu verstehen, von Machtaspekten abzukoppeln wäre.

Gesten als konstitutiver Bestandteil der Familienkultur

Dem Zusammenspiel von Rede, Gesten und weiteren physischen Aktivitäten – verstanden als dicht miteinander verwobene Formen des „Tuns", die als Praxis mit der häuslichen und außerhäuslichen Umgebung verbunden sind – kommt besondere Bedeutung für die Konstitution einer Familienkultur zu. Das Familienleben als persönlicher Umgang miteinander sowie mit einer Vielzahl unterschiedlicher Güter im Haushalt beruht in diachroner Perspektive auf einer gemeinsamen Familienge-

---

gativer Konsequenzen an. „Warnungen gelten der Sorglosigkeit und Achtlosigkeit des anderen, Drohungen hingegen seiner Widersetzlichkeit und Widerständigkeit" (Paris/Sofsky 1987: 16).

schichte und entsprechendem praktischen Wissen, das aus den Erfahrungen des Zusammenlebens resultiert. Das wechselseitige, mitunter wortlose Verstehen durch Gesten ist zwar durch Diskurse und kulturelle Verhaltensmuster präformiert, die über den Rahmen des konkreten Familienlebens hinausweisen (vgl. Reckwitz 2008; Schneider/Hirseland 2005), doch stand hier das praktische Relevantwerden von Bewegung innerhalb konkreter Situationen im Fokus.

Mit der Unterscheidung der drei Aspekte „Gestaltung", „Verortung" und „Einfühlung" wurden Gesten im Familienleben in kulturanalytischer Perspektive untersucht. Dabei waren die szenischen Beschreibungen der audiovisuellen Aufzeichnungen und deren Interpretationen darauf ausgerichtet, die komplexe Situationsbezogenheit und damit einhergehende Mehrdeutigkeiten von Gesten zu berücksichtigen, so dass direkte Kodierverfahren und entsprechende Kategorisierungen von „Gestentypen" ausgeschlossen wurden. Ziel des Beitrags war auch kein Vergleich einzelner „Familienfälle", sondern die Kontrastierung fokussierter Szenen zur explorativen Kategorienbildung verschiedener Wirkungsweisen von Gesten im Familienleben. Die Suchbewegungen waren dazu auf die interpretierte Relevanz im Zusammensein der anwesenden Familienmitglieder ausgerichtet. Die in der Gestenforschung vorherrschende Orientierung auf Zusammenhänge von Gesten, Sprechen und Denken wurde dazu ausgeklammert.[32]

Aus der Konzeptbildung der drei Wirkungsweisen von Gesten in Situationen des Familienlebens resultiert ein heuristisches Modell, durch das verschiedene Gesten als motorische Phänomene nicht trennscharf „einsortiert", sondern drei Aspekte innerhalb der Familienkultur aufgezeigt werden, die in einzelnen Bewegungsmomenten unterschiedlich akzentuiert wirksam sind. Persönliche Verortungen innerhalb eines praktischen Arrangements sind dazu ebenso wenig scharf von der räumlichen, zeitlichen und atmosphärischen Gestaltung eines solchen abzugrenzen wie von Gesten der Beziehungsregulation durch Perspektivübernahmen. Auch sind in diesem Modell einzelne Bewegungsmuster nicht eindeutig klassifizierbar. So kann das Zeigen mit einem Finger in performativer Hinsicht nicht losgelöst von der konkreten Situation adäquat verstanden oder grundsätzlich einem dieser drei Aspekte zugewiesen werden. Ein Fingerzeig kann ebenso auf die Organisation und Gestaltung des gemeinsamen Settings, auf die persönlichen Verortungen innerhalb der materiellen Umgebung und einer symbolischen Ordnung wie auch auf die dialogische Regulation emotionaler Verhältnisse z. B. durch Öffnung und Schließung bezogen werden. Dementsprechend ist es eine Frage der Interpretation konkreter Situationen, inwiefern von

32 Vgl. die internationale Zeitschrift *Gesture* (hg. von Adam Kendon und Cornelia Müller), Einrichtungen wie das *McNeill Lab* an der University of Chicago oder das drittmittelfinanzierte *Berlin Gesture Center* sowie eine zunehmende Anzahl von Forschungsprojekten und Veröffentlichungen, die mehrheitlich sozio-, psycho- und neurolinguistischen Ansätzen verbunden sind.

jedem Beteiligten und im wechselseitigen Zusammenspiel durch motorische Phänomene auf symbolisch-sinnliche Weise an der (stets multiperspektivischen) Alltagsrealität mitgewirkt wird. Jede körperliche Bewegung, auch ein Griff zur Kaffeetasse, kann in dieser Sichtweise zu einer Geste werden, die etwas durch ihre Bewegung bewirkt und kommuniziert, das über bloße Informationen zum persönlichen Bewegungsstil und einer sozio-kulturellen Herkunft hinausreicht.

Gesten als alltägliche Bewegungsfiguren im Familienleben werden hier also prinzipiell als unbestimmt angesehen, wenn sie nicht in ihren konkreten Bezügen einer Familienkultur interpretiert werden, an deren Konstitution sie ihren Anteil haben. Der Blick wird dazu erstens prinzipiell auf alle Beteiligten gerichtet, Eltern ebenso wie Kinder, da sich – aus einer Perspektive auf Enwicklungen besehen – alle fortlaufend aufeinander einstellen müssen und dementsprechend aufeinander einwirken (vgl. Kreppner 1999). Zweitens ist die sozio-materielle „Einbettung" des Interaktionsgeschehens als ein konstitutiver Bestandteil dieses Geschehens zu berücksichtigen. Wie insbesondere durch die beiden konzeptionellen Aspekte „Gestaltung" und „Verortung" deutlich gemacht wurde, sind Gesten im Familienleben nicht nur interpersonal auf die Beteiligten bezogen – so als sei die weitere belebte und unbelebte Umgebung (in den Dimensionen Raum und Zeit) für diese Vorgänge irrelevant. Durch Gesten werden die Beteiligten und ihr Tun, Dinge im Haushalt oder Gegenstände, auf die bloß verwiesen wird, räumliche Anordnungen, die Atmosphäre sowie Zeitlichkeiten aufeinander bezogen; in diesem Zusammenwirken werden Situationsdynamiken hervorgebracht.

Der Aspekt „Gestaltung" bezieht die zeitliche, räumliche und atmosphärische „Einrichtung" situativer Settings, also die konkrete Organisation und Gestaltung zeitlicher Abläufe, räumlicher Konstellationen und der Atmosphäre mit ein, z. B. als Ausgestaltung wiederkehrender ritueller Arrangements mithilfe von Gesten, die für die gemeinsame Sozialisation bedeutsam sind (vgl. Wulf u.a. 2001, 2004, 2007). Insbesondere der Aspekt „Verortung" verweist darüber hinaus auf globalere Ordnungsbezüge, die durch Gesten verkörpert werden können: auf mehr oder weniger institutionalisierte und in der Situation zur Geltung gebrachte Differenzen und Machtverhältnisse. Er verweist auf konkrete Abgrenzungen und persönliche Zuordnungen in Bezug auf charakterisierende Eigenschaften, Gegenstände (z. B. durch Besitzansprüche), Territorien und „Handlungsressorts" sowie auf die Manifestation von Zugehörigkeiten (z. B. als Familienangehörige/r in Abgrenzung zu einem Gast, oder auch in Bezug zu anderen diskursiv bestimmten Gruppierungen). Mit dem dritten Aspekt „Einfühlung" wurden Gesten in Hinsicht auf eine interpersonale Beziehungspraxis rekonstruiert, in der körperliche Dynamiken zwischen Zu- und Abwendung, Annäherungen und Distanzierungen, Öffnungen und Schließungen sowie gemeinsame Bezugnahmen im Fokus standen.

In Hinblick auf die Erziehungsfunktionen im Generationenverhältnis schreibt der Familienpsychologe Klaus A. Schneewind, in erster Linie seien „die Eltern für ihre Kinder Interaktionspartner“, die „sich im Umgang mit ihren Kindern häufig unintentional verhalten, d. h. keine ausdrücklichen erzieherischen Absichten mit ihrem Verhalten verbinden“. Zu Erziehung in einem engeren Sinn werde die Interaktion, wenn Eltern „explizit eine Erzieherrolle einnehmen“ und in Bezug auf ihre Erziehungsabsichten handelten[33] (indem sie z. B. durch Anregen, Zeigen, Überzeugen, Überreden usw. Handlungen initiieren; durch Unterstützen, Mitmachen, Vormachen, Erklären usw. Lernprozesse begleiten und durch Loben, Wertschätzen, Kommentieren usw. Verhaltensweisen festigen) – wobei nicht allein die Eltern Ziele verfolgten, sondern auch die Kinder von sich aus Lern- und Bildungsprozesse anstießen (Schneewind schreibt diesbezüglich von „Selbsterziehung“), z. B. wenn sie etwas wissen wollten oder praktische Hilfestellungen einforderten (Schneewind 2000: 193f.).

Sofern die analytische Unterscheidung zwischen Alltagsinteraktion und pädagogischem Handeln in Hinblick auf das Erziehungsgeschehen im Familienleben akzeptiert wird, liegt auf der Hand, dass Gesten in das exemplarisch umrissene Erziehungshandeln involviert sind. Doch machen Gesten in ihrer Beiläufigkeit, ihrer Mehrdeutigkeit und fortlaufenden Wechselseitigkeit diese Differenzierung zwischen Alltagsinteraktion einerseits und einer temporär eingenommenen „Erzieherrolle“ andererseits, die durch pädagogische Handlungen zur Geltung komme, auch fragwürdig. So verweist der Rollenbegriff auf eine erzieherische Rollenverantwortung in der Eltern-Kind-Beziehung, die nicht auf dezidiert pädagogische *Handlungen* beschränkt ist, sondern die kommunikative Präsenz der *Haltungen* von Eltern gegenüber ihren Kindern mit umfasst (vgl. Giesinger 2007: 155ff.). Den unvermeidlich vorgeführten Haltungen kommt nicht allein deswegen Bedeutung zu, weil Kinder besonders in persönlichen Beziehungen auf eine sich vermittelnde persönliche Wertschätzung angewiesen sind (was begrifflich als emotionale Fürsorge noch neben die „Erziehung in einem engeren Sinn“ gestellt werden könnte), sondern auch hinsichtlich der Intensität mimetischen Lernens von Kindern in Bezugnahme auf ihre Eltern als „Vorbilder“. Eine typologische Unterscheidung zwischen explizitem pädagogischen Handeln einerseits und weiteren Verhaltensäußerungen andererseits wird durchlässig, sofern anerkannt wird, dass die jeweiligen reflexiven Selbstverhältnisse, die Familienbeziehungen wie die gesamte Familienkultur einer fortwährenden prakti-

33 Als dritte Funktion der elterlichen Erziehung unterscheidet Schneewind in Differenz zum direkten interpersonalen Handeln die Einflussnahme auf „Erfahrungs- und Entwicklungsgelegenheiten“ in der häuslichen und außerhäuslichen Umwelt. Schneewind bezieht sich dabei auf ein Modell von Ross D. Parke und Raymond Buriel (1997: 468), die im US-amerikanischen Kontext von elterlichen Funktionen für die kindliche Sozialisation schreiben.

schen (und doch überwiegend impliziten) „Formgebung“ im Sinne einer Arbeit an der Ausgestaltung unterliegen, die erzieherisch relevant ist und Gewicht hat – die jedoch scharfe Grenzziehungen zwischen agieren und reagieren, geplant und ungeplant, gewollt und ungewollt verwischt.

Die Gesten verweisen auf ein körperlich getragenes Familienleben, das durch wechselseitige Bezugnahmen stets gemeinsam hervorgebracht und ausgeformt wird, und von einer pädagogischen Generationendifferenz, den jeweiligen Haltungen und deren Auswirkung auf die gemeinsame Lebensführung durchdrungen ist.

Gesten auf Rock- und Popkonzerten
Performative Strategien der Vergemeinschaftung

Gerald Blaschke, Ruprecht Mattig

Der vorangegangene Beitrag zu Gesten im Familienleben zeigt, dass Gesten in sozialen Situationen nicht nur im Zusammenhang mit Sprache Wirkungen entfalten, sondern auch für sich allein bedeutende soziale Funktionen erfüllen können. Die in den meisten Forschungsarbeiten eingenommene Perspektive, die lediglich die sprachbegleitende Funktion von Gesten in den Blick nimmt (vgl. Keppler 2006: 121), greift somit zu kurz. Vielmehr gilt es ernst zu nehmen, dass Gesten, auch wenn sie zumeist in Verbindung mit Sprache auftreten, eine eigenständige Kommunikationsfunktion haben.

Diese Auffassung werden wir im Folgenden anhand eines weiteren Sozialisationsfeldes, der Jugendkultur, vertiefen, indem wir uns auf Rock- und Popkonzerte konzentrieren. Die Rock- und Popmusik stellt einen zentralen Bestandteil heutiger Jugendkulturen dar und spielt eine wichtige Rolle bei der Sozialisation von Heranwachsenden (vgl. z. B. Mattig 2009; Fritzsche 2003; Schäfers 1999; Flender/Rauhe 1989; Breyvogel 2005). Rock- und Popkonzerte leben in der Regel von ausdrucksstarkem gestischen Verhalten, welches jedoch oft nicht oder nur rudimentär von Sprache begleitet wird.[1] Das besondere Verhalten, welches auf den Konzerten üblich ist, lernen die Zuschauer dabei in erster Linie in ihrer aktiven Teilnahme an den Konzerten selbst. Das Einüben in dieses Verhalten geschieht, wie generell das Erlernen von Kultur, weniger durch explizite Anleitungen, sondern vielmehr durch das mimetische (vgl. Gebauer/Wulf 2003) Eingebundensein in das Konzertereignis.

Welche Rolle spielen Gesten innerhalb der Dynamiken von Rock- und Popkonzerten? Wie vermitteln Gesten zwischen den Musikern und dem Publikum? Wie unterscheiden sich die Gesten verschiedener Musiker in unterschiedlichen sozialen Settings? Diesen Fragen gehen wir in einer ethnographisch orientierten Analyse von Konzerten dreier Bands nach. Neben der teilnehmenden und videobasierten Beobachtung der Konzerte führten wir zusätzlich narrative Interviews

1 Zum Begriff Ausdruck siehe den Beitrag von Kathrin Audehm in diesem Band.

oder Gruppendiskussionen mit den Musikern durch. Für die videobasierten Beobachtungen setzten wir jeweils zwei Kameras ein. Da es uns vor allem um die Interaktionen zwischen Musikern und Zuschauern ging, fingen diese Kameras dabei je unterschiedliche Perspektiven ein. Dementsprechend richteten wir eine Kamera hauptsächlich auf die Bühne, die andere vor allem auf das Publikum. Unsere Erhebung umfasste sowohl verschiedene Musikstile als auch verschiedene Professionalisierungsgrade der Musiker. So ist P. R. Kantate ein professioneller Reggae/Dancehall-Musiker, die Band „The SMU" spielt auf einer halbprofessionellen Basis Disco-Rock-Musik, und „Reborn To Conquer" ist eine Amateurband, die Hardcore-Musik macht. Die Erhebungen fanden alle im Sommer des Jahres 2008 statt.[2]

Unsere Studie zeigt, dass die Gesten auf Rock- und Popkonzerten bei allen drei Bands in erster Linie die Funktion haben, die beteiligten Personen zu einer außeralltäglichen Gemeinschaft zu verbinden. Über Gesten und Körperbewegungen kommen die Akteure in einen gemeinsamen, körperlich ausagierten Rhythmus, teilweise schaukeln, klatschen, drehen und springen sie sich bis in eine kollektiv geteilte Hochstimmung hinein. Die Gesten beziehen sich dabei in der Regel eng auf die Musik, sie „übersetzen" das musikalische Geschehen in körperliches Ausdrucksverhalten.[3]

Die Rekonstruktion dieser Dynamiken verdeutlicht dabei insbesondere die unterschiedlichen Strategien, denen die Performances der Bands zur Hervorbringung besonderer Vergemeinschaftungserlebnisse auf den Konzerten folgen. Der Begriff der Strategie, wie Pierre Bourdieu ihn verwendet, bezieht sich auf die Frage, in welcher Weise sich ein Akteur oder eine Gruppe von Akteuren (in unserem Fall eine Rockband) verhält, wenn sie auf ein bestimmtes soziales Setting (bei uns das Publikum) trifft. Im Unterschied zur Verwendung des Strategiebegriffs im Alltagsverständnis zeichnet sich eine Strategie dabei dadurch aus, dass sie sich zwar objektiv an einem Ziel orientiert, ohne jedoch vollends bewusst, gänzlich geregelt oder durch und durch rational kalkuliert abzulaufen. Als praktische Anpassung an ein bestimmtes soziales Feld liegt eine Strategie gleichsam zwischen Bewusstem und Unbewusstem und realisiert sich in einer nie völ-

---

2 Gerald Blaschke und Ruprecht Mattig möchten herzlich allen Teilnehmer/innen am Seminar „Bildung durch Gesten in jugendlichen Musikszenen", das im Wintersemester 2008/09 am Fachbereich Erziehungswissenschaft und Psychologie der Freien Universität stattfand, für ihre hilfreichen Hinweise sowie die konstruktiven Diskussionen über die Gesten auf den untersuchten Konzerten danken. Viele ihrer Anregungen flossen in die Arbeit am Text ein.

3 Wir sprechen hier in erster Linie von „Gesten zur Musik". Die Grenzen zu „Tanz" sind dabei fließend, schließlich haben Tänze vielfältige kommunikative Funktionen und beinhalten zumeist Gesten (vgl. Kaeppler 1991).

lig mechanischen Regelhaftigkeit sozialer Praxis (vgl. Bourdieu 1992: 79-99).[4] Bei der Rekonstruktion von unterschiedlichen Strategien fragen wir somit nach der Regelhaftigkeit sozialer Praxis. Bezogen auf die Bands, mit denen wir uns beschäftigen, wollen wir sozusagen den „roten Faden der Performance" kenntlich machen und dabei vor allem die Rolle der je spezifischen Gesten herausarbeiten.[5]

Nachdem wir in einem ersten Schritt darlegen, wie wir den Zusammenhang von Geste, Ritual, Musik und Gemeinschaft konzeptionalisieren, gehen wir in einem nächsten Schritt nacheinander auf die Konzerte der drei untersuchten Bands ein. Mittels ethnographischer Beschreibungen unserer videogestützten und teilnehmenden Beobachtungen rekonstruieren wir über die Analyse der Gesten der Musiker sowie der Form der entstehenden Gemeinschaft im jeweiligen Fall die performative Strategie der Erzeugung einer kollektiven Hochstimmung.

Geste, Ritual, Musik und Gemeinschaft

Unsere Analyse richtet sich auf die Funktion von Gesten in der Interaktion. Somit betonen wir den körperlichen Aspekt des Ausdrucksverhaltens der verschiedenen Akteure sowie die gegenseitigen Bezugnahmen der Akteure auf dieses Verhalten. Dabei gehen wir grundlegend davon aus, dass sich erst in der Relation von Gesten bzw. in den Reaktionen auf Gesten eine Regelhaftigkeit ergibt, die erschlossen werden muss, um die Signifikanz von Gesten zu rekonstruieren. Aus diesem Grund stellen für uns die beobachtbaren Reaktionen der Akteure auf Körperbewegungen anderer Akteure – seien dies Musiker oder Zuschauer – den entscheidenden Ansatz zur Interpretation der Gesten auf den Kon-

4 Bourdieu versteht Strategie als „das Produkt des praktischen Sinns als eines ‚Spiel-Sinns', eines Sinns für ein historisch bestimmtes, besonderes soziales Spiel. [...] Der gute Spieler, gewissermaßen das Mensch gewordene Spiel, tut in jedem Augenblick das, was zu tun ist, was das Spiel verlangt und erfordert. Das setzt voraus, dass man fortwährend erfindet, um sich den unendlich variablen, niemals ganz gleichen Situationen anzupassen. Das lässt sich durch mechanische Befolgung einer expliziten und – so sie existiert – kodifizierten Regel nicht erreichen" (Bourdieu 1992: 83).

5 In diesem Sinne unterscheiden wir zwar zwischen den sprachlichen, musikalischen und körperlich-gestischen Strategien der Bands. Auf einer – diese Strategien in Praktiken umsetzenden – Ebene stellt diese Aufgliederung jedoch allenfalls eine analytische Hilfestellung dar, da die sprachlichen, musikalischen und körperlich-gestischen Praktiken der Musiker häufig so eng miteinander verwoben sind, dass die Grenzen dieser Aufteilung immer wieder verschwimmen. Obwohl wir also auch die sprachlichen und musikalischen Strategien der Bands mit in den Blick nehmen (müssen), richtet sich unser Fokus auf die körperlich-gestischen Strategien, auf eine praktische Regelhaftigkeit in den Bewegungen der Musiker.

zerten dar. Aus dieser Einstellung folgt, dass manchen Bewegungen zwar bestimmte etablierte Bedeutungen zugeschrieben werden können. Die konkrete Komplexität und Dichte einer Geste geht unserem Fokus folgend allerdings erst aus der *Inter*aktion hervor bzw. aus der *praktischen Interpretation* der Gesten durch die Akteure, welche erst in spezifischen Aktionen und Reaktionen ihren Ausdruck findet (Schinkel/Blaschke/Ferrin 2010). Unser Erkenntnisinteresse gilt also nicht primär einem isolierten Ausdrucks- und Bedeutungsgehalt von gestischem Verhalten. Vielmehr gehen wir von einem prozessualen und situationsgebundenen Signifikantwerden von Körperbewegungen aus. Insofern wenden wir uns einer Bewegung immer erst in jenem Moment zu, in dem „sie sich als Effekt bzw. Affekt einer anderen Bewegung erweist und selbst ihren Sinn darin findet, eine andere Bewegung zu affizieren" (Brandstetter/Brandl-Risi/van Eikels 2007: 15).

Mit Blick auf die körperlichen Prozesse während der Konzerte helfen uns die heuristischen Begriffe der „Übertragung" und „Zirkulation" dabei, die Dynamiken von Bewegungsmustern zu erfassen. Sie machen es möglich, die „Bedeutsamkeit" einzelner Bewegungen aus dem *Interaktionsverlauf* angemessen zu rekonstruieren, ohne dabei auf Sprache rekurrieren zu müssen. Die „Übertragung" einer Bewegung liegt für uns dann vor, wenn wir ein Bewegungsmuster beobachten, das mehr oder weniger offensichtlich auf eine Bewegungsfigur Bezug nimmt bzw. eine Bewegungsfigur re-inszeniert, die bereits zuvor in anderen Interaktionsräumen beobachtet werden konnte. Zu dieser Übertragung von Bewegungen können bspw. diejenigen Posen[6] gezählt werden, die von unterschiedlichen Musikern zu unterschiedlichen Zeiten im Kontext unterschiedlicher Stilrichtungen und Konzerte immer wieder ausgeführt werden. Mit solchen Übertragungen von Bewegungen aus anderen Kontexten knüpfen die Musiker somit an ein mehr oder weniger weit verbreitetes Erfahrungswissen an, das in der Bewegung selbst einen Ausdruck findet.

Darüber hinaus können Bewegungsfiguren in einem je spezifischen Interaktionsraum zirkulieren. Unter der „Zirkulation" von Gesten verstehen wir dabei, dass bestimmte Bewegungsmuster in der Interaktion unmittelbar zwischen den beteiligten Interaktionspartnern „hin und her gehen". Zum Begriff der Zirkulation zählen dabei allerdings nicht nur Körperbewegungen, die von den reagierenden Personen eins zu eins wiederholt werden (wie z. B. Klatschbewegungen). Insofern wir soziale Interaktionen als *mimetische Bezugnahmen* der Interaktionspartner aufeinander verstehen, können die Bewegungen der reagierenden Personen immer auch anders aussehen als die zuvor ausgeführten Bewegungen der

6 Unter einer Pose verstehen wir ein ausdruckstarkes In-Positur-Stellen, das vor allem in Inszenierungssituationen immer wieder eingesetzt wird, um dramaturgische Höhepunkte zu markieren. Zum Begriff der Pose siehe zudem den Beitrag von Kathrin Audehm in diesem Band.

Person, auf die sich die Reaktion bezieht. In der empirischen Rekonstruktion zeigt sich darüber hinaus, dass manchmal nicht eindeutig gesagt werden kann, ob bestimmte Körperbewegungen von Akteuren als direkte Reaktionen auf Bewegungsmuster anderer Akteure im je spezifischen Interaktionsraum gedeutet werden können. Vielmehr fügen sich die Bewegungen der verschiedenen Akteure oft in einen übergreifenden Verweisungszusammenhang und eine kollektiv geteilte Dynamik bzw. Dramaturgie der Körperbewegungen. Zirkulation meint dann, dass die Bewegungen der unterschiedlichen Akteure erkennbar ein gemeinsames mimetisches Vorbild haben und sich vor diesem Hintergrund innerhalb des beobachteten, situativ hervorgebrachten symbolischen Interaktionsraumes „im Umlauf sind".

Rock- und Popkonzerte sind außeralltägliche, rituelle Arrangements (vgl. Mattig 2009: 113-127; Mattig 2006). Insofern sind Emile Durkheims Überlegungen zur sozialen Bedeutung von Ritualen und Gesten für unsere Studie aufschlussreich. Nach Durkheim haben rituelle Handlungen die Funktion, Gemeinschaft zu stiften und Gemeinschaften zusammenzuhalten (vgl. Durkheim 1994). In Ritualen treten die Menschen gleichsam aus ihrem Alltagsleben heraus und erfahren eine außeralltägliche, gemeinschaftliche Hochstimmung, die Durkheim mit dem Begriff der „kollektiven Efferveszenz" bezeichnet hat.[7] Wenn die Menschen rituell versammelt sind, können ihre Gefühle in Prozessen wechselseitiger Steigerung aufwallen und überschäumen, wodurch ein besonders intensiv erlebtes, euphorisches Gemeinschaftsgefühl entsteht. Ritualen wohnt demnach die Kraft inne, die Beteiligten an eine gemeinsame Handlung zu binden und sie zu einem Kollektivkörper verschmelzen zu lassen. In der Gemeinschaftsaktion vermögen sie so, die Unterschiede zwischen den Teilnehmenden zu verwischen, indem sie die Akteure an „gemeinsame Handlungsgitter, an einen gemeinsamen Handlungstakt und Rhythmus" binden (Soeffner 2004: 168).

In diesem Zusammenhang spielen nach Durkheim insbesondere Gesten eine tragende Rolle. So beschreibt er die Entstehung einer kollektiven Begeisterung wie folgt:

> „Nun wirkt aber die Ansammlung allein schon wie ein besonders mächtiges Reizmittel. Sind die Individuen einmal versammelt, so entlädt sich auf Grund dieses Tatbestandes eine Art Elektrizität, die sie rasch in einen Zustand außerordentlicher Erregung versetzt. Jedes ausgedrückte Gefühl hallt ohne Widerstand in dem Bewußtsein eines jeden wieder, das den äußeren Eindrücken weit geöffnet ist. Jedes Bewußtsein findet sein Echo in den anderen. Der erste Anstoß vergrößert sich auf solche Weise immer mehr, wie eine Lawine anwächst, je weiter sie läuft. Und da diese starken und entfesselnden Leidenschaften nach außen drängen, ergeben sich allent-

7 Von frz. *effervescence*, Sprudeln, Schäumen, Gärung, Überschäumen, Aufbrausen, Steigerung, Aufwallen.

> halben nur heftige Gesten, Schreie, wahrhaftes Heulen, ohrenbetäubendes Lärmen jeder Art, was wiederum dazu beiträgt, den Zustand zu verstärken, den sie ausdrücken“ (Durkheim 1994: 297).

In dem von Durkheim verwendeten Wort „Echo“ ist bereits ein Hinweis auf das von uns vorgeschlagene Konzept der Zirkulation von Gesten zu finden. Denn es impliziert, dass der körperliche Ausdruck von Ritualteilnehmern in anderen Ritualteilnehmern „widerhallt“, was wiederum einen „Widerhall“ bei anderen Teilnehmern hervorrufen kann. Kollektive Efferveszenz entsteht durch diese Rückkopplung, dieses Zirkulieren von körperlichem Ausdrucksverhalten. Wenn Gesten dieser Auffassung nach also eine wichtige Funktion bei der Gemeinschaftsbildung haben, so müssen sie nicht notwendig eine explizierbare „Bedeutung“ haben:

> „Man setzt sich [...] Mißerfolgen aus, wenn man, um die Riten zu erklären, glaubt, jeder Geste ein präzises Objekt und einen bestimmten Daseinsgrund zuweisen zu müssen. Es gibt eben welche, die zu nichts da sind. Sie befriedigen einfach das Bedürfnis der Gläubigen, zu handeln, sich zu bewegen, zu gestikulieren. Daher sieht man sie springen, drehen, tanzen, schreien, singen, ohne daß es immer möglich ist, diesen Bewegungen einen Sinn zu unterlegen“ (ebd.: 512f.).

Allerdings haben die Gesten für die Gemeinschaftsmitglieder durchaus einen „Sinn“, denn die Menschen „verstehen“ sich gegenseitig, während sie gemeinsam solche rituellen Handlungen vollziehen. Bei diesem „Verstehen“ handelt es sich jedoch in zweierlei Hinsicht weniger um ein kognitiv-versprachlichtes als um ein *praktisches Erfahrungswissen*. Denn wenn ein Ritualteilnehmer eine Geste ausführt und andere Teilnehmer darauf reagieren, so haben die Akteure den Charakter der Bewegung als Geste „verstanden“. Auf Rock- und Popkonzerten lässt sich z. B. oft beobachten, dass die Musiker auf der Bühne zum Rhythmus der Musik über dem Kopf in die Hände klatschen und das Publikum diese Bewegung mitmacht. Das Publikum „versteht“ die Geste des Musikers, ohne dass dieser etwas sagen müsste. Die Bedeutsamkeit dieser Geste geht allerdings über die bloße Aufforderung zum Mitklatschen hinaus, da sie auf andere Erlebnisse ritueller Vergemeinschaftung auf Rock- und Popkonzerten verweist und damit als Handlung selbst symbolisch aufgeladen ist. Die Aufforderung umfasst demnach ein praktisches Wissen bezüglich des performativen Effektes dieser Geste: Über den gemeinsamen Vollzug dieser Bewegung können sich Publikum und Musiker zu einer situativen Gemeinschaft verbinden.

In diesem Zusammenhang ist darüber hinaus zu betonen, dass *Musik* und *Tanz* eine bedeutende Rolle spielen, um eine kollektive Efferveszenz zu erzeugen, denn über die Musik werden die Bewegungen der Menschen, die an den rituellen Handlungen beteiligt sind, in Einklang gebracht. Musik ist ein besonders geeignetes Medium, über welches sich Gefühle der Vergemeinschaftung entwickeln können (vgl. Durkheim 1994: 297). Musikalische Aufführungen haben die Kraft, Menschen – im doppelten Wortsinn – zu bewegen. Gerade Rock- und Popmusik wirkt aufgrund ihrer Rhythmusbetonung und ihrer oft hohen Lautstärke direkt auf die Körper der Akteure ein, man wird von der Musik gleichsam „mitgerissen" (vgl. Mattig 2009; Risi 2007).

In diesem Sinne äußern sich auch die von uns befragten Musiker in den vor den Konzerten geführten Gruppendiskussionen bzw. dem narrativen Interview. In diesen Gesprächen schildern sie, dass sie gerade diejenigen Konzerte als besonders gelungen empfanden, in denen sie besondere Prozesse der emotionalen Vergemeinschaftung mit und unter dem Publikum wahrnahmen, die sich mit dem Begriff der kollektiven Efferveszenz beschreiben lassen. Die Auftrittsstrategien der Bands sind somit an der Hervorbringung eines bestimmten Gemeinschaftsgefühls orientiert, einer gemeinschaftlichen Hochstimmung, in der die Beteiligten auf eine besondere Weise euphorisch miteinander „verschmelzen".

Rap und Reggae auf einem Straßenfest

P. R. Kantate ist ein professioneller Berliner Reggae/Dancehall-Musiker, der bekannte, meist deutschsprachige Hits neu vertont, wobei er stets eigene Ideen einfließen lässt und so eigenständige Songcollagen entwickelt.[8] Sein Gesang zeichnet sich durch einen ausgeprägten Einsatz der Berliner Mundart aus.

Das von uns beobachtete Konzert fand auf einem zentralen Stadtfest in Frankfurt an der Oder auf einem großen Platz im Freien statt. P. R. Kantate war von der Stadt und einem großen Radiosender, der als Hauptsponsor für das Konzert fungierte, für seinen Auftritt engagiert worden. Auf einer Seite des Platzes befand sich eine große, technisch professionell ausgestattete Bühne. Der Bereich hinter der Bühne war als Backstagebereich durch Zäune umstellt, es kamen nur Personen mit Zutrittsberechtigung hinein.[9] P. R. Kantate sollte um 20:00 Uhr mit dem Konzert beginnen. Kurz vor Konzertbeginn regnete es jedoch so heftig, dass der Platz, auf dem sich vor dem Regen noch etliche Personen aufgehalten hatten, fast gänzlich menschenleer war. Als das Konzert, nachdem der Regen nachgelassen hatte, einige Minuten nach 20:00 Uhr begann, standen nur rund 10-20 Personen mit aufgespannten Regenschirmen und in einzelne Gruppen verteilt im Pub-

---

8 Das „P. R." in seinem Namen als Musiker steht für „Plattenreiter", die wörtliche Übersetzung von *Diskjockey*.

9 Wir erhielten Zutritt zu diesem Bereich und konnten so auch mit einer Kamera von der Bühne aus filmen, wobei wir darauf achteten, nicht nur die Musiker, sondern gleichfalls das Publikum in den Blick zu nehmen. Die andere Kamera stellten wir in rund 100 Meter Entfernung vor der Bühne auf einem Treppenabsatz vor einem großen Gebäude auf, von wo aus wir eine gute Perspektive auf die Bühne sowie das Publikum hatten.

likumsbereich, zu denen sich mit der Zeit eine zunehmende Anzahl an Personen gesellte. Als es schließlich ganz zu regnen aufhörte, verschwanden die Regenschirme und es kamen immer mehr Menschen auf den Platz, die sich das Konzert anschauten bzw. -hörten. Darüber hinaus schlenderten während des Konzerts immer wieder Personen über den Platz (als es voller wurde: durch das Publikum), die nur vorbeigehender Weise Teil des Konzerts waren. Zum Abschluss des Konzerts standen rund 150 Personen vor der Bühne, hinter ihnen saßen an aufgestellten Biertischen noch rund 50 Personen. Während des Konzertes brach die Dämmerung an, so dass das Konzert im Hellen begann und im Dunkeln endete. Die Stimmung im Publikum wurde im Verlauf des Konzerts immer ausgelassener, beim letzten Lied tanzten die beiden Reihen unmittelbar vor der Bühne enthusiastisch mit.

Gesanglich wird P. R. Kantate während des Konzerts von einem Co-Sänger und einer Backgroundsängerin unterstützt. Der Co-Sänger, er nennt sich während des Konzerts „Mister Sonnenschein“, übernimmt überdies auch Ansagen und (Gesangs-)Parts, zu denen er ins Zentrum der Bühne kommt und entweder einen Song alleine oder gemeinsam mit P. R. Kantate singt. Zudem wird P. R. Kantate während des Auftritts von einer Band begleitet (Gitarre, Schlagzeug, Bass, Blechbläser, Keyboard).

„Von Hartz inne Charts“

Da P. R. Kantate während des Konzerts auf einen großen Pool unterschiedlicher Themen und Phänomene zurückgreift, die durch die Massenmedien weithin bekannt sind, lässt sich seine Show als Collage von Bezugnahmen charakterisieren. Der Ausdruck Bezugnahme bezieht sich dabei sowohl auf verbales als auch nonverbales Ausdrucksverhalten. Darüber hinaus bringt er immer wieder Geschichten und Beobachtungen aus seinem Alltagsleben (in Berlin) mit ein. Inszeniert werden diese Themen oft auf eine theatralische Weise, bspw. wenn P. R. Kantate oder auch andere Personen der Band sich umziehen und eine bestimmte „Rolle“ spielen. Wir werden dies im Folgenden anhand einer charakteristischen Szene des Auftritts rekonstruieren.

> In einen blauen Anzug gekleidet, kündigt P. R. Kantate das nächste Stück an: „Jetzt ähm, haben wir noch ein paar Gäste auf der Bühne, vielleicht können wir schon mal den Bass haben.“ Bass und Schlagzeug beginnen, einen Rhythmus zu spielen. Unterdessen ziehen sich P. R. Kantate und Mister Sonnenschein um. P. R. Kantate zieht sich eine orangene Sportjacke an, Mister Sonnenschein eine rotblonde, wuschelige Perücke und ein kurzärmeliges Deutschlandtrikot. Dann gehen beide wieder zum vorderen Zentrum der Bühne. Man hört ein Jubeln aus dem Publikum. Mister Son-

> nenschein sagt nun, zum Publikum blickend, ins Mikrofon: „Wasn hier los? Frankfurt oder wat?“ Man hört das Publikum mit verhaltenen Schreien antworten. Mister Sonnenschein spricht weiter: „Ja wat denn?“ Dabei beugt er kurz seinen linken Arm und dreht die Hand etwas nach oben. Einige Zuschauer antworten grölend. Mister Sonnenschein fährt fort. „Ja was denn los?“ Dann: „Wat schreit ihr denn so? Ja wenn, dann schreit mal richtich!“ Daraufhin deutet er mit dem Mikrofon ins Publikum. Das Publikum grölt wieder, diesmal ein wenig lauter als vorher. Dann sagt er zum Publikum: „So, mein Name is Manne, Manfred Mannekowski.“ Und noch einmal: „Ick bin Manne!“, dann zeigt er auf P. R. Kantate, der dann sagt: „Und ick bin Jüntha!“

Mister Sonnenschein und P. R. Kantate schlüpfen in dieser Sequenz beide in eine neue Rolle und werden selbst zu den angekündigten Gästen. Neben der Kleidung begleiten und untermalen auch die Bewegungen der beiden deren „Verwandlung“ in „Manfred Mannekowski“ und „Günther“, denn beide bewegen sich nun anders als zuvor. So steht „Günther“ nun viel gebeugter als P. R. Kantate zuvor auf der Bühne, und auch „Manne Mannekowski“ tänzelt nun nicht mehr, anders als Mister Sonnenschein dies zuvor weitestgehend tat, über die Bühne. In Bezug auf Kleidung, körperliches und auch sprachliches Auftreten sind beide zu jemand anderem geworden. Das Konzert wird hier zu einer theatralischen Aufführung, für die der nun folgende Song den Rahmen bereitstellt.

Als „Manne“ und P. R. Kantate ins Zentrum der Bühne kommen, hört man ein Jubeln im Publikum. P. R. Kantate und Mister Sonnenschein machen sich die Tatsache zunutze, dass die deutsche Fußballnationalmannschaft allgemein bekannt ist und sich in Deutschland großer Beliebtheit erfreut; es ist also sehr wahrscheinlich, dass auch im Publikum Sympathien für die Mannschaft vorhanden sind. Dass dies offenbar der Fall ist, zeigt der Jubel des Publikums. Durch den Verweis auf Fußball-Begeisterung über die Figur „Manne“ wecken die Musiker bei den Zuschauern somit bestimmte, offenbar positive Emotionen und stellen gleichsam ein identifikatorisches Band zwischen sich und dem Publikum her. Im parodistischen Bezug auf den „einfachen“ und etwas grobschlächtigen Fußballfan distanziert sich die Aufführung dabei gleichzeitig vom Typus eines solchen Fans. Die Aufführung erhält so einen uneindeutigen Charakter. Sie bietet dem Publikum die Möglichkeit, sich mit der Figur „Manne“ als „Mann des Volkes“ zu identifizieren und ebenso auf Distanz zu ihr zu gehen.

„Mannes“ Kommunikation mit dem Publikum lässt sich mit Durkheim als ein „Echo“ und „Widerhallen“, als eine gegenseitige Steigerung beschreiben, bei der Gesten eine wichtige Rolle spielen. „Manne“ ruft hier in einer Art Wechselspiel mit dem Publikum immer lauter werdende Wellen von Jubeln, Schreien und Gröhlen des Publikums hervor. Auch bei „Manne“ selbst lässt sich eine Steigerung im körperlichen Ausdruck feststellen. Anfangs bewegt er seinen Arm nur unmerklich in Richtung des Publikums; als er lautere Antworten erwartet und erhält, streckt er das Mikrofon dann weiter dem Publikum entgegen. Diese Geste, die auf vielen Pop- und Rockkonzerten zu beobachten ist und von „Manne“ in dieses Konzert übertragen wird, symbolisiert die Übergabe des Wortes und enthält einen Aufforderungscharakter. In gewisser Hinsicht sind „Mannes“ verbale Äußerungen dabei recht „sinnlos“, da seine Frage an das Publikum „Frankfurt oder wat?“ kaum darauf abzielt, eine Information zu erhalten; sie lässt sich vielmehr als Versuch der Herstellung von Gemeinsamkeit unter den Zuschauern verstehen: Dem Publikum, das, wie „Manne“ annehmen kann, mehrheitlich aus Frankfurt kommt, wird wieder eine Möglichkeit zur gemeinsamen Identifikation (in diesem Fall als Frankfurter) gegeben. Der „Sinn“ der Kommunikation liegt also vor allem darin, Gemeinsamkeit im Publikum hervorzubringen. Dies geschieht zum einen durch das gestisch/verbale Hervorrufen eines gemeinsamen Jubelns, zum anderen durch das verbale und bildhafte (T-Shirt) Aufrufen geteilter Erfahrung und Identifikationsmöglichkeiten.

> Günther und Manne stehen nebeneinander im Zentrum der Bühne und sehen sich an. Die Band spielt im Hintergrund einen gleichbleibenden Rhythmus, zu dem die in der ersten Reihe des Publikums stehenden Personen vor dem Körper klatschen. Manne spricht unterdessen in sein Mikrofon: „Ja, und wat machen wir beede zusammen?“ Die beiden rücken ein wenig enger aneinander. Günther blickt Manne an, der weiterspricht: „Wir machen beede zusammen, äh ne, unser Motto is?“ Günther hebt das Mikrofon an seinen Mund und sieht ins Publikum. Manne spricht weiter: „heut noch äh uff Hartz“. Günther blickt wieder kurz zu Manne, wendet sich dann wieder zum Publikum und sagt, nun ein wenig breitbeinig stehend: „und morgen inne Charts!“ Bei „inne Charts!“ streckt er, ins Publikum schauend, seinen linken Arm in die Höhe, wobei er mit dem Zeigefinger nach oben zeigt. Manne vollführt kurz darauf die gleiche Bewegung. Währenddessen sagt er: „So sieht det nämlich mal aus Leude!“ und läuft einige Schritte auf die rechte vordere Seite der Bühne und zurück. Man hört lauten Jubel und Pfiffe aus dem Publikum, einige Personen klatschen.

Bei der Vorstellung ihres „Mottos“ führen „Manne“ und „Günther“ insbesondere ihre Zusammengehörigkeit auf: Genau wie sie auf der verbalen Ebene wie aus einem Munde sprechen, führen sie eng aufeinander abgestimmte Bewegungsfolgen und -figuren auf. Die Aufführung erfolgt dabei im Wechsel zwischen einer face-to-face-Kommunikation zwischen „Manne“ und „Günther“ sowie der Kommunikation von „Manne“ und „Günther“ mit dem Publikum. Es handelt sich hier um die Aufführung eines theatralischen Stückes, bei dem auch das Publikum einbezogen ist.

Das „Motto“, das die beiden präsentieren, nimmt wiederum Bezug auf allseits bekannte (Medien-)Themen des Alltags, wodurch erneut Anschlussfähigkeit für das disparate Vorwissen im Publikum bereitgestellt wird. Dabei ist gerade der Begriff „Hartz“ im öffentlichen Diskurs stark negativ konnotiert und steht nicht nur für politisch durchgesetzte Veränderungen im sozialen Bereich, sondern vor allem auch für eine breite Solidarisierung gegen diese Veränderungen, die in nicht allzu ferner Vergangenheit in zahlreichen Protestaktionen zum Ausdruck kam. Dieser Aufruf weithin negativ konnotierter Assoziationen wird von den Musikern durch den sofort folgenden Bezug auf die „Charts“ ins Gegenteil gewendet, schließlich werden mit den Charts für gewöhnlich Erfolg, gute (das heißt hier: populäre) Musik und Glamour assoziiert, also geradezu das Gegenteil der „Hartz-Tristesse“. Das „Motto“ der Musiker: „Von Hartz inne Charts“ bringt einen rasanten Aufstieg von „ganz unten“ nach „ganz oben“ zum Ausdruck, lässt sich gleichsam als eine deutsche Variante des *American Dream* lesen – eine Verheißung, die auch populäre Fernsehshows wie *Deutschland sucht den Superstar*, *Germanys next Topmodel* usw. zum Ausdruck bringen. Dieser rasante Aufstieg kommt aber nicht nur auf der verbalen Ebene zum Ausdruck, sondern auch auf der körperlichen. Dies zeigt sich hier in dem Hochreißen der Arme, welches zuerst bei „Günther“, kurz danach auch bei „Manne“ zu beobachten ist. Diese symbolisch hoch aufgeladene Pose verbildlicht und „erläutert“ somit körperlich den zweiten Teil des „Mottos“, den Sprung in die Charts, wobei „Günthers“ ausgestreckter Zeigefinger, der geradewegs Richtung Himmel weist, diesem Sprung sogar noch einen das Irdische transzendierenden Charakter gibt. „Manne“ und „Günther“ wiederholen ihr „Motto“ dann mit noch intensiverem Einsatz des körperlichen Ausdrucks:

> Die beiden kommen wieder im Zentrum der Bühne zusammen und beugen ihre Köpfe zueinander. Günther wechselt das Mikrofon von der rechten in die linke Hand, berührt vornüber zu Manne geneigt dessen Arm, blickt ihm ins Gesicht und sagt: „Und zwar schaffen wir dit von Haaartz inne Chaaarts!“ Bei „Haartz“ wendet er sich zum Publikum, hebt den rechten Arm kurz über seinen Kopf, wobei die Hand nach unten zeigt und führt dann den nach oben gerichteten Arm von oben nach unten bis kurz vor den Boden. Dabei bückt er sich und deutet mit dem Zeigefinger auf den Boden. Manne stimmt bei „Haaartz“ in diese Bewegung und den Spruch ein. Bei „inne Chaaaarts“ richten sich beide auf, bis sie zum Ende beide mit jeweils einem Arm hoch aufgerichtet gen Himmel zeigen und blicken. Während Günther und Manne ihre Arme wieder nach unten nehmen, sagt Günther „Frankfurt!“ und Manne „Wie heißt unser Motto?“ Dann deutet Günther in das Publikum und sagt: „Nochmal ihr!“ und streckt den linken Arm erneut gen Himmel. Manne schließt sich einem Echo gleichend an, wobei er ebenso in das Publikum deutet: „Jetzt ihr!“ dann wiederholen beide die zuvor ausgeführte Bewegung: „Von Haaartz inne Chaaaarts!“ Während Manne „Chaaaarts“ in sein Mikro spricht, hält Günther das Mikrofon in das Publikum. Ebenso führen einige Zuschauer die ausgeführte Bewegung mehr oder weniger raumgreifend, einige mit nur einem Arm, andere mit beiden Armen, aus. Gleichzeitig hört man vor allem das Wort „Charts“ aus dem Publikum schallen. Günther wendet sich zu Manne, beugt sich ein wenig zu ihm herüber und sagt ins Mikrofon: „Die ham det begriffen, Manne!“ Manne: „Die raffen det ab, Alter!“

Nun nehmen sie wieder das „Motto“ auf, wobei ihr körperliches Ausdrucksverhalten differenzierter ist als vorher. Zunächst einmal wird der schon vorhin beobachteten Bewegung nach oben (bei „inne Charts“) nun noch eine Bewegung nach unten vorangestellt (bei „von Hartz“). Zudem führen „Manne“ und „Günther“ die Bewegung nun annähernd synchron durch. Diese körperliche Aufführung präzisiert auf körperlich-bildhafte Weise, was die beiden mit ihrem „Motto“ meinen: Sie schaffen es von „unten“ nach „oben“, und zwar gemeinsam.

Abb. 1: *„Von Hartz ...“*

Abb. 2: *„... inne Charts“.*

Aus unserer Perspektive ist nun besonders bemerkenswert, was geschieht, als „Günther“ und „Manne“ das Publikum auffordern, ebenfalls das „Motto“ zum Ausdruck zu bringen. Die Geste des Haltens des Mikrofons in Richtung des Publikums (als Geste der Übergabe des Wortes) sowie die Aufforderung „Wie heißt unser Motto? – Jetzt ihr!“ deuten dabei darauf hin, dass Günther und Manne auf eine *verbale* Wiederholung abzielen. Man könnte sich also vorstellen, dass wohlgesinnte Zuschauer nun einfach „von Hartz inne Charts“ rufen – was tatsächlich auch der Fall ist. Darüber hinaus allerdings ahmen einige der Zuschauer auch die *körperliche Bewegung* nach, die „Günther“ und „Manne“ im Zusammenhang mit dem „Motto“ ausgeführt hatten, obwohl sie nicht explizit dazu aufgefordert werden. Das „Motto“ zum Ausdruck bringen heißt für sie, es (auch) körperlich darstellen. Verbale und gestische Ebene sind in diesen Fällen miteinander verschmolzen.

Unserer Auffassung nach kann man hier von einer *mimetischen Sogwirkung der körperlichen Performance* der beiden Darsteller sprechen. Denn die körperliche Performance der Darsteller wirkt unmittelbar „ansteckend“, sie erzeugt einen Sog, in den einige Zuschauer hineingezogen werden. Offenbar wissen diese Zuschauer, dass es hier (auch) darum geht, die Bewegungen der Personen auf der Bühne nachzuvollziehen. Und dass sie damit richtig liegen, kommt auch in den Folgebemerkungen von Manne und Günther zum Ausdruck. Denn diese honorieren die Teilnahme der Zuschauer, indem sie erklären, dass das Publikum die Aufforderung richtig „begriffen“ hat – ein Ausdruck, der auch den körperlichen Aspekt mit in die Sprache einbezieht.

> Im nun beginnenden Lied, welches durch einen schnellen Sprechgesang gekennzeichnet ist, erzählen Manne und Günther Episoden aus ihrem Alltag. Nach zwei Strophen und Refrains kommen beide im vorderen Zentrum der Bühne zusammen. Manne sagt: „So und ick zähl jetzt mal! Pass uff. Ick zähl, eins, zwei, drei, Hartz vier, Leute worauf wartet ihr?“ Bei „zwei“ steigt auch Günther mit ein. Beide sind zum Publikum gerichtet und bewegen sich zum Beat. Bei „Leute“ zeigt zunächst Manne mit seinem ausgestrecktem linken Arm bzw. Zeigefinger ins Publikum, dann reckt Günther den linken Arm bzw. Zeigefinger in den Himmel. Weiter: „ick sach, fünf, sechs, sieben acht! Jetzt wird erstmal mitjeklatscht! Und alle!“ Dann klatschen beide, nebeneinander stehend, mit ausgestreckten Armen und ausholenden Bewegungen viermal den Beat über ihren Köpfen mit. Sogleich tun dies auch einige der Bandmitglieder, allerdings keiner mit derart durchgestreckten Armen wie Manne und Günther. Zudem setzen sofort nach „Und alle!“ etliche Personen des Publikums mit dem Klatschen ein, teilweise über ihren Köpfen, teilweise vor ihren Körpern. Günther sagt, ins Publikum schauend, „cool, weiter!“ und „klatscht“ nun nur noch mit dem ausgestreckten linken Arm, indem er ihn im Takt von der Seite bis über den Kopf schlägt, mit dem anderen Arm hält er das Mikrofon vor den Mund. Manne hört derweil ganz auf zu klatschen und sagt ins Mikrofon „Ich bin Manne“. Danach sagt Günther: „Und Günther“. Danach hört auch er auf, den linken Arm nach oben und

> unten zu bewegen. Sie wiederholen „Manne", „Günther" im Wechselspiel, wobei Manne einmal zum Publikum sagt „und weiterklatschen!" Dann geht der Song wieder in einen anderen Part über. Die Klatschbewegungen im Publikum gehen hinsichtlich ihrer Intensität und der Anzahl klatschender Personen zurück, als Manne und Günther mit dem Klatschen aufhören.

Die hier beschriebene Aufforderung der Musiker an das Publikum zum Mitklatschen ist auf vielen Rock- und Popkonzerten zu beobachten. „Günther" und „Manne" „verpacken" die auffordernde Pose hier zwar in einer spezifischen Weise, letztlich läuft es jedoch auf die bekannten, von Musikern und Publikum gemeinsam ausgeführten Klatschbewegungen hinaus. Man kann sagen, dass „Günther" und „Manne" hier eine Geste auf ihr eigenes Konzert übertragen, welche in modernen Gesellschaften zum allgemeinen Bestand körperlichen kulturellen Wissens gehört und somit für das Publikum leicht anschlussfähig ist. Darüber hinaus machen P. R. Kantate und Mister Sonnenschein es dem Publikum doppelt leicht, an der Performance teilzunehmen, da sie ihm auch auf einer verbalen Ebene erklären, was es nun tun soll: eine Bewegung ausführen, die mit derjenigen übereinstimmt, die auf der Bühne vorgeführt wird. Die soziale Funktion des (Vor-)Klatschens besteht darin, Gemeinsamkeit zwischen den anwesenden Personen hervorzubringen: Die Bewegung zielt zum einen darauf, dass das Klatschen als kulturelle Ausdrucksform dem überwiegenden Teil der anwesenden Personen bekannt sein dürfte und ruft somit eine kollektiv geteilte Vertrautheit mit diesem Bewegungsmuster bzw. ein gemeinsames Erfahrungswissen unter den Zuschauern auf. Zum anderen wird Gemeinsamkeit über den kollektiven körperlichen Vollzug eines bestimmten Bewegungsmusters hergestellt.

Abb. 3: *„Jetzt wird erstmal mitgeklatscht."*

Darüber hinaus lässt sich auch die mimetische Ansteckung, die von der körperlichen Performance der beiden Hauptdarsteller auf das Publikum ausgeht, rekonstruieren. In dem Moment, in dem „Manne“ und „Günther“ das Publikum verbal zum Mitklatschen auffordern und selbst in weit ausholenden Bewegungen „vorklatschen“ (im doppelten Sinne: Sie setzen zeitlich vor dem Publikum ein und können als Vorbild für das Publikum dienen), setzen viele Zuschauer unmittelbar mit eigenen Klatschbewegungen ein. Hier kann noch nicht entschieden werden, wie wichtig dabei die körperliche Performance im Verhältnis zur verbalen Aufforderung ist. Allerdings zeigt sich in der Folge, dass dem körperlichen Vormachen die entscheidende Bedeutung zukommt, denn als „Manne“ und „Günther“ mit dem Klatschen aufhören, nimmt das Klatschen auch im Publikum ab. Daran kann nun auch „Mannes“ verbale Aufforderung „und weiterklatschen!“ nichts ändern.

Wir gehen nun noch auf eine Beobachtung innerhalb dieser Szene ein, bei der nicht nur der eben dargestellte mimetische Sog deutlich wird, sondern auch die Möglichkeit der Individuen, eigene Bahnen zu finden, wenn sie von diesem Sog ergriffen werden.

> Im Publikum sind ein Mann mit Glatze und eine Frau zu erkennen, die etwas weiter entfernt von der Bühne stehen. Während des Songs unterhalten sie sich, wobei sie sich gegenseitig anschauen. Der Mann steht so, dass er Richtung Bühne blickt, die Frau blickt dagegen von der Bühne weg. In dem Moment, als Günther und Manne sagen „jetzt wird erstmal mitjeklatscht“ und Günther dabei den linken Arm für eine kurze Zeit nach oben hebt, hebt auch der Mann seinen rechten Arm und hält ihn, eine Weile leicht wedelnd und dabei zur Bühne blickend, oben (in der linken Hand hält er ein volles Bierglas). Die Frau, mit der er sich unterhalten hat, dreht sich nun zur Bühne und klatscht vor ihrem Körper mit. Dann blickt der Mann die Frau an und führt mit seiner rechten, geöffneten Hand vier sanfte Schläge auf seiner Glatze aus. Die Nachbarin erhebt nun ihre rechte Hand und die beiden klatschen sich viermal im Beat gegenseitig in ihre rechten, erhobenen Hände, wobei sie sich lachend anschauen.

Die Aktivität auf der Bühne fängt die Aufmerksamkeit eines Mannes ein, der sich bis dahin auf die Konversation mit der Frau konzentriert hatte: Der Mann beendet die Konversation und blickt zum Bühnengeschehen. Dabei wird er von „Günthers“ Bewegung unmittelbar körperlich affiziert, was sich in seiner sofortigen Nachahmung zeigt, als er „Günther“ seinen Arm heben sieht. In dieser Reaktion wird deutlich, dass „Günthers“ Bewegung des Armhebens für den Mann aus dem Fluss aller anderen Bewegungen, die „Günther“ ausführt, heraussticht: Die Bewegung entfaltet eine besondere Signifikanz für den Mann.

Weiterhin lässt sich beobachten, dass der Mann und – im weiteren Verlauf – auch die Frau die ritualisierte Bewegung des Klatschens nicht so ausführen wie die Musiker. Die zwischenzeitlich unterbrochene Kommunikation zwischen ihnen wird dabei auf einer körperlichen Ebene wieder aufgenommen und fortgeführt, als sie sich gegenseitig in die Hände klatschen und, anders als die meisten anderen klatschenden Zuschauer, nicht zur Bühne, sondern sich gegenseitig anschauen. Ihre Art des Klatschens erscheint dabei wiederum nicht als voraussetzungslos, sondern als Übertragung einer Bewegung aus anderen sozialen Kontexten: Das In-die-Hände-Schlagen mit Blickkontakt und freudigem Gesichtsausdruck erinnert an ein *Give-Five*, an eine Geste, die u. a. von Teammitgliedern, z. B. Sportlern, bei Erfolgen aufgeführt wird. Die Klatschhandlung der beiden orientiert sich mimetisch an einem kulturell vorgeprägten Handeln. Man kann also sagen: Die ursprünglich vor allem verbale Konversation der beiden gerät gleichsam in einen mimetischen Strudel (als der Mann sich von der Bewegung „Günthers“ mitreißen lässt); in der Folge werden beide für kurze Zeit auf eigenen Bahnen mitgezogen, bis sie schließlich wieder in ihre Zweier-Kommunikation zurückfinden, welche nun aber einen anderen Charakter hat – die Kommunikation läuft nun auf der Ebene körperlichen Ausdrucks ab.

Musikalisch-theatralische Collage von Bezugnahmen als Aufführungsstrategie

Indem P. R. Kantate immer wieder an weithin bekannte Themen und Phänomene des kulturellen Erfahrungswissens anknüpft, eröffnet er seinen Zuschauern etliche Zugänge des „Hineinkommens“ in die Aufführung und appelliert durchgängig an grundlegende Gemeinsamkeiten und Vertrautheiten mit und unter dem Publikum.[10]

Dies gilt auch für die Gesten der Musiker. Auch sie ermöglichen einen relativ leichten Zugang zur Aufführung. Aufgrund ihres „erklärenden“ Charakters, ihres „Bekanntheits- und Verbreitungsgrades“ und ihrer einfachen Durchführbarkeit machen sie es dem Publikum möglich – ohne über ein spezifisches Erfahrungswissen verfügen zu müssen – an der Aufführung teilzuhaben. So stiften die Gesten Gemeinsamkeit im Sinne einer Vertrautheit mit kulturellen Ausdrucksformen. Darüber hinaus ermöglichen sie den partizipierenden Personen, in eine gemeinsame körperliche Dynamik zu kommen – sie sind ein Mittel der Erzeugung einer kollektiven Efferveszenz. Mittels des gemeinsamen Vollzugs von Gesten kann auch in einem heterogenen sozialen Arrangement eine situative Gemeinschaft entstehen.

Vergegenwärtigen wir uns nun, in welchem sozialen Kontext der Auftritt stattfindet und welchen Personenkreis P. R. Kantate mit seiner Performance und Musik offensichtlich adressiert, so wird verständlich, weshalb P. R. Kantate so

10 Vgl. dazu, im Bezug auf Fernsehen, Bohnsack 2009: 238.

ausgiebig aus dem Bereich weithin bekannter kultureller Wissensbestände zitiert. Schließlich findet das Konzert im Rahmen eines Straßenfests statt, d. h. das Publikum, auf das P. R. Kantate hier trifft, ist offen und heterogen: Jeder Besucher des Fests kann sich die Musik anhören, wenn er daran Interesse hat. Man kann davon ausgehen, dass die überwiegende Zahl der Zuschauer nicht wegen P. R. Kantate gekommen ist. Das heißt, die Zuschauer bringen ein disparates kulturelles Wissen mit in die Interaktion. Darüber hinaus geht es P. R. Kantate mit seiner Musik und seiner Performance offensichtlich nicht darum, eine bestimmte „Szene", ein bestimmtes Milieu oder eine spezifische soziale Gruppe zu erreichen, sondern vielmehr ein breites Publikum.

Und all dies bündelt sich letztlich in einer Aufführungsstrategie, die einem (potentiell) heterogenen Publikum (insbesondere hier auf einem Straßenfest) möglichst viele Anknüpfungspunkte bietet. Die Strategie ließe sich als choreografisches Hervorbringen übergreifender Aspekte der Erfahrung und der Identitäten der Anwesenden durch Übertragungen weithin bekannter Gesten sowie die Bezugnahme auf massenmediale Themen beschreiben. Plakativ gesprochen: Im Grunde ist hier für jeden etwas dabei.

Hardcore in einem Jugendclub

Die nächste Band, mit der wir uns beschäftigen, nennt sich „Reborn to Conquer" (kurz: RTC) und führt uns in die Hardcore-Szene.[11] Der Begriff Hardcore kennzeichnet im musikalischen Bereich eine extreme und besonders aggressive Stilrichtung.[12] Dies spiegelt sich auch auf der Homepage von RTC wider, wenn dort als Selbstbeschreibung der Band steht:

> „Four guys with a goddamn masterplan: becoming the biggest, the most brutal, the most progressive, high frequently talked about and most feared mosh hc [hardcore] band in fucking history."[13]

Die Anhänger der Hardcore-Szene kommen in unregelmäßigen Abständen auf Konzerten zusammen, deren hervorstechendstes Merkmal eine intensiv zur

11 Unter einer Szene verstehen wir mit Hitzler/Bucher/Niederbach „thematisch fokussierte kulturelle Netzwerke von Personen, die bestimmte materiale und/oder mentale Formen der kollektiven Selbststilisierung teilen und Gemeinsamkeiten an typischen Orten und zu typischen Zeiten interaktiv stabilisieren und weiterentwickeln" (2001: 20).

12 In seinem geschichtlichen Hintergrund weist der Begriff Hardcore über diese musikalischen Aspekte hinaus. So meint Hardcore eine bestimmte, konsequente Lebensweise, die politische und gesellschaftliche Veränderungen anstrebt und dem linken Spektrum zuzuordnen ist. „Wer ein ‚wirkliches' Mitglied der Szene ist, hört somit nicht nur HC, sondern lebt HC" (ebd.: 59).

13 http://profile.myspace.com/index.cfm?fuseaction=user.viewprofile&friendID=59483828, (28. 08.08).

Schau gestellte aggressive Körperlichkeit ist. Diese entlädt sich nicht nur in der harten Musik selbst, sondern vor allem in einer Art Halbkreis vor der Bühne, dem so genannten Moshpit:[14] Dort springen, schlagen und treten die Tänzer intensiv um sich, rempeln sich dabei teilweise gegenseitig an und gehen hin und wieder zu Boden. Dabei kann es durchaus zu Verletzungen kommen, die jedoch nach den impliziten Regeln von Hardcorekonzerten nie willentlich zugefügt werden dürfen und ansonsten negativ sanktioniert werden können (vgl. Inhetveen 1997: 245). Nach Hitzler u. a. wirken Hardcorekonzerte dabei wie ein Ausbruch aus dem ein hohes Maß an Rationalität und Selbstkontrolle fordernden Alltag von Hardcoreszenegängern:

> „Band und Publikum katapultieren sich gemeinsam in scheinbar zügellose Ausgelassenheit, lassen zivilisatorische Normalerwartungen des ‚Sich-in-der-Gewalt-habens' hinter sich und gehen für die Zeit der Veranstaltung eine durch ‚dichte' Atmosphäre vermittelte Gemeinschaftlichkeit ein. Es ist das Erlebnis von Kraft, Energie und Gemeinschaft, das den besonderen Reiz von HC-Konzerten und HC-Musik ausmacht. Dieses Erlebnis bildet sozusagen das Gegenstück zum rationalistisch kontrollierten Alltag der Szenegänger" (Hitzler/Bucher/Niederbach 2001: 60).

Die Berliner Hardcoreband „Reborn To Conquer" besteht aus vier männlichen Mitgliedern (Gesang, Gitarre, Bass, Schlagzeug). Das Konzert, welches wir besuchten, fand an einem Samstagabend im Sommer 2008 in einem Berliner Jugendclub statt. Außer RTC spielten an diesem Abend drei weitere Hardcore-Bands. Als wir am Veranstaltungsort eintrafen, befand sich vor dem Eingang des Jugendclubs eine Reihe überwiegend männlicher Jugendlicher, die fast alle auf eine bestimmte Weise gekleidet waren: Viele trugen Basecaps, dunkle T-Shirts oder Kapuzenpullis (teilweise mit aufgedruckten Symbolen), Bermuda-Jeans und Sportschuhe. Für uns war es schwierig zu unterscheiden, welche Personen Bandmitglieder oder Veranstalter waren oder zum Publikum gehörten, da alle ähnlich gekleidet waren und sich miteinander unterhielten. In dieser Beobachtung spiegelt sich wider, dass sich die Hardcore-Szene nach außen deutlich abgrenzt (was hier an der Kleidung zu erkennen ist). Darüber hinaus zeigt sich auch, dass auf Hardcore-Konzerten die auf Popkonzerten gängige Trennung zwischen Musikern und Publikum (siehe z.B. P.R. Kantate) weitgehend aufgelöst wird. Wie aus der Gruppendiskussion mit RTC hervorgeht, sehen sie das Hardcore-Konzert als eine gemeinsame Party, bei der die Bands mal auf der Bühne stehen oder sich im Publikum aufhalten und mittanzen.

Bis zum Anfang des Konzerts waren rund 100 Personen im Alter zwischen 15 und 30 Jahren zum Jugendclub gekommen. Die Auftritte der Bands fanden in

14 Entstanden ist das Wort „Moshpit" aus dem englischen Kunstwort „mosh", das seit Mitte der 1980er Jahre in der Heavy Metal-Szene geprägt wurde und so viel bedeutet wie „starke Emotionen" oder „Chaos", sowie dem englischen Wort „pit", Grube, Höhle.

einem etwa sieben mal zehn Meter großen und relativ niedrigen Raum statt, auf dessen Stirnseite eine kleine, etwas erhöhte Bühne stand. Während der Auftritte wurde die Bühne zwar erleuchtet, doch insgesamt blieb der Raum die ganze Zeit über relativ dunkel. Die Dunkelheit (die das Aufnehmen auf Video erschwerte) und der niedrige Raum sorgten, zusammen mit der bereits angesprochenen Uniformierung der Kleidung, der aggressiven Musik sowie dem noch näher zu untersuchenden verbalen und nonverbalen Ausdrucksverhalten der Musiker und Tänzer insgesamt für eine Atmosphäre, welche bei uns Beobachtern Gefühle der Befremdung und Bedrohung, aber auch der Faszination weckte.

Der Abend verlief so, dass jede Band für ca. eine halbe Stunde spielte, worauf eine Umbaupause folgte, die ebenfalls meist rund eine halbe Stunde in Anspruch nahm. Während der Auftritte der Bands bewegten sich die Personen im vor der Bühne formierten Moshpit teilweise äußerst schnell, raumgreifend und kraftvoll. Im Laufe des Abends war eine deutliche Steigerung der Performances an Härte und Aggressivität in Wort, Musik und körperlichem Ausdruck sowohl der Musiker wie des Publikums zu beobachten (woran sicherlich auch der fortlaufende Alkoholkonsum einigen Anteil hatte). Dies gipfelte letztlich in einer Schlägerei, die nicht nur das Ende des Auftritts von RTC, sondern auch des gesamten Konzertabends bedeutete: Während RTC spielten, bewegte sich eine Gruppe von Männern ohne mitzutanzen immer weiter in den Moshpit hinein, was die Tänzer dazu brachte, diese Gruppe auf tanzende Weise zu attackieren. Daraus entstand letztlich ein Gerangel. Als der Bassist von RTC dies sah, legte er seinen Bass ab, sprang von der Bühne und rannte zu den Streitenden. Es entstand ein Tumult, der schließlich von den Veranstaltern unter Einsatz von Pfefferspray aufgelöst wurde – alle Personen mussten den Jugendclub verlassen.

„Da schreien alle und danach is einfach wirklich Krieg“

Anhand ausgewählter Passagen aus dem Videomaterial werden wir nun rekonstruieren, welche Strategie die Band zur Hervorbringung einer kollektiven Efferveszenz auf dem Konzert verfolgt. Die intensive Körperlichkeit und letztlich die Gewalt auf dem Konzert entfacht sich dabei über die Ansteckung der Körper durch die aggressive Musik.

Schauen wir uns nun den Anfang des Auftritts von RTC an. Die Band geht dabei unvermittelt vom Soundcheck zum „eigentlichen“ Auftritt über. Während des Soundchecks stehen die Musiker auf der Bühne, bewegen sich jedoch kaum und spielen nur testweise ihre Instrumente an. Auch das Publikum, welches vor der Bühne bereits den Raum für den Moshpit freigelassen hat, verhält sich ruhig.

> Der Drummer schlägt nun, wie einige Male zuvor, mit einigen Schlägen sein Schlagzeug an. Dann spielt er einen kurzen Wirbel und scheinbar unvermittelt stimmen auch der Bassist und der Gitarrist in diesen Wirbel ein, ohne jedoch eine Melodie oder ein Riff[15] zu spielen, sondern lediglich, indem sie ihre Seiten immer wieder anschlagen und laut klingen lassen. Dabei ist keine rhythmische Struktur erkennbar. Während dieser Anfangs-„Akkord" immer wieder angeschlagen wird, entsteht plötzlich viel mehr Bewegung auf der Bühne. Der Gitarrist kommt nach vorne, helles Licht erleuchtet die Musiker. Zunächst springen der Bassist und dann auch der Gitarrist einige Male in die Höhe, allerdings nicht in einem gemeinsamen Rhythmus. Gleichzeitig mit dem ersten Aufspringen des Bassisten sind auch mehrere Personen im Moshpit zu sehen, die mehrmals hochspringen. Der Bassist stampft zweimal heftig auf den Boden, der Sänger springt kurz in die Höhe und führt mit seinem linken Arm schwungvolle, von oben nach unten sowie von links nach rechts und umgekehrt laufende Bewegungen, mal vor seiner Brust, mal links/über seinem Kopf aus. Der Bassist und der Gitarrist springen weiter in die Höhe und bewegen sich teils springend über die gesamte Bühne. Auch im Moshpit kann man währenddessen eine in die Höhe springende, eine hin- und herspringende sowie eine auf der Stelle tanzende Person sehen.

Der Auftrittsbeginn wirkt – im Gegensatz zu den anderen hier untersuchten Bands – „uninszeniert": Es geht nicht um die Inszenierung einer Show, bei der sich die Musiker als Stars produzieren und sich gleich zu Beginn ihres Auftritts vom Publikum abgrenzen bzw. abgegrenzt werden. Statt von einer Praktik der Abgrenzung der Band zum Publikum ließe sich hier somit eher von einer Öffnung der Grenze zwischen dem Raum des Publikums und der Bühne sprechen.

Der Anfang des Auftritts wird von einer jähen Steigerung der Körperaktivität der Akteure auf und vor der Bühne begleitet. Insofern die Körperbewegungen im gleichen Raum und zur gleichen Zeit stattfinden und eine ähnliche Intensität haben, werden sie gemeinsam ausgeführt. Gleichzeitig gibt es keinen erkennbaren gemeinsamen Rhythmus der Bewegungen, die Sprünge der Personen sind stets leicht zeitversetzt. Zudem werden durchaus verschiedene Bewegungen – wie das Springen, das Stampfen mit dem Fuß oder die Armbewegungen – durchgeführt. Der Auftritt von RTC beginnt nicht mit einem synchronen Tanzen, sondern mit einer kollektiven Unruhe. Diese Unruhe zeigt sich sowohl in den Körperbewegungen der anwesenden Personen als auch in der Musik (das unmelodische und unregelmäßige Anschlagen von Bass- bzw. Gitarrensaiten und Schlagzeug).

> Der Gitarrist stellt nun sein linkes Bein auf eine Monitorbox vor sich; der Bassist bewegt sich nicht mehr über die gesamte Bühne, sondern steht breitbeinig auf einer Stelle. Beide beginnen nun, zum Rhythmus des Schlagzeugers, ein stakkatoartig

15 Unter einem Riff wird in der Rock- und Popmusik eine kurze, eingängige und oft wiederholte Tonfolge verstanden.

> stampfendes, hartes Riff zu spielen. Dabei führen sie beide heftige Nickbewegungen („moshen") mit dem Oberkörper und Kopf durch. Der Gitarrist hält seine Gitarre während des Spiels aufrecht. Der Sänger, der nun ebenso sein rechtes Bein auf eine Monitorbox stellt, schlägt sich beim Beginn dieses Riffs mit der linken geschlossenen Hand im Takt des Riffs kräftig auf seine rechte Brusthälfte. Dies wiederholt er, genau so heftig, mit zwei Schlägen gegen seinen Kopf, dann erneut auf die Brust. Im Moshpit kann man Personen erkennen, die mit Armen und Beinen schnelle, „windmühlenartige" Schläge in der Luft ausführen; einige vollführen dabei mehrfach schnelle Drehungen, so dass aus den Kicks kompliziert anmutende Drehkicks werden. Eine Person, die im Bild sichtbar wird, geht im Rhythmus stampfend vorwärts, wobei der Oberkörper nach vorne gebeugt ist und die Arme heftige Schläge nach allen Seiten austeilen. Der Sänger „tigert" unterdessen mehrmals an der vorderen Seite der Bühne hin und her. Dann stellt er sein rechtes Bein auf die Monitorbox am linken vorderen Rand der Bühne. Er bewegt dabei einige Male seinen Kopf und seine Hände im Takt, indem er heftig nickt oder die Hände schnell von oben nach unten führt. Einmal kann man ihn „Mutterficker" in sein Mikrofon rufen hören. Hin und wieder schlägt er sich auf seine Brust. Sobald er sein Bein wieder von der Monitorbox nimmt, „tigert" er hin und her.

Musikalisch gesehen spielt die Band hier einen „Moshpart": Beim Auftritt von RTC sowie den anderen Bands, die an diesem Abend spielten, fiel auf, dass die Songs in verschiedene, deutlich voneinander abgesetzte Parts gegliedert sind. Langsame, rhythmisch „stampfende" Passagen wechseln sich mit äußerst schnellen Teilen ab. Wie die Mitglieder von RTC uns in der Gruppendiskussion darlegten, zielen diese Tempowechsel darauf ab, die Intensität und die Art und Weise des Tanzens auf den Konzerten zu steuern. Die langsamen, als „Moshparts" bezeichneten Teile sind dem rituellen Arrangement entsprechend darauf ausgelegt, dass die Tänzer im Moshpit besonders schnell und scheinbar zügellos tanzen, sie rahmen also eine intensive und aggressiv gestimmte Körperlichkeit. In der Gruppendiskussion heißt es dementsprechend: „Bei den Moshparts rasten alle aus". In diesem Zusammenhang äußern sich die Musiker zudem wie folgt:

> D: bei dem Lied is so krass, da geht, das ganze Publikum kennt den Song, und dann is wirklich echt krass
>
> G: da is Krieg immer, da is richtich Krieg
>
> D: ey da schreien alle und danach is einfach wirklich Krieg.

Ein Konzert wird von den Bandmitgliedern demnach als besonders gelungen angesehen, wenn es dabei zum „Krieg", also zu einem intensiven Ausdruck von Aggressionen kommt. Inhetveen führt in ihrer Studie über Hardcore-Konzerte die Attraktivität dieses gemeinschaftlichen Ausdrucks von Aggression darauf zurück, dass es gerade das gemeinsame Ausleben der intensiven körperlichen

Interaktion ist, welches befreiende sowie euphorische Gefühle der Vergemeinschaftung ermöglicht – wobei die durch die positive Rahmung von Gewalt hergestellte Abgrenzung vom Mainstream eine zentrale Rolle spielt (Inhetveen 1997: 256f.). In diesem Sinne kann der in der Gruppendiskussion verwendete Begriff „Krieg" verstanden werden. Hier handelt es sich um ein Wort, das im Alltagsverständnis negativ besetzt ist. Indem die Musiker eine Umkodierung des Wortes vornehmen und es positiv deuten, werten sie auch aggressives Handeln auf, womit sie sich wiederum (in einer durchaus provozierenden Art) vom Alltagsverständnis distanzieren.

Abb. 4: *Vor der Bühne führt ein Tänzer einen Drehkick aus.*

In dieser Sequenz fallen die tanzenden Personen aus der anfänglichen kollektiven Unruhe heraus in Bewegungen, die durch den Rhythmus der Musik synchronisiert sind: Zwar lassen sich immer noch unterschiedliche Bewegungsmuster bei den verschiedenen Personen feststellen, doch die Bewegungen folgen dem Takt der Musik, sind aufeinander abgestimmt. Dies macht deutlich, dass die Körperbewegungen der Anwesenden dabei direkt auf die Musik bezogen sind. Die Musik „vibriert" durch die Körper hindurch (vgl. Risi 2007), wobei die Körper in ihrer Resonanz auf die Musik bestimmte, kollektiv geteilte Bewegungsmuster hervorbringen. Die Musiker verhalten sich, verglichen mit dem Einstiegsteil, während des Moshparts relativ ruhig, sie springen nicht mehr, sondern moshen nur noch (wenn auch ziemlich heftig). Auch im Publikum ist kein Springen mehr zu beobachten. Dafür treten nun die Bewegungsmuster des Schlagens mit den Händen und des Tretens mit den Füßen in den Vordergrund, sowohl beim Sänger als auch bei den verschiedenen, sich über die Tanzfläche bewegenden Personen. Es wird deutlich, dass der „Krieg", der laut Aussage der Bandmitglieder während eines Moshparts geführt wird, vor allem in zirkulierenden *Gesten der Aggression* besteht (wobei diese Gesten auf Konzerten der Hardcore-Szene üblich sind, so dass hier auch von einer Übertragung von Gesten gesprochen werden kann). Die Aggression kommt aber nicht nur auf der körperlich-expressiven, sondern auch auf der verbalen Ebene zum Ausdruck, wie sich in dem beleidigenden Ausruf des Sängers zeigt („Mutterficker").

Bemerkenswert ist zudem die Bewegung des „Hin- und Hertigerns", die in der hier wiedergegebenen Stelle beim Sänger zu beobachten ist. Diese Bewegung der Rastlosigkeit und Angespanntheit, die der Sänger während des Konzerts fast durchgängig durchführte, war immer wieder auch bei verschiedenen anderen Personen im Publikum zu erkennen, wie das folgende Protokoll zeigt:

> Während des Konzerts verfolge ich mit meiner Kamera einen der Tänzer, der rund 3-4 Minuten am Rande des Moshpits rastlos hin und her läuft. Mit geneigtem Kopf blickt er dabei immer wieder zum/in das Pit. Er wirkt hochkonzentriert. Plötzlich bewegt er sich in den Moshpit hinein, führt dort einige schnelle Drehkicks aus und kehrt zum Rand des Moshpits zurück.

Die Bewegung des „Hin- und Hertigerns" (die bereits während des Konzerts bei beiden Beobachtern unabhängig voneinander die Assoziation von gefangenen Wildkatzen, die unruhig und rastlos an den Begrenzungen ihres Geheges hin- und herlaufen, weckte) ist keine individuelle Bewegung des Sängers von RTC, sondern wird von mehreren Personen auf dem Konzert durchgeführt. Sie scheint ein wichtiger Bestandteil des Reservoirs an Bewegungsmustern auf dem Konzert zu sein. Dabei führen die verschiedenen Personen diese Bewegung nicht synchron aus, sondern fallen individuell ins „Tigern" hinein: Die Bewegung zirkuliert frei im Konzertraum. In gewisser Weise bildet sie dabei das Gegenstück zu den Bewegungen des Schlagens und Kickens. Sie bringt eine nervöse Anspannung zum Ausdruck, die dann im Schlagen und in den Kicks aufgelöst wird. Die (körperliche) Dynamik des Konzerts entfaltet sich u. a. im Wechselspiel zwischen diesen Bewegungsmustern. Das „Hin- und Hertigern" stellt dabei eine Praktik der Grenzmarkierung oder eines Rückzugs zu sich selbst, in eine individuell konstituierte Räumlichkeit dar: Ebenso wie der Sänger fortwährend die Grenze der Bühne abschreitet, markiert der Tänzer den Rand des Moshpits. Beide demonstrieren dabei eine In-Sich-Gekehrtheit. Im Schlagen und in den Kicks, die eine Ähnlichkeit zu den Bewegungen bestimmter Kampfsportdisziplinen wie bspw. Capoeira aufweisen, verschaffen sich die Tänzer im Moshpit hingegen Raum,[16] sie werfen ihre Arme

16 Parallelen existieren hier zu den (Bewegungs-)Praktiken von Street- und Breakdancern, denen ebenfalls ein Impetus des „Sich-Raum-Verschaffens" inhärent ist (vgl. Althans/Schinkel/Tervooren 2008)

und Beine weit von sich, „weiten“ die physischen Grenzen ihres Körpers aus und öffnen sich damit gleichsam hin zum Raum kollektiver Aktivität.[17]

Allerdings setzen sie ihre Grenzen damit auch aufs Spiel – im Sinne der Grenzverletzung eigener und fremder körperlicher Versehrtheit. Aus diesem Grund geht es beim so genannten Slamdance im Moshpit immer auch um die Unterordnung des Individuums unter die impliziten Regeln eines Hardcore-Konzertes, nach denen das willentliche Zufügen von Verletzungen kollektiv sanktioniert wird. Dies umfasst, dass der Einzelne seine Tanz-Bewegungen im Moshpit mit den Bewegungen der anderen in Übereinstimmung bringen muss. Die Tänzer müssen sich gemeinsam darauf verlassen können, dass auch die Bewegungen der anderen Tänzer mit den eigenen Bewegungen koordiniert werden. So wird im Moshpit Übereinstimmung kollektiv „erzwungen“, was wiederum besondere Vergemeinschaftungserfahrungen forciert.[18]

> Als das Riff wieder in einem leeren Saitenanschlag von Bass und Gitarre ausklingt, ruft der Bassist etwas in das vor ihm stehende Mikrofon. Man kann ihn „Hey Leute…“ rufen hören. Dann spricht der Gitarrist in sein Mikro, wobei man „(...) Berliiin“ verstehen kann. Währenddessen springt der Bassist in die Höhe, der Sänger brüllt „Motherfuckers Berlin, RTC is in da House“ ins Mikro, hebt dabei seinen linken Arm, der Bassist läuft auf der Bühne hin und her. Diesmal springt im Publikum niemand. Es sind Personen zu erkennen, die auf der Stelle stehend mit ihren Körpern hin- und herpendeln.

Der Moshpart endet unvermittelt in dem schon vom Anfang des Auftritts bekannten Anschlagen leerer Saiten. Wie sich während des gesamten Auftritts der Band zeigt (und auch bei den anderen Bands des Abends zu beobachten war), dient dieses musikalische Mittel als Übergang zwischen den schnellen Teilen und den Moshparts eines Stückes. Aus unserer Perspektive ist zu bemerken, dass diese musikalischen Übergänge von Seiten der Musiker immer auch von einem herausgehobenen verbalen und gestischen Ausdruck begleitet und markiert werden. Die Musiker sprechen während der Übergänge vermehrt das Publikum an und bewegen sich stärker (und weniger aufeinander abgestimmt) als während der

---

17 Wir wollen hinzufügen, dass sich das hier rekonstruierte Ablaufmuster des fortlaufenden Wechselspiels zwischen Praktiken des (individuellen) Rückzugs und der Öffnung und Ausweitung in fokussierter Weise in einer weiteren Bewegung des Sängers zeigt – dem unablässigen Auf- und Absetzen der Kapuze seines Pullovers. So geht das Aufsetzen der Kapuze mit einer partiellen Abgrenzung von der Außenwelt sowie einem Rückzug in eine eher individuell konstituierte und gestimmte Räumlichkeit einher. Das Absetzen der Kapuze verweist im Gegenzug wiederum auf eine Öffnung zum Raum der kollektiven Aktivität hin.

18 Bezüglich dieser Aspekte der Notwendigkeit von Übereinstimmung und Gemeinschaftsstiftung bestehen hier Ähnlichkeiten zu den von Bohnsack u. a. untersuchten Erfahrungen von Hooligans im Kontext von Fußballrandalen (vgl. Bohnsack 1995).

verschiedenen Parts selbst, inszenieren also eine transitorische Unruhe auf der Bühne.

Im Vergleich zum ersten Übergangsteil – der gleichzeitig auch den Anfang des Konzerts bildete – fällt hier allerdings auf, dass im Publikum nur geringe körperliche Aktivitäten zu beobachten sind. Diese Veränderung wird verständlich, wenn man das Ablaufschema des Auftritts berücksichtigt, nach dem sich Moshparts und schnelle Parts abwechseln – unterbrochen von den Übergängen. Der hier betrachtete Übergang beendet einen Moshpart und leitet somit zu einem schnellen Part über, bei dem die Tanzaktivitäten im Moshpit nach einer rituellen Regelmäßigkeit deutlich reduziert sind.

> Dann folgt ein schneller Part. Während dieses Parts ist der Moshpit weitgehend leer. Nur eine Person befindet sich unmittelbar vor der Bühne und führt breitbeinig stehend ausholende Tanzbewegungen aus.

Hier wird deutlich, dass die Band durch den Wechsel von Moshparts und schnellen Parts die körperliche Aktivität der Konzertteilnehmer steuert. Die Tänzer, die während des Moshparts noch um sich schlugen, Gesten der Aggression ausführten, haben sich nun (fast) alle aus dem Moshpit zurückgezogen und verhalten sich, außerhalb des Moshpits, ruhig.

Hier deutet sich an, dass sich die Dynamik auf diesem Konzert in Wellen entfaltet, welche gleichsam von der Musik auf die Akteure überschwappen. Zwischen den körperlich hochaktiven Teilen der Stücke gibt es immer auch Teile, in denen man „Luft holen“, sich zurückziehen und, wenn nötig, seine „Wunden lecken“ kann. Diese Regel, nach der bei den Moshparts wild getanzt wird, während die schnellen Parts eine „Erholung“ erlauben, ist jedoch nicht verbindlich. Der Rahmen lässt Freiheiten für individuelles Verhalten durchaus zu, wie an der einzelnen Person zu sehen ist, die während des schnellen Parts tanzt.

> Der schnelle Part klingt schließlich wieder unvermittelt in einem Anschlagen der leeren Saiten aus. Während die Saiten klingen, breitet der Sänger seine Arme aus. Der Gitarrist fährt sich währenddessen, dem Publikum zugewandt, dreimal in schnellen Bewegungen mit dem Zeigefinger der rechten Hand quer über seinen Hals und dreht sich dann für eine kurze Zeit vom Publikum weg. Dann brüllt der Sänger ins Mikrofon: „Mutterficker, Scheiße Mann, RTC! Wir ficken euch alle!“ Währenddessen kommt wieder mehr Bewegung im Moshpit auf: Verschiedene Personen gehen in unterschiedlichen Richtungen über die Tanzfläche, eine Person kann man in einer verdrehten Körperhaltung springen sehen. Der Bassist lässt während dieser Zeit seinen Bass ausklingen und hebt ihn dabei seitlich in die Höhe. Dann hebt der Sänger wieder beide Arme auf Kopfhöhe zur Seite, der Gitarrist stellt sich zur Monitorbox und platziert einen Fuß darauf.

Erneut dient hier das Ausklingen eines Akkordes zur Gestaltung eines Übergangs zwischen zwei verschiedenen Parts. Über ihr körperliches Ausdrucksverhalten inszeniert die Band diesen Übergang allerdings im Unterschied zu vorher nicht als Unruhe. Vielmehr könnte man von einer Ruhe vor dem Sturm sprechen, die die Band hier aufführt: Der Bassist steht still und lässt seinen Bass in aufrechter Position ausklingen, der Sänger breitet für kurze Zeit lediglich die Arme aus, öffnet sich, als ob er den Sturm auf sich zukommen ließe, und der Gitarrist stellt sich ebenfalls ruhig an die Monitorbox. Gleichzeitig ist allerdings eine aufkommende körperliche Unruhe im Moshpit zu beobachten, was darauf verweist, dass im Publikum ein Wissen darüber besteht, dass der hier inszenierte Übergang in einen Moshpart, also einen Teil starker körperlicher Aktivität, überleitet.

Abb. 5: *Übergang zum Moshpart*

Bemerkenswert ist das Ausdrucksverhalten von Sänger und Gitarrist während dieses Übergangs. Der Sänger breitet posenhaft seine Arme aus und öffnet sich damit hin zum Raum des Moshpits. Zusätzlich wendet er sich verbal an das Publikum („Mutterficker, Scheiße Mann, RTC! Wir ficken euch alle!"). Der Gitarrist vollzieht eine Geste des „Halsabschneidens". Beide Ausdrucksverhalten lassen sich als Aggression und Gewalt beschwörende Provokationen interpretieren: Die Geste des Gitarristen verweist zwar auf eine gewalttätige Tötungshandlung. Der implizite Sinn der Bewegung besteht jedoch nicht darin, tatsächlich jemanden zu bedrohen. Vielmehr deutet dieses Ausdrucksverhalten in seiner kontextuellen Eingebundenheit in die Handlungslogik des Konzerts auf den nun kommenden Moshpart hin. Insofern ist die Bewegung mehr als ein bloßer Verweis auf Gewalt; sie lässt sich als eine Handlungsaufforderung an das Publikum verstehen, als ein „Aufruf", nun ebenfalls (Tanz-)Gesten der Aggression zu vollziehen. Der implizite Sinn des Ausrufs „Wir ficken euch alle!" lässt sich analog deuten. Mit dem Satz droht der Sänger dem Publikum symbolisch Gewalt an, wodurch er eine Reaktion, eine „Antwort" seitens des Publikums geradezu herausfordert. Die Gemeinsamkeit des Ausdrucksverhaltens von Gitarrist und Sänger liegt demnach in der Symbolisierung eines Gewalthandelns, welches allerdings nicht einfach nur konstatiert, sondern provoziert wird. Insofern „beschwören" die Musiker gestisch und verbal Gesten der Gewalt beim Publikum: Das Publikum wird zum „Krieg" angestachelt.

> Als der Sänger seinen Ausruf beendet hat und seine Arme zu den Seiten hebt, beginnt die Gitarre mit einem tiefen, stampfenden Riff. Der Bassist löst sich dabei aus seiner bisherigen Position (in der er den Bass mit dem Hals senkrecht nach oben hielt), geht drei Schritte auf den Gitarristen zu und setzt dann, einmal kräftig mit dem rechten Fuß aufstampfend, mit seinem Spiel ein. In diesem Moment setzt auch das Schlagzeug wieder ein. Dann springt der Bassist einige Male mitsamt seinem Instrument in die Höhe. Der Sänger hat unterdessen beide Arme an seinen Mund geführt und röhrt wieder in das Mikrofon. Auf dem Moshpit kann man nun nur noch wirbelnd schlagende Arme und Beine erkennen. Immer wieder treffen Personen dabei hart aufeinander. Dabei pendelt die tanzende Menge in verschiedene Richtungen und „schwappt" immer wieder über die Ränder des Moshpits hinaus, so dass die nicht mittanzenden Personen zurückweichen (oder teilweise auch mittanzen).[19] Der Gitarrist und der Bassist stehen während dieses Teils weitgehend auf einer Stelle und moshen, mit dem ganzen Oberkörper ausholend, mit den Köpfen zum Takt der Musik. Der Sänger stellt seinen Fuß auf eine Monitorbox, hält mit der Rechten das Mikrofon an den Mund und schlägt gelegentlich mit der linken Hand vor sich in die Luft.

Wieder spielt die Band einen Moshpart und erneut ist eine jähe Steigerung der körperlichen Aktivität zu erkennen. Die relative körperliche Unbewegtheit, die die Musiker während des Übergangs vom schnellen Part zum Moshpart zeigten, und die wir als „Ruhe vor dem Sturm" bezeichnet haben, entlädt sich zum Beginn des Moshparts in dem energievollen Stampfen und Springen des Bassisten.

Im Vergleich mit dem ersten Moshpart hat sich die Dynamik der körperlichen Bewegung im Moshpit jetzt noch gesteigert. Zudem verbinden sich die Tänzer zu einer zusammenhängenden Einheit, die sich von einer Seite des Moshpits zur anderen hin- und herbewegt und dabei auch die Grenzen des Moshpits übertritt. So werden auch Personen, die nicht mittanzen, in das Geschehen involviert: Der Hitzekessel Moshpit schäumt über.

In dieser Dynamik ist sowohl bei den Musikern als auch im Publikum – wie schon beim zuvor betrachteten Moshpart – die Bewegung des Schlagens zu beobachten: Es zirkuliert eine Geste der Aggression. Da sich Personen dabei auch

19 Der Kameramann, der dicht am Rand des Moshpits stand, musste sich bei diesen Moshparts, die in ähnlicher Weise wie hier beschrieben immer wieder vorkamen, zurückziehen, um nicht sich selbst und die Kamera zu gefährden.

gegenseitig berühren, hat die Geste handgreifliche Wirkungen. Sie verweist nicht nur auf Gewalt, sondern sie ist auch Gewalthandeln selbst.

Das Entfachen einer intensiv zur Schau gestellten aggressiven Körperlichkeit als Aufführungsstrategie

Der soziale Kontext, in dem der Auftritt von RTC stattfindet, unterscheidet sich erheblich von P. R. Kantates Konzert. Hier handelt es sich um eine geschlossene, nach außen bewusst abgegrenzte jugendkulturelle „Szene". RTC trifft also auf ein sehr viel homogeneres soziales Setting als P. R. Kantate. Insofern sich die Hardcore-Szene ganz bewusst nach außen hin abgrenzt, soll, im Unterschied zum Konzert von P. R. Kantate, gerade nicht für jeden „etwas" dabei sein. Vielmehr entfaltet das Konzert seine spezifischen Vergemeinschaftungswirkungen in grenzmarkierender Funktion: Über die gemeinsame Aufführung einer intensiven, aggressiven Körperlichkeit zu harter Musik heben sich die Akteure des Konzerts deutlich von anderen Gruppierungen ab und stärken so gleichzeitig die Zusammengehörigkeit bzw. das Wir-Gefühl der Eigengruppe.

Die Band RTC kann dabei davon ausgehen, dass das Publikum ein entsprechendes milieuspezifisches Wissen mit in das Konzert einbringt, schließlich ist der Abend explizit als Hardcore-Konzert angekündigt worden. Im Grunde kann sie, ganz im Unterschied zu P. R. Kantate, ihren Auftritt ohne „choreografische Planungen" nach den impliziten Regeln der Hardcore-Szene gestalten, um Dynamik auf dem Konzert entfalten zu können. Dementsprechend gibt die Musik einen klar geordneten, relativ einfach nachzuvollziehenden Ablauf vor. Die Aktivität verläuft dabei in einem wellenförmigen Wechsel von schnellen musikalischen Parts mit einer eher geringen körperlichen Aktivität und langsameren Moshparts mit einer hohen körperlichen Intensität. Vermittelt über die musikalische Dynamik wird bei den Teilnehmern eine körperliche Dynamik freigesetzt, die im Wechsel von relativer Ruhe und Zurückgezogenheit zu wilder Aktivität besteht.[20] Über diesen Wechsel wird gleichsam eine Spirale aggressiver Körperlichkeit in Gang gesetzt, wobei die Gesten eine spezifische Doppeldeutigkeit haben: Sie symbolisieren nicht nur Gewalthandeln, sondern können immer auch Gewalthandeln selbst sein.

20 Dieses Wechselspiel von Rückzug und Öffnung/Ausbruch lässt sich dabei auch als eine rituelle Verdichtung der von Hitzler u. a. dargestellen Lebenswelt der Hardcoreszenegänger ansehen, welche aus einem Wechsel zwischen Selbstkontrolle/Rationalität im Alltag und Ausbruch im Konzert besteht. So lassen sich die Bewegungsmuster des Rückzugs als gestische „Übersetzung" der Selbstkontrolle lesen, wohingegen die Momente des Schlagens und Tretens das zügellose Loslassen, das Hinter-sich-Lassen dieses „Sich-in-der-Gewalt-Habens" zum Ausdruck bringen.

Die Teilnahme und Teilhabe an den durch den Auftritt der Hardcore-Band bewirkten Prozessen der Vergemeinschaftung setzt trotz der Einfachheit dieses Ablaufmusters im Unterschied zum P. R. Kantate-Konzert ein bestimmtes praktisches Erfahrungswissen und eine milieuspezifische „Mitmachkompetenz" seitens der Zuschauer voraus. Unter praktischem Erfahrungswissen verstehen wir, dass die partizipierenden Personen wissen, was sie wann zu tun haben, um an der Gemeinschaft der Tanzenden und der Szene teilzunehmen. Die Mitmachkompetenz zeichnet sich hingegen zunächst durch die Fähigkeit aus, sich überhaupt auf derartige Bewegungen einzulassen und sich dem Risiko auszusetzen, entweder jemanden zu verletzen oder selbst Verletzungen erleiden zu müssen. Darüber hinaus müssen sich die Akteure, um Teil dieser Gemeinschaft zu werden, nicht nur die Bewegungen des Tanzes als ein bestimmtes praktisches Wissen zu eigen machen. Sie benötigen auch eine besondere Deutungskompetenz zur Dekodierung der während des Konzerts aufgeführten Gesten. Wie beschrieben, liegt beispielsweise der implizite Sinn des angedeuteten Kehledurchschneidens des Gitarristen nicht darin, tatsächlich jemanden zu bedrohen, vielmehr verweist diese Geste auf den bevorstehenden Moshpart. Zudem streben die Tänzer mit ihren Bewegungen (vorwiegend) danach, intensiv nach den impliziten Regeln eines Hardcore-Konzerts zu interagieren, was bedeutet, dass sie nur in seltenen Fällen darauf abzielen, jemanden zu verletzen. Allerdings bedürfen die Beteiligten im Umkehrschluss der Kompetenz, die während des Tanzes ausgeführten Gesten entweder als zulässige oder als unzulässige symbolische Handlungen der Grenzübertretung zu deuten.

Auch die vor allem verbal ausgedrückten Provokationen des Publikums durch die Band gehören dabei zur Aufführungsstrategie (z. B. „Mutterficker, wir ficken Euch alle!"). In den kurzen Pausen zwischen den einzelnen Liedern kam es dabei im weiteren Verlauf des Konzerts zu Auseinandersetzungen zwischen der Band und Teilen des Publikums, die darauf verweisen, dass die impliziten Regeln nicht von allen Beteiligten gleich ausgelegt wurden. Schon in der Gruppendiskussion gehen die Musiker von RTC darauf ein, dass ihnen die Berliner Hardcore-Szene zu sanft sei. Sie selbst wollen dagegen *richtig* „violent dancen", wie sie sagen, was in der Vergangenheit allerdings schon verschiedentlich dazu geführt hat, dass sie „Stress bekamen" (mit anderen Personen der Berliner Hardcore-Szene). In den Ansagen, die die Musiker während des Konzerts zwischen den einzelnen Songs machen, wird dann deutlich, dass ihnen die Tanzaktivität des Publikums nicht wild genug ist. So greift sich der Bassist einmal zwischen zwei Liedern das Mikrofon des Sängers, hält seine Hand mit ausgespreiztem kleinen Finger in die Höhe und sagt: „Es ist schon armselig, dass ich der erste bin, der heute blutet!" Später dann gibt es zwischen zwei Liedern einen (in unseren Videoaufnahmen nicht verständlichen) Zuruf aus dem Publikum an die Band, woraufhin der Sänger sagt: „Ich beleidige, wen ich will“, was wiederum laute Stimmen im Publikum als Reaktion hervorruft. Dabei kann man eine Person rufen hören: „Halt's Maul Mann, ich hol Euch runter!“ Diese Auseinandersetzungen gipfeln letztlich darin, dass eine Gruppe von Personen mit einer gemeinsamen Bewegung in den Moshpit hinein eine Geste des Widerstands gegen die Tanzaktivitäten vollzieht, was letztlich zu dem Gerangel und der Schlägerei führt.

Hier zeigt sich, dass auch in diesem Rahmen die Gesten der Tanzenden und der Band verschieden dekodiert wurden. Die anwesenden Personen teilten sich gleichsam in zwei Fraktionen, die unterschiedliche Auffassungen hinsichtlich der verbalen und nonverbalen Provokationen durch die Band und die Tänzer hatten. Für die einen sind diese Provokationen zulässig und eventuell sogar ein wichtiger Bestandteil des Konzerts, für die anderen gehen sie zu weit. Insofern grenzen sich Band und die eine „Fraktion“ der Tänzer mit ihrem verbalen und nonverbalen Verhalten während des Konzerts nicht nur vom Mainstream ab, sondern gleichermaßen von anderen Mitgliedern der Hardcore-Szene, die sich während der Konzerte nicht hart genug verhalten. Allerdings führt diese Abgrenzung im Ablauf des Konzerts von RTC letztlich dazu, dass die von den Beteiligten ausgeführten Gesten der Aggression nicht symbolisch bleiben, sondern, in einer gegenseitigen Steigerung, in handgreifliche Gewalt umschlagen.[21]

Disco-Rock in einer Kneipe

Die letzte Band, mit der wir uns beschäftigen, nennt sich „The SMU“. The SMU bestehen aus fünf männlichen Mitgliedern (Gesang, Schlagzeug, Gitarre, Bass, Posaune) und bezeichnen sich als die Erfinder des „Disco-Rock“, einer Musikrichtung, in der sie „tanzbare Disco-Grooves und rockige Riffs miteinander verschmelzen“.[22] In der Gruppendiskussion verwiesen sie darauf, dass sie in den lokalen Medien bereits als Kölner „Kultband“ bezeichnet wurden; ein Ruf, der aus einigen recht erfolgreichen Songs, ihren professionell gestalteten Konzerten,

21 Man kann vermuten, dass RTC diese Eskalation angestrebt oder zumindest billigend in Kauf genommen hat. So äußerten sie sich ja schon im Vorfeld abschätzig über das ihrer Ansicht nach zu sanfte Berliner Publikum, welches sich wiederum durch die verbalen Ansagen der Band provoziert sah. Dabei müssen diese Provokationen keinesfalls im Vorhinein geplant gewesen sein, sie können sich in der Interaktion auch spontan entfaltet haben (der Begriff der Strategie macht ja gerade darauf aufmerksam, dass soziales Handeln nie völlig bewusst oder durchgeplant ist). Insofern zeigt sich, dass die in dem Begriff „Krieg“ fokussiert zum Ausdruck kommende Strategie der Band RTC sowohl eine metaphorische als auch eine nicht-metaphorische Dimension beinhaltet.

22 http://www.thesmu.com/smuzone.htm (02.09.2008).

verschiedenen außergewöhnlichen Aktionen – wie einem Auftritt in einem Gefängnis oder Lesungen – sowie ihrem im Jahr 2006 veröffentlichten Debüt-Album (Disco-Rock) resultiert. Ihre größten Erfolge feierten sie jedoch weniger in Deutschland, sondern in China, wo sie im Herbst 2007 und im Sommer 2008 zwei Tourneen absolvierten sowie im Fernsehen auftraten.

Das SMU-Konzert, das wir besuchten, fand in einer schummrig beleuchteten kleinen Bar statt. Auf einer Seite des Raumes stand eine etwas erhöhte Bühne. Vor der Bühne gab es eine rund 20 qm große Tanzfläche und am anderen, türseitigen Ende der Bar eine Sitzecke mit einigen Stühlen und Tischen. An der Bar sowie im Raum verteilt standen einige Barhocker und drei entsprechende Tische.[23]

Die Band traf gegen 21:30 Uhr ein, war mehrheitlich in weiß gekleidet und begrüßte viele der bereits Anwesenden. Offensichtlich kannte man sich, es waren überwiegend Freunde und Verwandte hier. Der angepeilte Konzertbeginn verschob sich immer weiter nach hinten, da der Raum, so die Aussage des Gitarristen, noch nicht erwartungsgemäß gefüllt war. Das Konzert startete schließlich gegen 22:30 Uhr, als rund 60 Personen unterschiedlichen Alters (von rund 18 bis rund 60 Jahren) und Kleidungsstils im Raum waren. Während des Konzerts kam nur selten eine „überschäumende" Stimmung auf. Meist bewegten sich einzelne Personen mal mehr, mal weniger intensiv zur Musik, immer wieder gingen Hände in die Höhe, wurde zum Takt geklatscht, mitgesungen oder der Band etwas zugerufen. Nur gelegentlich schien es, als könne es nun richtig losgehen. Solch eine Situation stellt auch die folgende Sequenz dar, nach der jedoch die Stimmung schnell wieder absank.

„Möglichst dick Show machen"

The SMU greifen zum einen, ähnlich wie P. R. Kantate, auf Bezugnahmen aus der Rock- und Popkultur zurück. Zum anderen wirkte das Ausdrucksverhalten der Band (vor allem die Gesten) oftmals deutlich übertrieben. Darauf verweist bereits die Kleidung der Bandmitglieder: Während des Auftritts sind die Musiker ganz in Weiß gekleidet, wodurch sie ein besonderes, herausgehobenes Erscheinungsbild bekommen. Zudem führten vor allem der Sänger und der Gitarrist immer wieder aufeinander abgestimmte Posen auf (selbst ein Song der Band heißt „Strike a Pose"). Insgesamt gesehen „passten" sowohl die Kleidung als

23 Auf einen dieser Tische stellten wir eine unserer Kameras. Diesen Tisch positionierten wir rund 10 Meter von der Bühne entfernt vor das Mischpult. Mit der zweiten Kamera filmten wir das Konzert aus der Hand und hielten uns dabei meist am Rande der Tanzfläche auf, standen dabei also rund 5 Meter vor der Bühne.

auch die Posen nicht so recht in den Rahmen dieses Konzerts in der beschriebenen kleinen Kneipe. Wie wir im Folgenden zeigen werden, übersteigern die Musiker ihre Auftritte jedoch ganz bewusst.

Die im Folgenden unter Hinzuziehung der Gruppendiskussion interpretierten Sequenzen stammen aus einem Song, der ca. 30 Minuten nach Anfang des Konzerts gespielt wurde. Es handelt sich hier um ein Cover des Liedes „For you" von Bruce Springsteen.[24]

> Die Musiker stehen auf der Bühne, der Keyboarder setzt mit einem staccatoartig gespielten Riff in hohen Tönen ein. Nach kurzer Zeit sagt der Sänger zum Publikum gerichtet ins Mikrofon: „So come on guys. Wer jetzt nicht nach vorne kommt, der ist also wirklich selber Schuld" [...] Der Schlagzeuger zieht sich derweilen sein T-Shirt aus, so dass er ab jetzt mit freiem Oberkörper an seinem Instrument sitzt. Nun dreht sich der Sänger ein wenig nach hinten und zeigt mit seiner linken Hand auf das Schlagzeug. Dabei sagt er „So please sing with me"; nach einer kurzen Pause ruft er rhythmisch: „Play the fucking bassdrum!" Er macht eine kurze Pause, in der er den rechten Arm in Richtung des Publikums streckt und mit den Fingern eine heranwinkende Bewegung macht. Der Drummer hebt in diesem Moment seinen rechten Arm senkrecht in die Höhe. In der Pause ist aus dem Publikum das Wort „Bassdrum" zu hören, in der gleichen rhythmischen Intonation wie beim Sänger. Als Antwort rufen der Sänger und Bassist wieder „Play the fucking bassdrum!" Der Bassist hat dabei eine höhere Stimmlage als der Sänger. Zusätzlich beginnt der Schlagzeuger, gleichmäßige Viertelschläge auf der Bassdrum zu spielen, während er gleichzeitig seinen rechten Arm im Takt schnell auf und nieder bewegt. Es folgen vier Schläge der Bassdrum, bei denen der Sänger nichts sagt, sondern den ausgestreckten rechten Arm in Richtung Publikum hält. Wieder ist aus dem Publikum das Wort „Bassdrum" zu hören. Einige Personen, die direkt vor der Bühne stehen, schlagen dazu mit dem Arm je zweimal in die Luft (auf „bass" und „drum"). Dann ruft der Sänger, wieder zusammen mit dem Bassisten, „play the fucking bassdrum", um danach seine rechte Hand um seine Ohrmuschel zu legen und seinen Kopf dabei leicht in Richtung Publikum zu recken. Im Publikum ist wieder die gleiche Reaktion zu beobachten. Das *Call&Response*-Muster „Play the fucking bassdrum" wird nun achtmal wiederholt. Ab dem vierten Mal ruft auch der Gitarrist die Aufforderung in sein Mikro, teilweise in einer hoch jaulenden Intonation.

In dieser Einleitung des nun kommenden Liedes ist das sprachliche und körperliche Ausdrucksverhalten des Sängers darauf gerichtet, die Distanz zwischen Band und Publikum zu verringern. Im Zusammenhang mit der Ansage des Sängers, die darauf hinweist, dass jetzt ein Song anfängt, der „richtig abgeht", lässt sich das Ausziehen des T-Shirts des Schlagzeugers als eine Geste interpretieren, welche auf eine große Energiefreisetzung verweist. Dabei handelt es sich um die Über-

24 Der Song wurde u.a. auch von Manfred Mann's Earth Band gecovert und ist in der Disco-Szene durch ein Cover der Disco Boys bekannt.

tragung einer im kulturellen Feld der Rock- und Popmusik geläufigen Pose: Das Ausziehen des (oft schweißnassen) T-Shirts wird auf Popkonzerten oft in dramaturgisch herausgehobenen Momenten aufgeführt. Allerdings erhalten der Sänger und der Schlagzeuger aus dem Publikum keine entsprechende Reaktion. Die Aufmerksamkeit des Publikums ist geteilt, einige Personen richten sich auf die Band, andere zu anderen Personen im Publikum.

Auf der Ebene des körperlichen Ausdrucksverhaltens können in dieser Sequenz zwei Kategorien von Gesten unterschieden werden. Da sind zum einen die Bewegungen des Sängers – wie das Heranwinken des Publikums oder das Herumlegen der Hand um die Ohrmuschel. Mit diesen Bewegungen fordert der Sänger das Publikum zum Mitmachen auf: Das Publikum soll näher kommen und sich hören lassen. Offensichtlich versucht er, die „Distanz" zwischen den Anwesenden auf einer körperlich-materiellen („kommt nach vorne") wie auf einer musikalischen („sing with me") Ebene zu verringern bzw. die Körper und Stimmen der Anwesenden näher zusammenzuführen und in Übereinstimmung zu bringen. Seine Bewegungen fordern dazu auf, sich körperlich und musikalisch am Geschehen zu beteiligen. Obschon einzelne Personen aktiv am musikalischen wie körperlichen Geschehen mitwirken – indem sie „Bassdrum" rufen und ihre Arme in die Höhe strecken – entsteht kein kollektives Rufen oder eine vereinzelte Personen übergreifende aneinandergebundene Bewegung. Die Personen verbleiben überwiegend an Ort und Stelle, nur wenige fügen sich in das *Call & Response*-Muster ein, und wenn Bewegungen im Publikum ausgeführt werden, vollziehen diese kaum mehr als zwei bis drei Personen gemeinsam.

Die Bewegungen des Schlagzeugers sind auf eine andere Weise symbolisch codiert als die des Sängers. Sie sind keine an das Publikum gerichteten Handlungsaufforderungen, sondern Verkörperungen des Rhythmus der Musik. Sie „übersetzen" die Schläge der Bassdrum – die vom Schlagzeuger mit dem Fuß erzeugt werden – in eine Armbewegung. Auch dieses schnelle Auf- und Abbewegen des Arms zum Takt der Musik ist eine Übertragung einer aus dem Feld der Rock- und Popmusik bekannten Geste in den Kontext dieses Konzerts. Diese Geste „springt" teilweise auf das Publikum „über", wird von einigen Zuschauern mimetisch nachvollzogen, zirkuliert also zwischen Bühne und Publikum.

In dieser Sequenz versucht die Band also einerseits über musikalisches, sprachliches und körperliches Ausdrucksverhalten eine *rhythmische Gemeinsamkeit* zwischen sich und dem Publikum herzustellen, wobei vor allem aus der Popkultur geläufige Posen und Aufführungselemente übertragen werden. Andererseits zeigt sich in dieser Sequenz eine ironisierende Distanznahme der Band zur Aufführung. Diese kommt vor allem im hohen Jaulen des Gitarristen zum Ausdruck. Schließlich wird das *Call & Response*-Schema dadurch als ein „Nachäffen" herausgestellt, was einer Entwertung gleichkommt. Schon während der musikalischen Aufführung bringt der Gitarrist somit bereits eine Reflektion über die Aufführung ein. Sein Jaulen lässt sich insofern als eine Meta-Ebene der Kommunikation interpretieren, durch die er sich von der eigenen Inszenierung distanziert. Auch die achtmalige Wiederholung des *Call & Response*-Schemas sowie die Bezeichnung „fucking bassdrum" lassen sich auf diese Weise deuten. In der übertrieben häufigen Wiederholung dieses Schemas sowie der Überspitzung „fucking bassdrum" distanziert sich die Band ironisch von dem Schema.

Wir wollen eine Aussage des Gitarristen während der Gruppendiskussion hinzuziehen, um diese ironisierende Übersteigerung besser zu verstehen:

> „Das Publikum, die wollen, also zumindest unsere Fans, [...] wollen halt nich sozusagen die Verlängerung ihres Alltags sehen, auf der Bühne. Sondern die wollen eben 'n paar durchgeknallte Typen sehen, die irgendwie viel zu viel Butter aufs Brot schmieren, als eigentlich drauf gehört. Da is halt diese Idee entstanden, möglichst dick Show zu machen. [...] Wenn man ne gewisse Klientel erreichen möchte, muss man denen den Weg raus aus dem Alltag für zumindest ein, zwei Stunden des Konzerts ermöglichen, dazu muss man das ganze 'n bisschen dick auffahren. [...] Das Ganze ist natürlich ne Attitude, is ja klar ja, wenn wir jetzt drüber reden, kommt es hoffentlich so rüber im Privaten, dass das nicht ganz so ernst gemeint ist, aber es is natürlich doch ernst gemeint. Das is natürlich so, muss man natürlich durchsehen. Man kanns nicht jedem recht machen. Manche Leute denken, oh Mann, die sind ja echt bekloppt, aber wir sind im Privatleben auch durchaus normale Leute."

Aus dieser Sequenz geht hervor, dass die Band ihre Auftritte ganz bewusst überspitzt, wobei diese „Idee" eine Reaktion auf die von den Musikern angenommenen Wünsche des Publikums darstellt. In diesem Sinne lässt sich das Überspitzen als eine Art Marketingorientierung der Band begreifen. Es geht der Band mithin nicht darum, ein authentisches Lebensgefühl auszudrücken oder Themen des Alltags auf die Bühne zu bringen, sondern dem Publikum zu liefern, was es begehrt: etwas, das sich vom Alltag abhebt, ihnen eine Distanzierung zum Alltag ermöglicht.[25] Die etwas widersprüchlich scheinende Aussage: „is ja klar [...], dass das nicht ganz so ernst gemeint ist, aber es is natürlich doch ernst gemeint" verweist unseres Erachtens darauf, dass die Band ihre Inszenierungen ironisch verstanden haben möchte – und dass es ihr mit eben dieser Ironie „ernst" ist. Zwar meinen sie das, was sie auf der Bühne machen, im Einzelnen nicht ganz so ernst, allerdings wollen sie mit ihren Übertreibungen ganz bewusst eine Grenze zwischen Alltag und Konzert setzen. In der Gruppendiskussion wird an anderer Stelle dementsprechend betont, dass die Auftritte mit einem „Augenzwinkern" gemeint sind.

---

25 Diese Marketingorientierung lässt sich auch darin erkennen, dass die Band sich als „Erfinder des Disco-Rock" bezeichnet, also als eine Band, die eine Marktlücke entdeckt und besetzt hat.

Eine solche Aufführung verlangt dem Publikum jedoch viel ab (an der eben zitierten Stelle aus der Gruppendiskussion heißt es: „muss man natürlich durchsehen"). In dem von uns beobachteten Konzert integriert sich das Publikum nur *partiell* in die Aufführung. Dies bezieht sich zunächst einmal ganz schlicht darauf, dass nur wenige Personen im Publikum auf die Aufforderung des Sängers, mit ihm zu singen, reagieren. Aber auch bei denen, die reagieren, lässt sich nur eine partielle Involvierung rekonstruieren. Am deutlichsten zeigt sich die Distanz zu den ironisierenden Übersteigerungen an der Art und Weise, wie sich die Zuschauer in das *Call & Response*-Schema integrieren: Zwar sprechen einige Personen den Musikern nach, doch sie wiederholen lediglich das letzte Wort des Textes: „Bassdrum". Auch auf der gestischen Ebene ist die lediglich partielle Involvierung zu erkennen, schlagen die Personen im Publikum doch nicht die durchgehenden Viertelschläge der Bassdrum mit – so wie der Schlagzeuger es tut –, sondern nur die Schläge, auf die sie auch „Bassdrum" rufen. Demnach ist in dieser Szene zwar ein Zirkulieren von sprachlichem und körperlichem Ausdrucksverhalten zwischen Band und Publikum zu beobachten, die ironisierenden Übertreibungen der Band werden vom Publikum jedoch nicht übernommen. Vielmehr brechen die involvierten Personen im Publikum die Komplexität der Kommunikation in ihrem eigenen, mimetischen Ausdrucksverhalten so weit herunter, dass sie gewissermaßen Eindeutigkeit herstellen. Denn im Prinzip konstatieren sie ja lediglich, dass die Bassdrum gespielt wird.

Wie in der Gruppendiskussion zum Ausdruck kommt, hat die Band mit ihren übersteigernden Inszenierungen in verschiedenen Kontexten unterschiedlichen Erfolg. Ein wichtiger Faktor scheint dabei zu sein, ob die Musiker mit den Personen im Publikum bekannt sind oder nicht. An einer Stelle kommt die Sprache auf die erfolgreichen Auftritte der Band in China. Dort erfuhren sie überwältigende Reaktionen seitens des Publikums auf ihre Inszenierungen: „Das Feedback der Leute auf den Konzerten war ne ganz andere Liga als in Deutschland. Hier ist das sachlicher, es gibt immer Leute, die einen privat kennen." Anonymität wird hier als ein wichtiger Faktor für das Gelingen der Auftritte herausgestellt. Ein weiterer Faktor ist offenbar die Größe des Raumes, in dem der Auftritt stattfindet. In China spielten The SMU in großen Hallen, was dem Anspruch, die Auftritte „dick aufzufahren", eher gerecht wird als ein Auftritt in einer kleinen Kneipe. Insofern entsteht hier gewissermaßen eine Rahmeninkongruenz: Der rituelle Rahmen des Konzerts vor Bekannten in einer kleinen Kneipe stimmt nicht mit dem Orientierungsrahmen der Band überein, „möglichst dick Show zu machen". In dem gegebenen rituellen Rahmen wirken die Posen unweigerlich überzogen. Dennoch verzichtet die Band nicht auf sie, sondern rahmt sie ironisch. Durch die Ironisierungen werden die großen Posen also wieder legitimiert. Gleichsam wird dadurch das Publikum aber auch auf Distanz gehalten.

Dann geht der Drummer in einen Wirbel über, der schließlich in einen treibenden Rhythmus einmündet, in den nun auch die Gitarre mit kräftigen, verzerrten Akkorden einsetzt. Keyboard und Bass spielen weiter wie bisher. Während des Wirbels stellt sich der Sänger, zum Gitarristen gedreht, für einen kurzen Moment mit dem linken Bein vorgestreckt steif hin, wobei er den rechten Arm ausgestreckt vor sich schräg nach unten hält. Der Gitarrist steht dabei zum Sänger hingewendet (so dass sich beide gegenüberstehen) und beugt seinen Oberkörper nach hinten. Dann hebt der Sänger den rechten Arm in einer schnellen Bewegung ausgestreckt nach oben und führt den linken angewinkelt nach unten, um beide Arme zum Beginn des gemeinsamen Rhythmus in einer kraftvollen, impulsiven Bewegung wieder nach vorne zu bringen. Gleichzeitig bringt der Gitarrist seinen Oberkörper schnell nach vorne und „mosht" einmal mit dem Kopf, so dass seine halblangen Haare „wehen". Danach wippt der Gitarrist für einige Zeit im Takt mit. Während des Wirbels des Schlagzeugers und ganz kurz, nachdem der Sänger sich in Pose gestellt hat, beginnen im Publikum zwei Personen, die bisher relativ ruhig standen, zu hüpfen. Nach dem Einsatz der gesamten Band in den treibenden Rhythmus hüpfen diese beiden kurz noch mit, dann wippen sie nur noch im Takt. Eine weitere Person aus dem Publikum hebt während dieses Teils den Arm und „wedelt" mit ihr etwas unrhythmisch in Richtung Bühne in der Luft herum. Kurz darauf hebt auch der Sänger, der auf das Publikum blickt, seinen Arm und „wedelt" ebenfalls, indem er einige Male im Takt der Musik abwechselnd nach rechts und nach links schlägt. Dann lässt er für einen Moment den Arm sinken, schaut in die Richtung, wo Bassist und Keyboarder stehen, hebt dann wieder den rechten Arm und bewegt ihn einmal kraftvoll nach vorne.

Abb. 6 und 7: *Übersteigerte Gesten*

Dieser Übergang von dem einleitenden *Call & Response*-Teil in einen Instrumentalteil des Songs wird nicht nur vom Schlagzeuger durch einen Wirbel, sondern vor allem auch durch das körperliche Verhalten des Sängers und des Gitarristen markiert. In spontan wirkenden, aufeinander bezogenen Posen bauen sie kurzzeitig eine Körperspannung auf, welche sich dann mit einer impulsiven Bewegung in den gemeinsamen Rhythmus hinein entlädt. Im Kontrast zu diesem körperlichen Innehalten der beiden Musiker beginnen die zwei beschriebenen Personen im Publikum, sich stärker zu bewegen (Hüpfen). Gleichwohl fallen sowohl die beiden Personen im Publikum als auch der Gitarrist anschließend in ein gemeinsames Wippen im Takt, das allerdings weit weniger dynamisch ist als das anfängliche Hüpfen. Der musikalische Übergang wird also von allen hier beschriebenen Personen durch ein herausgehobenes körperliches Ausdrucksverhalten gemeinsam ausagiert. Die Posen von Sänger und Gitarrist bringen dabei wieder die Orientierung der Band zum Ausdruck, möglichst „dick aufzutragen".

Im Folgenden ist zu beobachten, dass die Bewegung des „Armwedelns" zwischen einem Zuschauer und dem Sänger zirkuliert, wobei der Sänger die etwas eigentümliche, nicht zum Takt der Musik passende Bewegung des Zuschauers mimetisch aufgreift und dabei insofern abwandelt, als er seine eigene Bewegung mit dem Rhythmus der Musik abstimmt. Es handelt sich hier mithin nicht um ein einfaches Zuwinken, sondern um die Integration des gestischen Verhaltens in die musikalische Performance. Durch dieses „Beantworten" eines gestischen Verhaltens des Zuschauers durch den Sänger mittels einer eigenen, ähnlichen Geste entsteht eine körperlich-dynamische Gemeinschaftlichkeit zwischen den beiden Personen. Dieses Zirkulieren einer Geste ist insofern bemerkenswert, als es auf der Seite des Publikums anfängt. Bisher hatten wir nur zirkulierende Gesten rekonstruiert, bei denen die erste Geste von den Musikern ausgeführt und dann vom Publikum nachgeahmt wurde. Wenn sich hier die umgekehrte Richtung zeigt, so verweist dies darauf, wie wichtig das Publikum für den Ablauf und die Gestaltung eines Auftritts sein kann.

> Es folgt ein musikalisch relativ ruhiger Teil, der damit endet, dass sich der Sänger, auf eine skandierende Art kräftig und hoch singend, zum Bassisten vorbeugt. Dieser wiederum beugt sich zum Sänger, während Bass, Keyboard und Gitarre ausklingen und gleichzeitig das Schlagzeug mit Viertelschlägen auf der Bassdrum einsetzt. Währenddessen springen Sänger und Bassist zum Takt in die Höhe, wobei der Bassist sich einmal um die eigene Achse dreht. Dabei ruft der Sänger, zum Publikum gerichtet, „Everybody!" ins Mikrofon. Unmittelbar danach streckt eine Person im Publikum beide Arme schräg nach oben in Richtung Bühne aus. Dann singt der Sänger, die ganze Zeit zusammen mit dem Bassisten in die Höhe hüpfend, zum einsetzenden schnellen Rhythmus des Schlagzeugs, in den auch die anderen Instrumente einstimmen. Nahezu gleichzeitig heben hierbei der Sänger und mehrere Personen im Publikum je einen Arm in die Luft. Während der Sänger nur einmal mit dem

> ausgestreckten Arm schräg nach oben zeigt und ihn kurz darauf wieder herunter nimmt, schlagen die Personen im Publikum mehrere Male den Takt mit. Im Publikum sind einige Personen zu sehen, die mit ihren Körpern zum Takt wippen. Der Sänger hält während des Hüpfens einmal kurz inne, stellt sich breitbeinig hin und biegt, in sein Mikrofon singend, den Oberkörper und den Kopf nach hinten, dann hüpft er wieder weiter. Schließlich folgt eine musikalische Steigerung in einer Weise, dass das Schlagzeug einen längeren Wirbel spielt, der Gesang einen Part eindringlich wiederholt und die übrigen Instrumente den Dominantakkord durchspielen. Dabei hüpft schließlich auch der Gitarrist, in einer Reihe mit Sänger und Bassist, zum Takt in die Höhe. Aus dem Publikum ist in diesem Moment ein langgezogenes Juchzen zu hören. Als der Gitarrist aufhört zu springen und sich vom Sänger abwendet, hebt der Sänger im Springen den rechten Arm und vollführt mit ihm einige Male eine Zeigebewegung nach oben. In diesem Moment springen auch im Publikum einige Personen mehrmals hoch und heben dabei im Takt der Musik die Arme in die Luft.

Hier wird ein längerer Übergangsteil beschrieben, der den balladenhaften mit dem folgenden schnellen Teil verbindet und auf der musikalischen Ebene Spannung aufbaut. Dieser Spannungsaufbau spiegelt sich in den körperlichen Bewegungen der Akteure. Dabei fallen zunächst wieder die weitgehend aufeinander abgestimmten, teilweise sogar synchronen Bewegungsfiguren der Musiker auf, die das musikalische Geschehen dramatisierend hervorheben. Auch im Publikum ist nun mehr Bewegung zu beobachten. Die Bewegungen, die auf der Bühne und im Publikum vollzogen werden, ähneln sich und sind zeitlich eng aufeinander bezogen. Bemerkenswert erscheint, dass die Bewegung des Armhebens vom Sänger und von einigen Personen im Publikum zur selben Zeit ausgeführt wird. Die Bewegung findet ihren Ausgang also nicht auf einer der beiden Seiten und wird dann von der anderen Seite mimetisch aufgenommen. Zwar zeigt der Sänger durch seinen Ruf „Everybody!“ an, dass nun eine Passage folgt, in der er auch vom Publikum Aktivität erwartet. Allerdings geht aus diesem Ruf nicht hervor, welche Art der Aktivität er genau erhofft und wann diese genau einsetzen soll. Vielmehr erscheint es, als ob hier die Musik die entscheidende Instanz ist, welche die Bewegungen „steuert“. Die Musik geht dabei auf einen Wechsel zu, der vom Sänger durch das „Everybody“ bereits angekündigt wurde. Diese Dramaturgie des musikalischen Geschehens scheint von den Körpern der beteiligten Akteure antizipiert zu werden, da diese in einer mimetischen Bezugnahme den Wechsel in den treibenden Rhythmus synchron in eine Körperbewegung „übersetzen“. Die Musik ist hier also nicht lediglich das Medium, über das die Akteure die Bewegungen gemeinsam ausführen; von ihr geht eine mimetische Sogwirkung aus, in die die verschiedenen Akteure geraten, so dass Gemeinsamkeit in der Bewegung entsteht.

Die rhythmische Gemeinsamkeit in der Bewegung entspringt zudem im gemeinsamen Hüpfen (Musiker) und Wippen (Publikum) der Akteure. Auf dieser Ebene scheint es, anders als beim eben betrachteten Armheben, so zu sein, dass die Personen aus dem Publikum das Hüpfen der Musiker aufgreifen. Schließlich hüpfen die Musiker schon längere Zeit, bis einige Personen im Publikum zunächst mit den Köpfen und dann mit dem ganzen Körper wippen. Vor diesem Hintergrund lässt sich das Wippen als eine abgeschwächte Form des Hüpfens interpretieren. Die Personen im Publikum lassen sich offenbar von den Bewegungen der Musiker anstecken, doch der Funke springt zunächst nur partiell über (wobei „partiell" wieder, wie oben, auf den zwei bereits genannten Ebenen gilt). Beim Höhepunkt der musikalischen Spannung ist dann aber nicht nur die Geste des Juchzens zu hören, sondern im Publikum steigert sich das Wippen zusätzlich in ein Hüpfen. Die massiven Bewegungen der Musiker entfalten also eine (wenn auch schwache) mimetische Sogwirkung, reißen einen Teil des Publikums gleichsam mit. In diesem Sinne kann die Band mittels der überspitzten Gesten körperlich-dynamische Gemeinsamkeit unter den Akteuren hervorbringen.

> Es folgt ein Solo des Drummers, währenddessen die restlichen Musiker die Bühne verlassen. Zum Schluss des Solos schlägt der Schlagzeuger die Viertelschläge auf der Bassdrum, die anderen Musiker kommen wieder auf die Bühne. Der Bassist setzt als erster zu den Viertelschlägen des Schlagzeugs ein, indem er das Riff der „White Stripes" spielt, welches schon zur Einleitung des Konzerts gespielt wurde. Im Publikum ist daraufhin lautes Johlen zu hören. Man hört auch, dass einige Personen die Melodie laut mitsingen. Viele klatschen auch den Takt dazu. Auch der Sänger beginnt dann, den Takt mit vor dem Kopf erhobenen Händen zu klatschen. Dabei setzen auch der Gitarrist und der Keyboarder mit dem Riff ein. Schließlich setzt der Drummer auch mit den anderen Teilen seines Schlagzeuges ein, wobei der Sänger und der Gitarrist im Takt in die Höhe springen. Auch im Publikum sind verschiedene Personen zu sehen, die in die Höhe springen. Dabei drehen sie die Hüfte.

In dieser Sequenz zeigt sich exemplarisch, dass The SMU, ähnlich wie P. R. Kantate, ihren Auftritt immer wieder mit Bezugnahmen auf den Bereich der Popkultur anreichert. Die Musiker können davon ausgehen, dass sie mit diesem populären Riff der White Stripes aus dem Lied „Seven Nations Army" – das während der EM 2008 in den Stadien immer wieder von den Fans gesungen wurde sowie die Einmärsche der Nationalmannschaften untermalte – an den kulturellen Wissensbestand vieler ihrer Zuschauer anknüpfen. Insofern die Reaktion des Publikums tatsächlich in Johlen, Mitsingen und schließlich auch Mitspringen besteht, bringt die Band auf diese Weise wiederum die bereits mehrfach rekonstruierte Form von Gemeinsamkeit hervor, die zwei grundlegende Dimensionen beinhaltet: eine kollektiv geteilte Vertrautheit mit kulturellem Wissen sowie eine kollektive körperliche Dynamik.[26]

Abb. 8: *Der Sänger zeigt auf den Gitarristen, der das Riff der White Stripes spielt.*

Dabei stellt das Riff der White Stripes eine Art Leitmotiv dar: Es wurde nicht nur am Anfang, sondern immer wieder während des Konzerts eingestreut (so wie an der hier besprochenen Stelle). Als die Musiker das letzte Lied des Abends gespielt hatten, nebeneinander auf der Bühne standen und sich zum Applaus des Publikums verbeugten, begann dann das Publikum wiederum, die Melodie des Riffs zu singen, woraufhin die Musiker auf der Bühne anfingen, im Rhythmus zu klatschen, so dass schließlich auch das Publikum mitklatschte und alle lauthals sangen. So wurde das Konzert gleichsam vom Riff der White Stripes eingerahmt. Hier wird noch einmal deutlich, wie über den Bezug auf gemeinsame popmusikalische Wissensbestände einerseits und Gesten andererseits eine situative Gemeinschaft hergestellt wird.

In diesem Zusammenhang ist eine Pose bemerkenswert, die beim Spielen des Riffs der White Stripes am Anfang des Konzertes zu beobachten ist: Der Sänger zeigt hier theatralisch auf die Gitarre, während der Gitarrist alleine das Riff spielt. Dabei steht der Gitarrist in leichter Hocke zum Sänger hingedreht: Hier kommt die Strategie der Band fokussiert zum Ausdruck. Mit einer überzo-

26 Darüber hinaus intoniert The SMU während des Konzerts immer wieder bekannte Stücke, sei es die Themen-Musik von Alf, der bekannten Fernsehserie aus den 1980er Jahren, das Prince-Lied „Purple Rain", das Lied „It's Allright" von East 17, ein Hit im Jahr 1993. Auch bei dem in der hier betrachteten Szene gespielten Stück „For You" handelt es sich um ein Cover, also eine Bezugnahme auf das kulturelle Reservoir der Rock- und Popmusik.

gen wirkenden – und wohl mit einem Augenzwinkern gemeinten – Pose wird das Instrument hervorgehoben, welches die für diesen Abend zentrale, Gemeinsamkeit unter den Anwesenden stiftende, Melodie spielt.

Ironisierende Übersteigerungen als Aufführungsstrategie

Die Rahmenbedingungen, unter denen die Band The SMU auftritt, sind ähnlich wie beim Konzert von RTC: Es ist ein kleiner Raum, in dem sich nur solche Personen befinden, die die Band sehen wollen. Allerdings handelt es sich hier nicht um eine „Szene", bei der die Akteure aufgrund eines gemeinsam präferierten Musikstils zusammenkommen. Vielmehr sind im Publikum auch Verwandte und Freunde der Musiker, die das Konzert vermutlich nicht (nur) aufgrund der Musik besuchen, sondern aus familiärem oder freundschaftlichem Interesse. Insofern steht die Band, zumindest bezüglich des generationsspezifischen und subkulturellen Erfahrungswissens, vor einem disparateren Publikum als RTC. Beim Treffen auf dieses soziale Setting folgt die Strategie von The SMU – interessanterweise ähnlich derjenigen von P. R. Kantate – dem durchgängigen Zitieren aus weithin bekannten kulturellen Wissensbeständen. Ebenso wie P. R. Kantate „versucht" die Band derart, Gemeinsamkeiten und Vertrautheiten mit und unter den Anwesenden auf den Ebenen von Erfahrung und Identität aufzuführen und herzustellen.

Im Unterschied zu P. R. Kantate spielt bei The SMU jedoch zusätzlich das Stilmittel der ironisierenden Übersteigerung eine herausragende Rolle. Dieses „Gehabe", welches, wäre es ernst gemeint, unpassend erscheinen würde, kann nur durch die Ironisierungen, die es selbst ausdrückt, „legitimiert" werden. Im Grunde könnte man sagen, dass es der Band „ernst" mit ihrem Versuch ist, eine Gemeinschaft des Augenzwinkerns hervorzubringen – im Sinne eines Einverständnisses zwischen Band und Publikum, sich selbst nicht allzu ernst zu nehmen.

Allerdings erreicht die Band, wie wir rekonstruiert haben, das Publikum mit dieser Aufführungsstrategie nur teilweise. Letztlich zeigen die übersteigernden Ironisierungen nicht nur eine gewisse Distanz zur eigenen Aufführung an, auch das Publikum wird auf Distanz zur Aufführung gehalten. Auch die Bandmitglieder äußerten sich uns gegenüber enttäuscht über den Auftritt, zumal sie in dieser Kneipe schon mit weitaus größerem Erfolg gespielt hatten. So ist es fraglich, weshalb der Konzertabend nicht im von den Musikern gewünschten Maße gelang – ob die Aufführungsstrategie oder die Rahmenbedingungen nicht „passten" (z. B. waren bei dem von uns besuchten Konzert weniger Besucher als bei dem vorherigen Konzert). Letztlich zeigt sich hier, dass eine kollektive Efferveszenz auch bei einer ausgeklügelten Aufführungsstrategie nicht immer willkürlich „produziert“ werden kann. Selbst ein massiver Einsatz von Gesten und Posen garantiert keine starken mimetischen Sogwirkungen.

Vergemeinschaftende Gesten auf Rock- und Popkonzerten: ein Resümee

Das Konzertgeschehen, so kann nun insgesamt festgestellt werden, ist eine komplexe, dynamische Kommunikation zwischen Musikern und Publikum, in der musikalisches, körperliches und verbales Ausdrucksverhalten eng miteinander verwoben sind. Dabei macht unsere Analyse deutlich, dass Gesten eine eigenständige Kommunikationsfunktion haben können und auch unabhängig von Sprache kommunikative Dynamiken hervorbringen.

Zunächst einmal kommt Gesten auf den Konzerten die Funktion zu, die Dramaturgie des Konzerts zu ordnen und zu lenken. Gesten zeigen den Fortgang des musikalischen Konzertgeschehens an und eröffnen Möglichkeiten der praktischen Einflussnahme auf den Verlauf des Geschehens. Sie markieren Übergänge und dienen als Handlungsaufforderungen an das Publikum und die anderen Musiker auf der Bühne. Über Gesten stimmen sich die teilnehmenden Akteure auch ohne Worte aufeinander ab und ein.[27]

Gesten können somit als ein wichtiger „Motor“ der Dynamik sozialer Interaktionen angesehen werden. Unsere Analysen zeigen in diesem Zusammenhang, dass Gesten gerade bei der Entstehung von kollektiver Efferveszenz eine entscheidende Rolle spielen. Dabei haben Gesten das Potential, Gemeinsamkeit unter den versammelten Menschen zu stiften, und zwar in zweierlei Hinsicht: Zum einen im Sinne von Vertrautheit mit kulturellen Ausdrucksformen (man könnte hier von einer identifikatorischen Dimension sprechen), zum anderen im Sinne eines kollektiven, übereinstimmenden Vollzugs bestimmter Bewegungsmuster. Die Übertragung von Gesten von einem sozialen Kontext in einen anderen ermöglicht dabei die Vertrautheit, die Zirkulation von Gesten innerhalb einer Interaktion die kollektive Bewegung.

Gesten haben die Kraft, die Dynamik sozialer Interaktionen anzutreiben, weil sie einen mimetischen Sog zu erzeugen vermögen, in dem sich die partizipierenden Personen bis hin zu euphorischen Prozessen der Vergemeinschaftung wechselseitig aufschaukeln können. Diese Kraft der Gesten ließe sich mit dem Begriff *movere* fassen: Gesten vermögen zu „bewegen“, „in Bewegung zu setzen“, aber auch zu „beeinflussen“, „erregen“ und „in Gang zu bringen“ (vgl. zu *movere* Brandstetter/Brandl-Risi/van Eikels 2007: 37). Aufgrund des mimeti-

27 Hier lässt sich im Anschluss an Brandstetter/Brandl-Risi/van Eikels auch von einem *organisatorischen Effekt* von Gesten sprechen (2007: 8).

schen Charakters der Gesten handelt es sich dabei nicht um uniforme, gleichsam mechanische Bewegungsmuster; vielmehr besteht die Lebendigkeit der gestischen Interaktion darin, dass sich spontan immer auch neue, mehr oder weniger stark abweichende Ausdrucksmöglichkeiten entfalten können. Auf Rock- und Popkonzerten geht ein mimetischer Sog zudem oft von der Musik aus: Die Körper der Partizipierenden werden unmittelbar affiziert und drängen danach, die Musik auszuagieren, sie gleichsam in Gesten zu übersetzen.

Unsere Rekonstruktionen der verschiedenen Aufführungsstrategien der Bands machen aber auch deutlich, dass die Gesten eines Akteurs zu dem sozialen Setting, in dem er sich bewegt, „passen" müssen. Ein Akteur bedarf eines praktischen Sinns, um mit seinen Gesten derart an das in einem sozialen Arrangement vorhandene Erfahrungswissen anzuknüpfen, dass er von den anderen Akteuren „verstanden" wird. Wenn die partizipierenden Personen einen gemeinsamen Nenner der Kommunikation finden – wozu auch hinsichtlich des gestischen Ausdrucksverhaltens eine gewisse „Mitmachkompetenz" notwendig ist – und die Bereitschaft zum Sich-Hineinfallenlassen in die Interaktion aufbringen, können Gesten ihr ganzes Potential mimetischer Sogwirkung entfalten: Dann eröffnen sich Möglichkeiten der Teilnahme und Teilhabe an Prozessen euphorischer Vergemeinschaftung.

Geste als Zwischenraum – Körperpraxen und Selbstbildung in medialen Spielkulturen

Nino Ferrin

Gesten fungieren als *geformte* Bewegungsmuster zwischen dem spezifischen Feld subkulturell verschiedener populärer Musikveranstaltungen und den Akteuren als habituell-strategische Mittler, wie der vorhergehende Beitrag zu körperlichen Ausdruckformen während Popkonzerten verdeutlicht. Dasselbe gilt für die nachstehende Forschung zu Gesten in medialen Feldern. Am Beispiel von Spielpraxen mit der von Nintendo produzierten Konsole „Wii" stellt sich durch die Entwicklung einer neuen Steuerungsform, bei der die sensorische Erfassung von realen Bewegungsfiguren als Basis für die visuelle Darstellung dient, nicht nur die Frage nach der Kontrolle der eigenen Körperbewegungen durch den Abgleich mit dem medialen Bild, sondern auch nach dem Potential der Einübung von neuartigen und experimentellen Selbstbeobachtungsmodellen.

Für die Untersuchung dieser Prozesse wurden neben der Durchführung teilnehmender Beobachtungen auch Videodaten von mehreren Spielstunden mit der Konsole während einer Feier erhoben. Das dabei fokussierte empirische Beispiel des virtuellen Boxens widmet sich jeweils zwei Duellanten sowie einigen im Raum verteilten Zuschauern. Jeder Spieler steht dabei räumlich gesehen Seite an Seite mit seinem Gegner, seine Aufmerksamkeit richtet sich jedoch der eigentlichen „Spielfläche" (des Selbst) auf dem Bild zu, auf der jeder Spieler eine Spielfigur steuert, die mit dem Rücken zum Spieler hin positioniert ist und somit einer *third person*-Perspektive zugeordnet werden kann. Ein Boxschlag, im Realraum mit einer Fernbedienung in der Hand vollzogen, wird nahezu synchron (im Spiel als zeitgleich wahrgenommen) auf dem Bildschirm gezeigt und mit den Ausweichbewegungen und Schlägen des Kombattanten abgeglichen; welcher der Wettstreiter mehr Treffer erzielt, gewinnt das Spiel. Die Beobachtung eigener Gesten auf einem externen Medium als im Bild verrechnete Informationen, so die These, untersteht zwar der technischen Performanz sensorischer Leistung, beinhaltet jedoch als visuelle Körperdarstellung ein Abstandnehmen von der eigenen Positionalität.

Ausgehend von etablierten Darstellungs- und Bearbeitungsformen von Körperbildern in Mediengebrauchspraktiken in der Schule und Online-Communities (vgl. Jörissen/Mattig 2007; Jörissen 2007) untersucht der vorliegende Beitrag

Abb. 1: *Treffer!*

neuere Spielkulturen, die vermehrt den gesamten Körper in die Steuerung der Spiele einbeziehen. Die Medientechnik und der menschliche Körper finden bei der Konstitution dieser neuen „Gameculture" durch die und in den *Gesten* Ausdruck; sie werden zugleich im medialen Bild dokumentiert und in einer Kreisbewegung an den spielenden Akteur zurückgegeben. Dieser bezieht sich in der Folgepraktik auf das „erspielte Bild" (vgl. Bausch/Jörissen 2004) und konstituiert ein komplexes (Beziehungs-) Gefüge aus körperlicher Bewegung und bildlicher (Re-) Präsentation. Die Art der gegenseitigen Beeinflussung ist dabei ein entscheidender Punkt in der Konzeption eines zu entwickelnden „medialen" Gestenbegriffs, welcher sich in der Interdependenz von Bewegungen und Technikprodukt zeigt. Zusammengenommen stellt diese ein Vollzugsmoment auf der Ebene von Körperbewegungen – gestischen Aktivitäten – in Zusammenspiel mit durch technische Messungen evozierten Medienbildern dar, welche gewissermaßen die eigenen Gebärden als digitales Bild „widerspiegeln". Solche Praktiken beinhalten durch die visuellen *und* taktilen Körpertechniken das Potential, den „eigenen Körper" in der medialen Vermittlung zu erkennen wie motorisch zu koordinieren und dies zu Möglichkeiten der Reflexion weiterzuentwickeln.

Um Gesten als *mediale* Praktiken zu begreifen, bedarf es des umfassenden Konzepts eines *performativen* Mediengebrauchs. Die Ebenen eines solchen enthalten zum einen die mediale Struktur der Technik, sowohl Soft- wie Hardware (festgelegte, automatisch verwirklichte Apparatmöglichkeiten) als auch aus dem menschlichen Gebrauch, der die situative Rahmung und die Praktiken der Akteure sowie deren sensuelle Körperlichkeit als wechselseitige Bedingung im performativen Akt vereint. In Bezug auf eine praxeologische Forschungsrichtung, welche die Gebrauchsdimension sozialer Prozesse als einen Mittelpunkt der Analyse bestimmt (vgl. Reckwitz 2003: 282), wird zunächst davon ausgegangen, Gesten im Sinne von Bewegungen des Körpers als Interface zwischen den materiellen Anforderungen der Technik und den Bedingungen des in der Praxis verhafteten Körpers aufzufassen. Das Interface ist eine Kopplungsstelle zur Umwandlung von Information, wobei Gesten als performativer Akt außerhalb des Apparats die Operationen im Inneren begleiten.

Das Muster des Einfühlens in die Haltung des Gegenüber findet sich beispielweise in der sozialbehavioristischen Theorie G. H. Meads, der konzeptionell die entscheidenden Grundsteine der „am anderen" orientierten Eigenerfahrungen biographisch in die spielerischen Kinderjahre verlegt. Diese intersubjektive Sichtweise als Basis soll überleiten zum empirischen Teil des Projekts, in dem anhand einer praxeologischen Argumentation das Beispiel des Boxsports aufgegriffen wird. Zum einen, um zum Feld der medialen Spielkultur der Nintendo Wii hinzuleiten; zum anderen, weil die sportlichen Praktiken – insbesondere der Boxsport – von Bourdieu beispielhaft zur Darstellung der „Logik der Praxis" herangezogen werden (vgl. Bourdieu 1987: 147f.; siehe zur Entstehung eines Boxerhabitus Waquant 2003). Die aus dieser Beschreibung gewonnenen Erkenntnisse stellen sodann die Grundlage einer übergeordneten Fragestellung dar: Inwiefern liegt medialen Praktiken ein Potential zur Selbstbildung inne und welche Formen des Wissens werden dabei befördert?

Der empirische Teil stellt die Analyse einer teilnehmenden und videobasierten Beobachtung von Praktiken dar, wobei sich ein Fokus in besonderer Weise auf die körperlichen Interaktionen zwischen den Spielern und deren medialbildlichen (Re-) Präsentationen bezieht, die explizit auf das Verhältnis der Spieler zur (Medien-) Technik verweisen. Hierfür werden die „symmetrische Anthropologie" der Akteur-Netzwerk-Theorie (vgl. Latour 1995), welche die (Medien-) Technik als gleichwertige Komponente im Rahmen von Handlungen auffasst, sowie deren Rezeption in der Pädagogik und Techniksoziologie herangezogen, um geeignete Formen der Wechselwirkung von Körpertechniken und Medienbildern zu finden. Inwiefern diese medialen Prozesse Selbsterkennen evozieren, soll mit dem erneuten Aufgreifen der bildungstheoretischen Aussicht auf das Selbst- und Weltverhältnis abschließend diskutiert werden.

(Box-)Gesten mit und in Medien

Den Ausgangspunkt des im Folgenden verwendeten Gestenbegriffs stellt die Annahme eines intersubjektiv ausgerichteten Akteurs dar. Dabei deutet sich bereits die besondere Relevanz der gestischen, also der im körperlichen Organismus verankerten gegenseitigen Anpassung an den Gegenüber an, die Mead zur Grundlage seines Gestenbegriffs macht. Diese immerwährenden Anpassungsreaktionen bewirken eine Sinnhaftigkeit von Gesten, welchen der Status einer gemeinsamen Situationsdefinition inhärent ist.

Im Unterschied zu beispielsweise den Drohgebärden von Hunden verortet Mead eine hinter der menschlichen Geste (wie der erhobenen Faust) stehende „Idee", die durch die Geste gleichfalls im bedrängten Individuum ausgelöst wird und in der Folge zu einem signifikanten Symbol wird und „Bedeutung" erlangt. Die ständige Anpassung mittels signifikanter Gesten ermöglicht die vom Individuum sich selbst gegenüber einzunehmende Haltung vom Standpunkt der/des anderen (vgl. Mead 1973: 86). Gewiss verläuft die Übernahme der hinter den Gesten stehenden Ideen nicht nach dem Prinzip der Kopie, was einem gewaltsamen Gleichmachen entspräche, sondern ist an die Bedingungen der individuellen Akteure gebunden. Die im Kommunikationsprozess entstehende Hervorbringung von Bedeutung hat insofern einen intersubjektiven Charakter. Das Spielen an der Konsole „Wii" führt diese Annahme im technischen Raum vor, indem sich die Interaktion zwischen den Spielern durch die bildliche Aufführung von außen betrachten lässt.

Mit Finten und Schlägen ruft das Agieren des Boxers eine Reaktion des Gegenübers hervor, und diese ständige gegenseitige Anpassung findet über den gesamten (medialen oder realen) Boxkampf hinweg statt, bis ein Boxer dazu nicht mehr fähig ist und somit verliert. Die über Gesten verlaufende Interaktion ist insofern eine zutiefst körperliche und macht die Perspektivübernahme, die den Menschen vom Tier unterscheidet, am Beispiel der Finte deutlich:

> „Die boxerischen Gesten tragen eine der Interaktion implizite praktische Bedeutung, die nur lokal und temporär im praktischen Vollzug des Boxens existiert: Unabhängig von der praktischen Interaktionssituation kann nicht expliziert werden, welche Merkmale eine Bewegung zu einer Finte machen. Darüber existiert nur ein implizites, an die Praktik des Boxens gebundenes Wissen" (Schmidt 2006: 301).

Indem „Finten" als Gesten begriffen werden, besteht ihre Relevanz insbesondere in der gegenseitigen Verhaltensanpassung als Reaktion auf vorhergehende Gesten (Schläge, Finten, Ausweichmanöver). Die Signifikanz einer Geste macht sodann die beobachtbare Antwort auf eine vorhergehende Geste aus. Dieses reaktive Muster bleibt aber in Praxiszusammenhänge bzw. spezifische Felder eingebunden, die ihrerseits typische strategische Anpassungen verlangen (vgl. Bourdieu 1987: 149f. und 1992: 83ff.; sowie den Beitrag von Blaschke/Mattig in diesem Band). Ausgehend davon berichtet Gunter Gebauer von den Wechselwirkungen des an bestimmte gesellschaftliche Praxen angelehnten Gestengebrauchs, indem er auf Spielsituationen beim Fußball oder Schach aufmerksam macht:

> „[...] im Fußballspiel soll der Stürmer aufs Tor schießen, beim Schach eine bestimmte Strategie verfolgen. Bei jedem neuen Zug erinnert das Spiel die Spieler an die Art der Geste, die sie zu vollziehen haben" (Gebauer 2005: 97).

Demzufolge sind die situativen Rahmungen konstitutiv für die Bedeutungsgenerierung durch und mit Gesten; Eindeutigkeit und Verstehen können nur durch eine Teilnahme an „intentionalen Strukturen", wie beispielsweise dem Programm eines Spiels, hergestellt werden: „[...] ihre Bedeutung verhält sich in diesem Sinn parasitär zur sozialen Situation" (ebd.: 106). Man könnte ergänzen, dass sich im Falle der Spielkultur die Bedeutung parasitär zur medialen Situation verhält, welche dann das Soziale als Technosoziales einschließt. Zudem stellt Gebauer die Bezogenheit der Gesten auf die einer Situation inhärente sprachliche Logik her, da solchen unterspannenden „Folien" sowohl die Anforderungen sowie grundlegende Regeln der Praxis eingetragen sind. Diesem Bezug auf den späten Wittgenstein zufolge bedarf jeglicher Gesteneinsatz eines Themas, welches die Geste selbst nicht zu stellen in der Lage ist. Dabei handelt es sich jedoch nicht um eine Reduktion der Gesten auf ein lediglich Kommentieren und Visualisieren von sprachlichen Elementen, sondern um die soziale Fundierung jeglicher Praxis, welche zu einem noch so großen (oder kleinen) Teil sprachlich überformt ist (vgl. ebd.: 109). Dasselbe gilt auch für den (Box-) Sport und manifestiert sich beispielsweise in den der Praxis inhärenten Regeln und Logiken, die jedoch nur teilweise diskursiv erfassbar sind.

Ähnliche Ergebnisse können auch von einer auf das Feld der Medien bezogenen Forschung beobachtet werden. So haben Althans/Ferrin (2008) beispielhaft herausgestellt, dass es in modernen Simulationsszenarien wie dem „Second Life" neben der virtuellen Weltformung und der eigenen Avatarkonstitution einer parallel zu Bewegungen und Gesten konstitutiven Wirkmacht der Sprache als Anrufung des Spielers als spielendes Subjekt bedarf. Dieser Ebene der Computernutzung, die den Avatar in der digitalen Welt verortet und nach Verbindungen zwischen Spieler und Spielfigur sucht (vgl. auch Jörissen 2008), wird durch eine aktivere Körpereinbindung in die Medienpraxis primär körperliches Praxiswissen hinzugefügt. Rückbezogen auf den Fokus des Gestengebrauchs mit und in Medien und ihre Eingebundenheit in intersubjektive Szenerien sowie die Bezogenheit auf spezifisch geformte, auch sprachlich durchzogene Felder bedeutet die Anpassung an ein Gegenüber in diesem Falle auch die Thematisierung des bewegten Digitalbildes und dessen Status mit und zu dem Spieler sowie der Vermittlungsleistungen des Interface. Denn gerade in der Beobachtung der körperlichen Aktivitäten sowie deren Erfassung und Umwandlung durch die Medientechnik der hier untersuchten Konsole Nintendo „Wii" lassen sich durch die ihnen inhärente taktile Dimension Praktiken finden, die einerseits die Interaktionen zwischen dem Spieler und den Avataren, andererseits die Interaktion zwischen den beiden Spielern umfassen. Diese Vermittlung provoziert der „zwischengeschalteten" Technik wegen die Frage nach der intersubjektiven Anpassungsleistung. Denn wenn der Avatar und die Bildumgebung eine (Rück-) Wirkung auf den Spieler haben, dann ist die Thematisierung des Subjektstatus der Spieler *und* des Bildes unumgänglich. In Anlehnung an die „symmetrische Anthropologie" der Latour'schen Akteur-Netzwerk-Theorie wird den Dingen, Objekten und der Technik ein anderer Status zugesprochen als sie bis dahin in den Humanwissenschaften hatten (vgl. Latour 1995). Hier gelten diese als Aktanten, die in einem Netzwerk mit menschlichen Akteuren Handlungen bedingen.

Für mediale Spielkulturen kann in der Rezeption dieser Theorie durch den Erziehungswissenschaftler Schäffer von einem besonderen Stellenwert der Medien für sozialisationsbedingte Prozesse ausgegangen werden. Stärker auf die generationsspezifischen Erfahrungen mit Medien gerichtet, ist die Akteur-Netzwerk-Theorie wissenssoziologisch gewendet für den vorliegenden Text beispielhaft. Indem die Akteure mit Medien(-technik) in Berührung kommen, integrieren sich diese „Kontakte" als Bestandteil ihrer Erfahrung. Die mit solchen Erfahrungen ausgestatteten „Hybridakteure", „deren *habituelles Handeln mit Technik* von den je spezifischen *Kontagionserfahrungen mit dem Quasihabitus der Technik* geprägt ist" (Schäffer 2007: 65, kursiv im Original), prägen auf einer impliziten Ebene jeweils verschiedene Orientierungen aus, welchen Schäffer in Gruppendiskussionen „dokumentarisch" nachspürt und als implizites Praxiswissen im Umgang mit Medien interpretiert (vgl. ebd.). Ganz in diesem Sinne verortet auch der Techniksoziologe Rammert im Bereich der Interaktion von Mensch und Medien(-technik) fernab vom rein instrumentellen Gebrauch eine Ebene der Wissensbestände, die dem Nicht-Expliziten angehört und

> „[...] erst in der Interaktivität zwischen Nutzer und System aktiv wird, vorher aber weder beim Nutzer noch als kulturelles oder technisches Wissen vorhanden war, noch im System explizit als Regel oder Programm eindeutig vorgegeben war" (Rammert 2000: 20; im Original durchgängig kursiv).

Ferner verweist er auf Veränderungen der Einstellung sowohl bei den Nutzern wie den Programmen, wenn es zu einer gegenseitig bedingenden Interaktion kommt. Die in der Folge verwendete Analyse ist an die von Rammert vorgeschlagene „Technographie" (vgl. Rammert 2007: 25ff.) angelehnt, welche ethnographisch fundiert zudem auf visuell erfassbarer Ebene der Bewegungen auch medientechnische Elemente berücksichtigt. Die aus diesem Grund verwendete videobasierte und teilnehmende Beobachtung fokussiert insbesondere die gestische Interaktion der oben erläuterten „Hybridakteure“. Als solche lassen sie neue Muster (medialer) Weltzugänge entstehen, welche in der empirischen Analyse ausgearbeitet werden.

Bei einem auf sich selbst blickenden Spieler (Selbstbild), der seine „eigenen“ Bewegungen durch die computerisierte Verarbeitung zu erkennen glaubt, entsteht eine auf sich selbst bezogene Praxis, die einen einzigartigen Selbstbezug herstellt. Einerseits zeigt sich in dem medialen Selbstbild ein Potential zur Körperschulung, die durch die Technik „pädagogisiert“ wird, andererseits ein potentielles Reflexionsmittel, das – bezogen auf die wachsende Gesamtheit der Medien – einen immer wichtigeren Stellenwert erlangt. Dabei erscheint es hilfreich, das (Spielen-) Können im Umgang mit Mediengesten zu beobachten, da sich dabei die Prozesse des Selbstbezugs insofern abbilden, als es eine Wirksamkeit der eigenen Bewegungen anzeigt. In dieser Beobachtung der Spieler, so die Annahme für die empirische Analyse, lässt sich sodann die Haltung gegenüber dem Medium herausstellen, weil sich „*durch* die medialen Praktiken bestimmte ‚innere‘ Kompetenzen und Dispositionen aufbauen“ (Reckwitz 2003: 286, kursiv im Original), eben jene Techniken des Selbst, welche sich aus dem (körperlichen) Kontakt mit den Medien historisch entwickeln und in denen „das Individuum auf sich selbst einwirkt“ (Foucault 1993: 27). Der Zweck dieser Einwirkung ist, durch an sich selbst ansetzende Operationen am Körper positive Veränderungen eigener Umstände herbeizuführen (vgl. ebd.: 26). Empirisch untersucht werden verschiedene Modi körperlicher Selbsttechniken, welche am Material zur Darstellung gebracht werden. Diese Ausrichtung der Analyse der Videodaten wird nun auf die medialen Boxkämpfe angewandt und abschließend diskutiert.

Unsichtbare Gegner – Simulierte Gesten des Boxens

Ausgangssituation

Die Spielekonsole Wii zeichnet sich im Kontrast zur Maus-, Joystick- und Tastatursteuerung insbesondere durch eine veränderte Art der Steuerung aus, die sich am ehesten in der innovativen Bedienung zeigt. Der Fernsteuerung der Wii – der Wii-Remote – sind Sensoren implementiert, welche ihre Position im Raum durch die Haltung/Stellung in Relation zu der Infrarotkamera am Gerät und zwei weiteren Sensoren in der Nähe des Bildschirms übermitteln und Bewegungsänderungen registrieren. Diese Daten werden parallel in sinngemäße Bildbewegungen umcodiert. Hier zeigt sich bereits der bedeutungsgenerierende Effekt der technischen Datenaufnahme, -umwandlung und -wiedergabe. Die Konsole definiert sich als ein Kontrollorgan, da sie Positionen und Richtungsänderungen des Spielers aktiv neu gestaltet, indem sie Bedeutungszuweisungen innerhalb der medialen Rahmungen vornimmt, wodurch die mediale Bildausstrahlung den Charakter einer Synchronizität zu parallel stattfindenden Körperbewegungen gewinnen kann. Anders formuliert: Im Realraum aufgeführte Bewegungen werden nahezu simultan auf dem Bildschirm reinszeniert. Realisiert wird dies durch die „Wii-Remote“. Sie wird vom Hersteller wie folgt vermarktet:

> „Die Wii-Fernbedienung funktioniert kabellos und reagiert auf Ihre Bewegungen. Dadurch ermöglicht sie eine völlig intuitive, natürliche Art des Spielens. Der ergonomische Controller verwandelt Ihre ganz realen Bewegungen in Bewegungen auf dem Bildschirm. Sie wollen eine Trommel schlagen oder einen Tennisschläger schwingen? Warum sollten Sie dazu einen Knopf drücken? Machen Sie es doch ganz einfach! Dank der Wii-Fernbedienung versetzen Sie ganz normale Bewegungen ins Zentrum Ihres Spiels. [...] Sie ist Ihr Pinsel, Ihr Golfschläger, Ihr Flugzeug, kurz: Ihr Schlüssel zu einer neuen Welt voller Spaß, wie Sie sie sich bisher nicht vorstellen konnten“ (Nintendo 2009, Abruf: 22.04.2010).

Sieht man von der übersteigerten Lobpreisung der eigenen Entwicklungsleistung einmal ab, verheißt die Wii-Fernbedienung beispielsweise als Tennisschläger zu dienen. Ihre Handhabung erfolgt in Anlehnung an den Tennissport und sie liegt deshalb wie ein Tennisschläger in der Hand. Der Schlägerkopf, der an der Fernbedienung fehlt, kann dabei lediglich imaginiert oder als Aufsatz hinzugekauft werden, während mit der Fernbedienung der Tennisschwung „vollführt“ wird.

Aufgrund des Aufbaus und der Auswahl der Spiele, die im Kaufumfang der Wii-Konsole bereits enthalten sind und ausschließlich Sportsimulationen umfassen, sind aktive Bewegungsmomente in der Reziprozität von Bild und Körper in allen Aufnahmen enthalten. Aufgrund des interaktiven Charakters des Spiels „Boxen“ und der antagonistisch ausgerichteten Kampfstruktur bieten diese Ausschnitte aus dem empirischen Material die beste Ausgangsbasis, um dem gestischen Umgang mit dem Medium und dem eigenen Körperbild nachzugehen. Die Aufnahmen sind einer Familienfeier entnommen, die sich an eine Taufe im Herbst 2008 anschließt. Auf der Feier sind neben den etwa 40 Familienmitgliedern ca. dieselbe Anzahl an Freunden und Bekannten zugegen. Die „Spielgemeinschaft“ setzt sich aus einigen jüngeren Familienmitgliedern im Alter von acht bis 16 Jahren und einem älteren, circa vierzigjährigen Familienmitglied zusammen. Im späteren Verlauf kommen zwei weitere Familienmitglieder hinzu (darunter die einzig weibliche Person), die beide um die 30 Jahre alt sind. Zuletzt gesellt sich noch ein Sechzigjähriger zu den Spielern, der von seinem Sohn, dem 40-jährigen Fred, zum Mitspielen animiert wird. Während die restlichen Spieler aus Berlin und der ländlichen Region um Oldenburg stammen, kommt der jüngste Spieler Avery aus London, die einzige Frau namens Larissa aus den USA.

Insgesamt fanden sechs Kämpfe während der gesamten Feierlichkeit statt. In einer ersten Analyse stellten sich die Bewegungen außerhalb wie innerhalb des Mediums betrachtet als wenig aussagekräftig dar, zudem ist eine Aneinanderreihung einzelner Bewegungsfiguren hinsichtlich der Interpretation non-verbaler Interaktionen relativ unergiebig. Hingegen finden sich exponiertere Gesten, denen das Potential zur Bedeutungsentfaltung auch außerhalb des Mediums innewohnt. Solche Gesten zeigen sich am ehesten an Stellen, die einen Übergang markieren: in Kampfpausen, gegen Anfang und Ende der Kämpfe usw. Unterschieden werden können des Weiteren verschiedene Arten des Gestengebrauchs: Denn es macht einen Unterschied, ob die Spielgesten als bloße Spielsteuerung mehr auf sich selbst verweisen und dementsprechend Selbstrelevanz entfalten oder für das beisitzende Publikum Relevanz erlangen, also die Bewegung eine symbolische Aufladung erfährt (zum Konzept der symbolischen Aufladung von Gesten siehe den Beitrag von Kathrin Audehm in diesem Band). Hinsichtlich einer leserfreundlichen Darstellungsform ist die folgende Analyse deshalb in drei Oberpunkte differenziert, die helfen sollen, das Feld zu strukturieren. Die Unterteilung widmet sich einerseits dem Faktum der Ausrichtung auf einen verstärkt körperlichen Mediengebrauch, der der Hexis verhaftet ist und zudem eine je individuelle Art von Rollendistanz oder Nähe (vgl. Goffman 1973) zum Medium zeigt. Dabei vollziehen die Spieler Gesten, die sich einerseits mehr auf die mediale Seite, das (von ihnen) bewegte Bild beziehen bzw. dieses eher ausklammern und zur sozialen Interaktion mit den Zuschauern und dem Gegner zählen. Der Fokus liegt hierbei aufgrund der systematischen Trennung der Interaktionsräume medialer und sozialer Rahmung auf der selbstbildenden und gemeinschaftsbildenden Kraft von Gesten.

Szenisches Arrangement

Die Spielekonsole ist in einem großen Wohnraum aufgestellt, der genug Platz für die Projektionsfläche des Beamers, mehrere Stuhlreihen und eine großzügige Spielfläche bietet. Die beschriebene Fernbedienung „Wii-Remote“ wird beim ausgewählten Spiel „Boxen“ mit einem weiteren Controller verknüpft, so dass in beiden Händen jeweils eine Fernbedienung liegt. So werden die Bewegungen an die Konsole übermittelt. Diese rechnet die gesendeten Informationen in digitale Bildbewegungen um und erstellt ein in zwei Felder geteiltes Bild, auf welchem jeweils der eigene Boxer dem Spieler den Rücken zukehrt und den Gegner vor sich bearbeitet, so dass jeder Spieler seinen Avatar ohne Seitenverkehrtheit vor sich hat. Ferner erzeugt das Gerät den Boxschlägen analoge Geräusche bei einem Treffer, zudem Zuschauerlaute. Ebenso wird jeder ungeschützte Treffer mit einem spielspezifischen „Ping" begleitet. Die beiden Kontrahenten befinden sich in den Videosequenzen nebeneinander stehend vor der Bildprojektion. Sie blicken, wie auch alle Zuschauer während der Kämpfe, gebannt auf die digitale Darstellung.

Habitualisierter Mediengebrauch – Boxgesten zwischen Körper und Bild

„Womit schlag ich denn jetz'"

> Mit den Worten: „Womit schlag ich denn jetz'" erfragt Julius, ca. 16 Jahre, bei dem im vorhergehenden Kampf siegreichen Steve, wie die Wii-Remote gesteuert wird, die er in den Händen hält. Steve zeigt ihm daraufhin eine Reihe von Schlägen, begleitet von einem: „So, bam-bam-bam, das is, trainiert sich gleich-ahh". Während Steve sich auf seinen Sitzplatz fallen lässt, verlagert Julius den Körper von einem Bein auf das andere. Fred, der 40-jährige Besitzer der Wii, ruft aus dem Hintergrund: „Mach einfach das Trainingsmodell". Mit einem „okay", will nun Julius die erste Runde beginnen, als die Computerstimme verkündet: „Round One". Während Avery die vorhergehende Zeit das Bild fokussiert und sich nur wenig rührt, trommelt Julius mit der Steuerung auf und ab. Avery startet hingegen abrupt seine das ganze Match über charakteristische aktive Spielausübung: Er schlägt in schnellem Rhythmus etwas in die Höhe zielend. Unterdessen zeigt Julius, abzüglich einiger Hiebe zu Beginn, in der Folge eine disziplinierte Kampfweise, bei der er einigen geraden Schlägen ausweicht und alsdann seitlich geschlagene Hiebe anbringt. Abermals meldet sich Steve zu Wort: „Nee, kuck mal, Kopfstellung-Kampfstellung". Auf der Bildfläche erscheint eine Skizze zweier Hände, welche die Wii-Remote umschlossen haben. Der Text instruiert die Spieler: „Kampfstellung – Halte die Wii-FB in deiner bevorzugten Hand und das Nunchuk in der anderen". Daraufhin korrigiert Julius seine Haltung und gleicht sie an die auf dem Bildschirm sichtbare „Anleitung" an. Er geht zu einem gerade auf Kopfhöhe geführten Schlagen über, Avery hingegen wirft seinen Oberkörper zuerst nach links und plötzlich nach rechts. „Lest einfach, was da steht, jetz' is gerade Trainingsrunde", legt Fred nach; „warm-up", vermerkt ein Zuschauer. Avery kehrt in seinen Modus der schnellen und teils unkontrollierten Schlagfolge zurück. Erneut erscheint auf dem Bildschirm ein Fenster, das die nächste Übung verbildlicht: eine Figur, welche die Wii-Remote in den Händen und diese vor dem Gesicht hält. Der Text: „Kopfdeckung! Halte Wii-Fernbedienung und Nunchuk auf Kopfhöhe". Als beide Kontrahenten weiterhin im Schlagmodus verbleiben, gibt Steve abermals einen Tip: „Siehst du, du musst dich zur Seite – Kopfdeckung, mach so, Julius, so ..." Sowohl Julius wie Avery nehmen „Deckung": Die Arme und Hände werden angewinkelt vor dem Gesicht gehalten und ruhen dort für einige Sekunden.

Die anfänglich in der Szene erkennbare Unsicherheit von Julius, welche aus der Frage hervorgeht, wie das Spiel zu bedienen sei, provoziert seitens des kundigen Fred den Hinweis, auf das „Training“ zu warten; zudem antwortet Steve mit einer rein körperlichen und sprachlichen Zeigefunktion: Das Spiel, welches er soeben selbst noch vollzogen hat, bedarf der aktiven Ausübung von Boxgesten. Trotz der schwungvollen Art des Boxens, der Ausführung der Bewegungsmuster und der Intonation der Geräuscheffekte, wird Julius nur in begrenztem Maße zu einer mimetischen Bezugnahme auf Steves Anrede veranlasst, sondern auf die für ihn typischen, dem Boxsport entlehnten Bewegungsfiguren. Indem er das Gewicht vom rechten auf das linke Bein verlagert, stimmt er sich auf den Kampf

Abb. 2: *Zuschlagen und Kopf schützen.*

durch eine dem Sport entlehnte Geste ein. Die Art und Weise der plötzlichen Übernahme einer Boxgeste erinnert an die teils medialen, teils auch aus der eigenen Erfahrung generierten (Vor-) Bilder. Auch deckt sich dies mit der Performance von Steve; er braucht für die Instruktion keine Beschreibung der Praktiken, sondern zeigt durch eine Reihe von Schlägen sein „Verständnis“ des Spiels. Julius hingegen reagiert sogleich, indem er verbalisiert, was auf der körperlichen Ebene von ihm bereits „gewusst“ wird.

Nebenbei ablaufende Gespräche, Einwände oder Hinweise der Zuschauer bleiben mit einer Ausnahme ohne beobachtbare Reaktion der Spieler. Gleich den Spielern fokussieren sie die Bildfläche, die den sozialen Praxisraum aller Beteiligten entfaltet. Einzig Steve kann als erfahrener Spieler mit seinen verbalen Hinweisen wie am Anfang der Passage zu Julius durchdringen und eine Lenkung der Aufmerksamkeit erreichen, wobei die Zeigequalität der Aussage stärkere Relevanz hat als die inhaltliche. Die anderen Zuschauer wie auch Spieler nehmen in ihrer Deutung der Situation auf die im Bild „erspielte“ Boxpraxis Bezug. Die mediale Rahmung beginnt im Moment des ersten Schlags; sogleich sind beide Spieler in den virtuellen Boxring gezogen und etablieren im Verlauf des Spiels die erforderlichen Fertigkeiten und Kompetenzen des virtuellen Boxens. Zudem scheint die Situation des Schlagens in den „leeren“ Raum den beiden nicht befremdlich. Nach den ersten Explorationsversuchen der bildlichen Umsetzung der außerhalb von ihnen ausgeführten Bewegungen ist auch der Kampf gegen einen Phantomgegner, dem durch die Schwinger mit eigenen Gesten beizukommen ist, nicht absonderlich. Die stürmischen Attacken von Avery hingegen deuten auf eine grundlegend andere Kompetenz im Umgang mit neuen Spielkulturen hin. Er schlägt unabhängig davon, ob er einen Treffer erzielt oder nicht, offenbar unabhängig vom sichtbaren Effekt. Dies lässt sich auch am Beispiel der Ausweichgeste nachvollziehen. Im Sinne der spielbedingten Nutzung weicht Avery mit den Controllern stark gebückt nach links. Zusammenfassend ist die Haltung Averys wohl am ehesten als eine Art „tentativen“ (vgl. Jörissen/Mattig 2007: 175; Schäffer 2007: 66f.) Gestengebrauchs zu beschreiben.

Diese Handhabung des Boxspiels im Modus des Testens kann sich Julius hingegen nicht zu eigen machen. Er scheint nach einem kurzen Moment der Anfangsnervosität darum bemüht, die Gesten so zu vollziehen, dass er eine auf der Bildfläche sichtbare und den Realbewegungen zuordenbare Wirkung erzielt. Seine kalkulierte und „saubere“ Kampfhaltung lässt einige Übung erkennen, entspricht jedoch nicht oder nur bedingt den vorhandenen medialen Spielstrukturen. Die Anpassung an diese Praxis des Ausprobierens als Reaktionsmuster auf den bildlich erspielten Erfolg ist bei Julius stark einer Praxis von Sportgesten verhaftet. Trotz der auf der Bildfläche sichtbaren Anleitung bedarf es Steves Lenkung und körperlichen Vorbilds, dem er sich zuwendet und erst einige Zeit nach Avery die Ausweichübungen vollzieht. So dient den Kontrahenten aber auch umgekehrt die Wirkung der eigenen Bewegungen als Vorbild, da sie sich im oder am Bild orientieren und dieses in ihre Praxis (als Anpassung) mit einbeziehen, wobei dies Avery besser gelingt. Insbesondere die Geste der Deckung, die beide zeitgleich ausführen, verdeutlicht dies.

Hierbei wird auch erkenntlich, inwiefern das Spiel von Strategie geprägt ist. Die verschiedenen Haltungen, die in dieser Trainingsphase eingeleitet werden, sind im Verlauf des Kampfes wahlweise zu kombinieren. Jedoch sind diese Mikrogesten (vgl. Schmidt 2010) einem alltäglichen Bewegungsstil unterstellt, der nicht so einfach durchbrochen werden kann, was am Beispiel von Julius deutlich wird. In dem Kampf werden die Haltungen im doppelten Sinne deutlich: Die spezielle Anpassungsleistung des jüngeren Avery an die medieninterne Spielstruktur führt zu einem Vorteil im Spielergebnis. Während Julius weniger mit der neuen Steuerung vertraut zu sein scheint, wie sich am Anfang der Szene in einer Unsicherheit im Gebrauch der Steuerung zeigte, haftet sein Stil stärker an im Praxisraum des Boxsports geprägten Mustern als beispielsweise Averys oder Timos. Die Generationendifferenz, welche in der zitierten Studie von Burkhard Schäffer in Gruppendiskussionen bereits auf diskursiver Ebene ermittelt wurde, zeigt sich hier in einer habitualisierten Gestenanwendung. Die Form des Selbstverhältnisses der beiden Kombattanten zeichnet sich in den jeweils verschiedenen Umgangsformen mit dem Medium aus, welche unterschiedliche Ausprägungsarten aufweisen und bereits sozialisatorisch bedingt sind. Dasselbe Muster findet sich im anschließenden Wettstreit, der durch eine größere Altersspanne diese Differenz noch stärker herausstellt.

„Schlag zu I“

> Zu Beginn der zweiten Runde übergibt Fred dem ca. sechzig Jahre alten Klaus (seinem Vater) die Steuerung mit der Anmerkung, sein Telefon würde klingeln. Fred verlässt den Raum; Klaus erhebt sich von seinem Sitzplatz und tritt in „den Ring“ zu Timo (seinem Neffen), der soeben noch gegen Fred kämpfte. Zögerlich benutzt er die Wii-Remote, indem er diese aufrecht (wie einen Tennisschläger) in den Händen hält und langsam nach vorn führt. Der „normale“ Schlag hingegen, den auch die anderen Spieler vollführen, ist der Handhaltung des Boxens entlehnt. Dafür dreht man die Fäuste um 90 Grad weiter nach innen. Der folgende Abschnitt beschreibt das Ende der Runde:
>
> „Und jetz' zuschlagen, schlag zu!“, fordert Timo und setzt selbst zu einem Hieb an. Schon währenddessen ertönt die Ringglocke. „Aber wohin, wohin?“, entgegnet Klaus, der die Hände beieinander haltend keine Bewegungen vollzieht. „Final Round“, ertönt es, als Klaus nach vorn schreitend die Arme öffnet und auf die Projektion zugeht: „Hab ich gewonnen?“ Auch Timo verlässt nun seine Kampfposition und macht einige Schritte Richtung Bild, geht allerdings ein Stück weiter als Klaus und hebt die Arme etwas weiter in die Höhe: „Was is denn da los? So, du bist der Schwarze“, äußert er und geht zurück an seine Position.

Abb. 3: *Timo und Klaus gehen auf das Bild zu.*

Eine Wiederholung der Kampferöffnung erfolgt zum Ende der Runde hin. Sie veranschaulicht die nicht geglückte Anpassung von Klaus an das Spielszenario. Ein Lerneffekt oder ein Kompetenzzuwachs als Können sind kaum auszumachen, wenn etwa Klaus auf die Provokation von Timo entgegnet, „wohin er denn schlagen soll", was offenbart, dass Klaus nicht verstanden hat, dass es beim Spielen schlicht um die Bewegungsveränderung der Steuerung geht. Schien es Avery, aber auch Julius wie Timo nicht befremdlich, in die Leere zu schlagen und sich den Gegner durch das Bild hindurch im Realraum zu imaginieren, so scheint Klaus dies nicht zu gelingen. Abermals „spielt" Timo mit Klaus, indem er ihn spöttisch zum Zuschlagen auffordert. Klaus schlägt dann auch zu, aber indem er beide Hände aneinander gedrückt mit einem Ruck nach vorn schiebt, was eher einem Stechen gleichkommt als einem Boxhieb. Trotzdem kann ihm nicht abgesprochen werden, seine Fähigkeiten richtig einzuschätzen: Denn darin, dass er mit herausfordernder Geste auf den Projektor zuschreitet und seinen Sieg verbal einfordert, wird ein ironisierender Umgang mit dem eigenen (Nicht-)Können erkennbar. Die Art und Weise, wie Klaus das Spiel bestreitet, steht konträr zum etwa 50 Jahre jüngeren Avery. Dieser spielt „vergnügt" und stets mit vollem Körpereinsatz, während Klaus sich überhaupt erst um Orientierung in der Spielsituation bemühen muss. Timo greift sogleich die Aussage von Klaus auf und imitiert seine Geste in Richtung Projektor. Er verändert hingegen den Aussagegehalt, und noch immer in Anähnelung an Klaus fragt er, „was denn hier los" sei. Es scheint so, als hätten die beiden die Rollen getauscht: Im Gegensatz zur Kampfhandlung, in der Timo eindeutig überlegen und beiden Kontrahenten dieses Wissen präsent ist, verstellen sie nun teils unterschwellig die Spielkompetenz und sorgen so für die Weiterführung des Kampfes. Auch inszeniert Klaus hier sein Versagen beim Spiel in einer reflexiven Position. Denn entgegen seinem schlechten Abschneiden kann er scherzhaft mit der Situation umgehen. Inwiefern sich eine Distanz zum Spiel ausdrückt, wird am Kampfende nochmals deutlich:

„Ich mach einfach nur so ...“

> Timo wiegt noch einmal von links nach rechts, als die Ringglocke ertönt und den Kampf beendet. Klaus hingegen schlägt beide Controller weiterhin aneinander haltend nach vorn aus und hält seinen Oberkörper leicht nach vorn gebeugt. Fred kommt zurück an die Türschwelle und sagt: „Auch bücken, du kannst dich bücken. zur Seite wegbücken“, indessen lacht Larissa auf. „Das is irgendwie ein ( )spiel“, sagt Klaus und schreitet in Richtung Timo, die Wii-Remote in seine Richtung haltend und fragt erneut: „Wann drück ich denn den hier?“ „Gar nich“, entgegnet Timo; „Ich drücke gar nicht, ich mach einfach nur so ...“ Timo schlägt viermal in die Luft, wippt dabei mit dem ganzen Körper und schaut dabei Klaus offen ins Gesicht. Klaus fragt nach: „Ach, du machst gar nichts?“

Klaus bewegt sich und die Steuerung den ganzen Kampf über in nicht spieladäquater Weise und wird von Fred bei dessen Rückkehr in den Raum darauf hingewiesen, dass er durch eigene Bewegungen aktiver in das Spiel „eingreifen“ kann, um mehr Funktionen des Spiels umzusetzen. Klaus zeigt sich davon wie vom Kampfgeschehen unbeirrt und geht nach dem Rundenende von seiner Position abweichend in Richtung Timo. Er erkennt Timos Können sich selbst gegenüber als überlegen an, was er durch seine Frage nach der Steuerung anzeigt, die ihm von Timo auf zweierlei Art erwidert wird. Erstens äußert Timo sich verbal zu Klaus’ Frage, auf Klaus’ Bewertung des Spiels geht er nicht ein. Zweitens ereignet sich durch die körperliche Geste auf taktiler Ebene ein Rückbeziehen auf das Hilfegesuch von Klaus, indem seine Antwort inhaltlich zwar keine Erklärung zur aufgeworfenen Frage enthält, jedoch auf non-verbaler Ebene die Spielstruktur einfach auf- und vorführt, indem er Boxbewegungen praktiziert. Klaus hingegen beschließt die Szene spitz, indem er, immer noch auf der verbalen Ebene verharrend, auf die Geste von Timo keinerlei Bezug nimmt und damit die Deutung des Spiels und ihrer eigenen Interaktionssequenz abermals verschiebt. Timos Inszenierung des Spiels als Bewegungsspiel erschließt sich Klaus nicht, der durch die ironische Distanzierung zum Spiel seine nicht vorhandene Kompetenz aufführt. Timo verdeutlicht im Modus des Spiels die eigentliche Steuerung und kommentiert damit „ohne Worte“ die Leistung von Klaus. Der hingegen vermeidet das Eingestehen einer Niederlage. Ihm entgeht die Ebene der medialen Körpervisualisierung und damit das Potential eines medialen Selbstbezugs, einzig die nicht mediale und alltägliche Bearbeitungsform der Ironie steht ihm zur

Verfügung. Das In-Beziehung-Setzen von gestischer und verbaler Interaktion mag nicht gelingen bzw. wird von Klaus intentional übergangen. Mit Bezug auf Goffman kann bei Klaus von einer Distanzierung zur vorherrschenden medialen Situationsdefinition ausgegangen werden: „So geht die Person, die murrt, scherzt oder mit Sarkasmus auf das reagiert, was sich in der Situation ereignet, trotzdem mit der vorhandenen Situationsdefinition konform – wenn auch wider Willen" (Goffman 1993: 149f.). Der Grad eines solchen Distanznehmens ist entscheidend für die Verortung in der Spielsituation. So lässt sich bei Avery kaum ein Abstand zur Situation vermuten. Dessen Kontrahent Julius hingegen zeigt allein durch seine Boxgesten insofern einen Abstand zum Spiel, als er mit seiner Stilistik den Bewegungen des Sports verhaftet bleibt und folglich an Avery scheitert. Die Bereitschaft, in das Spiel „einzutauchen", beschreibt der in der Medienforschung oft zitierte Begriff der Immersion. Diese stellt quasi das Gegenteil einer Distanzierung dar. Auf einem Kontinuum zwischen diesen Begriffen sowie zwischen deren personalisierten Akteuren Avery und Klaus spannt sich einerseits eine Generationendiskrepanz hinsichtlich des Könnens und der Anteilnahme am Spiel. Andererseits zeigt sich gerade in der Asymmetrie auch das Potential der Selbstreflektion im Medium. Ohne eine gewisse Entfernung vom Spiel kann sich kein Spieler im Bild erkennen, auch Avery nicht; ebenso wenig gelingt dies aber in Klaus' großer Distanzierung. Die Selbstbeobachtung im Medium der eigenen (abgebildeten) Bewegungen gelingt nur im Wechselspiel einer Beherrschung der Spielregeln einerseits *und* einem Metawissen darüber, da der Avatar (die eigene Spielfigur) zuerst einmal wahrgenommen und erkannt werden muss, um ihn als das eigene Gegenüber zu definieren.

Interaktion als Interobjektivität – Irritationen durch den Avatar und das Interface

„The winner"

> Zur Mitte der dritten Runde wird, als der digitale Ringrichter bei „*ten*" angelangt ist, Julius ausgezählt. Derweil steht Avery abwartend vor der Projektion und streicht sich beiläufig und mit dem Wii-Controller das Haar aus dem Gesicht, währenddessen kratzt er sich an der Wange. Der Avatar nimmt synchron die Arme vor das Gesicht und begibt sich in „Deckung", zudem atmet Avery tief, derweil dessen Avatar in den Knien wippt. Die Zahl zehn gibt zuletzt das Zeichen für das Ende des Kampfes: Avery streckt beide Arme senkrecht über den Kopf in die Höhe und lächelt. Julius hingegen wendet sich, die Hände mit der Wii-Remote gegen seine Beine stoßend, vom Bild ab und übergibt sogleich die Controller dem anbei sitzenden Steve.

Zeitgleich fallen die beisitzenden Zuschauer mit Beifall ein, einer von ihnen beschließt: „He is the winner“.

Abb. 4: *The winner!*

Julius übergibt die Controller an Steve und wendet sich ostentativ vom Geschehen und dem jubelnden Avery ab. Beide Gesten, die des Gewinners wie des Verlierers, beschließen das Spiel, indem die Beteiligten ihren Status anerkennen und vom Publikum in ihren Rollen bestätigt werden. Dieses bezieht sich auf den medial vermittelten Kampfverlauf und würdigt Julius' Box-Stilistik (siehe oben) mit keiner Silbe. Noch während des Auszählens gerät indes Averys Gestik in den Blick. Denn hier zeigt sich abermals die Inkongruenz der Bewegungen von Avery und dessen Avatar. Das Kratzen im Gesicht wird als Deckung-einnehmen „berechnet“. Noch beachtenswerter ist die Relation von Spieler und Avatar-Bewegung hinsichtlich der Atmung. Atmet Avery schwer, weil er einen anstrengenden Kampf ausgefochten hat oder bezieht er sich mimetisch auf sein digitales Bildnis, welches stets automatisch ein Federn in den Knien vollzieht und dadurch beim Beobachter ein Atmen evoziert? Die Frage nach dem Vorbild, also der Art und Weise der mimetischen Bezugnahme, gerät in dieser Spiralbewegung der gestischen Übermittlung verloren. Die eingangs erörterte These der Verschiebung des intersubjektiven Paradigmas in Richtung einer Symmetrierung von Medienbildern vollzieht sich hier auf der Ebene der beiläufigen Körperfunktion. Durch den Anblick seiner Spielfigur könnte Avery zu einer kritischen Reflektion der technischen Möglichkeiten gelangen. Dies bleibt ihm jedoch vorenthalten; eine distanzierte Position zur medialen Rahmung einzunehmen, ist ihm auch in potenziell irritierenden Momenten nicht möglich, was hinsichtlich des geringen Alters erklärbar ist. Aber auch die Akzeptanz der technischen Probleme bei der Datenverrechnung und die naive Vertrautheit mit der medialen Spielkultur lassen auf eine unkritische interobjektive Situationsdefinition bei Avery schließen. Im Unterschied dazu zeigt die folgende Szene zwei andere Umgangsweisen mit den Strukturen des Spiels.

„Schlag mich"

> „Was mach ich denn nu, Timo?" fragt Klaus, indem er sich langsam und unsicher bewegt. Timo entgegnet: „Äh, schlag mich", und lacht auf. Er fährt fort: „Schlag mich, schlag zu, komm". Er hält die Hände vor sein Gesicht und wiegt den Oberkörper von links nach rechts. Zwei Zuschauende lachen ebenfalls, einer der beiden entgegnet ein lang gezogenes „Jaa". Klaus führt einige Schläge aus und trifft schließlich Timos Avatar. „Ohhhh", entgegnet Timo und fährt mit dem Kopf, den Oberkörper nach sich ziehend, kurz zurück und schlägt selbst einige Male zu, abwechselnd mit einem Ausweichen. Klaus vollzieht noch einige Schläge und fragt schließlich: „Bin ich das nun?" Er schleudert noch einmal die links gehaltene Wii-Remote nach außen und wirbelt sodann mit beiden Händen unkontrolliert vor und über dem Kopf herum.

Zwischen Klaus und Timo wird erneut ein Missverhältnis deutlich. Von Beginn an versteht sich Timo als der kompetentere Spieler und stellt sein Können dadurch heraus, dass er Klaus in seiner Unsicherheit, welche durch die Eingangsfrage nochmals verstärkt wird, neckisch auffordert, aktiv zu werden. Auch einige Zuschauer sind derweil auf die Diskrepanz zwischen dem Können der Spieler aufmerksam geworden. In seiner Überraschung über einen Treffer von Klaus erfolgt eine bemerkenswerte gestische Reaktion Timos: Als wäre nicht nur sein Avatar, sondern auch er selbst berührt, fährt er, sich an seine Spielfigur anähnelnd, wie durch einen Hieb getroffen mit seinem Kopf ruckartig zurück. Diese Reaktion auf das Bildgeschehen wie auch das Geräusch bei einem Treffer veranschaulicht wie bei Avery die Involvierung und Bezugnahme der Spieler auf das verbildlichte Gegenüber und die Wechselwirkung zwischen den realen und bildlichen Bewegungen. Trotz des Treffers und Timos kurzweiliger Verblüffung führt Klaus vor, dass er nicht etwa die Spielsteuerung verstanden hat, im Gegenteil stellt er durch seine Frage („Bin ich das nun") heraus, dass er noch immer nicht den Zusammenhang zwischen seiner Bewegung und der des Avatars begreift. Von seiner Aussage abgesehen, verdeutlicht sich das Missverhältnis von Spielfigur und Spieler in den abrupten und unkontrollierten Gesten. Der performative Effekt der Bildpraktiken auf die eigene Gestik erfolgt bei Timo jedoch nicht in gleicher Weise wie bei Avery. Dieser hatte trotz der Irritation in der Interaktion mit seinem Bild keine nachvollziehbare Reaktion gezeigt. Timo hingegen gelangt durch das aktivere Moment des Mitvollzugs der Bewegung der Spielfigur zu einer Verständigung mit dem eigenen virtuellen Avatar wie auch mit dem Gegner. Durch die körperliche Inszenierung des Treffers präsentiert er erneut die „Reichweite“ der Boxgesten, Klaus jedoch will diese Einsicht nicht gelingen. Timos Fähigkeit des Erkennens der technosozialen Wirkmacht verstärkt sich bei eher irritierenden Situationen der medialen Leistung, welche ihn auch dazu veranlassen, eine reflexive Haltung der Mensch-Medien-Interaktion gegenüber einzunehmen.

„Die Linke“

> Am Ende der zweiten Runde versagt die Steuerung des Avatars von Timo und er kann den linken Arm nicht mehr einsetzen. „Die Linke schlägt gar nich’ mehr zu bei mir, kuck mal“, berichtet Timo und hält seinen Arm über Kopfhöhe, um mehrere Schläge hintereinander zu vollführen. „Doch“, entgegnet Larissa zuschlagend und richtet nach kurzem Zögern den Blick auf die Controller. Auf der Projektion zu sehen ist der Avatar von Timo, der die Hand erhoben, den Arm angewinkelt wie zum Schutz auf Kopfhöhe hält. „Nein, kuck“, versichert Timo und zupft an den Verbindungskabeln zwischen Wii-Remote und Nunchuk.

Die technische Unzulänglichkeit als Dysfunktion der Fernbedienung erfordert eine Bearbeitung der beiden Spieler und führt zu einem kurzen Dialog über die Steuerung des Spiels. Bemerkenswert ist die Gestik von Timos Avatar im Spiel, der, im Abwehrmodus den Arm angewinkelt, nicht mehr die Bewegungen von Timo nachvollzieht. Ob dies von Nachteil ist oder nicht, die Störung irritiert mindestens Timos Spielfluss, beeinflusst durch ihr bloßes Auftreten aber auch Larissa. Als die nicht erfolgte Reaktion der Spielfigur ein reflexartiges Überprüfen der Kabel nach sich zieht, wird das Problem kurzerhand übergangen und in der Folge kaum mehr beachtet. Eine Lösung im Sinne einer Wiederherstellung der Funktionalität kann nicht herbeigeführt werden. Demgemäß inszeniert Timo ein „als-ob“ der Problemlösung und schenkt dieser Angelegenheit scheinbar keine weitere Aufmerksamkeit. Allerdings zu unrecht: Timo sieht nun keine Chance mehr auf einen Sieg oder normalen Kampfverlauf. Das nicht einwandfreie Funktionieren der Sensoren zur Aufnahme der Realraumbewegung und die Störung seiner eigenen Steuerung geben ihm Einblick in die Funktion des medialen Systems. Insofern er keinen reibungslosen Spielverlauf wiederherstellen kann, erlebt er quasi eine „Amputation“ seines linken Schlagarms, da die Bewegungen nicht mehr auf den eigenen oder den gegnerischen Avatar einwirken, wie dies noch im Kampf gegen Klaus der Fall war. Die Irritation verstärkt jedoch den Fokus auf die Vermittlungsleistung der Gesten zur Spielfigur. Die Versuche zur Wiederherstellung der Steuerung und die Thematisierung der eigenen Spielfigur stellen eine Basis für Timo dar, die eigene Spielfähigkeit zu bewerten und trotz des Fehlens des zweiten Schlagarms weiter zu spielen. Die Verbesserung des

Abb. 5: *Avatar mit lahmem Arm*

eigenen Könnens durch das Üben stellt nun unter der erschwerten, aber auch bewussteren Situationsdefinition eine Möglichkeit der Reflektion dar. In dieser sieht Timo eine Systemanomalie, sie wird ihm visuell angezeigt. Durch den Mangel an Schlagoptionen wird auch der weitere Verlauf des Kampfes vorhersehbar. Timo begegnet der Situation mit einem Abstand, der ihm gestattet, die Fehlleistung der Konsole nicht zu thematisieren. Das Verhalten gegenüber seiner Spielfigur ist ohnehin eher auf spielerische bzw. experimentelle Art hin ausgerichtet, wie die Inszenierung eines Treffers durch im Realraum vollzogene Bewegungen gegen Klaus bereits andeutete. Da aber auch dieser Hinweis Klaus nicht weiter brachte, inszeniert Timo nachstehend seine Überlegenheit in einer übersteigerten Gestik:

„Schlag zu II"

> Gegen Ende der dritten Runde gibt Timo demonstrativ seine Deckung auf, indem er sich, die Arme leicht angewinkelt und die Wii-Remote nach außen zeigend, nach hinten lehnt: „Schlag zu". Auch seine Spielfigur lässt die Arme nach außen hin gerichtet vom Körper weg. Timo wiegt noch einmal von links nach rechts, als die Ringglocke ertönt und den Kampf beendet. Klaus hingegen schlägt beide Controller weiterhin aneinander haltend nach vorn aus und hält seinen Oberkörper leicht nach vorn gebeugt.

Abb. 6: *Timos Geste der Dominanz*

Timo inszeniert gegenüber seinem Kontrahenten die Dominanz seines Könnens, da er wiederholt einige verhöhnende Gesten vollführt. Er erachtet es nicht (mehr) für nötig, seine Deckung aufrecht zu erhalten und lässt die Controller seitlich herab hängen, um darzustellen, dass sein Gegner keine Chance auf einen Treffer bzw. den Sieg hat und macht sich damit eigentlich angreifbar. Dieselbe Haltung nimmt auch sein Avatar ein. Hinsichtlich der auffälligen Geste der Überlegenheit ist es bedeutungsvoll, dass wie bei Timo dem Betrachter die Assoziation der Verhöhnung auch in den „Gebärden" des Avatars aufscheint. Wie vorher bei Avery als Frage formuliert, steht auch hier offen, wer sich wem mimetisch annähert und ob es Timo oder sein Avatar ist, der beim Beobachter – Zuschauer wie Forscher – die Interpretation von Überlegenheit zulässt. Ist es Timo, der in der Haltung des Avatars das Potential zur Umsetzung seiner hämisch codierten Geste erkennt und erst daraufhin agiert oder hatte er auch ohne bildliche Umsetzungsmöglichkeit die Geste geplant?

Die Übertragung der neckisch gemeinten Geste außerhalb des Spiels auf seine Spielfigur bestärkt Timo in seiner Praktik, da er die belustigende Gebärde gleichsam dem technischen Bild „verordnen" kann. Dabei ist er es, der die aktive Deutung der medialen Bewegung vorgibt, und somit den Sinngehalt der Avatargeste. Seine Freude richtet sich mehr auf diese technische Möglichkeit bzw. die Interpretation der Zuschauer als auf den tatsächlichen Triumph über Klaus. Der bereits vermerkte experimentelle Spielstil von Timo, der sich von den unbedarften Spielversuchen von Klaus ebenso unterscheidet wie von Averys immersiver Spielweise, drückt sich hier in der direkten körperlichen Interaktion mit seiner Spielfigur aus. Die Selbstbeobachtung gelingt auf dieser Ebene lediglich Timo, der die Möglichkeiten der interobjektiven Bedeutungsvermittlung durch einen anpassungsfähigen Mediengebrauch nutzt. Diese Orientierung vollzieht sich hier teils auf der Ebene nicht-medialer Thematisierung, die im folgenden Abschnitt eine noch deutlichere Fokussierung erfährt.

Soziale Bearbeitung technosozialer Interaktion

„Finte"

> Früh in der dritten Runde seines Kampfes gegen Larissa beginnt Timo mit den Füßen am Boden zu schaben. Er blickt derweil nach unten, behält eine Boxhaltung bei und schlägt ohne hinzusehen einige Haken. Larissa schaut währenddessen einmal beiläufig auf Timo und sofort zurück zum Bild. Nach fünf Sekunden guckt er wieder nach oben in Richtung des Bildgeschehens. Timos Blick fällt dann auf Larissa, die er grinsend fokussiert, und daraufhin zurück zur Projektion. Gleichzeitig schlägt er weiter zu, zwei Schläge seitlich führend und sagt schließlich: „Oh, ich kann nich' mehr", als Larissa ihm einen Treffer versetzt. Sodann lässt er die Hände nach unten fallen und geht einen Schritt nach vorn. Bei einem weiteren Treffer seitens Larissa setzt er noch zu zwei Schlägen an und verfällt dann in ein Wanken von rechts nach links (jeweils zwei Mal), die Hände aneinander haltend, gefolgt von einem Auspusten von Luft: „Pffft". Larissa trifft, stets das Bild fokussierend, zwei weitere Male. Timo taumelt nun sichtlich angeschlagen in Larissas Richtung: „Okay", und geht zwei Schritte seitwärts auf sie zu: „Ähh, ich geb' mich geschlagen". Bei ihr angekommen, rammt er zwei Mal mit dem Gesäß gegen das ihre, wobei er jeden „Aufprall" mit einem „Uhh" begleitet. Larissa rückt dadurch ein Stück nach links und ruft aus: „Huhuhu! Nahein! Nein." Timo teilt wieder einige Schläge aus; auch Larissa schlägt weiter und kann zwei Treffer erzielen. Dann schiebt sie sich ihrerseits mit dem Unterarm voran gegen Timo und drängt ihn wieder zurück. Timo und Larissa, Avatar wie Spieler, schlagen letztlich erneut aufeinander ein.

Timos Gesten versetzen seine eigene Spielpraxis auf eine Metaebene und erlauben einen Moment des Zurücktretens vom eigenen Tun. Denn eine Unebenheit am Boden, eine Irritation im Raum, veranlasst ihn zu einer beiläufigen Aufrechterhaltung seiner Deckung, die Arme auf Kopfhöhe haltend, und dem Austeilen einiger Schläge. Noch während er nach unten blickend mit dem Fuß am Bodenreibt, bemerkt er, dass er auch ohne zu zielen im Kampf besteht. Die Konsequenz lässt sich auch sogleich an seiner Reaktion erkennen. Denn als er vom Boden wieder nach oben schaut, wandert sein Blick zuerst zu seiner Gegnerin, die er schmunzelnd mustert, obwohl sie nicht auf ihn reagiert. Im Moment dieses Erkennens, das sich auf der praktischen Ebene einstellt, zeigt auch sein Lächeln die Bearbeitung der ungewöhnlichen Spielsituation und den fremdreferenziellen

Abgleich mit Larissa. Sie kämpft hingegen konzentriert mit vollem Einsatz weiter.

Abb. 7: *Eindringen in Larissas Bereich, Störung des Bildes*

Die Differenz zwischen ihm selbst und der konzentrierten Larissa veranlasst Timo zu einer grundlegenden Redefinition der Situation. Angesichts des Befunds der technischen Unzulänglichkeit der Konsole, die lediglich feststellen kann, dass gespielt wird, und der defekten Steuerung (siehe oben) will er das Spiel verwerfen und neu rahmen. Er schwankt auf Larissa zu, um die Gegnerin zu verblüffen, indem er ihr seitlich näher kommt. Einerseits ist es die Einsicht in die unzulängliche technische Machbarkeit des Boxens, andererseits generiert sich aus dieser Situation heraus auch ein Abstandnehmen vom Spiel, welches ihn veranlasst, eine andere Position einzunehmen, um der konzentrierten Gegnerin beizukommen. Doch irritiert hier das von den Beteiligten geteilte Aktivitätszentrum des Bildes bzw. die Annäherung außerhalb des Bildes, was nicht zur Darstellung kommt. Auf der Praxisebene ist dieser Moment der Reflexion der eigenen Position aufgelöst und zeigt gewissermaßen Timos soeben gemachte Erfahrung nochmals körperlich an. Besondere Beachtung verdient hier die Gesamtsituation, da auch die Gegnerin von Timo beeinflusst ist und dies den Zuschauern offen zur Schau gestellt wird. Die verbale Erläuterung, hier wieder im Sinne eines Kommentierens des Handelnden, dreht sich um Beweggründe und die Erschöpfung, die Timo dem Spiel als Tribut zollt. Der Kampf der beiden Akteure ist auf eine andere Ebene verlagert und betrifft nunmehr die körperliche Annäherung und die begleitenden lautsprachlichen Elemente, welche in anderen Kämpfen stets vermieden wurden. Ein Körperkontakt entspricht nicht dem normalen Spielvorgang. Durch den Kontakt wird Larissa analog zu ihrer räumlichen Entpositionierung aus dem Spiel gedrängt. Diese Versetzung der Spielerin bewirkt bei ihr ein Gegensteuern, da sie durch die Finte (Geste) von Timo erkennt, dass er sich einen Vorteil durch den Einbruch in ihre Spielfläche verschaffen will. Wie schon im gesamten Kampfverlauf gewinnt sie schnell die Übersicht zurück und ist körperlich robust genug, ihrerseits Timo auf seine Position zurück zu drängen und selbst wieder die Oberhand zu gewinnen. Da die Runde ohnehin bald zu Ende gehen wird, geben sich beide Boxer noch einmal mit ihren Plätzen zufrieden. Die eingangs der Szene erwähnte beiläufige Erfahrung mit der technischen Sensorleistung, die die Bewegungsänderung der Fernsteuerung aufnimmt, veranlasst Timo zu einer körperlichen Bearbeitung der Situation fernab der medialbildlichen Rahmung des Spiels. Sein Eindringen in den fremden Spielbereich ist eher als eine soziale Bearbeitung technischer Interaktion zu betrachten und richtet sich stärker auf die Gegnerin als auf die dargestellten Bildpraktiken. Diese begleitenden Handlungen werden auch nach dem Kampf deutlich. Noch immer mit einem Bezug zum Spiel, lassen die Siegerpose und die Verbalisierung der Anstrengungen beim Spielen die Einbettung der Szenerie in soziale Räume erkennen.

„Three Seconds“

> Zum Ende der Runde sagt Timo: „Three seconds“, und knickt zur rechten Seite hin den Oberkörper ab. Alsbald ertönt der Gong und beendet den Kampf, Timo wendet sich noch einmal nach rechts, während Larissa noch zwei Schwinger vollführt. „Okay“ sagt Timo und wendet sich beide Controller in einer Hand nach hinten ab. Er fährt sich mit der freien Hand durchs Haar. Indes streckt Larissa langsam die Arme in die Höhe über ihren Kopf, begleitet von technisch generiertem Zuschauergetöse, und blickt an Timo herab, der sich wieder zurück zu Larissa und den Zuschauern dreht und an sich herab auf seinen Bauch deutet, um den beiden Frauen den Schweißfleck zu präsentieren: „Guck mal, wie ich schwitze“. Er zieht nun an seinem Hemd und führt es in ruckartigen Bewegungen vom Körper weg und zu ihm zurück, tritt noch drei weitere Schritte auf Larissa zu und hebt seine rechte Hand in die Höhe: „You won, good“. Larissa hebt ihrerseits die Hand und klatscht Timo ab. „Sehr gut“, entgegnet sie und beide drehen sich zum Tisch, um die Controller abzulegen. Während Timo erneut Luft aus seinem Mund presst, äußert Larissa ein betontes: „Huh!“

Das baldige Ende vor Augen, begibt sich Timo in die Verteidigung und weicht eher unmotiviert aus, um die nur noch kurze Dauer der Kampfrunde zu überstehen. Alsdann wendet er sich ab, während Larissa eine Geste der Siegerin inszeniert. Sie genießt für kurze Dauer die Involvierung in das Spiel und den Lohn des Spielens, indem sie so verharrend vor dem Bild verweilt. Eine solche Szene ereignete sich schon einmal, als Avery über Julius siegreich war. Hier wie dort war die gleiche Beendigung in der üblichen Weise des (Box-)Sports zu sehen, einer ritualisierten Praktik des Anerkennens der festgelegten Struktur des Siegens oder

Abb. 8: *Schweiß und Jubel*

Verlierens, die in der Siegergeste zur Entfaltung kommt. Entscheidend ist jedoch auch die Instanz, welche die Sieger definiert. In diesem Fall ist es die Konsole, welche die Treffer kalkuliert und so zu einem rundenbasierten Ergebnis kommt. Die ersten beiden werden als unentschieden gewertet, nur die letzte Runde, die der detaillierten Analyse nach eher ungewöhnlich verlief, geht an Larissa. Doch auch die Zurschaustellung der körperlichen Reaktion auf das Spiel selbst in Form der Geste stellt ein Anzeichen der Thematisierung der Spieleffekte Timos dar. Indem er herausstellt, verschwitzt zu sein (auf dem Oberhemd sind oberhalb des Bauches und auf einer größeren Fläche auf dem unteren Rücken Schweißflecken zu sehen), geht auch für die anderen hervor, dass das Spiel anstrengend ist. Die Auswirkung des Spiels liegt hier rein auf der körperlichen Ebene, doch mit Abstand zum Spielgeschehen entfalten auch andere Ebenen Relevanz: Durch die Interaktionsgeste des rituellen Abklatschens als intersubjektive Anerkennung der Siegerin ordnet sich Timo der technischen Macht unter und bestätigt sie durch die soziale Interaktionsgeste jenseits des Mediums. Ohne die Störung seiner Steuerung zu verbalisieren und auf die von ihm erlebten Ungereimtheiten der technischen Performanz hinzuweisen, entscheidet Timo, Larissa den Sieg zu bestätigen und die Widerstände zu übergehen. Dem Illusionscharakter des Mediums auf die „Spur" gekommen zu sein und diese durchschaut zu haben, würde auch den größeren (sozialen) Rahmen der Aufführung gefährden, der in der Zeit des Spiels etabliert worden ist. Timos vorhergehende auffällige Überhöhung der eigenen Spielfähigkeiten findet hier schnell ein jähes Ende. Vielmehr gelangt er an körperlich anstrengende Grenzen des Spiels und bemerkt die Zuordnungsbedürftigkeit des Spiels in die soziale Szenerie. Obwohl dies in der nachfolgenden Szene nicht vom Spieler selbst initiiert wird, lässt sich auch dort der soziale Rahmen rekonstruieren, mit dem die Medienrahmung konkurriert.

„Kuck ma, Avery!“

> Fred murmelt: „So, genau“. Zeitgleich wirft Steve ein: „Siehste, der kann ( ). Ja du musst halt so benutzen“. Nach einer kurzen Phase der Schutzhaltung beginnt für beide erneut das Austeilen von Schlägen. Avery tut dies in stets rasantem Tempo, Julius etwas langsamer und kontrollierter. Beim letzten Satz von Steve nimmt er nochmals Deckung. Derweil erhöht Avery das Schlagtempo, ein Zuschauer macht darauf aufmerksam: „Kuck mal, Avery“. Avery selbst antwortet darauf beiläufig mit einem Knurren, während der erste und ein anderer Zuschauer auflachen.

Die von Steve im Folgenden als Erklärung gemeinten verbalen Ratschläge zeigen bei den Kontrahenten meist keine Wirkung. Sie nehmen eher die Form von Kommentaren an, die beim Boxsport stets aus der eigenen Ringecke zu (über-)hören sind. Das beiläufige „Warmup“ eines Zuschauers deutet in dieselbe Richtung. Zuletzt wird jedoch ein Zuschauer auf Avery aufmerksam, was einen Sonderfall in der Beobachtung der Kämpfe darstellt, da in diesem Falle nicht der Avatar gemeint ist, sondern der Spieler außerhalb des Bildes. Er steigert die enorm schnelle Schlagabfolge zum Ende der Runde noch einmal, der Kommentar gilt also dieser Geste des jungen Avery, welche den Beisitzenden zur Belustigung dient. Solche Bewegungen sind unüblich im Boxsport und provozieren in diesem Moment eine Hinwendung zum Spieler, auf den der Blick der Zuschauer selten fällt. Doch in der medialen Praxis ist, wie der Fortgang des Kampfes zeigt, Averys Boxstil gegenüber dem reaktiven Bezugnehmen auf den (eigenen wie gegnerischen) Avatar erfolgreicher als die disziplinierte Kampfhaltung von Julius. Die Orientierung am Avatar gilt jedoch in besonderem Maße für die Spieler untereinander. Denn obwohl der eine Spieler direkt neben dem anderen boxt, treffen sich die Blicke dieser beiden kein einziges Mal. Der „Treffpunkt“ im doppelten Sinne, das Geschehen, findet im Bild statt, während die gemeinschaftliche Bearbeitung des Boxspiels auch von den Zuschauern getragen wird.

„Knien“

> Zum Ende der zweiten Runde kniet sich Avery auf den Boden, indem er aus der extremen Ausweichposition des Oberkörperbeugens hin zur rechten Seite heraus die

Hände zu Boden führt und sich so abgestützt auf die Knie herab lässt. Julius kann in dieser Zeit nur einen Treffer anbringen. Nach einer kurzen Verweildauer erhebt Avery sich erneut mit nach rechts gebeugtem Oberkörper, dabei streckt er die Hände über den Kopf und stellt sich mit einem Ruck gerade auf und beginnt sofort mit seinem schnellen Schlagrhythmus. Dabei durchbricht sofort ein Schlag Julius' Deckung. Während dieser ganzen Bewegungsfolge kämpft Julius aufrecht stehend mit stetigen Stoßbewegungen und verlagert dabei in (typischer) Boxermanier seinen Schwerpunkt auf das nach vorn gerichtete Bein. Indes lacht Fred kurz auf und schaut sich zu den anderen Zuschauern um. Einer der Zuschauer sagt nach kurzer Pause: „Macht der gar nich so falsch, der geht erst in Deckung und dann schnell wieder hoch". Nach einigen Sekunden ist am Läuten einer (Ring-) Glocke das Ende der Runde erkenntlich.

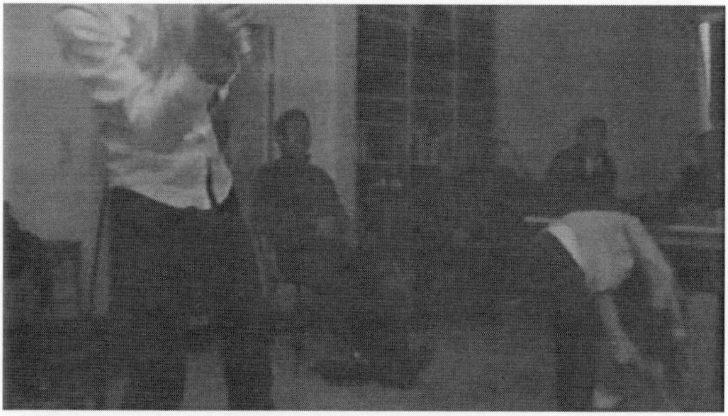

Abb. 9: *Avery weicht aus.*

Ein weiteres Beispiel für Averys auffallenden Stil bekundet sich abermals im Gebrauch des Mediums, bei dem er starken Körpereinsatz zeigt, was auch in dieser Passage erneut Amüsement (Fred und lachende Zuschauer) verursacht. Wie weiter oben vermerkt, ist Avery der einzige Spieler, dessen Realbewegung von den Zuschauern wahrgenommen wird. Die Diskrepanz zwischen den Gesten Averys und denen seines Avatars ist dabei der Grund für die Scherze. Auch sie speist sich aus der unbedarften Praktik Averys. Er kontrolliert seine Gesten nicht in der üblichen Art des Boxsports. Anders formuliert: Er lässt eine an den Boxsport erinnernde Technik vermissen. Doch die Gesten des Ausweichens bzw. des tatsächlichen Verfehlens von Julius lassen weitere Interpretationen zu. Zum einen zeigt die Spielfigur im Bild nicht die Haltungen von Avery an, sondern bewegt sich im Rahmen der vorgefertigten bzw. programmierten Gesten. Dieses Missverhältnis zeigt das in der sozialen Zuschreibung Uneffektive an Averys ausdrucksvollen Bewegungen als einen von Avery produzierten Überschuss. Ein Zuschauer deutet seine Praktik gegensätzlich und formuliert sie als eine clevere Anpassung an die mediale Situation. Julius scheint von alledem ganz unbeeindruckt und konzentriert sich auf die vornehmlich saubere Ausführung seiner Schläge außerhalb des Bildes. Die vergleichsweise starke Kontrolle der Geschwindigkeit und Stilistik seiner Schläge ist insbesondere auffällig in der Art und Weise des Auslegens, da er die Linke öfter zum Einsatz bringt als die rechte „Schlaghand", welche normalerweise die härteren Treffer setzt. Diese so genannte „Normalauslage" spielt im medialen Boxen jedoch scheinbar keine Rolle, was hauptsächlich der Vergleich der beiden Kontrahenten nahelegt, da Averys Stil zählbar mehr Treffer produziert und die Härte eines Schlages nicht gemessen und damit auch nicht verrechnet wird. Demgemäß hat Julius' Stil, so gewinnbringend er in Bezug auf das ausbleibende Gelächter der Zuschauer ist, zumindest für das Spiel keine Vorteile gegenüber Avery. Im Gegenteil lässt sich erkennen, dass Avery durch seine tentative Spielweise den am Boxsport orientierten Bewegungen in Bezug auf die Anpassungsleistung an das Feld des Spiels überlegen ist, weshalb er den beisitzenden Zuschauern jedoch als alternative Aufmerksamkeitsfläche dient. Die jenseits der Spielepraktiken ablaufenden Gesten des Siegens, des Abklatschens, der Annäherung etc. kennzeichnen im Gegensatz zu den selbstverweisenden Gesten im Spiel deren intersubjektive Aushandlung der Bedeutungszuweisung. Bleiben letztere also relevant für das interobjektive Erkennen des eigenen Spielvermögens und die visuelle Selbstbeobachtung, stellen der Zuschauer und der gegnerische Spieler eine andere Ebene der Interaktion dar, welche die Bearbeitung der technosozialen Praktiken betrifft.

Zusammenfassung

Der immanente Glaube an das Spiel (der „Spielsinn") und die verrechnungsbedingte Simultaneität der Bewegungen sind die Grundbedingungen, die die Spieler solche Bewegungen ausführen lassen, welche außerhalb der Medienrahmung teils als Schattenboxen (Julius), teils als Prügeln (Avery) gedeutet werden können. Im Bild und in Bezug zum Bild entsteht der virtuelle Raum einer bedeutungsvollen Zuordnung jener Bewegungen außerhalb zu „medialen Gesten". An den Schaltstellen, wenn dies versagt bleibt, weil eine Pause (Runden) durch das Medium vorgegeben oder vom Spieler bewirkt wird (Timo), entstehen auch außerhalb des Mediums Gesten, welche eine Bedeutungszuweisung durch die eigene Zeigefunktion performativ entfalten. In Pausen erkennen sich die Akteure teils als Spieler wieder und besinnen sich auf die ihnen eigene Selbstbezüglichkeit. Doch auch Störungen des Spielflusses bewirken ein Zurücktreten vom eigenen Avatar im Spiel und die Betrachtung seiner selbst von außen. Die errechnete Bildlichkeit der eigenen Bewegungen erzeugt Faszination für das eigene Können und dafür, des eigenen Bildes habhaft zu werden, welches nicht gespiegelt wird, sondern parallel zum Spieler dessen Bewegungen zu „sinnvollen" Gesten transformiert. Die sprachlichen Äußerungen haben keinen großen Einfluss auf das Spiel und dessen Verlauf; sie nehmen mehr die Art von Kommentaren und Instruktionen an, entfalten aber neben der medialen Situationsdefinition eine soziale Bearbeitung der Spielpraktiken. Die Ebene des eigentlichen Spiels erfordert mehr ein tentatives und taktiles Einstimmen in und auf das Spiel (Avery) und ein Herausbilden von Kompetenz als Können. Die Anerkennung des Könnens geschieht wiederum über geregelte, außerhalb des Spiels stattfindende Gesten, welche die Sprache als Potential des Zuordnens nach Beendigung des Spiels zurückkehren lassen und auf das Können rückbeziehen. Einzig der Vertreter der älteren Generation „spielt" (im doppelten Sinne des Wortes) mit sprachlichen Äußerungen, um sein Nicht-Können zu verdecken. Dies geschieht durch ironisierende Rede, die im Grunde genommen zum Ausdruck bringt, dass er weniger gut spielen „kann" und sich von der Medienrahmung distanziert. Dabei dokumentiert sich die Umkehrung einer pädagogischen Generationendifferenz, welche primär im Alter begründet liegt, und verschiebt zumindest für kurze Zeit Autorität. Zudem entstehen in dieser neuen Spielkultur Körperbeobachtungsformen, die einerseits in der Neuerung der gestischen Mediennutzung bedingt liegen, andererseits in eine Praxis des Selbsterkennens münden können. Zusammengefasst steigt die Möglichkeit, in der Praxis mit dem Medium eine reflexive Beziehung zu und Arbeit an sich selbst, zunächst auf körperlicher Ebene, zu etablieren.

Welchen Stellenwert der Avatar, die visuelle Bezugsgröße des Erkennens der Bewegungen bei der Spielnutzung hat, soll wie die Frage nach dem reflexiven Bildungspotential abschließend bewertet werden. Die mediale Geste jedoch, so hat sich herausgestellt, nimmt in der Analyse eine außerordentliche Stellung in der Vermittlung von Spieler und Spielfigur ein. Das Netzwerk, die Rückkopplung der Effekte der Bewegungen in und außerhalb des Spiels, gestaltet sich als Interagieren mit dem Avatar. Die Auseinandersetzungen mit dem eigenen und dem Bild des Gegenübers stellen die eigentliche Neuerung der Spielpraxis mit der Nintendo Wii neben der Rückbindung körperlicher Bewegungen an die Steuerung dar. Bereits phantasmatische Körperkonstruktionen als visuell simulierte Körper bei so genannten Role-taking Games, in Online-Communities wie auch im „Second Life", erfordern ein Konzept einer körperlichen Präsentation im medialen Bild. Diese meist auf Identitätsentwicklung hin angelegte Strukturierung des Avatars, der bildlichen Spielfigur, werden in eine technisch bedingte Rahmung versetzt und verhandeln hier auf unterschiedlichen Ebenen ihr Auftreten und nehmen technosoziale Interaktionen auf (vgl. Jörissen 2008). Dabei steht nach Jörissen infrage, inwieweit die Spielfiguren auch in der virtuellen Umgebung selbsttätig, also automatisch reagieren, beispielsweise ein gestisches Repertoire abspielen, welches ohne Steuerung des Spielers abläuft. Mit der zunehmenden Einbindung des Körpers in die Steuerung der Spiele durch seine auf sensorischer Basis erfassbaren Bewegungen werden diese technischen Operationen teils entkoppelt und in die Realwelt „zurückgeholt". Hier entscheiden demgemäß auch körperliche Kompetenzen über ein erfolgreiches Spielen; dies suggeriert die Illusion der Synchronizität von Körperbewegungen und Bildbewegungen beispielsweise bei der oben behandelten Konsole „Wii". Dort zeigt sich in der empirischen Interpretation des Materials einerseits eine technisch (noch) nicht ausgereifte Erfassung der außerhalb der Konsole zu messenden Bewegungen, die für einige Probleme im Spielbetrieb sorgen kann. Dessen ungeachtet lässt sich der im Vergleich zur Maus- und Tastatursteuerung höhere Grad der Rückbindung an (durch Medien) geformte Praktiken voraussetzen, die einen neuen Aspekt des Spielens herausbilden. Der entstehende technosoziale Überschuss zeigt sich in der Verbindung der technischen Gegenstände und der Bewegung des Körpers, hier insbesondere der Hand. Diese Gestik als spezifische Bewegungen des Körpers mit dem Medium habe ich einleitend mit der Akteur-Netzwerk-Theorie als Netzwerk bezeichnet, bzw. die Erfahrungen mit der Medientechnik als sozialisatorische Bedingung gekennzeichnet. Nur das reziproke „Zusammenspiel", so zeigte der Kampfstil Averys, mündet in spieladäquate Körpertechniken. Die Beobachtung des Bildes und damit seines „verrechneten Selbst" im Modus der Bewegung verschränkt für die kurze Zeit des Spielens Bildgesten und Körpergesten zu einem Hybridakteur, der wechselseitig im Sinne einer interobjektiven Bezugnahme auf das Gegenüber reagiert. Im Vergleich zur Distanzierung von Klaus ist er dabei jedoch zu stark im Spiel verhaftet und kann die reflexiven Potentiale des Mediums nicht oder nur eingeschränkt nutzen. Dies bleibt ihm durch das Unvermögen zum Abstandnehmen von der eigenen Position verwehrt, hier allerdings ähnlich Klaus, der sich nicht im Medium erkennt und damit keine mediale Positionsbestimmung vornimmt.

Der menschliche Akteur verortet sich also in medialen Praktiken auf der Basis biographisch erlebter Erfahrung, etwa in körperlich eingeschriebenen Mustern, wie sie im Gebrauch der sportlich sauberen Boxgeste von Julius aufgeführt werden. Trotz des im Kampf sichtbaren Unterschieds liegt die Definitionsmacht, beispielsweise welche Geste wie verrechnet wird und einen Treffer ergibt, beim Medium. Doch insbesondere wegen dieser automatisierten Rahmung kann sich der Akteur als (Spiel-) Subjekt konstituieren und auf verschiedene Weise zu sich selbst eine Haltung aufbauen. Dieses Selbstverhältnis ist mit Hinblick auf die von Foucault (1993) als Selbsttechniken beschriebenen, primär körperlichen Praxen zuerst einmal ein visueller und taktiler Zugang. Das Potential, sich als veränderlichen Akteur zu definieren, zu problematisieren und auf visuell körperlicher Ebene zu bearbeiten, um sich Fortschritte zuallererst einmal zu erspielen, lässt den Spieler auf einer Metaebene potentiell zu einem bewussteren Reflektieren gelangen. Das Spiel mit dem Bildnis seiner selbst, welches durch die medial ausgerichteten Gesten gesteuert werden soll, stellt eine Erfahrungsdimension dar, die durch andere, auch mediale Erfahrungen nicht substituierbar ist und daher eine neue Dimension der „Kontagion" durch Medien darstellt. Es handelt sich hierbei jedoch nicht ausschließlich um Erfahrungen, sondern auch um einen Raum der Imagination von Körperbewegungen, den neue, experimenthafte Selbstpraktiken ermöglichen. In dieser Reihe medialer Übungspraktiken bildet sich demzufolge ein Selbstbezug aus, der als „egotechnisch" bezeichnet werden kann. Die Ermöglichung eines Außer-sich-Seins im plessnerschen Sinne erfolgt durch Selbsttechniken, die über die Medien eine zweite Einstellung zur ersten Position zulassen (vgl. Sloterdijk 2009: 347f.). Der eigene Körper als erste Position und dessen Bild spiegeln nun auch die Bedeutung der bewegten und technischen Seite der Körperlichkeit an den Akteur zurück. Die Geste als Zwischenraum zu betrachten, verweist sodann auch auf einen erweiterten reflexiven Weltbezug mit anderen Medien wie auch Akteuren. In der stetigen Einübung solcher Spielpraktiken entsteht implizit eine Verschiebung des Selbstbezugs, was als bildungsrelevantes Erfahrungswissen gekennzeichnet werden kann. Es verweist auf die prinzipielle mediale Bereitstellung der Betrachtung der Akteure aus einer anderen, weil vermittelten Position. Die zugeschriebenen Bildungseffekte sind enorm, was sich nicht nur, aber am besten am Beispiel der Erfolgsgeschichte des (Bildungsmediums) Buch „ablesen" lässt. Beim Lesen wie in neueren Spielkulturen ist der Körper als in der Praxis verhafteter stets aktiv(iert), in besonderer Weise *visualisiert* er sich jedoch in dem oben aufgeführten Beispiel. In diesem Sinne treten die Gesten als bewegtes Medium des Körpers in Form einer Schulung des Körpers über die Bilder hervor. Dass, nebenbei bemerkt, gewisse Fertigkeiten erworben bzw. ausgebaut werden, die das Spiel oder gar außermediale Praktiken betreffen, stellt zusammenfassend nur einen Effekt des interpretierten Mediengebrauchs heraus. Die mediale Interaktion mit anderen und insbesondere ein über das Bild vermitteltes Rückwirken auf sich selbst sind die eigentlichen Innovationen der Spielkultur, da sich die selbstbildenden Effekte reflexiv wie körperlich aufführen lassen, ohne dem Zwang einer didaktischen Planung verfallen zu müssen.

Befremdete Gesten: Von der Macht des Pädagogischen in politisch-medialen Inszenierungen

Birgit Althans

Gesten haben eine elementare Bedeutung in Prozessen der Sozialisation, Erziehung und Bildung. Nach wie vor gilt, was Cicero, einer der großen Redner und Rhetoriklehrer der Antike, in seinem *De Oratore* bezüglich der Bedeutung der die Rede begleitenden Gesten formulierte: „Worte machen nur auf den Eindruck, der durch das Band derselben Sprache verbunden ist, und pointierte Formulierungen entgehen oft den Menschen, deren Aufmerksamkeit nicht geschärft ist." Doch: „Aller Menschen Herzen werden von denselben Regungen bewegt, und an denselben Zeichen, die sie bei ihnen selbst bezeichnen, erkennen sie sie auch bei anderen" (Cicero 2006: 589, § 223). Gesten werden im Verlauf der Sozialisation erfahren und in ihrer pädagogischen Bedeutung qua Situation – in Kontexten der Erziehung und Bildung – als quasi „stille Pädagogik", wie Bourdieu sie genannt hat, gelernt. Aufgrund dieser inkorporierten Erfahrung werden sie auch in ihrer medialen Präsentation in audiovisuellen Medien wie dem Fernsehen oder auch in den neuen Medien „verstanden". Dieser Beitrag beschäftigt sich mit einer solch medial „verstandenen", aber durch die Prozesse der Sozialisation signifikant gewordenen Geste, die als stockende Geste einem Millionenpublikum während einer TV-Live-Übertragung unvergesslich eingeprägt wurde: Es geht um den missglückten Schwur des amerikanischen Präsidenten Barack Obama bei seiner Inauguration 2009.

Zur Erinnerung eine kurze Zusammenfassung besagter Szene, die im dritten Teil des Textes noch einmal detaillierter aufgegriffen wird: Barack Obama wurde am 20. Januar 2009 zum 44. Präsidenten der Vereinigten Staaten von Amerika vereidigt. Der Eid wurde ihm – wie seinen Vorgängern – vom obersten Richter der USA, der vom amerikanischen Volk zu diesem Ritual autorisierten Person, abgenommen. Konkret bedeutete dies als Handlungsvollzug mit vokalen und körperlichen Gesten: Der Richter sprach mit erhobener rechter Hand den

Text von 35 Worten[1] in „Portionen“ vor, der Kandidat sprach den Text – ebenfalls mit zum Schwur erhobener rechter Hand – nach und vollzog so körperlich und durch den Sprechakt die Transformation zum Präsidenten. Es handelt sich somit bei der Inauguration nicht nur um ein Einsetzungs-[2] oder „Inthronisations“-Ritual (Wulf 2004a), sondern auch – und nicht zuletzt – um einen performativen Sprechakt, der im Sprechen eine Handlung vollzieht, bei dem also „etwas sagen etwas tun heißt“ (Austin 1998: 35). Die Besonderheit dieses performativen Aktes am 20.1.2009 bestand darin, dass der Akt fehlschlug, dass ein „Versprechen“ beider Haupt-Akteure des Rituals den eigentlichen Akt des Versprechens, Obamas Versprechen, dem amerikanischen Volk „getreulich“ zu dienen, torpedierte. Der Richter sprach Obama die Formel im Ablauf falsch vor, der sie dann – nach einer kurzen Sprechpause, in der seine Irritation in seiner Mimik und durch Abbruch seines Sprechens deutlich wurde – ebenfalls inkorrekt, aber so wie sie ihm vorgesprochen worden war, wiederholte.[3] Die responsiven verbalen Versprecher der beiden Protagonisten konterkarierten somit das, was das vorgeschriebene Ritual und die körperlichen Gesten vor den Augen der anwesenden Zuschauer und des amerikanischen Volkes sowie der Weltöffentlichkeit „an den Bildschirmen“ scheinbar korrekt vollzogen. Der falsche Wortgebrauch machte eine Wiederholung der rituellen Vereidigung – des Versprechens[4] – im kleineren Rahmen notwendig.

1 „Ich, Barack Hussein Obama, schwöre feierlich, dass ich getreulich das Amt des Präsidenten der Vereinigten Staaten verwalten und die Verfassung der Vereinigten Staaten nach besten Kräften erhalten, schützen und verteidigen will. So wahr mir Gott helfe“ (www.Spiegel.online 22.1.2009).

2 „Somit ist der Einsetzungsakt ein Kommunikationsakt, aber von besonderer Art: Er bedeutet jemandem seine Identität, aber in dem Sinne, dass er sie ihm ausspricht und sie ihm zugleich, indem er sie ihm vor aller Augen ausspricht, auferlegt (kategoresthai heißt eigentlich ‚öffentlich anprangern‘) und ihm auf diese Weise mit Autorität mitteilt, was er ist und was er zu sein hat. [...] Erst recht aber gilt dies für die Investitur oder die Ernennung als regelrechtes soziales Attributionsurteil, das demjenigen, über den es ausgesprochen wird, alles zuschreibt, was zu einer sozialen Definition gehört. Vermittelt über die Wirkung der Statusattribution erzielt das Einsetzungsritual seine ‚realsten‘ Wirkungen: Der Eingesetzte fühlt sich aufgefordert, seiner Definition gerecht zu werden, seinem Amt gewachsen zu sein“ (Bourdieu 1990: 87f.).

3 „Ich, Barack Hussein Obama, schwöre feierlich, dass ich das Amt des Präsidenten der Vereinigten Staaten getreulich verwalten und die Verfassung der Vereinigten Staaten nach besten Kräften erhalten, schützen und verteidigen will. So wahr mir Gott helfe“ (www.Spiegel.online 22.1.2009). Das Wort „getreulich“ wurde vom vorsprechenden Richter an die falsche Stelle gesetzt. Obama stockte beim Nachsprechen, der Richter sprach es noch einmal – mit differierender, aber erneut unkorrekter Wortfolge – vor und Obama sprach dann die erste Version nach.

4 Austin weist darauf hin, dass performative Äußerungen des Versprechens Handlungsabsichten verkünden, die im Akt des Aussprechens gewissermaßen initiiert, gestartet werden, deren Vollzug von den Begleitumständen der Äußerung abhängt, „besonders wenn wir an so ehrfurchtgebietende performative Äußerungen denken wie: ‚Ich verspreche, zu ...‘ [...] Das Äußern der Worte ist gewöhnlich durchaus ein entscheidendes oder sogar das entscheidende Ereignis im

Abb. 2: Inauguration Barack Obamas am 20. Januar 2009

Anhand des Beispiels soll die These aufgestellt werden, dass an Barack Obamas weltweit kolportiertem „Missgeschick beim Eid“ auch die nachhaltige Wirkung „pädagogischer“ Gesten deutlich wird. Dabei soll gar nicht in erster Linie nach spezifisch „pädagogischen“ Gesten gesucht, sondern vielmehr untersucht werden, wie und in welchen Kontexten der Erziehung und Sozialisation die „stille Pädagogik“ zum Tragen kommt (Bourdieu 1987). Bourdieu beschreibt unter diesem Begriff, den er immer wieder aufgriff (Bourdieu 1987, 2001), das in Lehr-Lernsituationen ritualisierte Zusammenwirken von verbalen und nonverbalen Gesten, die körperlich so habitualisiert werden, dass sie in ihrem Ablauf nur schwer durchbrochen werden können – Michel Foucault würde hier wahrscheinlich von einer produktiven „Einschreibung“ der Macht in die Körper der beteiligten Akteure sprechen (Foucault 1977, 1983). Des Weiteren wird die These vertreten, dass die so aufgespürten „pädagogischen“ Gesten – ähnlich wie in Bertolt Brechts Konzept „des Gestischen“ wie auch in Giorgio Agambens Auffassung der „Medialität der Geste“ (Agamben 1992) erst in ihren Irritationen – erst als „Unterbrechung von Abläufen“ sichtbar werden, in Erscheinung treten. Kurz: In

Vollzuge einer Handlung, um die es in der Äußerung geht (des Wettens zum Beispiel), aber es ist alles andere als üblich (wenn es überhaupt vorkommt), dass nur das Äußern der Worte nötig ist, wenn die Handlung vollzogen werden soll. Ganz allgemein gesagt, ist es immer nötig, dass die Umstände, unter denen die Worte geäußert werden, in bestimmter Hinsicht oder in mehreren Hinsichten passen, und es ist sehr häufig nötig, dass der Sprecher oder andere Personen zusätzlich gewisse weitere Handlungen vollziehen – ob nun ‚körperliche‘ oder ‚geistige‘ Handlungen oder einfach die, gewisse andere Worte zu äußern“ (Austin 1998: 31).

diesem Beitrag wird die Frage gestellt, ob Lernvorgänge als „responsive Akte“[5] nicht erst in der stockenden Geste sichtbar werden.

Die Bearbeitung dieser Annahmen erfolgt in drei Schritten: Die Bedeutung der Responsivität von Gesten und insbesondere von (Sprech-)Gesten im gewählten medial inszenierten Beispiel wird mit ethnografischen Analysen aktueller schulischer Lernsituationen – als dem klassischen pädagogischen Setting – verglichen. Dies geschieht mit Rekurs auf die Geschichte der stillen, irritierenden Macht von Gesten in pädagogischen Situationen (1); daran anschließend wird auf die gemeinsamen Anfänge von (politischer) Rhetorik und Pädagogik sowie Unterweisungen zum Gebrauch von Gesten in politischen und theatralen Kontexten Bezug genommen (2), um dann abschließend auf die Signifikanz befremdeter Gesten für die mediale Inszenierung von Politik und das Ritual der Inauguration – es handelte sich hier schließlich um eine kollektive „mediale Erfahrung“ (Keppler 2006: 33ff.) globalen Ausmaßes – des amerikanischen Präsidenten einzugehen (3).

Gesten in pädagogischen Kontexten: Lernen als Entzifferung von Bedeutung

Ich möchte mich in diesem Abschnitt, ausgehend von dem Beispiel des reziproken Inaugurations-Versprechers, über das im Projektkontext erhobene Material hinaus vergleichend auf drei aktuell erschienene ethnografische Untersuchungen in schulischen Kontexten beziehen, die alle – wenn auch mit unterschiedlichen theoretischen Fragestellungen – die Bedeutung von Gesten in Unterrichtssituationen analysieren. Cornelie Dietrich beschäftigt sich aus bildungstheoretischer Perspektive (Humboldt) mit Bezug auf Soziologie (Bourdieu) und Phänomenologie (Husserl, Merleau-Ponty) in ihrer Studie „Zur Sprache kommen“ mit der Sprechgestik von Jugendlichen in und außerhalb der Schulformen Hauptschule und Gymnasium (Dietrich 2010), Thomas Pille untersucht mit Rekurs auf Bourdieu den impliziten Erwerb des gestischen Repertoires von Referendaren (Pille 2009) und Ingrid Kellermann rahmt ihre ethnografischen Untersuchungen des Eingewöhnens ins Schüler-Dasein in der Grundschule ritualtheoretisch. Die leitende Idee, die mit diesem Vergleich dreier Ethnografien in unterschiedlichen Kontexten der schulischen Bildung verfolgt wird, ist, dass der Versprecher

5 Der Begriff der Responsivität geht auf die Perspektive des Pragmatismus, auf John Deweys Positionierung zum Lernen und George Herbert Meads Auffassung von Gesten zurück. Für Mead sind Gesten bedeutungsgenerierend, die erste sichtbare Handlung in einem sozialen Akt, während er den sozialen Akt als eine Handlung definiert, „in which one individual serves in his action as a stimulus to a response from another individual“ (Mead 1910, zit. n. Biesta 2005: 147). Dies wird in Abschnitt 1.3 näher ausgeführt.

Obamas, sein offensichtliches Ge- oder Befangensein im Nachsprechen eines nicht korrekten Textes in einer festumrissenen gesellschaftlichen Situation ein generelles Problem sichtbar machte, einen Inkorporierungsprozess von habitualisierten Aus-Deutungsprozessen verbaler und nonverbaler Gesten in pädagogischen Rahmungen, der sich unter dem Begriff schulische Bildung subsumieren ließe.

Ich möchte mit Ingrid Kellermanns Studie beginnen, da sie eine in unterschiedlichen Fachkontexten der Schulanfangsphase ähnliche Situationen der Irritation, des Stockens der Gesten beschreibt, wie sie auch in der Inauguration zu beobachten war.

Was zählt, Geste oder Ansage? – Eingewöhnung in Lernarrangements der Grundschule

Kellermann analysiert in einem Kapitel ihres Buches zum sprachlichen Handeln im Unterricht mehrere Szenen des Deutschunterrichts einer reformpädagogisch orientierten Grundschule, in denen Kinder mit verschiedenen Buchstaben vertraut gemacht werden, indem ihnen Dinge gezeigt werden, die den präsentierten Buchstaben als Anfangsbuchstaben haben. Oft handelt es sich dabei neben vertrauten Alltagsgegenständen um Spielzeug, also Gegenstände, die durch ihren bisherigen Gebrauch kodifiziert sind. Die erste Einübung in die neuen Sprach-Zeichen erfolgt spielerisch, dennoch wird schnell deutlich, dass mit Schulbeginn eine konzeptionelle Überführung des Sprechens in andere, von der Alltagssprache differierende Kommunikationsformen erfolgt und sprachliche Äußerungen sich an „formale[n] (Wort, Schrift, Grammatik, Zahlen) und inhaltliche[n] (Sachwissen, kulturelle Normen und Werte) Gesetzmäßigkeiten“ (Kellermann 2008: 115) orientieren. Das Sprechen wird in die Schrift überführt, die Alltags- und Spieldinge wechseln ihre Bedeutung – sie werden in neue symbolische Ordnungen eingepasst. Ihre Zugehörigkeit zu einem Buchstaben-Symbol wird im Kontext des Deutschunterrichts wichtiger als z. B. ihr Geschmack oder ihre materiellen und taktilen Qualitäten im bisherigen Gebrauch als Alltags- oder Spielding (vgl. Hauschild u.a. 2007).

Kellermann zeigt anhand von Beispielen, wie in der Schulanfangsphase mit der Umsortierung und Neu-Kodierung der Dinge auch das Sprechen der Kinder in neue Ordnungen des legitimierten und „unpassenden“ Sprechens im Unterricht überführt wird: Wer spricht wann? Wann soll und wann muss ich etwas sagen? Auf welche Zeichen ist dabei zu achten (z. B. Aufgerufen-Werden)? Welche Gesten (z. B. „Melden“, „Aufzeigen“) müssen selbst vollzogen werden, damit ich sprechen darf? Wie und mit welcher Haltung muss gesprochen werden, damit man gehört wird? Welche Situation erlaubt bzw. erfordert welches Sprechen (vgl. Kellermann 2008: 118)?

In der Schule wird somit ein eigenes Spiel mit der Sprache gespielt, das es erst zu erlernen gilt. Das Sprechen der Schulanfänger wird in der Schule anders kontextualisiert,[6] neu gerahmt, nach neuen Regeln geordnet, – folgt man der kantischen Pädagogik –, „dressiert und diszipliniert". Der Sprachphilosoph Ludwig Wittgenstein prägte für diese Vorgänge den Begriff des „Sprachspiels": Kinder werden, so Wittgenstein, nicht in die Sprache, also die korrekte Abfolge der Wörter, sondern vielmehr in die „Praxis des Gebrauchs der Sprache" eingeführt, wobei „das Ganze, die Sprache und die Tätigkeiten, mit denen sie verwoben ist", „Sprachspiel" genannt wird (Wittgenstein 2003: 16; § 7). Wittgenstein analysiert dabei die Bedeutung der Kontextgebundenheit des Sprechens:

> „Einer Regel folgen, das ist analog dem: einen Befehl befolgen. Man wird dazu abgerichtet und man reagiert auf ihn in bestimmter Weise. Aber wie, wenn nun der Eine so, der Andere anders auf Befehl und Abrichtung reagiert? Wer hat dann Recht? [...] Die gemeinsame menschliche Handlungsweise ist das Beugesystem, mittels welcher wir uns eine fremde Sprache deuten" (Wittgenstein 2003: 135; § 206).

Erst die Kontexte des Sprechens, seine situative Rahmung, ermöglicht, Kinder dazu „abzurichten", den Gebrauch der Sprache nach bestimmten Regeln zu lernen. Diese Sprachspiele sind nicht nur mit dem Gebrauch von Regeln, sondern untrennbar mit ostentativen Gesten verknüpft, deren kontinuierliche Dekodierung gelernt werden muss, um künftig als Schüler am „sprachlichen Markt" (Kellermann 2008: 115 mit Rekurs auf Bourdieu 1990) teilnehmen zu können. Die komplexe Einübung der Schulanfänger in die Sprachspiele schulischer Kontexte wird an einem schönen Beispiel aus dem empirischen Material Ingrid Kellermanns besonders nachvollziehbar. Deutlich zeigt sich hier, wie schwierig diese Dekodierungsprozesse sind, da LehrerInnen sich in ihren „Ansagen" nicht unbedingt immer präzise äußern.

---

6 Diese Vorgänge entsprechen nicht nur Wittgensteins Begriff des „Sprachspiels", also der Feststellung, „dass sprachliche Äußerungen an Regeln gebunden sind, die im allgemeinen befolgt werden und mit denen Handlungsweisen übereinstimmen oder nicht übereinstimmen können" (Flor 2000: 215). Sie verweisen auch auf andere zentrale Theoreme des „linguistic turn" des 20. Jahrhunderts. Das „Sprachspiel" scheint nicht nur John L. Austins Sprechakt-Theorie in *How to do Things with Words* sehr verwandt, sondern betont aus einer anderen Perspektive natürlich auch noch einmal Ferdinand de Saussures Betonung der Kontextualität des Sprechens, seine Differenzierung zwischen *langue* (Sprache und Zeichensystem) und *parole* (Sprechen): „Die Sprache ist nicht die Funktion der sprechenden Person, sie ist das Produkt, welches das Individuum in passiver Weise einregistriert" (de Saussure 1967: 16.)

„L-Wörter (12712099-25; 11:13 Uhr):

Die Kinder haben Deutschunterricht. Die Lerngruppe ist zusammen im Klassenraum. Der Buchstabe ‚L‘ ist gerade wiederholt worden. Frau Schumann steht vor der Klasse neben dem kleinen runden Tisch, der mit einem blauen Tischtuch bedeckt ist. Auf dem Tisch steht ein Korb mit Gegenständen, die den Anfangsbuchstaben ‚L‘ haben. Dahinter liegt ein großer Stofflöwe, den sie aufnimmt und unter ihren Arm klemmt. Frau Schumann hält einen großen Stofflöwen im Arm: ‚Wer kann denn hierzu ein Rätsel sagen?‘ Sie drückt den Stofflöwen fester an sich, der sich dadurch etwas bewegt, und präzisiert: ‚Zu dem hier. (.) Ein Rätsel.‘ Viele Finger schnellen hoch. Leon (1. Jahrgang) kommt an die Reihe und sagt: ‚Labyrinth.‘ Frau Schumann geht einen Schritt in seine Richtung, dreht den Kopf ein wenig und wendet ostentativ ihr Ohr in seine Richtung, als sie ihn auffordert: ‚Noch mal.‘ Leon spricht etwas lauter: ‚Labyrinth.‘ Die Lehrerin geht wieder zurück und klopft dem Löwen auf den Kopf. Während ihre Stimme etwas lauter und langsamer wird, erklärt sie: ‚Zu diesem Gegenstand hier (.) ein Rätsel sagen. Dass die Antwort dieses Tier hier ist.‘ Anne (3. Jahrgang) meldet sich und kommt an die Reihe: ‚Es ist ein Raubtier. Es fängt mit L an und sieht [unverständliches Wort] aus.‘ Frau Schumann fragt an alle Kinder gerichtet: ‚Und das wäre was?‘ Einige Kinder melden sich. Julia (1. Jahrgang) kommt an die Reihe und nennt: ‚Löwe.‘ Frau Schumann wiederholt: ‚Ja. Der Löwe‘ (Kellermann 2008: 121).

Hier ist offensichtlich ein Wechsel des Sprachspiels zu beobachten,[7] das zudem inhaltlich noch etwas kryptisch ausgedrückt wird: Schlagartig geht es inhaltlich nicht mehr um den Buchstaben „L“, sondern um das sprachliche Vermögen, einen Gegenstand und seine Eigenschaften zu umschreiben und – auf einer noch höheren Ebene der Abstraktion und Komplexität – dies als Rätsel zu formulieren. Gleichzeitig, so macht auch Kellermann in ihrer Interpretation deutlich, verbleibt die Gestik der Lehrerin auf der Ebene des vorangegangenen „L-Spiels“:

„Der Bruch entsteht aus einem Miss-Verstehen der Situation. Während die Lehrerin mit der einleitenden Frage (‚Wer kann denn hierzu ein Rätsel sagen?‘) eine Variation in die Festigungsphase bringt, reagiert Leon unbewusst mit dem bekannten und von ihm offensichtlich inkorporierten körpersprachlichen Muster der Lehrerin zu einer Buchstabenfestigung, das die Nennung von Gegenständen gleichen Anlauts erfordert. Er geht auch diesmal davon aus, dass ein Begriff mit ‚L‘ genannt werden soll und sagt ‚Labyrinth‘. Für Leon sind es nicht die Worte der Lehrerin, auf die er reagiert, sondern die typische Haltung, die er mit einer bestimmten (ihm vertrauten) Art von Unterricht assoziiert. Deswegen erfasst er die mit der Frage der Lehrerin verbundene Veränderung des inhaltlich-formalen Kommunikationsablaufs kognitiv

7 Die Antwort des Jungen entspricht im Übrigen wiederum einem weiteren Wittgenstein'schen Sprachparagraphen, der zudem das Dilemma, in dem er sich befindet, sehr gut beschreibt: „Die Sprache ist ein Labyrinth von Wegen. Du kommst von einer Stelle und kennst Dich aus; du kommst von einer andren zur selben Stelle, und kennst dich nicht mehr aus“ (Wittgenstein 2003: 134; § 203).

> nicht. Er sieht nur den Löwen, dessen Anfangsbuchstabe ein ‚L' ist, hört die Aufforderung in der Intonation der Lehrerin und nennt einen Begriff mit dem entsprechenden Anfangsbuchstaben. Aus seiner Sicht ist sein Redebeitrag eine stimmige Reaktion auf die Frage der Lehrerin. Aus der Perspektive der Lehrerin zeigt Leons Antwort, dass er nicht verstanden hat, worum es geht" (Kellermann 2008: 122).

Das Beispiel verdeutlicht sehr schön Wittgensteins Vergleich des Sprachspiels mit dem Schachspiel: Wörter und Sätze werden wie Figuren auf dem Schachbrett. Der Schüler setzt hier die falsche Figur, da er den Schachzug der Lehrerin – ihre „Eröffnung" des neuen Sprachspiels – nicht kannte. Vorausgesetzt wird in beiden Formen des Spiels, beim Schach und beim Sprachspiel, dass die Regeln des Spiels allen Spielern geläufig (wenn auch nicht explizit bewusst) sein müssen (Wittgenstein 2003: 31; § 31). Dies impliziert auch Nicht-Verstehen oder – wie in Ingrid Kellermanns Unterrichtsbeispiel – die Erschütterung der Lernerfahrung des Schülers. In Kellermanns Beispiel werden die neuen Regeln erst durch die Irritation des Mit-Sprachspielers Leon deutlich, sein Miss(?)-Verstehen erzeugt erst die Präzisierung der Frage der Lehrerin und die Veranschaulichung des erwarteten Gebrauchs der Sprache durch die ältere Schülerin, die in den Wechsel der Sprachspiele im Unterricht schon eingeübter oder, mit Wittgenstein, „abgerichteter" ist.

Das Beispiel macht jedoch auch die zentrale Orientierung der Schulanfänger am körperlichen, gestischen Repertoire der LehrerInnen deutlich. Die Gesten des Körpers haben im Unterricht der Schulanfänger die Funktion, das Gesagte immer wieder zu verdeutlichen, stets neu in Kontexte einzuordnen. Die Gestik war es hier, die das „Umschalten" des Schülers verzögerte, ebenso war es die – stimmige – Gestik, die die Versprecher-Reproduktion Obamas letztendlich begünstigte.

Die Studie Thomas Pilles, „Organisierte Körper. Eine Ethnografie des Referendariats" (2009), zeigt hingegen, dass der Gebrauch der Gesten in der Ausbildung der künftigen LehrerInnen ebenfalls zentral scheint, jedoch auch im Referendariat kaum explizit gemacht wird.

(An-)Ordnende Gesten – Praktiken des Übergangs ins LehrerSein

Thomas Pille beschreibt in diesem Ausschnitt seiner praxis- und organisationstheoretischen Forschungen zur Konstituierung von zukünftigen LehrerInnen in ihrem Referendariat in sozialen Praktiken (Reckwitz 2000) besonders die für Referendare höchst relevanten Gesten der Disziplinierung.

> „Die Beobachtung der Praktiken des Unterrichtens sowie die systematische Untersuchung der hier etablierten Körpertechniken und der Formen ihrer Ausbildung er-

möglichen einen Zugang zu den von [Henry, B.A.] Mintzberg konstatierten Mechanismen der ‚Indoktrination', die aus dieser Sicht an den Körpern der Akteure ansetzt [...] Es werden Prozesse betrachtet, in denen Referendare einen bestimmten Umgang mit Unterrichtsstörungen erlernen. Ich versuche am Beispiel dieser in jeder Unterrichtsstunde wiederkehrenden Situation zu verdeutlichen, wie die Referendare als Novizen in etablierte (Körper-)Ordnungen eingeführt werden und sich selbst in Auseinandersetzung mit Schülern, Mentoren und dem spezifischen Setting des Klassenraums zu Agenten der Organisation Schule machen und als solche die herrschenden Ordnungen perpetuieren" (Pille 2009: 163).

Dabei wird immer wieder deutlich, dass auch die Mentoren der Referendare, die seit Jahrzehnten als LehrerInnen in der Schule agieren, meist nicht „wissen, (wie) sie etwas tun", nach welchen Regeln sie im Unterrichten agieren, wie sie ihre Entscheidungen, welche Handlung jetzt die richtige ist, treffen. Es sei an dieser Stelle angemerkt, dass schon Herbart in seiner Figur des „(pädagogischen) Takts"[8] festgestellt hatte, dass im Lehrerhandeln, im Übergang zwischen den Theorien des Lehrens und seinem konkreten Vollzug, eine signifikante Leerstelle liegt (Muth 1967; Althans 2007). Ähnliches wurde Anfang des 20. Jahrhunderts seitens der frühen Managementforschung, der *motion studies* von Lillian Moller Gilbreth in einer frühen Ethnografie der Praktiken des Unterrichtens, in ihrer 1915 geschriebenen, unveröffentlichten Dissertation *Eliminating Waste in Teaching* beobachtet. Die Studie beruht auf jahrelangen Besuchen in verschiedenen Schultypen Neu-Englands (Grundschulen und Höhere Schulen, Privat- und öffentliche Schulen, reine Mädchen-, Jungen- und koedukative Schulen). In den Beobachtungsprotokollen wird dabei festgehalten, ob es sich um Berufsanfänger oder erfahrene Lehrer handelt. Es ist eine Beschreibung pädagogischer Praxis und des praktischen Wissens der Lehrer, über das diese verfügen – oder auch nicht –, ohne es selbst verbal reflektieren zu können:

> „The writer has gotten surprisingly similar results while questioning teachers. „Exactly what is your method of presenting a new subject in history?" might be a typical question. The reply often is ‚Why let me think, – Well, come and watch me.' It was noted on hearing a large group of teachers comparing notes on methods of teaching spelling that seventy five percent were unable to state what they actually did, but quoted instead the generally directions given them by supervisors, as they should do.

8 „In der erzieherischen Praxis", so Herbart, „entsteht unvermeidlich in dem Menschen, wie er ist, aus jeder fortgesetzten Übung eine Handlungsweise, welche zunächst von seinem Gefühl und nur entfernt von Überzeugung abhängt; worin er mehr der inneren Bewegung Luft macht, mehr ausdrückt, wie von außen auf ihn gewirkt sey, mehr seinen Gemüthszustand, als das Resultat seines Denkens zu Tage legt. [...] Ich kehre zu meiner Bemerkung zurück, dass unweigerlich der Tact in die Stellen eintrete, welche die Theorie leer ließ, und so der unmittelbare Regent der Praxis werde. Glücklich ohne Zweifel, wenn dieser Regent zugleich ein gehorsamer Diener der Theorie ist, deren Richtigkeit wir hier voraussetzen" (Herbart 1802, zit. n. Muth 1967: 68).

> Possibly that denoted simply a desire to formulate their practice into standard terms, but it suggested to the hearer a possible gap between theory and practice“ (Gilbreth 1915: 96; dazu auch Althans 2007).

Auch Pille und seine Mitforscher berichten zu Beginn des 21. Jahrhunderts anhand ihrer Beobachtungen von Referendaren und ihrer reflektierenden Gespräche mit Seminarleitern und Mentoren:

> „Lehrer können ihre Arbeit zumeist nur vage beschreiben. Die Aussagen der von uns beobachteten Seminarleiter und Mentoren bestätigen dieses Bild: In Gesprächen mit Referendaren forderten sie, ‚dass man einen Blick für die einzelnen Schüler bekommen müsse, um zu wissen, was als nächstes zu tun sei‘ (Bp [Beobachtungsprotokoll, B.A.] 11.6.08); oder dass man ein ‚Gespür dafür entwickeln müsse, in welcher Lernphase sich ein Schüler gerade befindet‘ (ebd.); konkrete Verhaltensweisen gab es selten. Vielmehr wurde allgemein gefordert, ‚ein Gefühl für die Situation‘ (Bp 3.3.08) bzw. langfristig ‚eine authentische Lehrerpersönlichkeit auszubilden‘ (ebd.) [...] Selbst sehr erfahrenen Seminarleitern fiel es schwer, ihr berufliches Wissen in Worte zu fassen“ (Pille 2009: 164).

Die Differenzen im pädagogischen *knowhow* fielen den Beobachtern anhand signifikanter Gesten bei MentorInnen und ReferendarInnen besonders im Umgang mit Unterrichtsstörungen auf. Pille beobachtete eine junge Referendarin über mehrere Wochen bei ihrer Einübung ins „Unterrichtsgeschäft“:

> Maike, die Referendarin, hat massive Probleme mit dem Lärmpegel im Unterricht. Sie blickt mehrfach zu ihrer Mentorin im hinteren Teil des Klassenzimmers, die ihrerseits auf die Uhr blickt und den Kopf schüttelt. Schließlich steht sie auf und geht zur Tafel und verwendet eine offensichtlich in ihrem Unterricht etablierte (machtvolle) Geste: „Mit verschränkten Armen steht sie dort und blickt in die Klasse. Ungefähr eine Minute lang verharrt sie in dieser Position, bis auch der letzte Schüler sie bemerkt hat. Er begibt sich auf seinen Platz. Eine letzte Dose wird mit einem Scheppern auf den Tisch gestellt, zwei Mädchen bringen noch Papierschnipsel zum Mülleimer, dann ist alles leise. Nachdem mehrere Sekunden Ruhe herrschte, beginnt die Mentorin in scharfen, aber ruhigem Ton zu sprechen: ‚Die Hefte braucht ihr nicht abzugeben, weil ihr da ja noch eure Hausaufgaben reinschreiben müsst, und wenn ihr jetzt nicht besser mitarbeitet, werden das ziemlich viele sein!‘ Sie geht wieder zurück auf ihren Platz und widmet sich ihren Notizen. Maike verteilt nun Übungszettel für die nächste Aufgabe und beginnt diese zu erklären“ (Bp 3.7.07, zit. n. Pille 2009: 167).

Zwei Wochen nach diesem Eklat zeigt die angehende Lehrerin in ihrer nächsten Stunde: Ich habe verstanden! Immer noch herrscht in ihrem Unterricht Unruhe, aber sie hat durch Beobachtung (mimetisch) nachvollzogen, mit welchen Mitteln – Gesten – die Mentorin so etwas beendet:

„Die Schüler sind weiterhin relativ laut. Schließlich begibt sich die Referendarin direkt vor die Tafel, schiebt diese etwas nach oben und verschränkt die Arme vor der Brust. Zunächst scheinbar unbeachtet, ruft sie kurz und harsch die Namen zweier Schüler ‚Martin, Jonas!‘, schließlich sagt sie gar nichts mehr und sieht mit umherschweifendem Blick zugleich alle und keinen Schüler an. Auf die Frage einer Schülerin, welches Unterrichtsfach denn nun dran sei, antwortete sie gar nicht mehr, sondern blickt die Schülerin nur einmal scharf an. Auf die nächste Frage eines Schülers, ob er auch mit einem Füller schreiben dürfe, reagiert sie nicht einmal mehr mit Blicken. Die Arme weiterhin vor der Brust verschränkt und aufrecht stehend scheint sie nun über die Schüler hinweg aus dem Fenster zu blicken. In dieser Position verharrt sie nahezu regungslos. Die ersten Schüler beginnen, sich gegenseitig auf die vor der Tafel stehende Referendarin aufmerksam zu machen. Das eigentlich von anderen Lehrern verwendete ‚Schsch!‘ wird nun von mehreren Schülerinnen zeitversetzt in die Klasse gezischt. Zuletzt werden die einzigen Schüler, die noch nicht ruhig auf ihren Plätzen sitzen, namentlich von ihren Mitschülern aufgerufen und nachdrücklich zum Stillsein aufgefordert. Einige Schüler holen noch Hefte aus ihren Ranzen, ein Junge spitzt seinen Bleistift an und blickt dann zur Tafel. Die einkehrende Stille wird plötzlich durch die lautstarke Simulation eines Schnarchens für kurze Zeit unterbrochen. Erst als absolute Ruhe einkehrt, gibt die Referendarin ihre Position und Haltung auf. Mit sehr ruhiger Stimme beginnt sie die Stunde: ‚Schlagt bitte das Übungsheft auf!‘ “ (Bp 17.7.07, zit. n. Pille 2009: 170).

Hier handelt es sich offensichtlich um einen mimetischen Nachvollzug des Abgeschauten, der aber weit über das bei der Mentorin Gesehene hinaus theatral, wenn nicht sogar melodramatisch[9] inszeniert wird. Die Gesten, mit der die Referendarin sich „sukzessive an die in dieser Klasse etablierten Praktiken zur Erzeugung von Ruhe und Konzentration annähert“, wobei sie neben Umgangsweisen und Körperhaltungen sogar „identische Intonationen“ von ihrer Mentorin übernimmt (ebd.), werden bei ihr zur (napoleonischen) Pose[10] stilisiert. Die Klasse gerät in dieser melodramatischen Inszenierung fast zum Tableau dessen, was Bourdieu als „List der pädagogischen Vernunft“, als „heimliche Überredung durch eine stille Pädagogik“ (Bourdieu 1987: 128), als deren „symbolische Wirkung“[11] bezeichnete. Das Beobachtungsprotokoll macht deutlich: Die Geste ent-

---

9 Zum Begriff des Melodramas und seiner Rezeptionsgeschichte vgl. Maren Butte (2006).

10 Maren Butte definiert den Begriff der Pose im Kontext ihrer Arbeiten zu den Fotografien Cindy Shermans mit Bezug auf die Fotografie als „Erstarrung“, was sich in dem oben beschriebenen Beispiel ja ebenfalls dokumentiert. „Der Moment, in dem sich ein lebendiger Mensch unbewegt, also leblos, vor der Kamera befunden hat, nennt man die Pose. Obwohl sie technisch längst überholt ist, niemand muss mehr zwecks Beleuchtungszeit länger in einer gewünschten Position verharren, ist sie essentieller Bestandteil der Fotografie und hat philosophische und psychoanalytische Implikationen. [...] Silverman beschreibt die Pose mit Lacan als ‚Mimikry‘, ein bewusstes, teils unbewusstes Positionieren im ‚Feld des Sichtbaren‘ “ (Butte 2006: 105).

11 „Symbolische Wirkung dürfte auf der Macht über andere und insbesondere über deren Leib und Glaube fußen, verliehen von der kollektiv anerkannten Fähigkeit, durch verschiedenste

faltete Wirkung,[12] die Schüler reagierten auf vielfältigste Weise und die angehende Lehrerin war auf dem Weg in die Institution, in den professionellen Habitus durch den mimetischen Nachvollzug dieser „instituierten Geste" (Dietrich 2010: 74ff.), die so scheinbar nebenbei daherkam, offensichtlich ein Stück weitergekommen. Denn, so noch einmal Bourdieu:

> „Alles deutet darauf hin, dass die für die Konstruktion des Habitus entscheidenden Anweisungen gar nicht über Sprache und Bewusstsein, sondern unterschwellig und suggestiv, über scheinbar ganz bedeutungslose Aspekte der Vorgänge, Situationen und Praktiken des Alltagslebens vermittelt werden: Die Begleitumstände dieser Praktiken, die Art und Weise wie jemand blickt, sich verhält, schweigt oder auch redet (ob er nämlich ‚missbilligend blickt', etwas in ‚vorwurfsvollem Ton' oder mit ‚vorwurfsvoller Miene' sagt usw.) sind geladen mit Anordnungen, die nur deshalb so beherrschend werden, und so schwer rückgängig zu machen sind, weil sie stumm und unterschwellig, nachdrücklich und eindringlich sind" (Bourdieu 1990: 28).

Pilles Beobachtungen zeigen jedoch auch, wie sehr die Wirksamkeit der Gesten vom „Response" der Schüler abhängt – der Haltung, die sie der Lehrerin entgegenbringen und derjenigen, die sie von ihr erwarten bzw. gewöhnt sind. Auf diesen Aspekt hatte bereits George Herbert Mead in seiner Erziehungsphilosophie hingewiesen, in der sich seine Auffassung des Geste mit seiner (und John Deweys) pragmatischen Idee der Responsivität von Lernprozessen kreuzt: Wenn Gesten vor allem dazu dienen, Bedeutung zu kreieren, die durch die angenommene Antizipation der Geste durch einen Anderen, also durch intersubjektiven Austausch entstehen, dann entsteht auch Lernen „only through the reaction of the learner", so dass der Lernende „must get the meaning thru his own response to certain social situations" (Mead 1910, zit. n. Biesta 2005: 142). Dieser responsive Aspekt der Gesten im Unterricht wird auch in den Untersuchungen Cornelie Dietrichs zu Lautgesten thematisiert.

Sprechgestik – Habitus zwischen Geste und Sprechen

Dietrich arbeitet in ihrer ethnographischen Studie neben einem neuen, aus einer phänomenologisch-soziologischen Perspektive entwickelten analytischen Begriff der „Sprechgeste" die differierenden Habitus heraus, die Kommunikationen zwischen Lehrern und Schülern in den unterschiedlichen Schultypen Hauptschule

---

Mittel auf die zutiefst verborgenen verbal-motorischen Zentren einzuwirken um sie zu neutralisieren oder um sie zu reaktivieren, indem man sie mimetisch fungieren lässt" (Bourdieu 1987: 128).

12 Dazu, dass Gesten Machtbeziehungen ausdrücken, vgl. auch Kathrin Audehms Beitrag in diesem Band.

und Gymnasium hervorbringen und prägen. Hier zunächst Dietrichs Definition der Sprechgeste, mit der sie die zwischenleibliche Komponente des Sprechens und die Bedeutung der Gesten für das Sprechen betont:

> „Sprechgesten sind die materiellen Hüllen um einen immateriellen Wort-, Satz- oder Textkern. Sie verleihen diesem Wort, Satz oder Text seine wahrnehmbare Form, seinen Sinnhorizont und seine Beziehungsstiftung zum Gegenüber im Gespräch sowie zum Erlebnishorizont des Sprechers selbst. Kein Wort kann ohne eine solche gestische Hülle zur Erscheinung kommen, es gibt kein Sprechen ohne Gestus. Zu sagen, die Gestik begleite oder unterstütze das Gesagte, ist insofern unzureichend, als die Geste immer Bestandteil der mitgeteilten Bedeutung ist, diese mit formt und zuweilen stark verändern kann“ (Dietrich 2010: 91f.).

Wichtig scheint ihr dabei – neben den Theorien George Herbert Meads und Pierre Bourdieus – besonders die phänomenologischen Perspektive Maurice Merleau-Pontys, die Verbindung zwischen Leib und Zeichen zu sein, die auf der materiellen Leiblichkeit des Sprechers oder der Sprecherin gründet. Sie betont das emotionale Berührtsein durch gesprochene Sprache – auf das schon die Rhetorik der Antike in ihrem Begriff des *movere*[13] hinwies – und deren mitunter eindringliche Wirkung: „Die Geste des Anderen wirkt zunächst unmittelbar ohne eigenes Zutun, und zwar in den meisten Fällen des Alltags unterhalb des Bewusstseins. Deshalb kann man Worte zurücknehmen, Gesten aber nicht“ (Dietrich 2010: 92).

Dabei stiftet und gestaltet die Sprache gerade durch ihr gestisches Vermögen und die „sprechgestische Atmosphäre“, die durch die soziale Position der sprechenden Akteure mitgeneriert wird, soziale Beziehungen. Dietrich bezieht sich deshalb auch auf Bourdieus Arbeiten zum Sprechen und – ähnlich wie Kellermann (2008) – zur Teilhabe am sprachlichen Markt (Bourdieu 1990), wenn sie in ihren Untersuchungen die unterschiedlichen Sprechgesten in Unterricht-Settings an Hauptschulen und Gymnasien untersucht. Es wurden dabei drei Sprechformen ausgesucht, die in jedem Unterricht auftauchen – und auch in den beiden oben dargestellten Studien untersucht wurden: Fragen bzw. Aufträge an die Schülerinnen und Schüler; Kommentare zu Schüleräußerungen; Disziplinierungen. Ich zitiere im Folgenden nur den Abschnitt „Disziplinierungen“, da er an die Arbeiten von Pille (2009) und auch Kellermann anschließt. Schon der von Lehrern und Schülern erzeugte Klang-Raum, die Geräuschkulisse in den Schultypen, erscheint den Beobachterinnen different:

> „Nähert man sich zunächst noch jenseits einzelner konkreter Gesten dem Höreindruck einer Unterrichtsstunde, wie sie vielfach in der Hauptschule zu erleben sind, so fällt gegenüber dem gymnasialen Unterricht eine größere Unruhe und Lebendig-

13 Vgl. zur Geschichte des *movere* (Brandstetter u.a. 2007: 37ff.) in der Pädagogik Frank 1995; Apel/Koch 1997; Althans 2006.

> keit ins Ohr. Von einer ‚schweigenden Mehrheit' (Wünsche) kann überhaupt keine Rede sein. Vielmehr sind die Schülerinnen und Schüler dauernd mit geräuschhaften Handlungen beschäftigt: reden, flüstern, stöhnen, lautes Atmen, umständliches Ein- und Auspacken von Unterrichtsmaterialien, etwas aus dem Schrank holen, die eigene Position verändern, Jacke an- und wieder ausziehen, Fenster auf- und wieder zumachen und anderes mehr. Diese Handlungen sind nicht eigentlich störend und unterrichtsfremd, sondern sie haben häufig entweder organisatorisch oder inhaltlich mit dem Unterricht zu tun und werden deshalb in den meisten Fällen auch nicht geahndet. Sie sorgen aber für einen Geräuschpegel, der hier die Normalität darstellt. [...] Der zunächst noch diffuse Eindruck von relativ großer Unruhe lässt nun eine erste Hypothese zu: Sie entsteht nicht etwa aus unkonzentriertem, sich und andere dauernd ablenkendem Reden und Tun unwilliger Schülerinnen und Schüler, sondern bildet den Boden für die gemeinsame Arbeit an einer Aufgabe. Wie ein schützender Mantel, in den man sich immer wieder einhüllen kann, breitet sich das Gemurmel von mehreren um die Antwortversuche von einzelnen. Dass ein Schüler mit Namen angesprochen wird, ist in solchen Szenen eher die Ausnahme als die Regel. Im Prinzip wissen die Schülerinnen und Schüler um die Rederechtsorganisation durch schweigen, zuhören, sich melden, Reste davon sind erkennbar [...] Aus den vielen individuellen Schülersubjekten wird dann ein gemeinsames Sprechersubjekt mit vielen Mündern. Ganz und gar selbstverständlich spielt die Lehrerin dieses Spiel mit, es scheint sich um eine ritualisierte Form der Klassenkommunikation zu handeln, mit schwierigen Fragen umzugehen" (Dietrich 2010: 167).

In Dietrichs Perspektive auf die Interaktionen in der Hauptschule scheinen die Prämissen der pragmatischen – demokratisch motivierten und prozessorientierten – Erziehungsphilosophie George Herbert Meads lebendig zu sein. Lernen wird von Mead als Form der Partizipation und konkrete Bedeutungsgenerierung definiert, das sich seinen Gegenstand selbst – und intersubjektiv, mit anderen – kreiert: „Before a child can get the meaning of any thought", schreibt er, „he must get it in a social situation" (Mead 1910/11, zit. n. Biesta 2005: 153f.). Und „the training must arise out of his own experience [...] It must arise out of problems with the child himself for he is responsible for making his own abstraction [...] He can't take over abstractions. [...] For a child to make use of abstractions they must have been made by himself" (Mead 1910, zit. n. Biesta 2005: 153). Lernen im Unterricht erfolgt responsiv, reagiert – in Meads Theorie gewissermaßen „gestisch" – auf die Lautgebärden[14] der Anderen.

14 „Kennzeichnend für die Lautgebärde ist die Tatsache, dass sie vom Individuum, das sie hervorbringt, in identischer Form wie vom zuhörenden Menschen wahrgenommen wird. Beide nehmen die Lautgebärde – ein Geräusch – als äußeren Reiz wahr. Aus diesem Grunde, argumentiert Mead, ermöglicht uns die Lautgebärde, die Haltung des Anderen zu übernehmen und auf diese Weise eine bildliche Vorstellung der Reaktion zu erhalten, die unsere Gebärde beim Anderen hervorrufen wird" (Mead 1913, zit. n. Biesta 2005: 149).

Lehrer und Schüler im Gymnasium verfolgen demgegenüber eine komplementär andere – individualistische – Strategie. Die Interaktionen spielen sich jeweils zwischen Lehrer und einem Schüler ab, der explizit aufgerufen, „drangenommen“ wird. Wenn einer spricht, schweigen die anderen – gemeinsam wird also eine ganz andere Atmosphäre des Sprechens generiert. Diese wird allerdings im hohen Maße durch das (höfliche) Regime des Lehrers kontrolliert:

> „Der Lehrer sorgt für Ruhe, er wacht darüber, dass jede/r, der oder die sich meldet und daraufhin aufgerufen wird, auch aussprechen darf, und es ist ihm hörbar daran gelegen, dass man einander zuhört, zumindest nicht redet, wenn ein Mitglied der Gruppe – Lehrer, Schülerin oder Schüler – spricht. Gegenüber der Hauptschule fällt zudem auf, dass in den gymnasialen Unterrichtsgesprächen viel häufiger der Höflichkeitspartikel ‚bitte‘ auftaucht, entweder im Zusammenhang des Aufrufens, wenn sich jemand gemeldet hat (‚Christian, bitte‘) oder im Zusammenhang mit einer Aufgabenstellung (‚Ihr schreibt das jetzt bitte schnell ab‘), aber auch wie in diesem Beispiel im Zuge einer Disziplinierung (‚Lass ihn bitte ausreden‘). Der Eindruck einer größeren Ruhe im Gymnasium erklärt sich also zunächst aus dem an Höflichkeit orientierten Gesprächsverhalten, dessen Regeln die Jugendlichen im täglichen Tun erwerben bzw. längst erworben haben“ (Dietrich 2010: 169).

Auch in ihrer vergleichenden Untersuchung von Sprechgesten in Lehrerfragen und Kommentaren macht Dietrich deutlich, dass es in hohem Maße das Gestische, Körperliche, die Haltung der Lehrkörper sind, die die Unterschiede ausmachen und Distinktionen, Dispositionen und Ungleichheiten generieren. Bourdieus These von der politischen Effektivität der „Überredung durch eine stille Pädagogik“ wird schon durch die Beobachtung differierender Klang-Räume von Sprechgesten wieder einmal bestätigt. So scheint für das Gymnasium zu gelten:

> „Man könnte in einer Abwandlung eines Wortes von Proust sagen, Arme und Beine seien voll verborgener Imperative. Und man fände kein Ende beim Aufzählen der Werte, die durch jene Substanzverwandlung verleiblicht worden sind, wie sie die heimliche Überredung durch eine stille Pädagogik bewirkt, die es vermag, eine komplette Kosmologie, Ethik, Metaphysik und Politik über so unscheinbare Ermahnungen wie ‚Halt dich gerade‘ oder ‚Nimm das Messer nicht in die linke Hand!‘ beizubringen und über die scheinbar unbedeutendsten Einzelheiten von Haltung, Betragen oder körperliche und verbale Manieren den Grundprinzipien des kulturell Willkürlichen Geltung zu verschaffen, die damit Bewusstsein und Erklärung entzogen sind.“ (Und in einer Fußnote): „So setzt die praktische Beherrschung der sogenannten Höflichkeitsregeln und besonders die Kunst, für verschiedene Kategorien von Empfängern die jeweils passende Formel (z. B. am Schluss eines Briefs) zu wählen, die stillschweigende Meisterung und mithin Anerkennung einer Gesamtheit von Gegensätzen voraus, die für die implizite Axiomatik einer bestimmten politischen Ordnung konstitutiv sind: die Gegensätze zwischen Männern und Frauen, zwischen Jüngeren und Älteren, zwischen Persönlichem oder Privatem und Unpersönlichem – wie bei

> Behörden- oder Geschäftsbriefen – und schließlich zwischen Vorgesetzten, Gleichgestellten und Untergebenen“ (Bourdieu 1987: 128f.).

Womit wir wieder bei Obama wären – einem Politiker, der besonders diese Kunst der Höflichkeit beherrscht. Vergegenwärtigt man sich jetzt, nach Sichtung der Ergebnisse der ethnografischen Untersuchungen über die Einübung und Eingewöhnung an „pädagogische Gesten“ – also an Gesten, die sich in pädagogischen Rahmungen immer wieder wiederholen – noch einmal die Inaugurationsszene, so lässt sich nunmehr sagen, dass die Wirksamkeit der „stillen Pädagogik des Gestischen“ eben im Stocken der Sprechgeste aufschien: Es war unmöglich, die Geste des „Versprechens“ zu unterbrechen, obwohl der gesprochene Text falsch war.

Rhetorik und Pädagogik – Gesten bei Cicero, Brecht und Agamben

Denn Obama ist als Politiker und geschulter Redner, der er als Jurist ist, mit den Imperativen der Rhetorik vertraut. In den Vereinigten Staaten und generell im angelsächsischen Sprachraum scheint der Ausbildung in rhetorischen oder darstellerischen Fähigkeiten (Debattieren ist an vielen Schulen wichtiger Bestandteil des Unterrichts) insgesamt immer noch ein höherer Wert beigemessen zu werden als im deutschen Sprachraum, was sich u.a. durch die Abwertung der Rhetorik im Kontext der Aufklärung bei Kant und Hegel erklären lässt (Göttert 1998; Althans 2006). Der Redner Barack Obama beherrscht, so zeigte sich im Wahlkampf, die von der antiken Rhetorik geforderte hohe Kunst des Vortrags, die Cicero zufolge wiederum Ausdruck der „praktischen Klugheit“, des Wissens um das „Angemessene“ ist. Cicero weist in seiner 55 v. Chr. an politische Redner gerichteten Unterweisung *De Oratore/Über den Redner* explizit auf die Bedeutung des Körpers beim Vortrag hin. Denn der Redner hat – und das macht ihn mit dem Lehrer vergleichbar – in seinem Vortrag nicht nur die Aufgabe, seine Zuhörerschaft zu informieren, sie also über ein Thema zu unterrichten und zu belehren; sondern vor allem, sie von seiner Sicht der Dinge zu überzeugen, zur Perspektivenübernahme und Anteilnahme zu bewegen (*movere*):

> „Auf diese Dinge gehe ich deshalb ausführlicher ein, weil die Redner, die für die Wahrheit selbst eintreten, dieses ganze Feld geräumt, dagegen die Schauspieler, die die Wirklichkeit doch nur nachahmen, es in Besitz genommen haben. Und ohne jeden Zweifel übertrifft die Wirklichkeit die Nachahmung in jedem Punkt. Doch wenn sie sich von selbst im Vortrag zur Genüge verkörpern würde, so bräuchten wir wahrhaftig keine Kunst. Weil aber die Bewegung des Gemüts, die der Vortrag vor allem auszudrücken oder nachzuahmen hat, oft so verworren ist, dass sie verdunkelt und beinahe überdeckt wird, muss das, was verdunkelnd wirkt, beseitigt und das,

> was hervortritt und ins Auge fällt, hervorgehoben werden. Denn jede Regung des Gemüts hat von Natur ihren charakteristischen Ausdruck in Miene, Tonfall und Gebärde. Der ganze Körper des Menschen, sein gesamtes Mienenspiel und sämtliche Register seiner Stimme klingen wie die Saiten eines Instruments, so wie sie jeweils die betreffende Gemütsbewegung anschlägt" (Cicero 2006: 583, § 214-216).

Der Redner spielt also mit den Gefühlen seiner Zuhörer „wie auf einer Geige". Das gelingt jedoch nur, wenn er die erwünschten Gefühle zunächst selbst glaubwürdig darbieten kann, damit sie durch das Instrument seines Körpers Resonanz beim Kollektivkörper des Publikums erzeugen können (eine Auffassung, die seit dem 18. Jahrhundert in der Theorie des deutschen Theaters und der Schauspielkunst heftig diskutiert wurde). Dabei sollen während des Vortrags, so wiederum Cicero, die Gesten und Gebärden jedoch zurückhaltend eingesetzt werden:

> „All diese Regungen muss aber die entsprechende Gebärdensprache unterstreichen; sie soll die Worte nicht wie auf der Bühne pantomimisch wiedergeben, sondern den gesamten Inhalt der Gedanken andeutend, nicht darstellend, mit energischer, männlicher Körperhaltung zum Ausdruck bringen, nicht nach Bühnen- und Schauspielerart, sondern im Stil der Waffenübung oder auch des Ringkampfs. Das Spiel der Hände ist jedoch weniger ausdrucksvoll, die Finger unterstreichen nur die Worte, statt sie auszudrücken" (Cicero 2006: 587, § 220).[15]

Sparsam eingesetzte Gesten und sprechende Augen dienen dazu, so nicht nur Cicero, sondern auch später Quintilian, den Eindruck einer „natürlichen" Haltung des Redners zu erzeugen. Diese wiederum transportiert das wichtigste Kapital des politischen Würdenträgers: Glaubwürdigkeit. Diese drückt sich in einer minimalistischen, streng kontrollierten Körpersprache der zurückgenommen Gesten aus, die, da sind sich Cicero und Quintilian einig, besonders geeignet sind, die tumben Massen zu bewegen: „Worte machen nur auf die Eindruck, die durch das Band derselben Sprache gebunden sind", Mienenspiel, Stimme und Gesten dagegen können auch „die Laien, die breite Masse, selbst die Barbaren" tief beeindrucken (Cicero 2006: 587, § 223). Deshalb, so der Rhetorik-Historiker Karl-Heinz Göttert in seinen Ausführungen über die „forensische Rhetorik", die erstaunliche Fülle der Selbstbeschränkungen der Bewegungsmöglichkeiten.

15 Dabei ist für Cicero nicht die Geste, sondern das Mienenspiel, speziell das der Augen, überlegener Träger des Ausdrucks. „Der ganze Vortrag ist ja ein Ausdruck des Geistes und sein Abbild das Gesicht, die Augen seine Zeichen [...] Es sind die Augen, durch deren bald gestrengen, bald gelassenen, bald finsteren, bald heiteren Ausdruck wir unsere Empfindungen je nach Stil der Rede zu erkennen geben. Der Vortrag ist ja gleichsam die Sprache unseres Körpers, und um so mehr muss er dem Geist entsprechen. Die Augen aber hat uns die Natur gegeben wie dem Pferd oder dem Löwen Mähne, Schweif und Ohren, damit sie unsere Empfindungen zum Ausdruck geben" (Cicero 2006: 587; § 221-222).

> „Das Grundprinzip liegt im ‚Aufrechten' als großer Metapher der aufrechten Gesinnung, aber eben nicht der Erstarrung, sondern in der ständigen Variation. Natürlich ‚steht' der Redner, aber auch der Kopf soll ‚aufrecht' gehalten werden. Nicht hoch gereckt (anmaßend), und auch nicht gesenkt (niedrig), gerade eben den Bewegungen der anderen Gliedmaßen sich anpassend. Beim Nacken ist es ebenfalls eingeschärft, auch wenn ein andersartiger Grund eine Rolle spielt: Hochrecken strenge an, ermüde und schwäche auf diese Weise die Stimme. Die Augen sind für Quintilian wie für Cicero ein besonderes Tor zum Inneren, so dass sie sogar unbewegt ‚sprechen' können, z. B. in Heiterkeit strahlen. Aber es droht glotzende Starrheit, wollüstiges Schwimmen und vieles andere mehr. Besser also regen sie sich und zeigen Stolz, wenn Stolz angesagt ist. Oder hochgezogene Augenbrauen, gekräuselte Nase: Überall soll ‚Leben' gezeigt werden, weil ‚Leben' auf Beteiligung und Beteiligung auf Aufrichtigkeit schließen lässt. Aber überall die Mahnung vor dem zuviel. Gerade die Hände, die so viel ausdrücken können, dürfen die Augenhöhe nicht überschreiten, und unter Brusthöhe finden darf man sie auch nicht. Auf diesem begrenzten Feld findet die Ausdrucksfähigkeit dann fast keine Grenzen" (Göttert 1998: 74f.).

Die Inkorporierung solchen Wissens um das Gestische, das in den Erziehungskonzepten der Antike als Erziehung zum politisch kompetenten Bürger und späteren Amts- und Würdenträger omnipräsent war (Sennett 1995), erzeugt so zwangsläufig – durch stetes Training – eine Haltung der Ungezwungenheit. Barack Obamas öffentliche Auftritte können als Aufführungen von Ungezwungenheit – wiederum Zeichen von Glaubwürdigkeit – interpretiert werden.

Bertolt Brecht hätte diese Haltung vielleicht unter seinen Begriff des Gestus verbucht, als zumindest öffentlich aufgeführte „Grundhaltung eines Menschen (wie Zufriedenheit oder Warten)" (Brecht 1993: 188). Brecht differenziert in seiner Schauspiel-Theorie zwischen der Trias: Gestik – „die im täglichen Leben vorkommt und im Schauspiel ihre Ausformung erfährt" (ebd.) –, einzelnen Gesten[16] und dem Gestus: „Ein Gestus zeichnet die Beziehungen von Menschen zueinander. Eine Arbeitsverrichtung z. B. ist kein Gestus, wenn sie nicht eine gesellschaftliche Beziehung enthält wie Ausbeutung oder Kooperation" (ebd.)

Barack Obama – in seiner Rolle als Präsidentschaftskandidat in erster Linie Politiker-Darsteller – erinnerte dabei, folgt man dieser Klassifikation, durch seine Mimik und Gesten, die Art, seine Anzüge zu tragen (Hollander 1995),[17]

---

16 „Solche, die anstelle von Aussagen gemacht werden und deren Verständnis durch Tradition gegeben ist; wie (bei uns) das bejahende Kopfnicken. Illustrierende Gesten, wie diejenigen, welche die Größe einer Gurke oder die Kurve eines Rennwagens beschreiben. Dann die Vielfalt der Gesten, welche seelische Haltungen demonstrieren, die der Verachtung, der Gespanntheit, der Ratlosigkeit usw." (Brecht 1993: 188).

17 Die Mode-Historikerin Anne Hollander postuliert in *Anzug und Eros*, das Ideal des männlichen Anzugs sei im England des 18. Jahrhunderts entstanden, mit Rekurs auf antike Darstellungen männlicher Redner, und seitdem nur geringfügig modifiziert worden. „Dieses Ideal bietet eine vollständige Hülle für den Körper, die dennoch aus separaten, in unterschiedlichen La-

sowie in der Übernahme der Gestik bei öffentlichen Auftritten an den idolisierten amerikanischen Präsidenten einer anderen Ära, John F. Kennedy. Dass Obamas öffentliche Auftritte – speziell mit der Inszenierung von Frau und Kindern – zum Teil fast deckungsgleich mit denen Kennedys waren, zeigte 2009 eine Ausstellung im Berliner John F.-Kennedy-Museum – dazu mehr im 3. Abschnitt. In der gesellschaftlichen Inszenierung „amerikanischer Präsidentschaft" entspricht Obamas smarte Haltung in dieser körperlichen „Zitationsweise" somit vielmehr Brechts Klassifikation des Gestus als „Haltung einer Epoche" (Brecht 1993: 188), die er gewinnbringend aufruft, aber naturgemäß modifizieren muss. Diese Definition des Begriffs des Gestus legt natürlich einen Bezug auf Bourdieus später entwickelten Begriffs des Habitus nahe, worauf schon Thomas Alkemeyer mehrfach hingewiesen hat (Alkemeyer 2004: 66f., Alkemeyer/Schmidt 2003). Im Bezug auf Brecht zeigen Thomas Alkemeyer und Robert Schmidt das kreative Moment des Habitus-Konzepts auf:

> „Brecht versteht Haltungen und Gesten als körperliche Aufbewahrungsformen von Denkweisen, die durch soziale Situationen, die zur Ausführung bestimmter Gesten und zur Einnahme bestimmter Haltungen anhalten, abgerufen werden können. Die Kritik von Denkweisen muss deshalb immer mit dem Suchen und Ausprobieren anderer körperlicher Haltungen verbunden werden (Steinweg 1995). Solche Möglichkeiten der Kritik und Transformation im Medium des Körperlichen, wie Brecht sie in seinem dezidiert soziologischen Untersuchungsprogramm von alltäglichen Interaktionsritualen, Bewegungen, Haltungen, Standpunkten und Deutungsmustern finden wollte, sind zugleich auch ein notwendiges Supplement des Bourdieu'schen Habituskonzepts und seiner ganz ähnlichen Konzeption der Körperlichkeit des Sozialen" (Alkemeyer/Schmidt 2003: 94f.).

---

gen angeordneten Einzelheiten besteht. Arme, Beine und Gesäß werden sichtbar markiert, aber nicht eng umschlossen, so dass schwungvolle Bewegungen keinen unangenehmen Druck auf Nähte oder Verschlüsse ausüben und die Unregelmäßigkeiten der individuellen Körperoberfläche harmonisch überspielt, doch nie emphatisch modelliert werden. [...] Das gesamte Kostüm kann sich so auf natürliche Weise ordnen, wenn der Körper aufhört, sich zu bewegen, so dass es nach einem schnellen Schlag oder plötzlichen Kampf mühelos wieder ins Gleichgewicht kommt. Zugleich bewirkt lässiges Räkeln, dass das Kostüm attraktiv zufällige Falten bekommt, die eine gleitende Abfolge von graziösen Noten für den Körper in Ruhestellung bilden und die auch gefällig wieder eine glatte Form annehmen, wenn der Träger sich schnell aufrichten und wieder gerade stehen muss" (Hollander 1995: 19). Als absolut erstrebenswertes Ideal gilt dabei seit dem 19. Jahrhundert der Stil Beau Brummells: „In der neuen städtischen Dandy-Mode bestand das Heldentum eines Mannes nur darin, ganz und gar er selbst zu sein; Brummell bewies, dass das überlegene männliche Wesen nicht mehr von erblichem Adel war. Seine Vortrefflichkeit war gänzlich persönlicher Natur, nicht gestützt durch Wappenschilde, Ahnenhallen, riesige Ländereien oder auch nur eine feste Adresse. Es war klar, dass er auch ohne Einkommen leben konnte. Seine Kleidung müsste nur ihrer eigenen schneidertechnischen Integrität nach perfekt sein, das heißt nur ihrer Form nach, unbelastet von jeglichen äußeren Anzeichen eines Wertes, der auf den Rang schließen lässt. Von Brummell selbst war bekannt, dass er unauffällig gekleidet sein wollte" (Hollander 1995: 147f.).

Brecht selbst begriff seine Ausführungen zum Gestus und zum Begriff der Haltung (der dem des Gestus chronologisch vorausgeht – Pinkert 2009: 131) dabei nicht nur im Kontext seiner Lehrstücke dezidiert pädagogisch, wie eine seiner Keuner-Geschichten verdeutlicht:

> „Zu Herrn K. kam ein Philosophie-Professor und erzählte ihm von seiner Weisheit. Nach einer Weile sagte Herr K. zu ihm: ‚Du sitzt unbequem. Du redest unbequem, du denkst unbequem.' Der Philosophieprofessor wurde zornig und sagte: ‚Nicht über mich wollte ich etwas wissen, sondern über den Inhalt dessen, was ich sagte.' ‚Es hat keinen Inhalt', sagte Herr K. ‚Ich sehe dich täppisch gehen, und es ist kein Ziel, das du, während ich dich gehen sehe, erreichst. Du redest dunkel, und es ist keine Helle, die du während des Redens schaffst. Sehend deine Haltung, interessiert mich dein Ziel nicht' " (Brecht 1967, zit. n. Pinkert 2009: 130).

Während die Theaterpädagogin Ute Pinkert anhand dieser Geschichte interpretiert, dass Haltungsänderungen offensichtlich nur durch Fremdwahrnehmungen zu erreichen sind (ebd.: 130), verstehen Thomas Alkemeyer und Robert Schmidt Brechts Hinweise zur Theorie des Gestus generell als Anweisungen zur körperlichen Selbstwahrnehmung in Haltung und Gesten; als Appell an das „praktisch-körperliche Vermögen zur (Selbst-)Kritik, (Selbst-)Regulierung und Korrektur jenseits von Bewusstwerdung oder Sprache" (Alkemeyer/Schmidt 2003: 92). Bourdieu beschreibt dies in seinen *Meditationen* als „praktisches Reflektieren", das z. B. in einem „Augenblick des Zögerns" sichtbar wird, eine „Form des Nachdenkens" hervorruft und „angedeutete Körperbewegungen (etwa die, mit der der Tennisschläger einen angedeuteten Schlag wiederholt), um durch einen Blick oder eine Geste den Effekt dieser Bewegung oder den Unterschied zwischen ihr und derjenigen zu prüfen, die es auszuführen galt" (Bourdieu 2001: 208).

Diesen Moment der Irritation, in der die Geste erst sichtbar wird, die dem Brecht'schen Konzept des Gestus zugrunde liegt, wird auch von Giorgio Agamben in seiner „Note über die Geste" (Agamben 1992) aufgegriffen. Er gibt den Theorien der Geste aber noch eine weitere Drehung – über die der Mächtigkeit der Körperlichkeit des Sozialen hinaus. Agamben möchte die Theorien über die Geste am Ende des 20. Jahrhunderts wieder mehr den Ordnungen der Ethik und der Politik zuordnen und bezieht sich in seiner Auffassung der Geste auf Aristoteles' *Nikomachische Ethik*. Gesten sind für Agamben zunächst einmal einfache Handlungen, aber gleichzeitig auch spezifische Formen des Handelns:

> „Was die Geste also charakterisiert, ist der Umstand, dass man in ihr weder etwas herstellt noch ausführt, sondern an- und übernimmt. Die Geste eröffnet daher den für den Menschen eigensten Bereich des Ethos. [...] In einem berühmten Abschnitt der Nikomachischen Ethik stellt Aristoteles folgende Begriffe einander gegenüber: ‚Handeln (praxis) und Hervorbringen (poesis) sind der Gattung nach verschieden.

> [...] Denn das Hervorbringen hat ein Endziel außerhalb seiner selbst, beim Handeln aber kann dies nicht sein, denn wertvolles Handeln ist selbst Endziel‘ (Aristoteles NE 1140). Neu ist die Bestimmung einer dritten Gattung des Handelns: Wenn das Herstellen ein Mittel im Hinblick auf ein Ziel ist und die Praxis ein Zweck ohne Mittel ist, so sprengt die Geste die falsche Alternative zwischen Zweck und Mittel, die die Moral nur lähmt, und präsentiert Mittel, die sich als solche dem Bereich der Mittel entziehen, ohne deshalb zu einem Zweck zu werden“ (Agamben 1992).

Die Geste soll Agamben zufolge also eine „Darbietung einer Mittelbarkeit, das Sichtbar-Werden des Mittels als eines solchen“ sein. Sie ist nichts als ein Mittel. Sichtbar wird die „reine Geste“ entweder im Stillstand, in der Pause, der Unterbrechung oder im filmischen „gag“:

> „In diesem Sinne ist die Geste Mitteilung einer Mitteilbarkeit. Sie sagt nicht eigentlich etwas, sondern zeigt das In-der-Sprache-Sein des Menschen als reine Mittelbarkeit. Aber weil das In-der-Sprache-Sein nicht propositional gesagt werden kann, ist die Geste in ihrem Wesen stets die Geste des Sich-in-der-Sprache-nicht-Zurechtfindens – sie ist stets gag im eigentlichen Sinne des Wortes, ein Knebel im Mund, der am Sprechen hindert und der die Improvisation des Schauspielers erfordert, um die Leere des Gedächtnisses oder die Unmöglichkeit des Sprechens zu überbrücken“ (Agamben 1992: 104).

Agamben entlässt die Geste somit aus ihrer die Rede unterstützenden, untermalenden Funktion, sie ist einfach Geste, „Medium zwischen Möglichkeit und Wirklichkeit“ (Agamben 1992: 107), ein Innehalten. Womit wir wieder bei der Inaugurations-Szene wären.

Obama und die stockende Inauguration – die stille Macht der Gesten der Pädagogik

Während im ersten Abschnitt die Bedeutung der Gesten in Unterrichtssituationen aus verschiedenen Perspektiven untersucht wurde – der von Schulanfängern, Lehramtsanwärtern und Unterrichtsakteuren in Hauptschule und Gymnasium – und sich der zweite Abschnitt mit der außerschulischen Erziehung zum sensiblen Gebrauch der Gesten in Politik und Theater beschäftigte, nun also zurück zur anfänglichen Irritation Barack Obamas bei seiner Inauguration. Dazu noch einmal zurück zur Szene des Einsetzungsrituals:

Hinter einer durchsichtigen Plastikabschirmung hinter der eigentlichen Balustrade des Weißen Hauses positionierten sich der dazu aufgerufene oberste Richter der Vereinigten Staaten, John Roberts, Barack Obama und seine Frau Michelle auf drei dazu eigens von Soldaten herbei getragenen kleinen Holz-Podesten. Obama kommentierte dieses Procedere, das offensichtlich dazu diente, die Protagonisten des Amtseids für ihr Millionen-Publikum größer und sichtbarer zu machen, vor dem eigentlichen Schwur ironisch gegenüber seiner sehr hochgewachsenen Frau Michelle: „This is for you." Michelle Obamas Funktion war es, die Bibel Abraham Lincolns zu halten, auf die der Präsidentschaftskandidat zu Beginn des Einsetzungsrituals, zum Schwur auf die Verfassung, seine linke Hand legte. – Noch einmal in O-Ton das Transkript der Eidesformel, Basis der Transformation vom Kandidaten zum Präsidenten:

Abb. 3: Barack Obama – Inauguration

Der Richter fragt: „Are you prepared to take the oath, Senator?" Obama: „I am". Der Richter beginnt, die rechte Hand zum Schwur erhoben, vorzusprechen: „I, Barack Hussein Obama ..." Obama respondiert: „I, Barack ..." Schon hier kommt es zur ersten Irritation des korrekten Ablaufs. Obama setzt, ebenfalls mit erhobener rechter Hand, zu früh ein; missachtet die von Roberts vorgenommene „Stückelung“ der Eidesformel und bringt so beide in der Liturgie des Amtseids aus dem Takt. Roberts setzt seine Gliederung des Textes fort: „... do solemnly swear“. ... Obama setzt erneut am Beginn an und fügt dabei den beim ersten Mal von ihm vergessenen, aber vom Richter vorgesprochenen muslimischen Vornamen seines Vaters „Hussein“ ein: „I, Barack Hussein Obama, do solemnly swear ...“ Der Richter fährt fort: „... that I will execute the office of president of the United States faithfully ...“ Obama: „... that I will execute ...“ Und hier bricht Obama erneut, auf signifikante Weise ab: Er schließt den Mund, nickt dem Richter auffordernd lächelnd zu, und bittet mit dieser Geste offensichtlich um Wiederholung der Worte, von denen, wie ja inzwischen rekonstruiert wurde, das Wort „faithfully“ nicht korrekt an der richtigen Stelle der Eidesformel gesprochen wurde. Der Richter bemerkt das selbst, hebt wiederholt an und die Passage jetzt korrekt: „... faithfully the office of president of the United States ...“, während Obama nun wiederum bei seinem zweiten Versuch den ersten Versprecher des Richters wiederholt: „... the office of president of the United States faithfully.“ Beide kämpfen sich jedoch tapfer weiter durch die Formel: Das weitere „Responsorium“ verläuft korrekt. Der Richter: „... and will to the best of my ability ...“ Obama echot „... and will to the best of my ability.“ Der Richter intoniert den Schluss: „... preserve, protect and defend the Constitution of the United States“, und Obama wiederholt das erneut korrekt. Die Abschlussfrage nach dem freiwilligen Bekenntnis: „So help you God?“ Obama: „So help me God.“ Der Richter gratuliert und spricht ihn dabei mit seinem neuen Titel an: „Congratulations, Mr. President“ (abc News. The world newser).

Fürwahr, Agambens These ist hier zuzustimmen: Dieses Einsetzungsritual war ein gag! Einschwörender und Einzuschwörender fanden „sich-in-der-Sprache-nicht-zurecht“, sie improvisierten – betrachtet man lediglich das Transkript der „slip of tongues“ während des Eids – wie ein Paar Schauspieler in einem Stück von Beckett oder zwei Clowns im Zirkus, um „die Unmöglichkeit des Sprechens zu überbrücken“. Auf der Ebene der körperlichen Inszenierung war davon jedoch kaum etwas zu sehen. Beide Protagonisten behielten Gesten und Posen des Schwurs bei, hielten unverdrossen die rechte Hand erhoben, zelebrierten das Ritual des Versprechens, versprachen sich dabei fortwährend und konnten dennoch nicht damit aufhören; denn: Die Einübung in die stille Macht der Pädagogik und der Unterwerfung unter ihre Gesten sowie der Gestus des Politikers wirkten offensichtlich zu stark.

Die Beispiele aus dem Grundschulunterricht (Kellermann 2008) haben gezeigt, wie Kinder schon zu Beginn ihrer Schulzeit darin geübt – oder vielmehr durch die Ritualisierungen des Unterrichts: eingeschworen werden – zu respondieren. Man lernt in der Schule zuallererst: die Antwort geben, die erwartetet wird, die vorgesehen ist. Mit Wittgenstein und Austin gesprochen, geht es so vor allem darum, das richtige Sprachspiel zu erkennen, die Wörter kontextgemäß zu gebrauchen. Der Kontext des Einsetzungsrituals war hier ja korrekt, alle Protagonisten waren befugt, offiziell legitimiert, die einsetzenden Worte und die sie begleitenden Gesten zu benutzen, allein – die Worte verrutschten.

Was dieses stockende Einsetzungsritual aus der Perspektive einer Analyse der Gesten so interessant macht, ist die sinnstiftende Macht, die die Gesten hier übernehmen. Dadurch, dass die „liturgischen Bedingungen" stimmten, konnte das Ritual vollzogen werden und vor den Augen der anwesenden 2.000.000 und der weiteren Millionen Fernsehzuschauer seine soziale Magie – die Verleihung des säkularen Sakraments „amerikanische Präsidentschaft" – vollziehen.

> „Was man die liturgischen Bedingungen nennen könnte, das heißt das Ensemble der Vorschriften, die die Form der öffentlichen Autoritätsäußerung regeln, die Etikette der Zeremonien, der Code der Gesten und die offizielle Abfolge der Riten, ist, wie man sieht, nur ein Element – das sichtbarste – eines Systems von Bedingungen, deren wichtigste und durch nichts zu ersetzende diejenigen sind, die – als Verkennung und Glaube – die Disposition zur Anerkennung produzieren, das heißt zu jener Delegation von Autorität, durch die der autorisierte Diskurs seine Autorität bekommt" (Bourdieu 1990: 79).

Obama – immerhin im Begriff, der mächtigste Mann der Welt zu werden – war während des Rituals definitiv der Autorität des Richters unterworfen. Einschwörender und Einzuschwörender befinden sich im Inaugurationsritual in der klassischen Unterweisungssituation: Dem einen wird unterstellt zu wissen, dem anderen nicht. Auch wenn er es besser weiß, ist er in dieser Situation nicht dazu autorisiert. Die mediale Wahrnehmung des Stockens beim Eid wurde ja auch zunächst als Obamas „Patzer" verbucht.

Dabei scheint wichtig, noch einmal auf den Aspekt der medialen Rahmung dieser Inszenierung hinzuweisen. Die Inauguration war doppelt gerahmt: Die Szene des Stockens und Versprechens wurde – abgeschirmt auf der Bühne der besagten durchsichtigen, kugelsicheren Balustrade – für die vor dem Weißen Haus anwesenden 2.000.000 Zuschauer, aber vor allem für die weltweit zugeschalteten Fernsehzuschauer inszeniert, wurde im wahrsten Sinne des Wortes „übertragen". So war die Inauguration eine „mediale Erfahrung", von Angela Keppler in Erweiterung des traditionellen phänomenologischen Erfahrungsbegriffs als „Erfahrung von Situationen außerhalb der Reichweite des eigenen Handelns, in Reichweite der eigenen lebensweltlichen Erfahrung und Erfahrung einer mit anderen geteilten Gegenwart" (Keppler 2006: 36) definiert.

Vor allem dem Fernsehen, das sie besonders in den Blick nimmt, kommt ihrer Ansicht nach immer noch die „Aufgabe zu, die verschiedenen geographischen, sozialen und historischen Orte, die sich in ihnen verbinden, füreinander durchlässig und zugleich für die Erfahrung einer übergreifenden Gegenwart offen zu halten. Sie leisten dies, indem sie Vorgänge erzeugen und gegenwärtig machen, auf die sich alle Mitglieder beziehen können, weil alle diese Ereignisse auf sich beziehen können“ (Keppler 2006: 37).

Gerade die mediale Teilhabe, so die These, macht das Stocken, die Unterwerfung unter die vor-sprechende Autorität als Erfahrung der – während der jeweiligen eigenen schulischen Sozialisation erfahrenen – Unterwerfung unter Gesten der stillen Pädagogik kollektiv erneut nachvollziehbar. So wird Obamas Einsetzungsakt zur Präsidentschaft zu der ambivalenten sozialen Handlung der Machteinschreibung, die sie Bourdieu zufolge ist: „Ein Sosein oder eine Kompetenz instituieren heißt, ein Sein-Dürfen durchsetzen, was ein Sein-Müssen (oder eine Seins-Pflicht) ist. Es heißt, jemandem bedeuten, was er ist, und ihm bedeuten, dass er sich dementsprechend zu benehmen hat. Der Indikativ ist hier ein Imperativ“ (Bourdieu 1990: 87).

Obamas Inauguration war also eine Maßregelung, eine öffentliche Unterwerfung unter die Macht, die ihm von diesem Moment an zugeschrieben – aber eben auch eingeschrieben wurde. Dies wurde sichtbar – das sollte dieser Gang durch Gesten in aktuellen Unterrichtssituationen und die Geschichte der Unterweisungen zum angemessenen Gebrauch von Gesten zeigen – eben im Stocken der Geste, die ihn ermächtigen sollte.

Literatur

Agamben, Giorgio (1992): Noten zur Geste. In: Georg-Lauer, Jutta (Hg.): Postmoderne und Politik. Tübingen: Ed. diskord, S. 251-257.
Agamben, Giorgio (2001): Noten zur Geste. In: ders.: Mittel ohne Zweck. Noten zur Politik. Freiburg, Berlin: Diaphanes, S. 53-62.
Agamben, Giorgio (2008): Was ist ein Dispositiv? Zürich/Berlin: Diaphanes.
Aiger, Wilma (2002): Nicht-verbales Verhalten in der erzieherischen Interaktion. Frankfurt am Main u.a.: Lang.
Alexander, Bryant, K./Anderson, Gary L./Gallegos, Bernardo P. (Hg.) (2005): Performance Theories in Education. Power, Pedagogy and the Politics of Identity. Mahwah/London: Lawrence Erlbaum Associates.
Alkemeyer, Thomas (2004): Bewegung und Gesellschaft. Zur „Verkörperung" des Sozialen und zur Formung des Selbst in Sport und populärer Kultur. In: Klein, Gabriele (Hg.): Bewegung. Sozial- und kulturwissenschaftliche Konzepte. Bielefeld: transcript, S. 43-78.
Alkemeyer, Thomas/Brümmer, Kristina/Kodalle, Rea/Pille, Thomas (Hg.) (2009): Ordnung als Bewegung. Choreographien des Sozialen. Körper in Sport, Tanz, Arbeit und Bildung. Bielefeld: transcript.
Alkemeyer, Thomas/Pille, Thomas (2008): Schule und ihre Lehrkörper. Das Referendariat als Trainingsprozess. In: Zeitschrift für Soziologie der Erziehung und Sozialisation 28 (2), S. 137-154.
Alkemeyer, Thomas/Rieger-Ladich, Markus (2008): Symbolische Gewalt im pädagogischen Feld: Überlegungen zu einer Forschungsheuristik. In: Schmidt, Robert/Woltersdorff, Volker (Hg.): Symbolische Gewalt. Herrschaftsanalyse nach Pierre Bourdieu. Konstanz: UVK, S. 103-124.
Alkemeyer, Thomas/Schmidt, Robert (2003): Habitus und Selbst. Zur Irritation der körperlichen Hexis in der populären Kultur. In: Alkemeyer, Thomas/Boschert, Bernhard/Schmidt, Robert/Gebauer, Gunter (Hg.): Aufs Spiel gesetzte Körper. Aufführungen des Sozialen in Sport und populärer Kultur. Konstanz: UVK, S. 77-102.
Althans, Birgit (2001): Die Stadt als performativer Raum. In: Wulf, Christoph u.a.: Das Soziale als Ritual. Zur performativen Bildung von Gemeinschaften. Opladen: Leske und Budrich, S. 19-36.
Althans, Birgit (2006): The Tradition of Rhetoric and Education Theory. In: Werler, Tobias/Wulf, Christoph (Hg.): Hidden Dimensions of Education. Rhetoric, Rituals and Anthropology. Münster u.a.: Waxmann, S. 15-25.
Althans, Birgit (2007): Lernkonzepte im frühen Management. Die „motion studies" von F. B. und L. M. Gilbreth. In: Mietzner, Ulrike/Tenorth, Heinz-Elmar (Hg.): Pädagogische

Anthropologie – Mechanismus einer Praxis. Beiheft 52 der Zeitschrift für Pädagogik, S. 78-95.

Althans, Birgit/Ferrin, Nino (2008): Spielräume des Geschlechtlichen. Sex und Gender im Internet. In: Fromme, Johannes/Sesink, Werner (Hg.): Pädagogische Medientheorie. Wiesbaden: Verlag für Sozialwissenschaften, S. 129-150.

Althans, Birgit/Schinkel, Sebastian/Tervooren, Anja (2008): Sich Platz verschaffen. Körperlichkeit und Raum im Street- und Breakdance. In: Hünersdorf, Bettina/Maeder, Christoph/Müller, Burkhard (Hg.): Ethnographie und Erziehungswissenschaft. Methodologische Reflexionen und empirische Annäherungen. Weinheim/München: Juventa, S. 183-193.

Amann, Klaus/Hirschauer, Stefan (1997): Die Befremdung der eigenen Kultur. Ein Programm. In: Hirschauer, Stefan/Amann, Klaus (Hg.): Die Befremdung der eigenen Kultur. Zur ethnographischen Herausforderung soziologischer Empirie. Frankfurt am Main: Suhrkamp, S. 7-41.

Apel, Hans-Jürgen/Koch, Lutz (Hg.) (1997): Überzeugende Rede und pädagogische Wirkung. Zur Bedeutung traditioneller Rhetorik für pädagogische Theorie und Praxis. Weinheim/München: Juventa.

Argyle, Michael (2002): Körpersprache und Kommunikation. Das Handbuch zur nonverbalen Kommunikation. Paderborn: Junfermann.

Ariès, Philippe (1978): Geschichte der Kindheit. München: dtv.

Armstrong, David, F./Wilcox, Sherman, E. (2007): The Gestural Origin of Language: Oxford: Oxford University Press.

Audehm, Kathrin (2007): Erziehung bei Tisch. Zur sozialen Magie eines Familienrituals. Bielefeld: transcript.

Audehm, Kathrin (2008a): Performative Logik und soziale Magie des Sprechens. Anmerkungen zur Handlungsmacht sozialer Akteure. In: Paragrana. Internationale Zeitschrift für Historische Anthropologie 17 (1), S. 131-141.

Audehm, Kathrin (2008b): Die Kaffeekanne und die Autorität des Vaters. Familienmahlzeiten als symbolische Praxen. In: Schmidt, Robert/Woltersdorff, Volker (Hg.): Symbolische Gewalt. Herrschaftsanalyse nach Pierre Bourdieu. Konstanz: UVK, S. 125-144.

Audehm, Kathrin/Wulf, Christoph/Zirfas, Jörg (2007): Rituale. In: Ecarius, Jutta (Hg.): Handbuch Familie. Wiesbaden: Verlag für Sozialwissenschaften, S. 424-440.

Audehm, Kathrin/Zirfas, Jörg (2000): Performative Gemeinschaften. Zur Bildung der Familie durch Rituale. In: Sozialer Sinn. Zeitschrift für hermeneutische Sozialforschung 1 (1), S. 29-50.

Audehm, Kathrin/Zirfas, Jörg (2001): Familie als ritueller Lebensraum. In: Wulf, Christoph u.a.: Das Soziale als Ritual. Zur performativen Bildung von Gemeinschaften. Opladen: Leske + Budrich, S. 37-118.

Austin, Gilbert (1966): Chironomia or, a Treatise on Rhetorical Delivery. London: T. Cadell and W. Davis (1802).

Austin, John L. (1998): Zur Theorie der Sprechakte (How to do Things with Words). Stuttgart: Reclam.

Barth, Marcella/Markus, Ursula (1996): Alles über Körpersprache. Ravensburg: Ravensburger Verlag.

Bausch, Constanze/Jörissen, Benjamin (2004): Erspielte Rituale. Kampf und Gemeinschaftsbildung auf LAN-Partys. In: Wulf, Christoph u.a.: Bildung im Ritual. Schule, Familie, Jugend, Medien. Wiesbaden: Verlag für Sozialwissenschaften, S. 303-357.

Bell, Elizabeth (2008): Theories of Performance. Los Angeles: Sage.

Bell, Richard Q. (1968): A Reinterpretation of the Direction of Effects in Studies of Socialization. In: Psychological Review 75 (2), S. 81-94.

Berger, Peter L./Luckmann, Thomas (1980): Die gesellschaftliche Konstruktion der Wirklichkeit. Eine Theorie der Wissenssoziologie. Frankfurt am Main: Fischer.

Bergmann, Jörg R. (1985): Flüchtigkeit und methodische Fixierung sozialer Wirklichkeit. Aufzeichnungen als Daten der interpretativen Soziologie. In: Bonß, Wolfgang/Hartmann, Heinz (Hg.): Entzauberte Wissenschaft. Zur Relativität und Geltung soziologischer Forschung. Göttingen: Schwarz, S. 299-320.

Berthoz, Alain (2000): The Brain's Sense of Movement. Cambridge: Harvard University Press.

Biesta, Gert (2005): George Herbert Mead und die Theorie der schulischen Bildung. In: Tröhler, Daniel/Oelkers, Jürgen (Hg.): Pragmatismus und Pädagogik. Zürich: Pestalozzianum, S. 139-158.

Bilstein, Johannes/Winzen, Matthias/Wulf, Christoph (Hg.) (2005): Anthropologie und Pädagogik des Spiels. Weinheim/Basel: Beltz.

Birdwhistell, Ray L. (1952): Introduction to Kinesics. An Annotation System for the Analysis of Body Motion and Gesture. Louisville: Louisville University Press.

Birdwhistell, Ray L. (1970): Kinesics and Context. Essays on Body Motion Communication. Philadelphia: University of Pennsylvania Press.

BMFSFJ = Bundesministerium für Familie, Senioren, Frauen und Jugend (2006): Siebter Familienbericht. Familie zwischen Flexibilität und Verlässlichkeit – Perspektiven für eine lebenslaufbezogene Familienpolitik. Berlin: Deutscher Bundestag, Drucksache 16/1360.

Böhme, Gernot (1995): Atmosphäre. Essays zur neuen Ästhetik. Frankfurt am Main: Suhrkamp.

Börner, Otfried/Edelhoff, Christoph (2005): Camden Market. Teacher's Manual 1 für Klasse 5. Braunschweig: Westermann Schroedel Diesterweg.

Bohnsack, Ralf (2003): Rekonstruktive Sozialforschung. Einführung in qualitative Methoden. Opladen: Leske + Budrich.

Bohnsack, Ralf (2007): Zum Verhältnis von Bild- und Textinterpretation in der qualitativen Sozialforschung. In: Friebertshäuser, Barbara/von Felden, Heide/Schäffer, Burkhard (Hg.): Bild und Text. Methoden und Methodologien visueller Sozialforschung in der Erziehungswissenschaft. Opladen/Farmington Hills: Barbara Budrich, S. 21-43.

Bohnsack, Ralf (2009): Qualitative Bild- und Videointerpretation. Einführung in die dokumentarische Methode. Opladen/Farmington Hills: Barbara Budrich.

Bohnsack, Ralf/Loos, Peter/Schäffer, Burkhard/Städtler, Klaus/Wild, Bodo (1995): Die Suche nach Gemeinsamkeit und die Gewalt der Gruppe. Opladen: Leske + Budrich.

Bohnsack, Ralf/Przyborski, Anglaja/Schäffer, Burkhard (Hg.) (2006): Das Gruppendiskussionsverfahren in der Forschungspraxis. Opladen: Barbara Budrich.

Bourdieu, Pierre (1982): Die feinen Unterschiede: Zur Kritik der gesellschaftlichen Urteilskraft. Frankfurt am Main: Suhrkamp.

Bourdieu, Pierre (1987): Sozialer Sinn. Kritik der theoretischen Vernunft. Frankfurt am Main: Suhrkamp (2. Aufl. 1997).
Bourdieu, Pierre (1990): Was heißt Sprechen? Zur Ökonomie des sprachlichen Tausches. Wien: Braumüller.
Bourdieu, Pierre (1992): Rede und Antwort. Frankfurt am Main: Suhrkamp.
Bourdieu, Pierre (2001): Meditationen. Zur Kritik der scholastischen Vernunft. Frankfurt am Main: Suhrkamp.
Bourdieu, Pierre (2005): Was heißt sprechen? Zur Ökonomie des sprachlichen Tausches. Wien: Braumüller.
Brandstetter, Gabriele/Brandl-Risi, Bettina/van Eikels, Kai (Hg.) (2007): Schwarm(E)Motion. Bewegung zwischen Affekt und Masse. Freiburg im Breisgau u.a.: Rombach.
Brandstetter, Gabriele/Brandl-Risi, Bettina/van Eikels, Kai/Zellmann, Ulrike (2007): Übertragungen. Eine Einleitung. In: dies. (Hg.): Schwarm(E)motion. Bewegung zwischen Affekt und Masse. Freiburg im Breisgau u.a.: Rombach, S. 7-61.
Brecht, Bertolt (1993): Schriften 3. Schriften (1942-1956). Werke. Große kommentierte Berliner und Frankfurter Ausgabe (hg. v. Werner Hecht, Jan Knopf, Werner Mittenzwei, Klaus-Detlef Müller), Bd. 23. Berlin/Weimar: Aufbau-Verlag.
Breidenstein, Georg (2004): KlassenRäume – eine Analyse räumlicher Bedingungen und Effekte des Schülerhandelns, in: Zeitschrift für qualitative Bildungs-, Beratungs- und Sozialforschung (ZBBS) 5 (1), S. 87-107.
Bremmer, Jan/Roodenburg, Herman (Hg.) (1992): A Cultural History of Gesture. Ithaca/ London: Cornell University Press.
Breyvogel, Wilfried (2005): Jugendkulturen im 20. Jahrhundert. Ein Überblick. In: ders. (Hg.): Eine Einführung in Jugendkulturen. Veganismus und Tattoos. Wiesbaden: Verlag für Sozialwissenschaften, S. 9-68.
Büchner, Peter (1989): Vom Befehlen und Gehorchen zum Verhandeln. Entwicklungstendenzen von Verhaltensstandards und Umgangsnormen seit 1945. In: Preuss-Lausitz, Ulf u.a.: Kriegskinder, Konsumkinder, Krisenkinder. Zur Sozialisationsgeschichte seit dem Zweiten Weltkrieg. 2., überarb. Aufl. Weinheim/Basel: Beltz, S. 196-212.
Butler, Judith (1998): Haß spricht. Zur Politik des Performativen. Berlin: Berlin Verlag.
Butte, Maren (2006): Das Absterben der Pose. Die Subversion des Melodramas in Cindy Shermans Fotoarbeiten. Marburg: Tectum.
Calbris, Geneviève (1990): The Semiotics of French Gestures. Bloomington/Indianapolis: Indiana University Press.
Charmaz, Kathy/Mitchell, Richard G. (2001): Grounded Theory in Ethnography. In: Atkinson, Paul/Coffey, Amanda/Delamont, Sara/Lofland, John/Lofland, Lyn (Hg.): Handbook of Ethnography. London u.a.: Sage, S. 160-174.
Cicero (2006): De Oratore. Über den Redner. Stuttgart: Reclam.
Darling, Nancy/Steinberg, Laurence (1993): Parenting Style as Context: An Integrative Model. In: Psychological Bulletin 113 (3), S. 487-496.
Darwin, Charles (1979): The Expression of the Emotions in Man and Animals. London: Julian Friedman (dt. 1964: Der Ausdruck der Gemütsbewegungen bei dem Menschen und den Tieren. Düsseldorf: Rau).
DeVault, Marjorie L. (1991): Feeding the Family: The Social Organization of Caring as Gendered Work. Chicago u.a.: University of Chicago Press.

Dietrich, Cornelie (2010): Zur Sprache kommen. Sprechgestik in jugendlichen Bildungsprozessen in und außerhalb der Schule. Weinheim/München: Juventa.
Dornes, Martin (2005): Die emotionalen Ursprünge des Denkens. In: WestEnd. Neue Zeitschrift für Sozialforschung 2 (1), S. 3-48.
Douglas, Mary (1988): Reinheit und Gefährdung. Eine Studie zu Vorstellungen von Verunreinigung und Tabu. Frankfurt am Main: Suhrkamp.
Dülmen, Richard van (1995): Kultur und Alltag in der Frühen Neuzeit. Erster Band: Das Haus und seine Menschen 16.-18. Jahrhundert. 2. Aufl. München: Beck.
Duranti, Alessandro (1994): From Grammar to Politics: Linguistic Anthropology in a Western Samoan Village. Berkeley/Los Angeles: University of California Press.
Durkheim, Emile (1994): Die elementaren Formen des religiösen Lebens. Frankfurt am Main: Suhrkamp.
Ecarius, Jutta (2007): Familienerziehung. In: dies. (Hg.): Handbuch Familie. Wiesbaden: Verlag für Sozialwissenschaften, S. 137-156.
Eco, Umberto (1972): Einführung in die Semiotik. München: UTB Wilhelm Fink.
Efron, David (1972): Gesture, Race and Culture. Den Haag/Paris: Mouton (orig. 1941).
Egidi, Margreth u.a. (Hg.) (2000): Gestik. Figuren des Körpers in Text und Bild. Tübingen: Narr.
Egidi, Margreth/Schneider, Oliver/Schöning, Matthias/Schütze, Irene/Torra-Mattenklott, Caroline (2000): Riskante Gesten. Einleitung. In: dies. (Hg.): Gestik. Figuren des Körpers in Text und Bild. Tübingen: Narr, S. 11-41.
Ehrenspeck, Yvonne/Schäfer, Burkhard (Hg.) (2003): Film- und Fotoanalyse in der Erziehungswissenschaft. Ein Handbuch. Opladen: Leske + Budrich.
Eickhoff, Hajo (1997): Sitzen. In: Wulf, Christoph (Hg.): Vom Menschen. Handbuch Historische Anthropologie. Weinheim/Basel: Beltz, S. 489-500.
Ekman, Paul/Friesen, Wallace (1969): The Repertoire of Nonverbal Behavior Categories, Usage and Coding. In: Semiotica 1, S. 69-98.
Ekman, Paul/Friesen, Wallace (1981): The Repertoire of Nonverbal Behavior: Categories, Origins, Usage und Coding. In: Kendon, Adam (Hg.): Nonverbal Communication, Interaction and Gesture. Den Haag: Mouton, S. 57-105.
Elias, Norbert (1978): Über den Prozeß der Zivilisation. Soziogenetische und psychogenetische Untersuchungen. 2 Bde. 5. Aufl. Frankfurt am Main: Suhrkamp.
Fischer-Lichte, Erika (2004): Ästhetik des Performativen. Frankfurt am Main: Suhrkamp.
Flender, Reinhard/Rauhe, Hermann (1989): Popmusik. Aspekte ihrer Geschichte, Funktionen, Wirkung und Ästhetik. Darmstadt: Wissenschaftliche Buchgesellschaft.
Flick, Uwe (2002): Qualitative Sozialforschung. Reinbek: Rowohlt.
Flick, Uwe (2004): Triangulation. Methodologie und Anwendung. Wiesbaden: Verlag für Sozialwissenschaften.
Flor, Jan Riis (2000): Der späte Wittgenstein: Sprache und Lebensform. In: Hügli, Anton/ Lübcke, Poul (Hg.): Philosophie im 20. Jahrhundert. Bd. 2: Wissenschaftstheorie und Analytische Philosophie. Reinbek: Rowohlt, S. 212-235.
Flusser, Vilém (1993): Gesten. Versuch einer Phänomenologie. 2., erw. Aufl. Bernsheim/ Düsseldorf: Bollmann.
Foucault, Michel (1977): Überwachen und Strafen. Die Geburt des Gefängnisses. Frankfurt am Main: Suhrkamp.

Foucault, Michel (1983): Der Wille zum Wissen. Sexualität und Wahrheit I. Frankfurt am Main: Suhrkamp.
Foucault, Michel (1993): Technologien des Selbst. Frankfurt am Main: Fischer.
Frank, Arthur W. (1995): Lecturing and Transference: The Under Cover Work of Pedagogy. In: Gallop, Jane (Hg.): Pedagogy. The Question of Impersonation. Bloomington/Indianapolis: Indiana University Press.
Friebertshäuser, Barbara (2008): Vom Nutzen der Ethnographie für das pädagogische Verstehen. Vorläufige Antworten und offene Fragen. In: Hünersdorf, Bettina/Maeder, Christoph/Müller, Burkhard (Hg.): Ethnographie und Erziehungswissenschaft. Methodologische Reflexionen und empirische Annäherungen. 3. überarb. Aufl., Weinheim/München: Juventa, S. 49-64.
Friebertshäuser, Barbara/Langer, Antje/Prengel, Annedore (Hg.) (2009): Handbuch qualitative Forschungsmethoden in der Erziehungswissenschaft. 3., überarbeitete Aufl. Weinheim/München: Juventa.
Fritzsche, Bettina (2003): Pop-Fans. Studie einer Mädchenkultur. Opladen: Leske + Budrich.
Gebauer, Gunter (2005): Die neapolitanische Geste. Wittgensteins Entdeckung des Gebrauchs. In: Paragrana. Internationale Zeitschrift für Historische Anthropologie 14 (1), S. 91-110.
Gebauer, Gunter/Wulf, Christoph (1992): Mimesis. Kultur – Kunst – Gesellschaft. Reinbek: Rowohlt.
Gebauer, Gunter/Wulf, Christoph (1998): Spiel – Ritual – Geste. Mimetische Handeln in der sozialen Welt. Reinbek: Rowohlt.
Gebauer, Gunter/Wulf, Christoph (2003): Mimetische Weltzugänge. Soziales Handeln, Rituale und Spiele, ästhetische Produktionen. Stuttgart: Kohlhammer
Gebauer, Gunter/Wulf, Christoph (Hg.) (2010): Emotion – Bewegung – Körper. Paragrana. Internationale Zeitschrift für Historische Anthropologie 19 (2).
Geertz, Clifford (1987): Dichte Beschreibung. Beiträge zum Verstehen kultureller Systeme. Frankfurt am Main: Suhrkamp.
Gennep, Arnold van (1999): Übergangsriten. Les rites de passage. Frankfurt am Main/New York: Campus.
Geser, Hans (1990): Die kommunikative Mehrebenenstruktur elementarer Interaktionen. In: Kölner Zeitschrift für Soziologie und Sozialpsychologie 42 (2), S. 207-231.
Giesinger, Johannes (2007): Autonomie und Verletzlichkeit. Der moralische Status von Kindern und die Rechtfertigung von Erziehung. Bielefeld: transcript.
Gilbreth, Lillian M. (1915): Eliminating Waste in Teaching. Unveröffentlichte Dissertation, Purdue University. Purdue University Libraries. Archives & Special Collection.
Girtler, Roland (2001): Methoden der Feldforschung. 4., neu bearb. Aufl. Wien u.a.: Böhlau.
Glaser, Barney G./Strauss, Anselm L. (1967): The Discovery of Grounded Theory. Chicago: Aldine.
Glaser, Barney G./Strauss, Anselm L. (2005): Grounded Theory. Strategien qualitativer Forschung. 2. Aufl. Bern: Hans Huber.
Goffman, Erving (1973): Interaktion: Spaß am Spiel/Rollendistanz. München: Piper.
Goffman, Erving (1980): Rahmen-Analyse. Ein Versuch über die Organisation von Alltagserfahrungen. Frankfurt am Main: Suhrkamp.

Goffman, Erving (1982): Das Individuum im öffentlichen Austausch. Mikrostudien zur öffentlichen Ordnung. Frankfurt am Main: Suhrkamp.
Goffman, Erving (1986): Interaktionsrituale. Über Verhalten in direkter Kommunikation. Frankfurt am Main: Suhrkamp.
Goffman, Erving (2001): Wir alle spielen Theater. Die Selbstdarstellung im Alltag. München: Piper.
Göhlich, Michael (2004): Gemeinschaft durch Scheidung. Zur Inszenierung von Schulgemeinschaft in Abschiedsfeiern. In: Wulf, Christoph u.a.: Bildung im Ritual. Schule, Familie, Jugend Medien. Wiesbaden: Verlag für Sozialwissenschaften, S. 141-172.
Göhlich, Michael/Wagner-Willi, Monika (2001): Rituelle Übergänge im Schulalltag. In: Wulf, Christoph u.a.: Das Soziale als Ritual. Zur performativen Bildung von Gemeinschaften. Opladen: Leske + Budrich, S. 119-204.
Göhling, Reinhold/Skrandies, Timo/Trinkhaus, Stephan (Hg.) (2009): Geste: Bewegungen zwischen Film und Tanz. Bielefeld: transcript.
Göttert, Karl-Heinz (1998): Geschichte der Stimme. München: Wilhelm Fink.
Goldin-Meadow, Susan (2005): Hearing Gesture: How Hands help us think. Harvard: Harvard University Press.
Goodwin, Charles/Goodwin, Marjorie H. (1992): Context, Activity and Participation. In: Auer, Peter/Di Luzio, Aldo (Hg.): The Contextualization of Language. Amsterdam/ Philadelphia: John Benjamins, S. 77-100.
Goody, Jack (1993): The Culture of Flowers. Cambridge: Cambridge University Press.
Hahn, Alois (2001): Aufmerksamkeit. In: Assmann, Aleida/Assmann, Jan (Hg.): Aufmerksamkeiten. Archäologie der literarischen Kommunikation VII. München: Wilhelm Fink, S. 25-56.
Hall, Edward T. (1976): Die Sprache des Raumes. Düsseldorf: Schwann.
Hammersley, Martyn/Atkinson, Paul (2007): Ethnography. Principles in Practice. 3. Aufl. London/New York: Routledge.
Hauschild, Thomas (Hg.) (2007): Fremde Dinge. Zeitschrift für Kulturwissenschaft, Heft 1.
Heidemann, Rudolf (2003): Körpersprache im Unterricht. Ein Ratgeber für Lehrende. 7. Aufl. Wiebelsheim: Quelle & Meyer.
Helsper, Werner/Kramer, Rolf-Torsten/Hummrich, Merle/Busse, Susanne (2009): Jugend zwischen Familie und Schule. Eine Studie zu pädagogischen Generationsbeziehungen. Wiesbaden: Verlag für Sozialwissenschaften.
Heslin, Richard/Alper, Tari (1983): Touch. A Bonding Gesture. In: Wiemann, John M./ Harrison, Randall P. (Hg.): Nonverbal Interaction. Beverly Hills: Sage, S. 47-76.
Hildenbrand, Bruno (2005): Fallrekonstruktive Familienforschung. Anleitungen für die Praxis. 2. Aufl. Wiesbaden: Verlag für Sozialwissenschaften.
Hirschauer, Stefan (1999): Die Praxis der Fremdheit und die Minimierung von Anwesenheit. Eine Fahrstuhlfahrt. In: Soziale Welt 50 (3), S. 221-245.
Hirschauer, Stefan (2001): Ethnografisches Schreiben und die Schweigsamkeit des Sozialen. Zu einer Methodologie der Beschreibung. In: Zeitschrift für Soziologie 30 (6), S. 429-451.
Hirschauer, Stefan (2004): Praktiken und ihre Körper. Über materielle Partizipanden des Tuns. In: Hörning, Karl H./Reuter, Julia (Hg.): Doing Culture. Neue Positionen zum Verhältnis von Kultur und sozialer Praxis. Bielefeld: transcript, S. 73-91.

Hitzler, Ronald/Bucher, Thomas/Niederbacher, Arne (2001): Leben in Szenen. Formen jugendlicher Vergemeinschaftung heute. Opladen: Leske + Budrich.

Hochschild, Arlie R. (1983): The Managed Heart. Commercialization of Human Feeling. Berkeley: University of California Press.

Hollander, Anne (1995): Anzug und Eros. Eine Geschichte der modernen Kleidung. Berlin: Berlin-Verlag.

Hopf, Christel (2000): Qualitative Interviews. In: Flick, Uwe/Kardorff, Ernst von/Steinke, Ines (Hg.): Qualitative Forschung. Ein Handbuch. Reinbek: Rowohlt, S. 349-360.

Hörster, Reinhard (2007): Der Stoff, aus dem Kultur entsteht (14 Min. Kommentar): In: Mohn, Bina E./Hebenstreit-Müller, Sabine: Zu Tisch in der Kita. Mittagskonzert und Mittagsgesellschaft. Kamera-Ethnographische Studien des Pestalozzi-Fröbel-Hauses Berlin. DVD 2. Göttingen: IWF Wissen und Medien gGmbH.

Hüppauf, Bernd/Wulf, Christoph (Hg.) (2006): Bild und Einbildungskraft. München: Wilhelm Fink.

Iacoboni, Marco (2008): Mirroring People. New York: Farrar, Straus and Giroux.

Inhetveen, Katharina (1997): Gesellige Gewalt. Ritual, Spiel und Vergemeinschaftung bei Hardcorekonzerten. In: Trotha, Trutz von (Hg.): Soziologie der Gewalt. Sonderheft 37 der Kölner Zeitschrift für Soziologie und Sozialpsychologie. Opladen/Wiesbaden: Westdeutscher Verlag, S. 235-260.

Jeffrey, Bob/Woods, Peter (2009): Creative Learning in the Primary School. New York: Routledge.

Jorgensen, Danny L. (1989): Participant Observation. A Methodology for Human Studies. Newbury Park/London/New Delhi: Sage.

Jörissen, Benjamin (2007): Informelle Lernkulturen in Online-Communities. Mediale Rahmungen und rituelle Gestaltungsweisen. In: Wulf, Christoph u.a.: Lernkulturen im Umbruch. Rituelle Praktiken in Schule, Medien, Familie und Jugend. Wiesbaden: Verlag für Sozialwissenschaften, S. 184-219.

Jörissen, Benjamin (2008): The Body is the Message. Avatare als visuelle Artikulationen, soziale Aktanten und hybride Akteure. In: Paragrana. Internationale Zeitschrift für Historische Anthropologie 17 (1), S. 277-295.

Jörissen, Benjamin/Mattig, Ruprecht (2007): Die rituelle Gestaltung techno-sozialer Lernarrangements. Computerunterricht in der Schule und im Kinderclub. In: Wulf, Christoph u.a.: Lernkulturen im Umbruch. Rituelle Praktiken in Schule, Medien, Familie und Jugend. Wiesbaden: Verlag für Sozialwissenschaften, S. 146-183.

Jörissen, Benjamin/Wulf, Christoph (2009): Qualitative Methoden in der Ritualforschung. In: Friebertshäuser, Barbara/Langer, Antje/Prengel, Annedore (Hg.): Handbuch qualitative Forschungsmethoden in der Erziehungswissenschaft. 3. Überarb. Aufl. Weinheim/München: Juventa, S. 639-651.

Kaeppler, Adrienne (1991): Dance. In: Bauman, Richard. (Hg.): Folklore, Cultural Performances and Popular Entertainment. London: Oxford University Press, S. 197-202.

Kaufmann, Jean-Claude (1999): Mit Leib und Seele. Theorie der Haushaltstätigkeit. Konstanz: UVK.

Kaufmann, Jean-Claude (2006): Kochende Leidenschaft. Soziologie vom Kochen und Essen. Konstanz: UVK.

Kelle, Helga (2001): Ethnographische Methodologie und Probleme der Triangulation. Am Beispiel der „Peer Culture" Forschung bei Kindern. In: Zeitschrift für Soziologie der Erziehung und Sozialisation 21 (2), S. 192-208.

Kellermann, Ingrid (2008): Vom Kind zum Schulkind. Die rituelle Gestaltung der Schulanfangsphase. Eine ethnographische Studie. Opladen/Farmington Hills: Budrich UniPress.

Kendon, Adam (1983): Gesture and Speech. How They Interact. In: Wiemann, John M./ Harrison, Randall P. (Hg.): Nonverbal Interaction. Beverly Hills u.a.: Sage, S. 13-45.

Kendon, Adam (2004): Gesture. Visible Action as Utterance. Cambridge: Cambridge University Press.

Kendon, Adam (2010): Kinetische Komponenten multimodaler Äußerungen. In: Wulf, Christoph/Fischer-Lichte, Erika (Hg.): Gesten. Inszenierung, Aufführung und Praxis. München: Wilhelm Fink, S. 21-41.

Keppler, Angela (1995): Tischgespräche. Über Formen kommunikativer Vergemeinschaftung am Beispiel der Konversation in Familien. 2. Aufl. Frankfurt am Main: Suhrkamp.

Keppler, Angela (2006): Mediale Gegenwart. Eine Theorie des Fernsehens am Beispiel der Darstellung von Gewalt. Frankfurt am Main: Suhrkamp.

Klasen, Sigrid (2008): Berührung als Kommunikation. In: Christoph Wulf u.a.: Geburt in Familie, Klinik und Medien. Eine qualitative Untersuchung. Opladen/Farmington Hills: Barbara Budrich, S. 95-125.

Knoblauch, Hubert (1998): Pragmatische Ästhetik. Inszenierung, Performance und die Kunstfertigkeit alltäglichen kommunikativen Handelns. In: Willems, Herbert/Jurga, Martin (Hg.): Inszenierungsgesellschaft. Ein einführendes Handbuch. Opladen/ Wiesbaden: Westdeutscher Verlag, S. 305-324.

Knoblauch, Hubert (2001): Fokussierte Ethnographie. Soziologie, Ethnologie und die neue Welle der Ethnographie. In: Sozialer Sinn. Zeitschrift für hermeneutische Sozialforschung 2 (1), S. 123-141.

Knoblauch, Hubert/Schnettler, Bernt/Raab, Jürgen (2006): Video-Analysis. Methodological Aspects of Interpretive Audiovisual Analysis in Social Research. In: Knoblauch, Hubert u.a. (Hg.): Video Analysis: Methodology and Methods. Qualitative Audiovisual Data Analysis in Sociology. Frankfurt am Main u.a.: Peter Lang, S. 9-26.

Knoblauch, Hubert/Schnettler, Bernt/Raab, Jürgen/Soeffner, Hans-Georg (Hg.) (2006): Video Analysis: Methodology and Methods. Frankfurt am Main u.a.: Peter Lang.

Kohli, Martin (1978): „Offenes" und „geschlossenes" Interview: Neue Argumente zu einer alten Kontroverse. In: Soziale Welt 29, S. 1-25.

Kolesch, Doris (2002): Gesten der Stimme. Zur Wirksamkeit theatraler Situationen am Beispiel von „Emanuelle Enchanted" und „In Real Time". In: Bayerdörfer, Hans-Peter (Hg.): Stimmen, Klänge, Töne. Synergien im szenischen Spiel. Tübingen: Narr, S. 153-164.

Koller, Hans C. (2009): Bildung als Habituswandel? Zur Bedeutung der Sozialisationstheorie Bourdieus für ein Konzept transformatorischer Bildungsprozesse. In: Budde, Jürgen/Willems, Katharina (Hg.): Bildung als sozialer Prozess. Heterogenitäten, Interaktionen, Ungleichheiten. Weinheim/München: Juventa, S. 19-34.

Krappmann, Lothar/Oswald, Hans (1995): Unsichtbarkeit durch Sichtbarkeit. Der teilnehmende Beobachter im Klassenzimmer. In: Behnken, Imbke/Jaumann, Olga (Hg.): Kindheit und Schule. Kinderleben im Blick von Grundschulpädagogik und Kindheitsforschung. Weinheim/München: Juventa, S. 39-50.

Kreppner, Kurt (1999): Beziehung und Entwicklung in der Familie. Kontinuität und Diskontinuität bei der Konstruktion von Erfahrungswelten. In: Grundmann, Matthias (Hg.): Konstruktivistische Sozialisationsforschung. Lebensweltliche Erfahrungskontexte, individuelle Handlungskompetenzen und die Konstruktion sozialer Strukturen. Frankfurt am Main: Suhrkamp, S. 180-207.

Krüger, Heinz-Hermann/Wulf, Christoph (Hg.) (2000): Zeitschrift für Erziehungswissenschaft 3 (Schwerpunkt: Standards qualitativer Forschung).

Kuczynski, Leon/Parkin, C. Melanie (2007): Agency and Bidirectionality in Socialization: Interactions, Transactions, and Relational Dialectics. In: Grusec, Joan E./Hastings, Paul D. (Hg.): Handbook of Socialization. Theory and Research. New York/London: The Guilford Press, S. 259-283.

Langer, Antje (2008): Disziplinieren und entspannen: Körper in der Schule – eine diskursanalytische Ethnographie. Bielefeld: transcript.

Latour, Bruno (1995): Wir sind nie modern gewesen: Versuch einer symmetrischen Anthropologie. Berlin: Akademie Verlag.

Latour, Bruno (2001): Eine Soziologie ohne Objekt? Anmerkungen zur Interobjektivität. In: Berliner Journal für Soziologie 11 (2), S. 237-252.

Leroi-Gourhan, André (1988): Hand und Wort. Die Evolution von Technik, Sprache und Kunst. Frankfurt am Main: Suhrkamp.

Löw, Martina (2001): Raumsoziologie. Frankfurt am Main: Suhrkamp.

Luhmann, Niklas (1972): Einfache Sozialsysteme. In: Zeitschrift für Soziologie 1 (1), S. 51-65.

Mannheim, Karl (1970): Wissenssoziologie. Auswahl aus dem Werk (Soziologische Texte 28, hg. v. Kurt H. Wolff) 2. Aufl. Neuwied/Berlin: Luchterhand.

Mattig, Ruprecht (2006): Pop Concerts as Modern Religious Rituals. Anthropological Considerations on a New Form of Religion. In: Wulf, Christoph/Werler, Tobias (Hg.): Hidden Dimensions of Education: Rhetorics, Rituals and Anthropology. Münster u.a.: Waxmann, S. 149-164.

Mattig, Ruprecht (2009): Rock und Pop als Ritual. Über das Erwachsenwerden in der Mediengesellschaft. Bielefeld: transcript.

McNeill, David (1992): Hand and Mind. What Gestures Reveal about Thought. London/ Chicago: University of Chicago Press.

McNeill, David (2005): Gesture and Thought. London/Chicago: University of Chicago Press.

McNeill, David (2010): Gesten der Macht und die Macht der Geste. In: Wulf, Christoph/ Fischer-Lichte, Erika (Hg.): Gesten. Inszenierung, Aufführung und Praxis. München: Wilhelm Fink, S. 42-57.

Mead, George H. (1973): Geist, Identität und Gesellschaft aus der Sicht des Sozialbehaviorismus. Frankfurt am Main: Suhrkamp.

Mead, George H. (1987a): Soziales Bewußtsein und das Bewußtsein von Bedeutungen (1910). In: ders.: Gesammelte Aufsätze. Band 1, (hg. v. Hans Joas). Frankfurt am Main: Suhrkamp, S. 210-221.

Mead, George H. (1987b): Eine behavioristische Erklärung des signifikanten Symbols (1922). In: ders.: Gesammelte Aufsätze. Band 1, (hg. v. Hans Joas). Frankfurt am Main: Suhrkamp, S. 290-298.

Mead, George H. (1910-1911): Philosophy of Education. Typescript of Student Notes by Juliet Hammond. In: George Herbert Mead Papers, Box VIII, Folder 9. Chicago: The University of Chicago Library.

Mohn, Bina E. (2008): Die Kunst des dichten Zeigens. Aus der Praxis kamera-ethnographischer Blickentwürfe. In: Binder, Beate/Neuland-Kitzerow, Dagmar/Noack, Karoline (Hg.): Kunst und Ethnographie. Zum Verhältnis von visueller Kultur und ethnographischem Arbeiten. (Berliner Blätter 46). Münster u.a.: LIT, S. 61-72

Mollenhauer, Klaus/Brumlik, Micha/Wudtke, Hubert (1978): Die Familienerziehung. 2. Aufl. München: Juventa.

Morris, Charles W. (1973): Zeichen, Sprache und Verhalten. Düsseldorf: Schwann.

Morris, Desmond (1995): Bodytalk. Körpersprache, Gesten und Gebärden. München: Heyne.

Morris, Desmond/Collett, Peter/Marsh, Peter/O'Shaughnessy, Marie (1979): Gestures. Their Origins and Distribution. London: Jonathan Cape.

Müller, Cornelia (1998): Redebegleitende Gesten. Kulturgeschichte, Theorie, Sprachvergleich. Berlin: Berlin Verlag Arno Spitz.

Müller, Cornelia (2005): Gestures in Human and Nonhuman Primates. Why we need a comparative view. In: Gesture 5, Nr. 1/2: Special issue: Gestural communication in nonhuman and human primates, S. 259-283.

Müller, Cornelia/Posner, Roland (Hg.) (2004): The Semantics and Pragmatics of Everyday Gestures. Berlin: Weidler.

Muth, Jakob (1967): Pädagogischer Takt. Monographie einer aktuellen Form erzieherischen und didaktischen Handelns. Heidelberg: Quelle & Meyer.

Muxel, Anne (1996): Individu et mémoire familiale. Paris: Nathan.

Nave-Herz, Rosemarie (1994): Familie heute. Wandel der Familienstrukturen und Folgen für die Erziehung. Darmstadt: Wissenschaftliche Buchgesellschaft.

Neumann, Odmar (1971): Aufmerksamkeit. In: Historisches Wörterbuch der Philosophie, Bd. 1, (hg. v. Joachim Ritter/Karlfried Gründer). Basel/Stuttgart: Schwabe & Co., Sp. 635-645

Nintendo (2009): http://www.nintendo.de/NOE/de_DE/systems/ueber_wii_1069.html

Nohl, Arnd-Michael (2006): Interviews in dokumentarischer Interpretation. Wiesbaden: Verlag für Sozialwissenschaften.

Oester, Kathrin (2008): „Fokussierte Ethnographie“: Überlegungen zu den Kernansprüchen Teilnehmender Beobachtung. In: Hünersdorf, Bettina/Maeder, Christoph/Müller, Burkhard (Hg.): Ethnographie und Erziehungswissenschaft. Methodologische Reflexionen und empirische Annäherungen. Weinheim/München: Juventa, S. 233-243.

Paris, Rainer/Sofsky, Wolfgang (1987): Drohungen. Über eine Methode der Interaktionsmacht. In: Kölner Zeitschrift für Soziologie und Sozialpsychologie 39 (1), S. 15-39.

Parke, Ross D./Buriel, Raymond (1997): Socialization in the Family: Ethnic and Ecological Perspectives. In: Eisenberg, Nancy (Hg.): Handbook of Child Psychology, vol. 3, hg. v. William Damon/Richard M. Lerner: Social, Emotional, and Personality Development. 5. Aufl. New York: Wiley, S. 463-552.

Petillon, Hanns (1993): Das Sozialleben des Schulanfängers. Die Schule aus der Sicht des Kindes. Weinheim: Beltz.

Pille, Thomas (2009): Organisierte Körper. Eine Ethnografie des Referendariats. In: Alkemeyer, Thomas/Brümmer, Kristina/Kodalle, Rea/Pille, Thomas (Hg.): Ordnung in Bewegung. Choreographien des Sozialen. Körper in Sport, Tanz, Arbeit und Bildung. Bielefeld: transcript, S. 161-178.

Pink, Sarah (2007): Doing Visual Ethnography. London: Sage.

Pinkert, Ute (2009): Körper im Spiel – Choreographien des Sozialen als Gegenstand des Theaters und der performativen Sozialforschung. In: Alkemeyer, Thomas/Brümmer, Kristina/Kodalle, Rea/Pille, Thomas (Hg.): Ordnung in Bewegung. Choreographien des Sozialen. Körper in Sport, Tanz, Arbeit und Bildung. Bielefeld: transcript, S. 127-140.

Prange, Klaus (2005): Die Zeigestruktur der Erziehung. Grundriss der operativen Pädagogik. Paderborn: Schöningh.

Prange, Klaus/Strobel-Eisele, Gabriele (2006): Die Formen des pädagogischen Handelns. Stuttgart: Kohlhammer.

Rammert, Werner (2000): nicht-explizites Wissen in Soziologie und Sozionik. Technical University Technology Studies Working Papers. http://www2.tu-berlin.de/~soziologie/Tuts/Wp/TUTS_WP_8_2000.pdf

Rammert, Werner (2007): Technografie trifft Theorie. Forschungsperspektiven einer Soziologie der Technik. Technical University Technology Studies Working Papers. http://www2.tu-berlin.de/~soziologie/Tuts/Wp/TUTS_WP_1_2007.pdf

Reckwitz, Andreas (2000): Die Transformation der Kulturtheorien. Weilerswist: Velbrück.

Reckwitz, Andreas (2003): Grundelemente einer Theorie sozialer Praktiken. Eine sozialtheoretische Perspektive. In: Zeitschrift für Soziologie 32 (4), S. 282-301.

Reckwitz, Andreas (2008): Praktiken und Diskurse. Eine sozialtheoretische und methodologische Relation. In: Kalthoff, Herbert/Hirschauer, Stefan/Lindemann, Gesa (Hg.): Theoretische Empirie. Zur Relevanz qualitativer Forschung. Frankfurt am Main: Suhrkamp, S. 188-209.

Reuband, Karl-Heinz (1997): Aushandeln statt Gehorsam. Erziehungsziele und Erziehungspraktiken in den alten und neuen Bundesländern im Wandel. In: Böhnisch, Lothar/Lenz, Karl (Hg.): Familien. Eine interdisziplinäre Einführung. Weinheim/München: Juventa, S. 129-153.

Rheingold, Harriet L. (1969): The Social and Socializing Infant. In: Goslin, David A. (Hg.): Handbook of Socialization Theory and Research. Chicago: Rand McNally, S. 779-790.

Risi, Clemens (2007): Athanasius Kircher und die vom „klein=schädlichen Thier Tarantula" ausgelöste Dynamik des movere. In: Brandstetter, Gabriele/Brandl-Risi, Bettina/van Eikels, Kai (Hg.): Schwarm(E)Motion. Bewegung zwischen Affekt und Masse. Freiburg im Breisgau u.a.: Rombach, S. 217-235.

Rizzolatti, Giacomo/Sinigaglia, Corrado (2008): Mirrors in the Brain. How our Minds Share Actions and Emotions. Oxford/New York: Oxford University Press.

Rosenbusch, Heinz S./Schober, Otto (Hg.) (2004): Körpersprache und Pädagogik. 4. Aufl. Baltmannsweiler: Schneider Verlag Hohengehren.

Rössler, Beate (2001): Der Wert des Privaten. Frankfurt am Main: Suhrkamp.

Saussure, Ferdinand de (1967): Grundfragen der allgemeinen Sprachwissenschaft. Berlin: de Gruyter.

Schäfers, Michael (1999): Jugend – Religion – Musik: Zur religiösen Dimension der Popularmusik und ihrer Bedeutung für die Jugendlichen heute. Münster u.a.: LIT.

Schäffer, Burkhard (2007): „Kontagion" mit dem Technischen. Zur dokumentarischen Interpretation der generationsspezifischen Einbindung in die Welt medientechnischer Dinge. In: Bohnsack, Ralf/Nentwig-Gesemann, Iris/Nohl, Arnd-Michael (Hg.): Die dokumentarische Methode und ihre Forschungspraxis. Grundlagen qualitativer Sozialforschung. Opladen: Leske + Budrich, S. 45-67.

Schatzki, Theodore R. (2001): Practice mind-ed orders. In: Schatzki, Theodore R./Knorr Cetina, Katin/Savigny, Eike von (Hg.): The Practice Turn in Contemporary Theory. London/New York: Routledge.

Schinkel, Sebastian (2007): Anleitung zur Besserung. Zu einem aktuellen Beispiel pädagogischer Eingriffe im Fernsehen. In: Heisler, Evamaria/Koch, Elke/Scheffer, Thomas (Hg.): Drohung und Verheißung. Mikroprozesse in Verhältnissen von Macht und Subjekt. Freiburg im Breisgau u.a.: Rombach, S. 55-83.

Schinkel, Sebastian/Blaschke, Gerald/Ferrin, Nino (2010): Gesten und Erfahrungsräume. Beispiele aus einem ethnographischen Forschungsprojekt zu den Untersuchungsfeldern Familie, Peer-Kultur und Mediennutzung. In: Wulf, Christoph/Fischer-Lichte, Erika (Hg.): Gesten. Inszenierung, Aufführung und Praxis. München: Wilhelm Fink, S. 298-316.

Schmidt, Robert (2006): „Geistige Arbeit" als körperlicher Vollzug. Zur Perspektive einer vom Sport ausgehenden praxeologischen Sozialanalyse. In: Gugutzer, Robert (Hg.): Body Turn. Perspektiven der Soziologie des Körpers und des Sports. Bielefeld: transcript, S. 297-319.

Schmidt, Robert (2008): Stumme Weitergabe. Zur Praxeologie sozialisatorischer Vermittlungsprozesse. In: Zeitschrift für Soziologie der Erziehung und Sozialisation 28 (2), S. 121-136.

Schmidt, Robert (2010): Mikrogesten und die Beobachtbarkeit von Denkhandeln. In: Wulf, Christoph/Fischer-Lichte, Erika (Hg.): Gesten. Inszenierung, Aufführung und Praxis. München: Wilhelm Fink, S. 327-334.

Schmidt, Robert/Woltersdorff, Volker (2008): Einleitung. In: dies. (Hg.): Symbolische Gewalt. Herrschaftsanalyse nach Pierre Bourdieu. Konstanz: UVK, S. 7-21.

Schmitt, Jean-Claude (1992): Die Logik der Gesten im europäischen Mittelalter. Stuttgart: Klett-Cotta.

Schneewind, Klaus A. (2000): Kinder und elterliche Erziehung. In: Lange, Andreas/Lauterbach, Wolfgang (Hg.): Kinder in Familie und Gesellschaft zu Beginn des 21sten Jahrhunderts. Stuttgart: Lucius & Lucius, S. 187-208.

Schneewind, Klaus A./Ruppert, Stefan (1995): Familien gestern und heute. Ein Generationenvergleich über 16 Jahre. München: Quintessenz.

Schneider, Werner/Hirseland, Andreas (2005): Macht – Wissen – gesellschaftliche Praxis. Dispositivanalyse und Wissenssoziologie. In: Keller, Reiner/Hirseland, Andreas/

Schneider, Werner/Viehöver, Willy (Hg.): Die diskursive Konstruktion von Wirklichkeit. Zum Verhältnis von Wissenssoziologie und Diskursforschung. Konstanz: UVK, S. 251-275.

Schütze, Fritz (1987): Das narrative Interview in Interaktionsfeldstudien: Studienbrief der Fernuniversität Hagen, Fachbereich Erziehungs- und Sozialwissenschaften.

Sennett, Richard (1995): Fleisch und Stein. Der Körper und die Stadt in der westlichen Zivilisation. Berlin: Berlin-Verlag.

Shorter, Edward (1976): The Making of the Modern Family. London: Collins.

Simmel, Georg (1910): Soziologie der Mahlzeit. In: Der Zeitgeist. Beiblatt zum Berliner Tageblatt, Nr. 41, vom 10. Oktober 1910 (= Festnummer zum hundertjährigen Jubiläum der Berliner Universität), S. 1-2. http://socio.ch/sim/verschiedenes/1910/mahlzeit.htm (Abruf am 25.02.2009).

Singly, François de (1994): Die Familie der Moderne. Eine soziologische Einführung. Konstanz: UVK.

Sloterdijk, Peter (2009): Du mußt dein Leben ändern – Über Anthropotechnik. Frankfurt am Main: Suhrkamp.

Soeffner, Hans-Georg (2004): Überlegungen zur Soziologie des Symbols und des Rituals. In: Christoph Wulf/Jörg Zirfas (Hg.): Die Kultur des Rituals. Inszenierungen. Praktiken. Symbole. München: Wilhelm Fink, S. 149-176.

Starobinski, Jean (1994): Gute Gaben, schlimme Gaben. Die Ambivalenz sozialer Gesten. Frankfurt am Main: Fischer.

Strauss, Anselm L. (1994): Grundlagen qualitativer Sozialforschung. 2. Aufl. München: Wilhelm Fink.

Streeck, Jürgen (1996): How to Do Things with Things. Objets trouvés and Symbolization. In: Human Studies 19(4), S. 365-384.

Streeck, Jürgen (2009): Gesturecraft: The Manu-facture of Meaning. Amsterdam/Philadelphia: John Benjamins.

Streeck, Jürgen/Mehus, Siri (2005): Microethnography: The Study of Practices. In: Fitch, Kristine L./Sanders, Robert E. (Hg.): Handbook of Language and Social Interaction. Mahwah, NJ/London: Lawrence Erlbaum, S. 381-404.

Suzuki, Shoko (2008): Takt als Medium. Überlegungen zum Taktbegriff von J. F. Herbart. In: Poster, Mark/Wulf, Christoph (Hg.): Medien – Körper – Imagination. Paragrana. Internationale Zeitschrift für Historische Anthropologie 17 (1), S. 145-167.

Swaan, Abram de (1982): Vom Ausgehverbot zur Angst vor der Straße. In: Pädagogik Extra. Magazin für Erziehung, Wissenschaft und Politik 10 (2), S. 48-55.

Swaan, Abram de (1991): Vom Befehlsprinzip zum Verhandlungsprinzip. Über neuere Verschiebungen im Gefühlshaushalt der Menschen. In: Kuzmics, Helmut/Mörth, Ingo (Hg.): Der unendliche Prozess der Zivilisation. Zur Kultursoziologie der Moderne nach Norbert Elias. Frankfurt am Main/New York: Campus, S. 173-198.

Tervarthen, Colwyn/Hubley, Penelope (1978): Secondary Intersubjectivity: Confidence, Confiding and Acts of Meaning in the First Year of Life. In: Lock, Andrew (Hg.): Action, Gesture and Symbol. The Emergence of Language. New York: Academic Press, S. 183-229.

Thiele-Wittig, Maria (2003): Kompetent im Alltag. Bildung für Haushalt und Familie. In: Aus Politik und Zeitgeschichte 9, S. 3-6.

Tomasello, Michael (2006): Die kulturelle Entwicklung des menschlichen Denkens. Frankfurt am Main: Suhrkamp.

Tomasello, Michael (2009): Die Ursprünge der menschlichen Kommunikation. Frankfurt am Main: Suhrkamp.

Turner, Victor (2005): Das Ritual. Struktur und Antistruktur. Frankfurt am Main/New York: Campus.

Wagner-Willi, Monika (2003): Videoanalysen des Schulalltags. Die dokumentarische Interpretation schulischer Übergangsrituale. In: Bohnsack, Ralf/Nentwig-Gesemann, Iris/Nohl, Arnd-Michael (Hg.): Die dokumentarische Methode und ihre Forschungspraxis. Grundlagen qualitativer Forschung. Opladen: Leske + Budrich, S. 121-140.

Wagner-Willi, Monika (2004): Videointerpretation als mehrdimensionale Mikroanalyse am Beispiel schulischer Alltagsszenen. In: Zeitschrift für qualitative Bildungs-, Beratungs- und Sozialforschung (ZBBS) 5 (1), S. 49-66.

Wagner-Willi, Monika (2005): Kinder-Rituale zwischen Vorder- und Hinterbühne. Der Übergang von der Pause zum Unterricht. Wiesbaden: Verlag für Sozialwissenschaften.

Wagner-Willi, Monika (2008): Die dokumentarische Videointerpretation in der erziehungswissenschaftlichen Ethnographieforschung. In: Hünersdorf, Bettina/Maeder, Christoph/Müller, Burkhard (Hg.): Ethnographie und Erziehungswissenschaft. Methodologische Reflexionen und empirische Annäherungen. Weinheim/München: Juventa, S. 221-232.

Walford, Geoffrey (Hg.) (2008): How to do Educational Ethnography. London: Tufnell Press.

Walper, Sabine (2004): Wandel von Familien als Sozialisationsinstanz. In: Geulen, Dieter/Veith, Hermann (Hg.): Sozialisationstheorie interdisziplinär. Aktuelle Perspektiven. Stuttgart: Lucius & Lucius, S. 217-252.

Waquant, Loic (2003): Leben für den Ring. Boxen im amerikanischen Ghetto. Konstanz: UVK.

Watzlawick, Paul/Beavin, Janet H./Jackson, Don D. (2007): Menschliche Kommunikation. Formen, Störungen, Paradoxien. 11. Aufl. Bern: Huber.

Weber, Max (1995): Soziologische Schriften, (hg. v. Michael Sukale). Stuttgart: Reclam.

Wittgenstein, Ludwig (2003): Philosophische Untersuchungen, (hg. v. Joachim Schulte). Frankfurt am Main: Suhrkamp.

Wulf, Christoph (2004): Anthropologie. Geschichte, Kultur, Philosophie. Reinbek: Rowohlt.

Wulf, Christoph (2004a): Ritual, Macht und Performanz. Die Inauguration des amerikanischen Präsidenten. In: Wulf, Christoph/Zirfas, Jörg (Hg.): Die Kultur des Rituals. Inszenierungen. Praktiken. Symbole. München: Wilhelm Fink, S. 49-61.

Wulf, Christoph (2005): Zur Genese des Sozialen. Mimesis, Performativität, Ritual. Bielefeld: transcript.

Wulf, Christoph (2006): Anthropologie kultureller Vielfalt. Interkulturelle Bildung in Zeiten der Globalisierung. Bielefeld: transcript.

Wulf, Christoph (2006a): Praxis. In: Kreinath, Jens/Snoek, Jan/Stausberg, Michael (Hg.): Theorizing Rituals: Issues, Topics, Approaches, Concepts. Leiden: Brill, S. 395-411.

Wulf, Christoph (2007): Der andere Unterricht: Kunst. Mimesis, Poiesis und Alterität als Merkmale performativer Lernkultur. In: ders. u.a.: Lernkulturen im Umbruch. Rituelle Praktiken in Schule, Medien, Familie und Jugend. Wiesbaden: Verlag für Sozialwissenschaften, S. 91-120.

Wulf, Christoph (2008): Rituale im Grundschulalter: Performativität, Mimesis und Interkulturalität. In: Zeitschrift für Erziehungswissenschaft 11 (1), S. 67-83.

Wulf, Christoph (2009): Anthropologie. Geschichte, Kultur, Philosophie. Köln: Anaconda (2., erw. Auflage der Rowohlt Ausgabe von 2004).

Wulf, Christoph (Hg.) (2010): Der Mensch und seine Kultur. Hundert Beiträge zur Geschichte, Gegenwart und Zukunft menschlichen Lebens. Köln: Anaconda.

Wulf, Christoph/Althans, Birgit/Audehm, Kathrin/Bausch, Constanze/Göhlich, Michael/Sting, Stephan/Tervooren, Anja/Wagner-Willi, Monika/Zirfas, Jörg (2001): Das Soziale als Ritual. Zur performativen Bildung von Gemeinschaften. Opladen: Leske + Budrich.

Wulf, Christoph/Althans, Birgit/Audehm, Kathrin/Bausch, Constanze/Jörissen, Benjamin/Göhlich, Michael/Mattig, Ruprecht/Tervooren, Anja/Wagner-Willi, Monika/Zirfas, Jörg (2004): Bildung im Ritual. Schule, Familie, Jugend, Medien. Wiesbaden: Verlag für Sozialwissenschaften.

Wulf, Christoph/Althans, Birgit/Blaschke, Gerald/Ferrin, Nino/Göhlich, Michael/Jörissen, Benjamin/Mattig, Ruprecht/Nentwig-Gesemann, Iris/Schinkel, Sebastian/Tervooren, Anja/Wagner-Willi, Monika/Zirfas, Jörg (2007): Lernkulturen im Umbruch. Rituelle Praktiken in Schule, Medien, Familie und Jugend. Wiesbaden: Verlag für Sozialwissenschaften.

Wulf, Christoph/Fischer-Lichte, Erika (Hg.) (2010): Gesten. Inszenierung, Aufführung und Praxis. München: Wilhelm Fink.

Wulf, Christoph/Göhlich, Michael/Zirfas, Jörg (Hg.) (2001): Grundlagen des Performativen. Eine Einführung in die Zusammenhänge von Sprache, Macht und Handeln. Weinheim/München: Juventa.

Wulf, Christoph/Zirfas, Jörg (Hg.) (2004): Die Kultur des Rituals. München: Wilhelm Fink.

Wulf, Christoph/Zirfas Jörg (Hg.) (2005): Ikonologie des Performativen. München: Wilhelm Fink.

Wulf, Christoph/Zirfas, Jörg (Hg.) (2007): Die Pädagogik des Performativen. Theorien, Methoden, Perspektiven. Weinheim/Basel: Beltz.

Wundt, Wilhelm (1921): Völkerpsychologie. Leipzig: Kröner.

Zeiher, Helga (2002): Gesellschaftliche Generationenordnung und alltägliche Lebensführung von Kindern. In: Weihrich, Margit/Voß, G. Günter (Hg.): tag für tag. Alltag als Problem – Lebensführung als Lösung? Neue Beiträge zur Soziologie alltäglicher Lebensführung 2. München/Mering: Rainer Hampp, S. 137-150.

Zirfas, Jörg (2004): Die Inszenierung einer schulischen Familie. Zur Einschulungsfeier einer reformpädagogischen Grundschule: In: Wulf, Christoph u.a.: Bildung im Ritual. Schule, Familie, Jugend, Medien. Wiesbaden: Verlag für Sozialwissenschaften, S. 23-68.

Richtlinien der Transkription

∟	Beginn einer Überlappung bzw. direkter Anschluss beim Sprecherwechsel
(.)	kurzes Absetzen während des Sprechens
(3)	Pause während des Sprechens. Die Zahl zeigt die Anzahl der Sekunden, die eine Pause dauert
<u>ja</u>	betont
ja	laut (in Relation zur üblichen Lautstärke des Gesprochenen)
°ja°	sehr leise (in Relation zur üblichen Lautstärke des Gesprochenen)
.	stark sinkende Intonation
;	schwach sinkende Intonation
?	stark steigende Intonation
,	schwach steigende Intonation
viellei-	Abbruch eines Wortes
oh=nee	Wortverschleifung
nei::n	Dehnung, die Häufigkeit von : entspricht der Länge der Dehnung
(aber)	Unsicherheit der Transkription, schwer verständliche Äußerungen
( )	unverständliche Äußerungen, die Länge der Klammer entspricht etwa der Dauer der unverständlichen Äußerung
((Klatschen))	parasprachliche, nicht-verbale oder gesprächsexterne Ereignisse
@ojeh@	lachend gesprochen
@(.)@	kurzes Auflachen
@(3)@	drei Sekunden Lachen

Autorinnen und Autoren

Althans, Birgit
Univ.-Prof. Dr. phil., Professorin für Sozialpädagogik an der Universität Trier. Mitarbeit im Sonderforschungsbereich „Kulturen des Performativen" der Freien Universität Berlin. Arbeitsschwerpunkte: Gender und Cultural Studies; Historische und Pädagogische Anthropologie.

Audehm, Kathrin
Dr. phil., wissenschaftliche Mitarbeiterin am Arbeitsbereich Anthropologie und Erziehung und am Sonderforschungsbereich „Kulturen des Performativen" der Freien Universität Berlin. Arbeitsschwerpunkte: pädagogische Anthropologie und Ethnographie; Ritualforschung; pädagogische Autorität, Machtverhältnisse und Körperlichkeit in Erziehung und Bildung.

Blaschke, Gerald
Dipl.-Päd., wissenschaftlicher Mitarbeiter im Sonderforschungsbereich „Kulturen des Performativen" der Freien Universität Berlin. Studium der Erziehungswissenschaft im Studiengang Kleinkindpädagogik an der Freien Universität Berlin. Dissertationsprojekt über Schnupperstunden als Erfahrungen des Übergangs vom Kindergarten in die Grundschule. Arbeits- und Forschungsschwerpunkte: Interkulturelle Pädagogik der frühen Kindheit; der Übergang vom Kindergarten in die Grundschule; rekonstruktive Forschungsmethoden; Pädagogische Anthropologie.

Ferrin, Nino
M.A., wissenschaftlicher Mitarbeiter im Sonderforschungsbereich „Kulturen des Performativen" der Freien Universität Berlin. Studium der Erziehungswissenschaft, Soziologie, Psychologie und Philosophie in Berlin und Barcelona. Dissertationsprojekt zum Thema „Selbstbildungskulturen am medialen Körper". Arbeits- und Forschungsschwerpunkte: Selbstbildung; Medienbildung; Pädagogische Ethnographie und Anthropologie.

Kellermann, Ingrid

Dr. phil., wissenschaftliche Mitarbeiterin im Cluster of Excellence „Languages of Emotion“ und Mitarbeit im Sonderforschungsbereich „Kulturen des Performativen“ der Freien Universität Berlin. Forschungsschwerpunkte: Pädagogische Ethnographie; rekonstruktive Forschungsmethoden; Schulforschung; Emotionsforschung.

Mattig, Ruprecht

Dr. phil., Assistant Professor im Global Center of Excellence „Revitalizing Education for Dynamic Hearts and Minds“ an der Kyoto-Universität in Japan. Mitarbeit im Sonderforschungsbereich „Kulturen des Performativen“ der Freien Universität Berlin. Arbeitsschwerpunkte: Pädagogische Anthropologie; Ritual- und Symbolforschung; Peer-Kultur und Sozialisation; Glücksforschung; Qualitative Bildungs- und Sozialforschung.

Schinkel, Sebastian

Dipl.-Soz., wissenschaftlicher Mitarbeiter am Arbeitsbereich Anthropologie und Erziehung im Fachbereich Erziehungswissenschaft und Psychologie der Freien Universität Berlin; Mitarbeit im Sonderforschungsbereich „Kulturen des Performativen“. Studium der Soziologie, Philosophie und Psychologie in Hamburg und Berlin. Dissertationsprojekt: „Das Zuhause als ‚gewohnter‘ Zusammenhang“. Arbeitsschwerpunkte: Ethnographische Peer- und Familienforschung; Kultursoziologie; Pädagogische Anthropologie.

Wulf, Christoph

Univ.-Prof. Dr. phil., Professor für Allgemeine und Vergleichende Erziehungswissenschaft an der Freien Universität Berlin. Leiter des Arbeitsbereichs Anthropologie und Erziehung und Mitglied des Interdisziplinären Zentrums für Historische Anthropologie sowie des internationalen Graduiertenkollegs „InterArt“ an der Freien Universität Berlin. Leitung von Forschungsprojekten im Sonderforschungsbereich „Kulturen des Performativen“, im Cluster of Excellence „Languages of Emotion“ sowie des DFG-Projekts „Repräsentationen und Praktiken der Geburt“. Arbeitsschwerpunkte: Historische Anthropologie; Pädagogische Anthropologie; Mimesis- und Imaginationsforschung; Emotionsforschung; Performativitäts- und Ritualforschung; ästhetische und interkulturelle Erziehung.

Danksagung

Die vorliegende Studie hätte nicht realisiert werden können ohne das Vertrauen, das die Gutachterinnen und Gutachter der Deutschen Forschungsgemeinschaft uns im Rahmen der vierten und letzten Evaluierung unseres Sonderforschungsbereichs „Kulturen des Performativen“ an der Freien Universität Berlin entgegengebracht haben. Dafür bedanken wir uns bei ihnen und der DFG.

Für anregende Diskussionen, in denen der theoretische Rahmen unserer Untersuchung differenziert und erweitert werden konnte, danken wir unseren Kolleginnen und Kollegen im Sonderforschungsbereich und im Cluster of Excellence „Languages of Emotion“. Zudem möchten wir für fruchtbare Gespräche danken: Shoko Suzuki und ihrem Team an der Kyoto University, Bob Jeffrey und den Kolleginnen und Kollegen der Oxford Ethnography Conference sowie den Kolleginnen und Kollegen der Société Européenne d’Ethnographie de l’Éducation (SEEE). Bei den metho-dischen Fragen unserer Studie stand uns abermals Prof. Dr. Ralf Bohnsack mit seinem Rat hilfreich zur Seite, wofür auch ihm unser Dank gilt.

Diese empirische Studie war auch auf das Engagement und Vertrauen derjenigen angewiesen, die bereit waren, ihre Gestik in den Feldern „Schule“, „Familie“, „Jugendkultur“ und „Medien“ untersuchen zu lassen. Allen an der Studie beteiligten Personen danken wir herzlich. Ein besonderer Dank für ihre Offenheit und Unterstützung geht an die Schulleiterin, die beteiligten Lehrerinnen und Lehrer, sowie an die Kinder und Jugendlichen der Peter-Petersen-Schule in Berlin-Neukölln.

Berlin, im Herbst 2010 Die Projektgruppe